潮汕文库·研究系列

# 先秦潮汕研究

李宏新 著

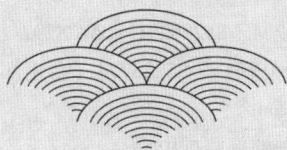

暨南大学出版社
JINAN UNIVERSITY PRESS

中国·广州

图书在版编目（CIP）数据

先秦潮汕研究/李宏新著 . —广州：暨南大学出版社，2019.1
（潮汕文库 . 研究系列）
ISBN 978 – 7 – 5668 – 2294 – 9

Ⅰ. ①先… Ⅱ. ①李… Ⅲ. ①潮汕地区—地方史—先秦时代 Ⅳ. ①K296. 52

中国版本图书馆 CIP 数据核字（2017）第 319452 号

先秦潮汕研究

XIANQIN CHAOSHAN YANJIU

著　者：李宏新

出 版 人：徐义雄
项目统筹：黄圣英
责任编辑：黄佳娜　李敏敏
责任校对：郑晓玲　詹建林　颜　彦
责任印制：汤慧君　周一丹

出版发行：暨南大学出版社（510630）
电　　话：总编室（8620）85221601
　　　　　营销部（8620）85225284　85228291　85228292（邮购）
传　　真：（8620）85221583（办公室）　85223774（营销部）
网　　址：http：//www.jnupress.com
排　　版：广州市天河星辰文化发展部照排中心
印　　刷：广东广州日报传媒股份有限公司印务分公司
开　　本：787mm×1092mm　1/16
印　　张：19.75
字　　数：404 千
版　　次：2019 年 1 月第 1 版
印　　次：2019 年 1 月第 1 次
定　　价：65.00 元

# 总　序

潮汕文化历千年久远，底蕴渊深，泱泱广袤，又伴随着潮人的迁播而兼收并蓄，独树一帜，是中华文明中的重要一脉。

秦汉之前，潮汕囿于海角一隅，与中原殆少来往；自韩愈治潮，兴学重教，风气日开，人文渐著。宋朝文教兴盛，前七贤垂范乡邦；明朝人才辈出，后八贤称显于时。明清以来，粤东地区借毗邻大海的地理优势，与域外商贸频仍，以陶朱端木之业，成中西交汇之势，造就多元开放的文化格局。饶宗颐等学界巨匠引领风骚，李嘉诚等商海翘楚造福民生，俊采星驰，郁郁称盛。

而今国家稳步发展，蓬勃兴盛，潮汕地区凭借深厚的历史积淀，务实进取，努力发展传统文化及其产业，如潮剧、潮乐、潮菜、工夫茶、陶瓷、木雕、刺绣等，保持并革新精巧特色，在世界各地广泛传播，备受青睐。更有海外潮人遍布全球，为经济文化交流引桥导路，探索共赢模式，拓宽发展空间。

为促进潮汕文化的传承与创新，进一步推动潮汕文化"走出去"，在广东省委宣传部的大力支持下，海内外学者编写《潮汕文库》大型丛书。本丛书包括文献系列和研究系列，涉及历史、文学、方言、民俗、曲艺、建筑、工艺美术等多方面，囊括影印、笺注、点校、碑铭、图文集、口述史等多种形式，始终秉承整理、抢救传统文化的原则，尊重潮汕地区的家学渊源和治学传统。以一腔丹心，在历史沿袭中为文化存证，修旧如旧，求新而不媚俗于新；以一笔质朴，在字斟句酌中为品质立言，就事论事，求全而不迷失于全；以一纸恳切，在纷扰喧嚣中为细节加冕，群策群力，求深而不盲目于深。惟愿以此丛书，提升潮汕文化品位，凝聚海内外潮人，齐心发展，助力腾飞。

在成书过程中，广东省委宣传部高度重视，协调汕头、潮州、揭阳、汕尾市委宣传部，委托潮汕历史文化研究中心、韩山师范学院、暨南大学出版社组织编写与出版。海内外潮学研究专家倾注笔墨，潮汕历史文献收藏机构及热心人士鼎力襄助，在此一并致谢！

《潮汕文库》大型丛书编委会

2016 年 7 月

# 引　言

《先秦潮汕研究》所介绍和讨论的，是潮汕地区在先秦时代所呈现的历时面貌，包括自然环境和人类社会诸多方面的内容，也可视之为一部先秦潮汕史。

## 时间和空间

先秦，是时间限定。

本书的"先秦"，不仅仅是指传说中的三皇五帝洪荒时期，也不是史学界通常所指的夏、商、西周、春秋战国时代，而是上起远古时代、下迄公元前221年秦始皇灭六国为止的数十亿年。简而言之，即是指自然科学领域有所描述的、秦朝成立以前的整个时间段。类似这样的限定古已有之，如颜师古注《汉书》"皆古文先秦旧书"句，称："先秦犹言秦先，谓未焚书之前。"

潮汕，是空间限定。

本书的"潮汕"，指的是核心潮汕地区。即1991年12月潮汕分市之后的汕头、潮州、揭阳（含广东省委托代管的普宁市）三个地级市所辖地域。这样的限定，坊间诸多研究文论均可见到，也是目前被广泛认可的"潮汕地区"。

## 潮汕现状

潮汕地区位于中国大陆东南隅、广东省东部，地理坐标为东经115°36′~117°19′、北纬22°53′~24°14′，中部有北回归线穿过。其东北与福建省的诏安县、平和县接壤，西北同广东省梅州市的丰顺县、大埔县为邻，西部接梅州市五华县、汕尾市陆丰市，东南濒临南海，东北海域与福建省东山县相连。

潮汕地形大势为西北高而东南低，东北、西北多高山，东南面海，内部分布有占总面积63%的丘陵台地，若以丘陵山地计，则占总面积的70%。按《中国地震烈度区划图（1990）》的图例，自福州至茂名之中国大陆贴近海岸线的地方，大体都处于烈度Ⅶ度或以上的地震带，潮汕地区正在其间。其具体表现为：汕头市绝大部分区县和潮州市的大部分地区，以及揭阳市的部分地方，均处于地震烈度Ⅷ度区域；其余部分则处于地震烈度Ⅶ度区域。在地质史上，潮汕地区曾多次发生地壳运动，断裂较为发育，多组断裂交错，是地震频繁区。

潮汕地区目前年平均气温22℃，1月平均气温12℃～13℃，年降雨量约1 600毫米。气候上有两大特征：一是日照足，气温高，夏长冬暖；二是雨量丰沛，降水集中，深受台风影响。但是，相对于闽粤沿海台风活跃区来说，历史上的潮汕地区则较少有台风直接登陆。

潮汕海岸线东起潮州市饶平县大埕镇上东村，西止揭阳市惠来县岐石镇华清村，全长约265.6公里。沿海分布有大小岛屿76座和南澎、勒门2个列岛，其中汕头市的南澳岛为最大的岛屿，面积128平方公里。潮汕地区内部则江河分布较为发达，有集水面积100平方公里以上的河流31条，其中独流入海的有9条。

#### 2016 年末潮汕地区统计数据简表

| 地级市 | 常住人口（万人） | 土地面积（平方公里） | 三地级市所辖区县（含代管市） | 地区生产总值（亿元人民币） |
|---|---|---|---|---|
| 汕头市 | 557.92 | 2 199.04 | 6 区 1 县：金平区、龙湖区、澄海区、濠江区、潮阳区、潮南区、南澳县 | 2 080.97 |
| 潮州市 | 264.60 | 3 145.93 | 2 区 1 县：湘桥区、潮安区、饶平县 | 976.83 |
| 揭阳市 | 609.40 | 5 265.38 | 1 市 2 区 2 县：普宁市、榕城区、揭东区、揭西县、惠来县 | 2 006.90 |
| 合计 | 1 431.92 | 10 610.35 | 1 市 10 区 4 县 | 5 064.70 |

说明：
①三地级市及所辖区县之排序均依据官方统计口径；
②"土地面积"数据源于2015年土地变更调查数据，包含岛屿面积；
③普宁市，为广东省委托揭阳市政府代管，其行政区划级别相当于区、县；
④本表数据来源为《广东统计年鉴——2017》（中国统计出版社），和国家统计局网站"信息公开"栏目。

## 简略回顾

先秦潮汕面貌的研究成果，主要是考古学方面的论述。

20 世纪 20 年代末，国内第一个考古研究机构中央研究院历史语言研究所考古学组在广州筹备成立，20 世纪 30 年代中后期开始，意大利人麦兆良，中山大学学者杨成志、顾海铁，美国人卜瑞德，英国人卫戴良等便对包括潮汕地区在内的粤东区域进行考古调查和研究。与此同时，早就关注和参与考古工作的饶宗颐先生，在 1941 年深入粤东考察，并于 40 年代末结集刊出《韩江流域史前遗址及其文化》，这是国内较早的有关潮汕地区的考古学专著之一。

中华人民共和国成立后，1956 年开展第一次全国性文物普查工作，1981—1985 年、2007—2011 年又分别进行了第二次和第三次普查活动。潮汕地区也作了相应的调查登记工作。潮汕文物普查工作中，早期发现的数量不少，但更细致的调查、发掘和研究等，则是越往后越显细致。有关先秦潮汕历次发掘报告及调查资料等，大致上都附于本书的"参考文献"中，尤其是其中的发掘、调查专业文本，基本上是迄今刊出的全部原始材料了。

20 世纪 80 年代之后，开始出现较具体的综述式文章或著作，主要有朱非素先生 1984 年刊出的《广东新石器时代考古若干问题的探讨》、杨式挺先生 1986 年刊出的《广东新石器时代文化及相关问题探讨》、邱立诚先生 1994 年刊出的《先秦两汉时期潮汕地区的考古学文化》、曾骐先生 1998 年刊出的《从象山人到浮滨人——潮州远古文化的历程》、魏骏先生 2012 年刊出的《粤东闽南地区先秦考古学文化的分期与谱系》，以及杨式挺、邱立诚、冯孟钦、向安强先生等于 2013 年出版的《广东先秦考古》。这些，本书会在第二章第一节的"先秦潮汕考古简况"中详细介绍。

除了上述考古方面的成果外，关于先秦潮汕面貌的材料，主要还有现当代科学论著和古文献记载，本书有所引用。实际上，本书的所有看法和猜测，都是在综合考辨这些材料之基础上形成的。

本书的目的，是尝试穷尽式地梳理所有能见的原始资料和专业材料，为先秦研究工作的开展添砖加瓦。然而，受制于诸多现实因素，本书仍然是探讨的成分居多，不少问题之确凿定论，只能期待今后的发现了。

# 第一章　先秦潮汕自然地理

中国古人很早便凭借朴素的唯物主义思想，在一定程度上认识、推测到地表变化、地壳运动等现象的存在，并在作品中有所论及。

较早载及此类现象的文献是东晋道教学者、医学家、炼丹家葛洪（约281—341）[①] 的《神仙传·麻姑》，书中载："麻姑自说云：'接侍以来，已见东海三为桑田。向到蓬莱，水又浅于往者，会时略半也，岂将复为陵陆乎？'方平笑曰：'圣人皆言，东海行复扬尘也。'"[②] 大意是说，麻姑称她在"成仙"过程中，已经经历过多次东海变成陆地的现象，现在海水又减半，也许又将要发生"造山运动"，而仙人王方平则认为沧海桑田、东海扬尘是天地的造化，不足为奇。

唐代书法家颜真卿也在《有唐抚州南城县麻姑山仙坛记》中述及此事，便有"高石犹有螺蚌壳，或以为桑田之变"[③] 的论述。

北宋科学家沈括的判断更为精辟，其撰写的《梦溪笔谈·杂志一》载："予奉使河北，遵太行而北，山崖之间，往往衔螺蚌壳及石子如鸟卵者，横亘石壁如带。此乃昔之海滨，今东距海已近千里。所谓大陆者，皆浊泥所湮耳。尧殛鲧于羽山，旧说在东海中，今乃在平陆。凡大河、漳水、滹沱、涿水、桑干之类，悉是浊流。今关陕以西，水行地中，不减百余尺，其泥岁东流，皆为大陆之土，此理必然。"[④]

事实上，地球内部的物质总是不停地运动着，促使地壳发生变动，时升时降。如果地壳上升，挨近大陆边缘的浅海地带便会露出而成为陆地。相反，海边的陆地下沉则会变为海洋。而有时海底火山喷发或地震会形成海底高原、山脉、火山，它们露出海面也会成为陆地。沧海桑田的现象，可说是在地球上普遍进行着的一种自然过程。

潮汕地区同样经历了漫长的沧桑之变。

由于迄今为止，关于远古潮汕地区的情况，许多典籍包括志书、史书和潮汕历史文化著作等都仅略述数言，而后便直接进入考古学上的新石器时代，对之前

---

① 夏征农、陈至立主编：《辞海》（第六版彩图本），上海：上海辞书出版社，2009年，第706页。

② （晋）葛洪撰，胡守为校释：《神仙传校释》，北京：中华书局，2010年，第94页。

③ （清）董诰等编：《全唐文》，北京：中华书局，1983年，第3424页。

④ （宋）沈括撰，张富祥译注：《梦溪笔谈》，北京：中华书局，2009年，第264-265页。

年代的介绍几乎未见。而几十年来的科研论文实际上已有不少结论或科学推测，因此笔者以较为通俗易懂的表达方式，简要归纳彼时潮汕地区的地理概貌及演变过程，这也有助于在下一篇章对潮汕先秦时期的社会经济生活状态作更全面的分析。

# 第一节　新生代第四纪之前概貌

## 一、元古代

元古代开始于同位素年龄[①] 190 000 万年前，结束于同位素年龄 57 000 万年前。[②]

一般认为，中国的元古代含一个纪，即震旦纪[③]。震旦纪对应的震旦系[④]是已发现的广东省内最老的地层。[⑤]

元古代的广东，大部分地区处于海洋环境。[⑥] 从已探明的情况看，早震旦纪早期的广东地区，基本是一个浩渺的浅海盆地，底部以中粗粒石英砂岩为主。

古地质学家对震旦纪的广东地区进行研究时，常将大约相当于今潮汕三市全境以及陆丰市、陆河县部分地区的范围，划分为同一个地质区域，称为"粤东沿海小区"。

这个"粤东沿海小区"，在早震旦世岩相古地理概貌中，是广东省内唯一的沉积不明区。[⑦]

---

① 同位素年龄：isotopic age, radiometric age 又称"绝对年龄"，是根据岩石中放射性元素蜕变产物的含量计算出来的岩石形成后所经历的实际年龄。地质部地质辞典办公室编辑：《地质大辞典（三）·古生物、地史分册》，北京：地质出版社，2005 年，第 188 页。

② 地质部地质辞典办公室编辑：《地质大辞典（三）·古生物、地史分册》，北京：地质出版社，2005 年，第 189 页。

③ 地质部地质辞典办公室编辑：《地质大辞典（三）·古生物、地史分册》，北京：地质出版社，2005 年，第 189 页。

④ 地质研究中，按由高到低的时间尺度"地质时代（年代）单位"分为宙、代、纪、世、期、时，按由大到小的空间尺度"时间（年代）地质单位"分为宇、界、系、统、阶、时带。它们两两对应，大概可以这样理解："元古代"形成的地层称为"元古界"（准确的说法是：元古代即形成元古界地层的地质年代）、"震旦纪"形成的地层为"震旦系"等。参见杜远生、童金南主编：《古生物地史学概论》，武汉：中国地质大学出版社，1989 年，第 85 - 87 页。

⑤ 广东省地方志编纂委员会编：《广东省志·地质矿产志》（光盘版），广州：广东省科技音像出版社，2007 年，第 47 页。

⑥ 广东省地方志编纂委员会编：《广东省志·地理志》（光盘版），广州：广东省科技音像出版社，2007 年，第1 页。

⑦ 广东省地质矿产局编：《广东省区域地质志》，北京：地质出版社，1988 年，第 21 页。

## 二、古生代

古生代开始于同位素年龄 57 000 万年前，结束于同位素年龄 23 000 万年前。[①]

一般认为，古生代分为寒武纪、奥陶纪、志留纪、泥盆纪、石炭纪和二叠纪，共六纪。

古生代的地质学研究，基本是将今广东陆域分为粤西区、粤北区、粤中区、粤东北区及粤东沿海区 5 个区进行考察。其中粤东沿海区主要是今潮汕三市。

在不同的纪，粤东沿海区的地理范围有所盈缩：有的纪中粤东沿海区包括大埔—五华—红海湾以东地区，即今潮汕三市、梅州市丰顺县及汕尾市陆丰市、陆河县地区；有的纪中粤东沿海区包括大埔—五华—惠东以东区域，即今潮汕三市、梅州市丰顺县以及汕尾市地区。

但是，无论在哪个纪，汕头、潮州、揭阳这三个地级市，都被视为古生代粤东沿海区的构成主体来进行研究和考察，从未被分开。不过，相对于广东其他地方较为可观的地质研究成果，潮汕地区至今尚未发现古生代的地层。[②] 在整个古生代，潮汕三市一直处在沉积不明的区域。

古生代有关潮汕地区的情况概略如下：

（1）寒武纪。广东所在地区震旦纪海盆继续发展，自北向南，出现了呈北东向的 3 条海槽以及 2 列海脊，它们相间分布，分别为：粤北海槽、连平—佛冈—郁南海脊，龙门—德庆海槽、蕉岭—增城—云浮腰古—信宜海脊、惠阳—开平海槽。[③] 潮汕地区则沉积不明。[④]

（2）奥陶纪、志留纪。海水向西—西北方向退出，广东开始出现陆地环境，志留纪末期的加里东运动[⑤]后，广东陆地整体地势是东南高、西北低，自东南向西北有 4 列北东向山地，分别为：粤东沿海、增城—云浮腰古—信宜云开、和平—连平—佛冈—郁南、乐昌九峰。这 4 列山地的中间存在谷地。潮汕地区是陆

① 地质部地质辞典办公室编辑：《地质大辞典（二）·古生物、地史分册》，北京：地质出版社，2005 年，第 189 页。

② 广东省地质矿产局编：《广东省区域地质志》，北京：地质出版社，1988 年，第 87 页。

③ 广东省地方志编纂委员会编：《广东省志·地理志》（光盘版），广州：广东省科技音像出版社，2007 年，第 1 页。

④ 广东省地质矿产局编：《广东省区域地质志》，北京：地质出版社，1988 年，第 32 页。

⑤ 加里东运动是发生于加里东期的造山运动。"加里东期全称'加里东构造运动期'，泛指在新元古代晚期和早古生代发生的构造运动期。发生在这一时期的造山运动，统称'加里东运动'。苏格兰的格兰扁山系、北欧的斯堪的纳维亚山系以及西伯利亚的萨彦岭都是这次运动形成的。祁连山等受到这次运动的影响。扬子板块、华夏板块也在加里东期晚期发生对接碰撞。"参见夏征农、陈至立主编：《辞海》（第六版彩图本），上海：上海辞书出版社，2009 年，第 1042 页。

地，并且，"当时的粤东沿海隆起带可能与海南岛东南部连成北东向的高大山地"①。

（3）泥盆纪。粤东沿海区包括大埔—五华—惠东一线以东②区域，这一片区域都是山地，因此在地质学上也被命名为"粤东山地"③。

（4）石炭纪。粤东沿海区包括大埔—五华—红海湾一线的东南部④区域，这一片区域依然被视为粤东山地⑤。

（5）二叠纪。粤东沿海区包括大埔—五华—红海湾一线以东区域。这一片区域的地貌，在二叠纪有不同的呈现：大约早二叠纪时是丘陵，称"粤东丘陵"；⑥晚二叠纪时复为山地，称"粤东山地"。⑦造成这种变化的主要因素，即对粤东沿海区的地貌产生较明显作用的因素，一般认为是开始于中、晚二叠纪时期的"海西—印支运动"⑧。

## 三、中生代

中生代开始于同位素年龄 23 000 万年前，结束于同位素年龄 6 700 万年前。⑨

一般认为，中生代分为三叠纪、侏罗纪和白垩纪 3 个纪。在此阶段，潮汕地区仍然作为一个整体在广东地质考察成果中予以体现，其情况概略如下：

（1）三叠纪。

二叠纪至三叠纪的"海西—印支运动"对潮汕地区和广东其他地区的地貌

---

① 广东省地方志编纂委员会编：《广东省志·地理志》（光盘版），广州：广东省科技音像出版社，2007 年，第 1 页。

② 广东省地质矿产局编：《广东省区域地质志》，北京：地质出版社，1988 年，第 60、87 页。

③ 广东省地质矿产局编：《广东省区域地质志》，北京：地质出版社，1988 年，第 91 页。

④ 广东省地质矿产局编：《广东省区域地质志》，北京：地质出版社，1988 年，第 133 页。

⑤ 广东省地质矿产局编：《广东省区域地质志》，北京：地质出版社，1988 年，第 133、134、135 页。

⑥ 广东省地质矿产局编：《广东省区域地质志》，北京：地质出版社，1988 年，第 173、174 页。

⑦ 广东省地质矿产局编：《广东省区域地质志》，北京：地质出版社，1988 年，第 175、176 页。

⑧ 海西—印支运动发生于海西期。"海西期全称'海西构造运动期'，亦称'华力西期'。泛指在晚古生代和三叠纪发生的构造运动时期。发生在这一时期的造山运动，统称'海西运动'，也称'华力西运动'。它在欧洲形成的山系，从英国起，穿过法国中部和德国，一直延伸到波兰南部。天山、阿尔泰山、乌拉尔山、阿巴拉契亚山都是这次运动形成的。在亚洲及其邻近地区，海西期可分为泥盆纪至三叠纪早期的海西期（狭义）和二叠纪中期至三叠纪的印支期。在海西期（狭义），华北板块与西伯利亚—蒙古板块对接。印支期发生的造山运动称'印支运动'，典型的发生在今中南半岛的东北部。中国东南部和日本等地都受其较大影响。在印支期，华北板块与扬子板块对接。二叠纪中期以后，北半球各大陆板块逐渐联合成劳亚古陆，并与冈瓦纳古陆合并成新大陆。"参见夏征农、陈至立主编：《辞海》（第六版彩图本），上海：上海辞书出版社，2009 年，第 834 页。

⑨ 地质部地质辞典办公室编辑：《地质大辞典（三）·古生物、地史分册》，北京：地质出版社，2005 年，第 189 页。

形成具有较大的影响。中三叠纪的印支运动使广东地势崛起，西—西北部海域消失。晚三叠纪，粤东地区发生大规模断陷，遂形成海洋。海水自东部的太平洋入侵，使广东省总地势转变为西—西北部高而东—东南部低。概貌是：粤东中部海丰、陆丰、河源、五华、惠东为浅海，有含铁、磷的碳酸盐—碎屑岩沉积；外围的惠来葵潭、梅县—兴宁、韶关—英德、广州—高要等地为滨海沼泽，长有大羽羊齿、栉羽羊齿、瘤皮羊齿等属植物；佛冈—从化、开平金鸡岭等地则是星散分布的山间盆地，长有类丹尼蕨属、支脉蕨属、叉羽羊齿属等植物。而粤东沿海的潮汕三市，处于大埔—海丰一线以南，沉降更深，大概成了粤东海盆的最低点。①

（2）侏罗纪、白垩纪。

侏罗纪的早侏罗世末期至白垩纪的晚白垩世的"燕山运动"②，造成广东大陆出现大规模中酸性岩浆侵入的现象，形成了数百个大小岩体，占广东岩体总量的80％。其中，"燕山第一幕发生于早、中侏罗世之间，主要见于粤东及江西、福建部分地区"③。期间粤东还发生过强烈的中酸性火山喷发，表明构造运动自西往东不断加强，同时许多内生金属矿藏在此期间形成。在晚侏罗世，惠阳—海丰和揭西—饶平一线，即沿莲花山深断裂带是广东的主要火山岩带，厚度巨大"④。

尤其在晚侏罗世最强烈的"燕山运动"第三幕之后，粤东南澳岛—粤西东海岛一线之东南陷落，而广东全省陆地大面积抬升，一系列北东向山脉蜿蜒全境。之前三叠纪时期粤中、粤北等地的浅海、滨海，这时变为内陆的山间盆地。白垩纪的粤北南雄、仁化丹霞、乐昌坪石、连县清水和星子、连平—翁源，粤东宝坑、梅西、兴宁、五华、龙川、河源，粤中广州—三水，粤西怀集、罗定、茂名等，都是沿着北东向断裂带形成的一系列内陆盆地。其时气候逐渐变得干旱炎热，大多数盆地中都有苏铁杉、坚叶杉、短叶杉等植物，以及短棘南雄龙、南雄小鸭嘴龙、结节龙、肉食龙、虚骨龙等恐龙类古脊椎动物，蜥蜴类、南雄乌颈龟也都是此时期的动物。但是粤东部分盆地受早期火山活动影响，不在此列。⑤

晚侏罗世—早白垩世这次明显的造山构造幕，结束了粤东区大规模火山喷发

① 广东省地方志编纂委员会编：《广东省志·地理志》（光盘版），广州：广东省科技音像出版社，2007年，第1页；广东省地质矿产局编：《广东省区域地质志》，北京：地质出版社，1988年，第190页。
② 燕山运动发生于燕山期。"燕山期：全称'燕山构造运动期'。泛指主要发生在侏罗纪到古近纪早期（即第三纪的早期）的构造运动时期，这一时期的造山运动统称'燕山运动'，在今河北燕山一带表现明显，中国东南部及沿海一带也有广泛影响。伴随这次运动有大量火山喷发和花岗岩侵入，形成丰富的金属矿产。这一时期，华北、松辽等拉伸盆地形成，华北板块和扬子板块发生碰撞。"参见夏征农、陈至立主编：《辞海》（第六版彩图本），上海：上海辞书出版社，2009年，第2632页。
③ 陈国能：《论东南洼区中生代构造运动》，《华南地震》1984年第4期，第69页。
④ 广东省地质矿产局编：《广东省区域地质志》，北京：地质出版社，1988年，第206页。
⑤ 广东省地方志编纂委员会编：《广东省志·地理志》（光盘版），广州：广东省科技音像出版社，2007年，第1－2页。

的历史，并最终使"粤东沿海—海南岛"上升，形成了"华夏山地"。早白垩世中期，华夏山地上升趋势渐缓，周围山地、丘陵逐步夷平，湖盆扩大。至早白垩世晚期，华夏山地才总体有所提升，并出现火山喷发现象。到了晚白垩世，"山地被夷平，半干旱的气候开始出现，使生物逐渐繁盛且门类混生"①。潮汕地区在"粤东沿海—海南岛"范围内，处于华夏山地中。

此外，1982年中国地质科学院地质研究所以板块学说编制亚洲大地构造图时，将亚洲及其邻区划分为12个板块，广东（包括南海）属于"华南—东南亚"板块，并提到"福建长乐诏安—广东南澳深断裂"，称这个断裂可能形成于中生代的俯冲带。②

## 四、新生代第三纪

新生代自同位素年龄6 700万年前起，是地球历史上最新的一个地质时代。

新生代分为第三纪和第四纪：第三纪自同位素年龄6 700万年起，至同位素年龄200万年止，又分为古新世、始新世、渐新世、中新世和上新世；第四纪自同位素年龄200万年起，目前处于第四纪。

广东第三纪的古地理轮廓，在早古新世基本与白垩世相似，③潮汕地区依然呈现山地环境。

古新世、始新世和渐新世时，由于历经剥蚀，广东地表逐步准平原化，包括海南岛和西沙群岛在内的南海北部，成为广阔的滨海平原，④潮汕地区应该同样如此。

中新世和上新世期间断块活动频繁，大陆边缘凹陷，广东大陆与海南岛分离，其他地区上升受剥蚀。当时茂名、新会、三水、东莞仍为内陆盆地。湛江以西的雷州半岛和北部湾为浅海环境，湛江以东的鉴江口外、珠江口外和潮汕地区的韩江口外为滨海环境。沿海和湖边生物繁盛。⑤

至第三纪末期，广东大地已呈波状起伏的剥蚀面，最高一层剥蚀面相当于今日海拔1 000米以上的山顶面。东江、北江、西江等发育在当时的剥蚀面上，使古剥蚀面向这些江河主流倾斜，所以今日850～1 000米剥蚀面应是同时期产物。沿海地区的韩江、珠江三角洲、北部湾三大凹陷的存在，又使广东水系大体向这

---

① 广东省地质矿产局：《广东省区域地质志》，北京：地质出版社，1988年，第236页。
② 广东省地方志编纂委员会编：《广东省志·地质矿产志》（光盘版），广州：广东省科技音像出版社，2007年，第63页。
③ 广东省地质矿产局编：《广东省区域地质志》，北京：地质出版社，1988年，第262页。
④ 广东省地方志编纂委员会编：《广东省志·地理志》（光盘版），广州：广东省科技音像出版社，2007年，第2页。
⑤ 广东省地方志编纂委员会编：《广东省志·地理志》（光盘版），广州：广东省科技音像出版社，2007年，第2页。

三个凹陷汇流。广东今日的山体水系基本格局，至此大致奠定。①

# 第二节　第四纪更新世、全新世概貌

第四纪是新生代的第二个纪。作为地质时期最后一个同时也是地质历史最新的一个纪，它是哺乳动物和被子植物高度发展的时代。而人类的出现是这个时代最突出的事件。因此，以前也有人称第四纪为"人类纪"或"灵生纪"，但目前这两个称呼已较为少用。②

第四纪包括更新世③和全新世④两个世。一般认为，更新世从距今两百多万年前开始，结束后进入全新世，即大致从一万年前至今。⑤

按地质沉积类型，《广东省区域地质志》将第四纪时的韩江三角洲列为广东"海相及滨海三角洲相"中的海陆交互相（三角洲相）的两个代表例子之一，划为9个考察组进行考察，科学分析后可确定的若干特征和情况，依照年代顺序，分别描写如下：

揭阳白塔鹅岭村在中更新世末到晚更新世初，存在大熊猫、剑齿象动物群；潮州浮洋，存在咸水藻类植物；澄海东里南社村，以河流粗砂层为主，平行不整合覆盖于上述浮洋之上；潮州沙溪贾里村存在海相生物碎屑，碳十四年龄测定值

---

① 广东省地方志编纂委员会编：《广东省志·地理志》（光盘版），广州：广东省科技音像出版社，2007年，第2页。

② 地质部地质辞典办公室编辑：《地质大辞典（三）·古生物、地史分册》，北京：地质出版社，2005年，第308页。

③ 更新世："Pleistocene epoch，第四纪（Q）分为更新世（$Q_P$）和全新世（$Q_h$）。更新世是第四纪最初一个阶段。更新世又进一步划分为早更新世（$Q_1$）、中更新世（$Q_2$）、晚更新世（$Q_3$）。"参见地质部地质辞典办公室编辑：《地质大辞典（三）·古生物、地史分册》，北京：地质出版社，2005年，第309页；更新世："第四纪的第一个世。代表符号为$Q_1$。延续时间自181万年前到1万年前。因当时生物的面貌更新，已有95%以上与现今的相似，故名。这一时期形成的地层叫更新统。"参见夏征农、陈至立主编：《辞海》（第六版彩图本），上海：上海辞书出版社，2009年，第710页。

④ 全新世："Holocene epoch，第四纪分为更新世和全新世两个阶段，从更新世结束，即大致从10 000年前至现在的时间范围为全新世，它是更新世最后一次冰期（玉木冰期）消融后的时期，所以又称冰后期。全新世自然地理状况与更新世比较更和现在一样，生物几乎都是现代种。全新世延续的时间虽短，但自然地理状况仍然有一定程度的变化，如气候冷暖干湿的波动，在有些地区还是相当明显的。最近国内外对全新世的下限有往下划的趋势，其延续年龄在12 000～14 000年之间。"参见地质部地质辞典办公室编辑：《地质大辞典（三）·古生物、地史分册》，北京：地质出版社，2005年，第309页；全新世："第四纪的第二个世，是地质年代中最后一个世。代表符号为$Q_2$。延续时间自1万年前至今。全部生物的面貌与现今基本相似，故名。"参见夏征农、陈至立主编：《辞海》（第六版彩图本），上海：上海辞书出版社，2009年，第1862页。

⑤ 地质部地质辞典办公室编辑：《地质大辞典（三）·古生物、地史分册》，北京：地质出版社，2005年，第309页。

为 26 470±840~18 990±60 年，属于晚更新世中期；汕头鮀浦，晚更新世晚期由白色砂砾层夹杂泥炭土、污泥组成，碳十四年龄测定值为 16 720±470 年（与陆丰甲子的老红砂古土壤年龄测定值16 450±325 年接近，为同期异相沉积）；汕头澄海莲下，含海相化石的砂层和污泥，碳十四年龄测定值为 12 390±370~8 330±170 年，已经进入早全新世；潮州钻孔代表取样显示为深灰色淤泥、含泥粉细砂夹薄层细砂，含咸水藻类、海绵骨针，为海相沉积，碳十四年龄测定值为 5 710±130 年，属中全新世早期；以汕头澄海一带的贝砂壳堤为代表，堤内为海湾淤泥或砂质淤泥，碳十四年龄测定值为 3 940±120~3 190±85 年，属于中全新世晚期；汕头澄海东里钻孔代表取样显示为淡黄色中细砂，含海相贝壳及腐木，碳十四年龄测定值为 1 840±85 年，属晚全新世的海陆交互相沉积。①

## 一、潮汕平原主体的形成

潮汕平原主体的第四纪沉积，应该是开始于晚更新世中期。由于中更新世断块差异运动的加剧，潮汕地区逐渐形成了断隆与断陷相间的格局，在断陷区中发育了数个三角洲—河海冲积平原。它们的沉积历史与环境演化，大约可分为两个时期。②

### （一）晚更新世

晚更新世中期初，潮汕地区的气候特点是雨量充沛，气温比现在略低，随着海平面的波动上升，在韩江、练江平原的一些低洼区中出现了洪—冲积相砂砾—粘土质砂堆积。随后，孢粉显示气候凉湿，出现了河流和湖泊相间的沉积环境。这一阶段，是一个通过近源的剥蚀作用③和沉积作用，力图抵消主要由新构造运动引起的三角洲基底地貌反差的过程，故可划分为前三角洲期。

晚更新世中期末，潮汕地区的气候略转暖潮湿，海面稍微上升，韩江三角洲进入古三角洲发育阶段。泥沙沉积形成一套三角洲平原—三角洲前缘相的复杂堆积，出现了多个下粗上细的粒度韵律。尔后，海平面波动使区内有过局部的沉积间断，但接下去的沉积环境始终保持三角洲的特点。其中，在距今 35 万~32 万年时，三角洲处广泛发育有滨海沼泽相泥炭层，可与福建等地的同类沉积相对

---

① 广东省地质矿产局：《广东省区域地质志》，北京：地质出版社，1988 年，第 267－268 页。

② 王建华、郑卓、吴超凡：《潮汕平原晚第四纪沉积相与古环境的演变》，《中山大学学报》（自然科学版）1997 年第 1 期。

③ 剥蚀作用"是组成地壳的物质受风力、地面流水、地下水、冰川、湖泊、海洋和生物等各种外动力地质作用的破坏和搬运等作用的总称。剥蚀作用在破坏组成地壳的物质的同时，也改变着地表的基本形态。由剥蚀形成的地貌称剥蚀地貌，其中剥蚀成的近似平坦的地面，称为剥蚀面。剥蚀作用一词比侵蚀作用的含义为广"。参见地质部地质辞典办公室编辑：《地质大辞典（一）·普通地质、构造地质分册》，北京：地质出版社，2005 年，第 28 页。

比。此时的榕江、练江平原则尚未为海侵所及，故堆积了一套河湖相沉积物。

晚更新世晚期，潮汕地区的气候略变凉，海面略有下降，部分地方出现了风化层。在距今25万~20万年时，气候回暖，出现了更新世海侵的高峰期，韩江、榕江三角洲出现了广泛分布的三角洲前缘浅滩（潮滩）淤泥层。从淤泥层的平面分布看，这两个沉积区已进入港湾式三角洲的阶段，现三角洲的腹地为海水侵及，其间分布一些残丘岛屿。练江平原也在该时期出现三角洲相沉积。随后，区内沉积物表层风化，渐被剥蚀，发育出一种厚薄不一的花斑状杂色黏土层。

此外，从古孢粉学上观察，在距今4.5万~2.8万年时，韩江三角洲平原面积较小，山地丘陵较靠近海岸线，沿海一带的气候条件与全新世应该比较接近，只是地貌环境和沉积环境有一定的差别。"2.3万~2万年前，气候又相对转暖，潮汕平原普遍见有海相层，其中含有较多的海相贝壳和孔虫。在珠三角和福州平原，晚更新世海相层也主要集中在2.5万~2万年前左右。"[1] 可见此期潮汕地区与附近地区也有一定的同步性。

## （二）全新世

全新世前期，由于进入冰后期[2]，潮汕地区的气候转暖湿，海平面迅速回升，开始了范围遍及全境的海侵。韩江、榕江、练江三角洲均出现了此次海侵留下的三角洲前缘及前三角洲相淤泥层，海侵的盛期为距今9 000~4 500年。该时期的红树林在种类和分布面积上均超过现代，故当时气温可能比现代略高，海水的分布直至潮州和揭阳以北，在练江流域则可达潮阳司马浦地区。

海侵盛期过后，随着海平面的稳定，韩江三角洲又开始了高建设性推进阶段，沿澄海东北部的樟林，生长范围经数个残丘山脚，直至桑浦山东南山角，断续发育为一条北东向的贝壳堤，使其向陆地区形成半封闭的潟湖环境，逐渐为韩江带来泥沙，并淤填成沼泽——三角洲泛滥平原。堤外侧的三角洲前缘地区因长期受到中等强度的潮汐与波浪作用，海沼沙岭系统不断向海推进。

榕江三角洲地区，则在全新世大规模海进后形成了一个喇叭状的河口湾，受河口前缘潮滩的不断淤高以及陆上泛滥平原的冲淤填积作用的影响而不断向前扩展。由于榕江是一条源短沙少的河流，加上榕江河口湾牛田洋的潮汐作用较强，使得三角洲向外淤进的速度比较缓慢，至今榕江口仍然处于牛田洋之内。

练江三角洲地区在全新世海侵盛期的地貌特点与榕江三角洲相似，大约是一个向陆地深凹的长条状河口湾。练江主流带来的泥沙量也较少。但在随后的填积

① 郑卓：《潮汕平原近五万年来的孢粉植物群与古气候》，《微体古生物学报》1991年第4期，第477页。

② 冰后期指更新世最后冰期冰川消融后的时期。这时冰川逐渐向高纬度或高地后退，因此广大范围内冰后期的下限是根据大致情况确定的。参见地质部地质辞典办公室编辑：《地质大辞典（三）·古生物、地史分册》，北京：地质出版社，2005年，第309页。

过程中，由于存在西南侧大南山麓冲积扇，加上滨岸沿岸流在海门湾堆积了拦湾沙堤，原来海水占据的地带逐渐被障壁沙堤后发育的潟湖和河流泛滥时平原的沉积物所填淤，迫使河口湾和潮道不断退缩，逐渐推至盆地东南隅，由此形成河海填积平原。[1]

## 二、全新世海水的进退[2]

冰后期的海面上升使中国东部沿海平原普遍遭受海侵，潮汕滨海地区情况也是一样：在韩江三角洲和榕江三角洲，不但发现有全新世的海相沉积物，而且找到了多处海蚀痕迹。

潮汕地区这次海侵的时间大约始于6 000年前，当时的海水分两支侵入。

东支海水从澄海侵入韩江三角洲。潮州陈桥村附近曾经是适宜牡蛎生长的海区，潮州西湖钻孔也见有海相淤泥，其碳十四年龄测定值为5 420±140年，说明在距今5 000年前左右，海水已经到达潮州。海侵的范围，则包括樟林—江东—潮州—登岗一线以南地区。

西支海水经牛田洋涌入榕江三角洲，直抵榕城以北。从海相淤泥和海蚀遗迹的分布看，位于两个三角洲之间的桑浦山当时有可能是一个向东南突出的半岛。

潮汕地区这次海侵，其海水退出的时间可能为距今2 000～3 000年前。潮州金石附近3 000年前还有牡蛎生长。此后，海水逐渐退出。

《韩江和榕江三角洲全新世海水进退的初步认识》一文，对海水退出的速率有一个估测：《潮州志》载"秦汉时，自意溪以下滨海冲积之地悉为溟渤"[3]，秦汉距今2 200～1 800年，意溪的位置在潮州北侧约2公里处，现潮州离海约30公里，据此推算出海退速率为10～15米/年；明嘉靖年间（1522—1566年），澄海县樟林还处于海边，该镇之东的"沙脚"相传为当时远航南洋的帆船停泊港口，现已离海约6.5公里，据此求得海退速率为14～15米/年；1910年汕头小公园还处于海边，现已离海600多米。总的来说，陆地的推进速率为10～15米/年。[4]

① 王建华、郑卓、吴超凡：《潮汕平原晚第四纪沉积相与古环境的演变》，《中山大学学报》（自然科学版）1997年第1期。

② 本小节前半部分主要参见陈国能：《韩江和榕江三角洲全新世海水进退的初步认识》，《海洋通报》1984年第6期。

③ 饶宗颐总纂：《潮州志·沿革志》，汕头：潮州修志馆，1949年，第1页。

④ 陈国能：《韩江和榕江三角洲全新世海水进退的初步认识》，《海洋通报》1984年第6期。

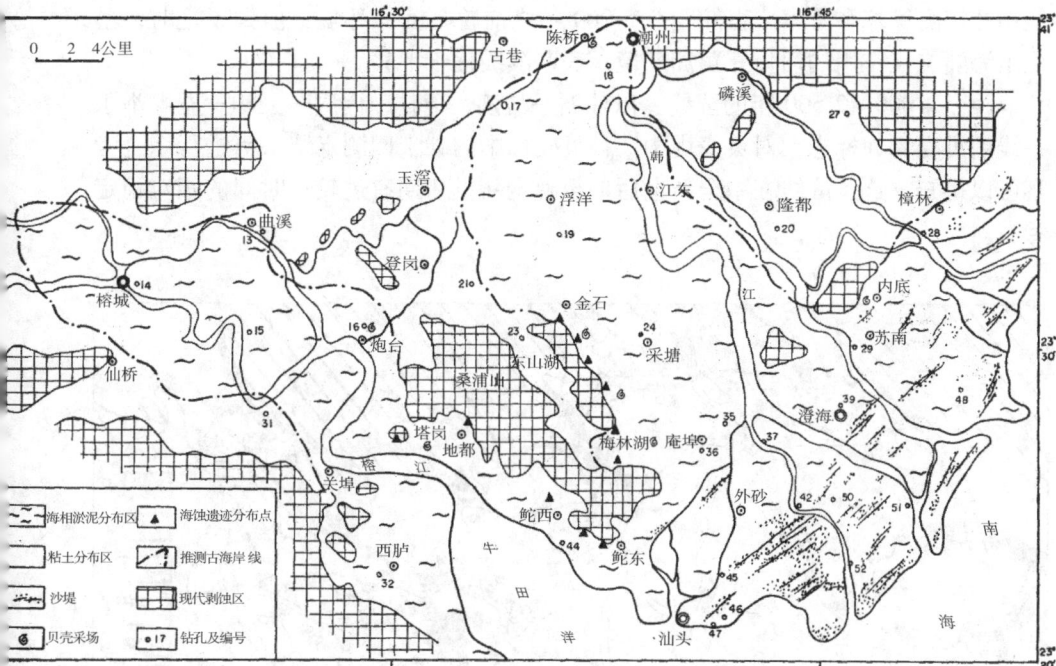

图 1－2－1　韩江和榕江三角洲全新世海侵图①

这次海侵事件较受注目，它是如今潮汕面貌形成前最近一次的自然演变。以韩江三角洲为例，这个仅次于珠江三角洲的华南第二大三角洲，它的发育始于新生代第四纪晚更新世，现在的轮廓则是在中全新世海侵之后逐步形成的。

据《六千年来韩江三角洲的滨线演进与发育模式》的研究，韩江三角洲最近6 000年来的滨线②演进和发育模式，大致总结如下：③

距今6 000年前后，潮汕地区的中全新世海侵现象至盛，海进达到最大范围，韩江三角洲最北端可抵潮州竹竿山山麓，但未达潮州以北的意溪镇。海水大致沿着韩江三角洲周围的山麓线分布，如桑浦山东麓梅林湖底贝壳层碳十四测定形成时间为距今5 440±100年④，桑浦山南麓山体多处出现高出今海平面1～3米的海蚀痕迹（仅南畔山麓便有5处成排凹穴等），证明海浪已直抵韩江三角洲南部边缘山地。

距今5 000年前后，滨线的最北端在潮州池湖附近。位于池湖稍南的浮洋，

　　①　陈国能：《韩江和榕江三角洲全新世海水进退的初步认识》，《海洋通报》1984年第6期。

　　②　海洋地质学名词"滨线"，也称"岸线""水边线"，泛指陆地与海水面的交界线，是海滨与出露的海滩之间的分界线，在有潮海域/海滨则分为高潮位与低潮位，分别称"高海滨线"和"低海滨线"。

　　③　李平日：《六千年来韩江三角洲的滨线演进与发育模式》，《地理研究》1987年第2期。

　　④　张虎男：《断裂作用与韩江三角洲的形成和发展》，《海洋学报》1983年第5期。

经钻孔探测等综合考察，得知距今5 000年之前曾是滨海环境，但到了这时，呈现出海陆交互作用的河口三角洲环境，表明滨线逐步下移。

距今4 000~2 500年的滨线，以仙洲—盐鸿—樟林—内底—上华—庵埠举丁一线的贝壳堤为标志。对贝壳堤中7种贝壳标本的碳十四测定结果等进行综合考察可以得知，这条滨线在中全新世后期至晚全新世初期有过较长时间的相对稳定状态。

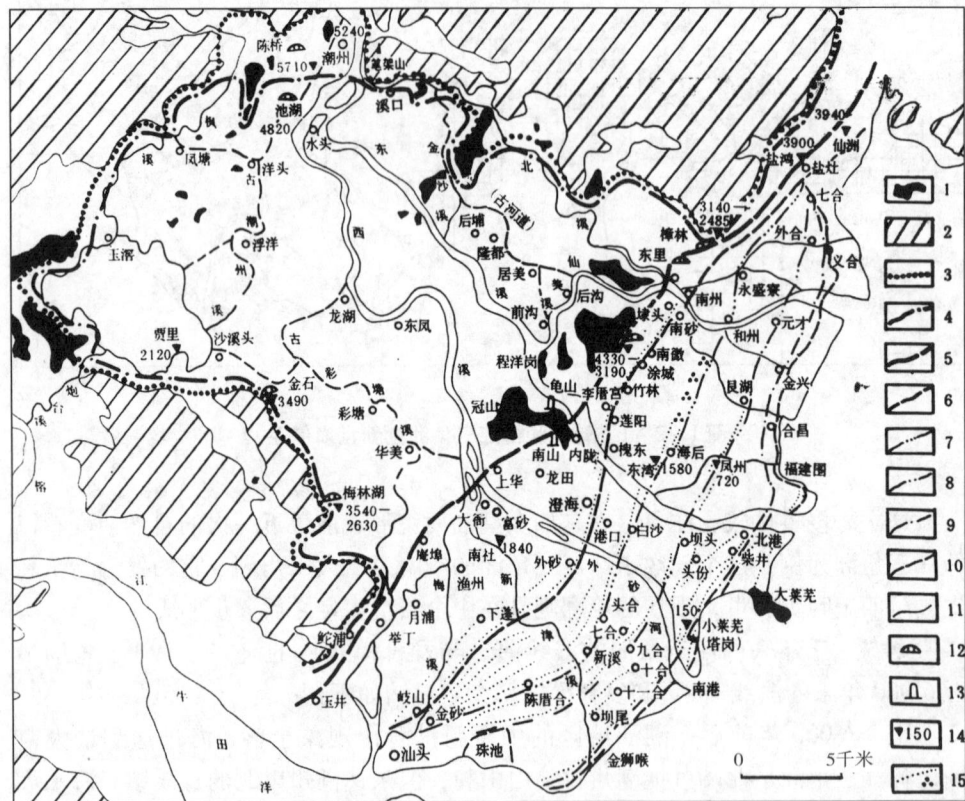

1. 残丘 2. 丘陵 3. 新石器中期滨线 4. 新石器中晚期滨线 5. 新石器晚期至周代滨线 6. 汉代滨线 7. 唐初滨线 8. 宋末滨线 9. 清代滨线 10. 1964年滨线 11. 1983年滨线 12. 新石器时代遗址 13. 汉代遗址 14. $^{14}$C年代 15. 沙垅、沙堆

图1-2-2 韩江三角洲的滨线演进图

距今2 000年及其后几个时期的滨线均以滨岸沙堤的形式显示。在不同历史时代，存在着4列基本连续并且横亘于韩江三角洲之上的滨岸沙堤，代表了滨线发展的4个相对稳定时期。通过沉积物测定、考古发现、查阅文献记载等手段进行综合考察，分析出4条滨线分别是：距今2 000年左右的汉代滨线，为南砂—莲阳—澄海—岐山沙堤线；而在南砂—莲阳—澄海—外砂—下蓬—岐山一线以西

至前述贝壳堤之间的地区，汉代已经成陆；距今约 1 400 年的唐初滨线，为海后—白沙—新溪—陈厝合沙堤线；距今约 700 年的宋末滨线，为凤洲—坝头—九合—龙眼一线；距今 150 多年的清代后期滨线，为福建围—北港—小莱芜—金狮喉—珠池沙堤线。

1964 年、1983 年的滨线均为实测，由于韩江三角洲地区地少人多，人均耕地 0.3 亩（1983 年数据），遂在沿海进行大规模人工开垦（共 27.55 万亩），1964—1983 年的三角洲滨线由内陆向外迅速推进，很大程度是由于人为因素的作用而加速的。

## 三、晚更新世以来植物群、气候和古环境变迁

目前潮汕平原的地带性植被为季雨林或季风常绿阔叶林。群落的组成一般有 *Sterculia*（梧桐科苹婆属）、*Litsea*（樟科木姜子属）、*Meliosma*（清风藤科泡花树属）、*Ficus*（桑科榕属）、*Artocarpus*（桑科菠萝蜜属）、*Syzygium*（桃金娘科蒲桃属）等属。其中，河口海湾分布有以桐花树、白骨壤和老鼠勒为主的红树林；山地丘陵一带的植被，则显示出常绿季雨林向山地常绿阔叶林过渡的特点，群落组成则是以 *Castanopsis spp.*（壳斗科锥属）、*Schima crenata*（钝齿木荷）、*Altingia*（金缕梅科蕈树属）[①] 等乔木类为主。气候上具有冬暖夏凉的特点。年均温为 22℃，1 月平均气温为 12℃～13℃，年降雨量约 1 600 毫米。[②]

这是自然演变的结果。

根据孢粉分析[③]结果可知，潮汕地区自晚更新世以来的植物群面貌经历了一系列变化，而气候和环境的改变是导致植被变迁的主要因素。

下面以《潮汕平原近五万年来的孢粉植物群与古气候》这一科学论文作为主要参考，参引《中国植物志》《韩江三角洲第四系沉积旋回》《潮汕平原全新世孢粉分析与古环境探讨》等论文作个概述。

---

① 本段的植物名词仍依所引用之原文，如果原文仅有英文，则参考中国科学院《中国植物志》编辑委员会主编、科学出版社出版的《中国植物志》中的中文翻译，依序如下：*Sterculia*，见《中国植物志》（第 49 卷第 2 册），1984 年，第 116 页；*Litsea*，见《中国植物志》（第 31 卷），1982 年，第 261 页；*Meliosma*，见《中国植物志》（第 47 卷第 1 册），1985 年，第 96 页；*Ficus*，见《中国植物志》（第 23 卷第 1 册），1998 年，第 66 页；*Artocarpus*，见《中国植物志》（第 23 卷第 1 册），1988 年，第 40 页；*Syzygium*，见《中国植物志》（第 53 卷第 1 册），1984 年，第 60 页；*Castanopsis spp.*，见《中国植物志》（第 22 卷），1998 年，第 13 页；*Schima crenata*，见《中国植物志》（第 49 卷第 3 册），1998 年，第 222 页；*Altingia*，见《中国植物志》（第 35 卷第 2 册），1979 年，第 61 页。

② 郑卓：《潮汕平原近五万年来的孢粉植物群与古气候》，《微体古生物学报》1991 年第 4 期。

③ 孢子花粉的外壁含接近角质的特种物质（孢粉素），即使受高温、高压等地质作用的影响也难以被破坏，在地层中往往大量保存，成为孢粉化石。研究化石中孢子花粉的形态、分类、组合分布及其进化规律的科学，是近几十年发展起来的一门新兴学科。由于其研究方法主要是分析、统计，故亦称"孢子花粉分析"，简称"孢粉分析"。古孢粉学广泛用于古气候学、古地理学等许多方面。

## （一）晚更新世植被和气候变化

距今 5.5 万 ~5 万年，潮汕的植被与现代的中—低山常绿阔叶林或中亚热带常绿阔叶林较为相似，群落组成成分中 *Castanopsis—Lithocarpus*（栲属）占主要优势。此外，常见的木本植物也是目前中亚热带南部常绿阔叶林的重要混生类型，如 *Elaeocarpus*（杜英科杜英属）、*Schima*（山茶科木荷属）、*Liquidambar*（金缕梅科枫香树属）、*Microtropis*（卫矛科假卫矛属）、*Distylium*（金缕梅科蚊母树属）[1]、常绿栎类（青冈属）等。该群落组成特征与附近低—中山的常绿阔叶林较为接近，多分布在海拔 500 ~1 200 米的山地。季雨林和海滩红树林在这一时期没有分布。如果与现代分布的季雨林气候条件相比较，则当时的气温略低。

距今 4.5 万 ~5 万年前，常绿阔叶林的主要类型 *Castanopsis—Lithocarpus*（栲属）大幅度减少，栎属以及许多阔叶落叶成分明显增加，如 *Fagus*（壳斗科水青冈属）、落叶栎类、*Betula*（桦木科桦木属）、*Myrica*（杨梅科杨梅属）等。其他含量增加的成分，还有山顶矮林常见的 *Rhododendron*（杜鹃花科杜鹃属）、针叶类的松属、草本 *Artemisia*（菊科蒿属）[2] 等。热带区系的成分几乎不存在。上述孢粉植物群，与年均温为 13.5℃ ~16℃ 的北亚热带常绿、落叶阔叶混交林可以对比，与南岭山地海拔 1 000 ~1 500 米的中山常绿、落叶、阔叶混交林（例如粤北地区海拔较高、较干燥处常见的类似混交林）更为相似。而无论是北亚热带常绿、落叶、阔叶混交林，还是南岭中山山地上分布的混交林，其反映的年均温气候指标均比现在潮汕地区低 4℃ ~6℃（以南岭山地的气温按每升高 100 米年均温下降 0.6℃ 计），而 1 月份平均气温的下降幅度为 6℃ ~12℃。这表明此阶段潮汕平原的年均温为 16℃ ~18℃，1 月份平均气温为 0 ~7℃。

距今 4.5 万 ~2.8 万年前，孢粉植物群的包含成分显示当时的植物群混杂了由沿海至中山山地各种类型的植被带，如海滩红树林 *Sonneratia*（海桑科海桑属）、*Bruguiera*（红树科木榄属）、*Rhizophora*（红树科红树属）、季风常绿阔叶林或季雨林以及低—中山常绿阔叶林等，还包括部分热带—亚热带的山地针叶类

---

[1]　本段的植物名词仍依所引用之原文，如果原文仅有英文，则参考中国科学院《中国植物志》编辑委员会主编、科学出版社出版的《中国植物志》中的中文翻译，依序如下：*Elaeocarpus*，见《中国植物志》（第 49 卷第 1 册），1989 年，第 2 页；*Schima*，见《中国植物志》（第 49 卷第 3 册），1998 年，第 211 页；*Liquidambar*，见《中国植物志》（第 35 卷第 2 册），1979 年，第 54 页；*Microtropis*，见《中国植物志》（第 45 卷第 3 册），1999 年，第 150 页；*Distylium*，见《中国植物志》（第 35 卷第 2 册），1979 年，第 101 页。

[2]　本段的植物名词仍依所引用之原文，如果原文仅有英文，则参考中国科学院《中国植物志》编辑委员会主编、科学出版社出版的《中国植物志》中的中文翻译，依序如下：*Fagus*，见《中国植物志》（第 22 卷），1998 年，第 3 页；*Betula*，见《中国植物志》（第 21 卷），1979 年，第 103 页；*Myrica*，见《中国植物志》（第 21 卷），1979 年，第 2 页；*Rhododendron*，见《中国植物志》（第 57 卷第 1 册），1999 年，第 13 页；*Artemisia*，见《中国植物志》（第 76 卷第 2 册），1991 年，第 1 页。

型，如 *Dacrydium*（罗汉松科陆均松属）、*Podocarpus*（罗汉松科罗汉松属）等。根据中国东部红树林分布的情况判断，当时潮汕平原的年均温至少为 20℃。而更新世出现的 *Sonneratia cf. alba*（海桑属植物"海南枷果"）[①]，目前中国范围内仅见于海南岛的东寨港以南，可佐证当时的气温相对较高。此外，*Dacrydium*（罗汉松科陆均松属）目前仅分布于海南岛以及中南半岛以南、海拔 700~1 300 米的山地雨林中，都是降水量 2 000 毫米以上、平地年均温 23℃ 的地方。这也在一定程度上说明当时潮汕地区降水量较高，面向海洋的山坡可能有一些具雨林群落特征的层片。总之，距今 4.5 万~2.8 万年的潮汕地区，年均温接近于现代，降雨量则高于现代，总体上较为湿热。

距今 2.8 万~2.3 万年的潮汕植物群特征反映为：落叶、阔叶及针叶成分比上一阶段有所增加，总数可达 20% 左右；植物种类繁多，其中以亚热带分布的常绿类型最多，次之则为亚热带—热带的分布属种；草本层不太发育；未见红树林；热带山地雨林成分陆均松属消失。这些特征与现代南亚热带至中亚热带较大山体间的中山常绿、落叶阔叶混交林较为相似，即植物群中保留有较多热带—亚热带区系成分。从各种情况分析，这类山地混交林的分布，可能下降至海拔 500 米左右，在季风气候下的山地常绿阔叶林比较多，植被繁茂，林内湿度大。由此可判断出：距今 2.8 万年起气候开始变凉，距今 2.8 万~2.3 万年间，年平均气温约为 18℃，比现代低 4℃。应该说明的是，这段时期的气候降温，在中国大约有一定的普遍性。同时，潮汕的降温幅度也符合同期气温下降幅度南方比北方小的总体情况，如北京城区距今约 29 285 年、距今约 28 465 年的气温比现在低 7℃，渭南距今约 23 100 年的气温比现在低 8℃，珠三角距今 3 万~2 万年的气温比现在低 3℃~4℃等。

距今 2.3 万~2 万年，栲属重新占有较大优势，落叶成分如 *Fagus*（壳斗科水青冈属）、*Carya*（胡桃科山核桃属）、*Quercus*（壳斗科栎属）、*Pterocarya*（胡桃科枫杨属）、*Liquidambar*（金缕梅科枫香树属）[②] 等含量较低。从孢子及地质学等综合分析结果判断，至少在取样点附近的气候类型相当于中亚热带中—北

---

① 本段的植物名词仍依所引用之原文，如果原文仅有英文，则参考中国科学院《中国植物志》编辑委员会主编、科学出版社出版的《中国植物志》中的中文翻译，依序如下：*Sonneratia*，见《中国植物志》（第 52 卷第 2 册），1983 年，第 112 页；*Bruguiera*，见《中国植物志》（第 52 卷第 2 册），1983 年，第 135 页；*Rhizophora*，见《中国植物志》（第 52 卷第 2 册），1983 年，第 127 页；*Dacrydium*，见《中国植物志》（第 7 卷），1978 年，第 420 页；*Podocarpus*，见《中国植物志》（第 7 卷），1978 年，第 399 页；*Sonneratia cf. alba*，见《中国植物志》（第 52 卷第 2 册），1983 年，第 112 页。

② 本段的植物名词仍依所引用之原文，如果原文仅有英文，则参考中国科学院《中国植物志》编辑委员会主编、科学出版社出版的《中国植物志》中的中文翻译，依序如下：*Fagus*，见《中国植物志》（第 22 卷），1998 年，第 3 页；*Carya*，见《中国植物志》（第 21 卷），1979 年，第 39 页；*Quercus*，见《中国植物志》（第 22 卷），1998 年，第 213 页；*Pterocarya*，见《中国植物志》（第 21 卷），第 21 页；*Liquidambar*，见《中国植物志》（第 35 卷第 2 册），1979 年，第 54 页。

部，气温略低于现代，但较上一期18℃的年均温有所上升。

晚更新世末2万~1万年前的沉积物几乎缺失，这个现象广泛存在于潮汕地区。由于风化层不含任何化石，因此缺乏生物证据。其中，距今2万~1.2万年前，潮汕地区普遍遭受剥蚀与风化，韩江三角洲以冲积层为主，也未能找出孢粉作为寒冷气候的标志；"距今1.9万~1.2万年，海水退出，韩江三角洲地区除了古河道带有砂砾沉积外，全区普遍上露"①。但是，由于此期气候变冷，海平面下降，红树林一度消失。

### （二）全新世植被和古环境变迁

进入全新世，近1万年来潮汕平原的地带性植被一直是南亚热带季风常绿阔叶林，其优势科有壳斗科、金缕梅科、樟科、桑科、紫金牛科、大戟科、桃金娘科、松科等，这些表征科自全新世以来变化不大，总体上反映出气候变化的幅度较小，更多的是体现出古环境的变化，如海水的侵入和退出等。根据孢子粉带分析结果，大抵可分出几个海滨植被演化阶段。

（1）淡水沼泽阶段。相当于10 000~8 500年前。此时三角洲平原除了广泛发育莎草、香蒲沼泽群落外，以河流作用为主，河道分叉多，河床不稳定。大致呈现热暖偏湿的气候特征。

（2）红树林沼泽阶段。距今8 500~7 000年。汕头一带的红树林发育十分充分，在滨线或潮间带附近，淡、咸水相互作用的地区，红树林分布广泛。但此时的红树植物种类与更新世的有所不同，更接近于现代种属。期间，"距今8 500~7 500年，海水上溯到三角洲中下部，庵埠、彩塘、店市以南可能已经处于潮汐的影响范围内"②，常绿林中含大量热带分布属种。呈现热而温湿的气候特征。

（3）口外滨海阶段。相当于7 500~4 500年前。潮汕平原普遍遭受海侵，汕头一带的有孔虫组合反映了当时该区域水深20米以内的海湾环境。滨岸有红树林，其中，距今6 000年左右，由于海平面上升，上一阶段仍局限在庵埠—澄海—东里一线以南的红树林，其分布已经上溯至浮洋及潮州以北，"海侵范围超过榕城和潮州以北"③。地带性植被为季风常绿阔叶林，沟谷中还存在小面积的雨林。呈现热湿的气候特征。

（4）蕨类草丛阶段。为距今4 500~3 000年。海水迅速退出，三角洲平原起初以蕨类及草本群落为主，但一些潟湖或内河湾沉积孢粉组合表明沿海低山丘陵的季风常绿阔叶林仍分布广泛。大致呈现热暖略湿的气候特征。

（5）次生性草地、针叶林阶段。距今3 000年至现代，是人类活动逐渐增多

---

① 宗永强：《韩江三角洲第四系沉积旋回》，《热带地理》1987年第2期，第123页。

② 郑卓：《潮汕平原全新世孢粉分析与古环境探讨》，《热带海洋学报》1990年第2期，第37页。

③ 郑卓：《潮汕平原全新世孢粉分析与古环境探讨》，《热带海洋学报》1990年第2期，第37页。

的时期。常绿阔叶林成分大幅度下降，森林面积的减少导致了次生马尾松林的生长，平原地区的开垦使农田和草地面积进一步扩大。森林减少和水土流失可能还导致了沿海地区湿度的下降，气候较大西洋期偏干，呈现热暖略干的气候特征。[1]

在古时气温方面，另有几个时段的估值，分别为：距今 10 000 ~ 8 500 年，年平均气温不低于或较为接近现代的22℃；距今 8 500 ~ 5 000 年，年平均气温一度上升，估计比现代高 1℃ ~ 2℃，为 23℃ ~ 24℃；距今 4 000 ~ 3 000 年，气候特征已经接近现代，但湿度略低于前一时期。[2]

---

① 郑卓：《潮汕平原近五万年来的孢粉植物群与古气候》，《微体古生物学报》1991 年第 4 期。
② 郑卓：《潮汕平原全新世孢粉分析与古环境探讨》，《热带海洋学报》1990 年第 2 期。

# 第二章　先秦潮汕社会

　　由于并没有确切、清晰述及潮汕地区的早期文献，我们要了解先秦潮汕社会，只能凭借考古发现。因此现在要展开关于先秦潮汕社会的叙述，大抵上相当于介绍"先秦潮汕的考古面貌"。

　　考古学研究的对象是考古学文化所表现的古代人类社会的历史，考古范围的限定必须是与"人"有关。考古发现是指有关古代人类、古代社会和古代文化的实物资料的发现，并且是有科学价值的发现。考古学上的"遗存"包括遗迹和遗物。

　　本章将分为七节论述，第一节主要是依据通用志书等材料作一个概述，第二节开始则梳理各专业论著的断代观点，按年代顺序予以论述。

## 第一节　概　述

　　如前所述，关于先秦潮汕社会情况的了解，主要材料来自考古发现。因此，这里的"概述"其实也是先秦潮汕考古发现的概述。

　　目前潮汕地区的考古发现，年代最古老者是揭阳采集到的两件手斧，属于旧石器时代遗物；但以遗址算，最早者为南澳象山遗址，距今约 8 000 年，属于新石器时代早期遗物。

　　这样的发现，在时间上是否算早，我们可以作个对比来判断。

　　中国境内出现古人类的时间，一般认为，是距今大约 200 万年。其依据是位于华北西北部的泥河湾盆地以及安徽繁昌人字洞相继发现的与人类活动有关的遗存，中国也成为亚洲乃至世界上研究人类起源及进化的最重要地区之一。①

　　广东境内发现的曲江区马坝人头骨和封开县垌中岩遗址中的两枚牙齿，是已知的年代最古老的人类化石，距今 12.9 万年与 14.8 万年。还有封开的罗砂岩，

---

① 王巍：《新中国考古六十年》，《考古》2009 年第 9 期。

罗定的下山洞、饭甑山，英德的宝晶宫等遗址，距今13万～3万年。[1]

福建境内发现的三明市万寿岩洞穴遗址有最古老的活动痕迹，说明距今18万年以前，该处已经有古人类定居。

其中，与潮汕地区接壤的福建省漳州市诏安县，其境内的覆船山遗址，推测年代为距今约6 000年，是漳州地区已知年代最早的新石器时代遗址。[2]

目前潮汕地区被广泛认可的先秦考古学文化，有"浮滨文化"一种，这也是广东省内三种考古学文化之一。[3] "虎头埔文化"则随着十多年来不断深入的讨论，正在逐渐受到重视。而"后山文化"，多数考古学家仍以"后山类型"称之。[4] 此外，有的考古学家也将陈桥类型、华美类型称为"陈桥文化"和"华美文化"等，但这两个称呼目前未见更广泛的使用。如《中国考古学》，则是分别将后山、浮滨的遗存等称为"后山'类'遗存"和"浮滨文化"遗存。[5]

## 一、先秦潮汕考古简况

潮汕地区的考古发现及考古工作的开展，大体与广东全省同步，在国内算是比较早的。1928年3月，国内第一个考古研究机构中央研究院历史语言研究所考古学组在广州筹备成立[6]。20世纪30年代中后期，意大利人麦兆良便对粤东"福老区域"进行考古调查（1975年出版《粤东考古发现》一书）[7]，随后中山

---

[1] 广东省地方志编纂委员会编：《广东省志·文物志》（光盘版），广州：广东省科技音像出版社，2007年，第2页。

[2] 福建省地方志编纂委员会编：《福建省志·文物志》，北京：方志出版社，2002年，第1－2、7－9页。

[3] 考古学文化与通常所说的文化在概念上是有差别的，它是指考古发现中可供人们观察到的属于同一时代、分布于同一地区并且具有共同特征的一群遗存。"目前广东先秦考古中被考古界认可的考古学文化，只有西樵山文化、石峡文化、浮滨文化等。"参见杨式挺、邱立诚、冯孟钦、向安强：《广东先秦考古》，广州：广东人民出版社，2015年，前言第7页。

[4] 考古学上使用"类型"一词的有器物类型、遗址类型、文化类型等。器物类型是考古类型学的概念，遗址类型主要指洞穴、贝丘、山冈、台地等不同生态、地貌的遗址，文化类型则是考古界对考古学文化中"未定论"时使用的术语，有时某些考古报道或考古报告等会把某某类型称为某某文化，但其实与已定名的考古学文化有明显的区别。更多的时候是把考古学文化中由于区域或时期早晚所形成的共同体差别称为"类型"。如后山类型属于考古学文化"未定论"范畴，所以称为"后山类型"。参见曾骐、吴雪彬：《揭阳榕江流域的后山类型》，揭阳考古队、揭阳市文化广电新闻出版局编：《揭阳考古（2003—2005）》，北京：科学出版社，2005年，第74页。

[5] 杨锡璋、高炜主编，中国社会科学考古研究所编著：《中国考古学·夏商卷》，北京：中国社会科学出版社，2003年，第653－659页。

[6] 李晓东编著：《中国文物学概论》，石家庄：河北人民出版社，1990年，第305页。

[7] ［意］麦兆良著，刘丽君译：《粤东考古发现》，汕头：汕头大学出版社，1996年，前言第1－3页。

大学的杨成志、顾海铁，美国人卜瑞德，英国人卫戴良也在粤东区域进行过考察①，而饶宗颐先生也一直关注和参与粤东考古工作，1948 年成书、1950 年在香港刊出的《韩江流域史前遗址及其文化》，即是其自 1941 年起调查发现的考古成果结集，这也是国内较早的考古学专著。②

迄今潮汕地区发现的先秦时期遗存，从广东省乃至全国范围来衡量应算可观。这些考古信息是古代人类历史长河中的点滴遗留，在一定程度上可以客观地显示出地区性文化特征，为复原当时的历史面貌提供了不可替代的史实。

早在二十世纪五六十年代第一次全国文物普查专项活动中，广东省博物馆就广东省文物管理委员会等在广东东部（当时的"广东东部"指陆丰、普宁、潮阳、汕头、潮安、饶平、大埔、梅县、兴宁、揭阳、五华、紫金、龙川、河源、博罗和增城）③ 发现的 200 余处遗址进行普查和复查，并制成共记录 241 处遗址的《广东东部新石器时代遗址登记表》④。

其中，除去如大埔（5 处）、陆丰（13 处）等所谓"传统（广义）潮汕地区"的考古发现，仅计算核心潮汕地区（1991 年 12 月之后的汕头、潮州、揭阳三个地级市地域⑤）的新石器时代⑥遗址，便发现 93 处。

现按《广东东部新石器时代遗存》所载的《广东东部新石器时代遗址登记表》资料，整理为下表：

表 2 - 1 - 1　截至 1961 年潮汕地区发现的新石器时代遗址简况表

（单位：处）

| 序号 | 县别（原区划） | 遗址名称（原地名） | 数量 |
|---|---|---|---|
| 1 | 普宁 | 羊桃石、蓝架角、芦园港、尾路崀、白点埔山、沟疏南、松柏山、羊条顶、后壁坑、店铺山顶、娘仔山、陈古岭山、龙潭、蛇地铺 | 14 |

①　杨式挺、邱立诚、冯孟钦、向安强：《广东先秦考古》，广州：广东人民出版社，2015 年，第 35 - 36 页。

②　饶宗颐：《韩江流域史前遗址及其文化》，三颂堂复本，1948 年，卷首第 1 - 2 页。

③　广东省博物馆：《广东东部新石器时代遗存》，《考古》1961 年第 12 期；广东省文物考古委员会：《广东潮阳新石器时代遗址调查简报》，《考古通讯》1956 年第 4 期。

④　广东省博物馆：《广东东部新石器时代遗存》，《考古》1961 年第 12 期。

⑤　李宏新：《1991：潮汕分市纪事》，广州：广东人民出版社，2012 年，前言。

⑥　新石器时代："考古学分期中石器时代的最后一个阶段，开始于八九千年前。已发明农业和畜牧，生活资料有较可靠来源，开始定居生活。广泛使用磨制石器，能制陶和纺织。"参见夏征农、陈至立主编：《辞海》（第六版彩图本），上海：上海辞书出版社，2009 年，第 2548 页。

（续上表）

| 序号 | 县别<br>（原区划） | 遗址名称（原地名） | 数量 |
|---|---|---|---|
| 2 | 潮阳 | 左宣恭山、赤牛山、象山、粪箕坑、倒插钗前山、倒插钗、葫芦山、九岭、九斗尾、牛头坪、西坑前、霞地山、牌仔山、横山岭、横山前、凤地、区头埔、尖山、老虎珂、老虎瓮珂、铺鼎金、走水岭、飞宁陵、天鹅孵蛋山、大路坡 | 25 |
| 3 | 潮安 | 竹竿山、白塔岭、松林峰、梅林湖 | 4 |
| 4 | 饶平 | 埤南前、黄岗岭、马石蛋山 | 3 |
| 5 | 揭阳 | 黄爷山、伯公山、大东山、大盘山、旗岭、背头山、采果山、里鱼黑山、沙堀山、枕头山、虎尾崇、广联、太平埔、新西河、梅林山、油麻山、黄岐山、尖石山、宝山崇、鸡仔山、新岭、落水金狮、香炉山、小螺山、老鸦咀、三台山、狮头山、南塘山、大湖山、石坑山、仙桥山、庙山、老鹰崇、五虎珂山、乳姑山、背头山①、妖婆洞、圆山顶、大冬山、大窝岭、虎头洞、八角塘、刘屋地山、岐子山、静子崇山、蟹地山、汤头山 | 47 |
| | | 总计 | 93 |

注：93处遗存中，除普宁的羊桃石、蓝架角、芦园港、尾路崇、白点埔山、沟疏南6处遗址为沙丘遗址，潮安的梅林湖遗址为贝丘遗址外，其余都是山冈台地遗址。

20世纪60年代尤其是改革开放后，广东省又有大量新发现，其中便包括潮汕地区的一些重要遗存。

《广东省志·文物志》介绍了具有代表性的广东先秦遗址123处，分别为遗址、窑址95处，墓葬26处，石刻2处。其中，位于潮汕地区的分别有遗址、窑址11处，墓葬5处。

各遗存的类型及数量见下表：

---

① 表中出现两次"背头山"，原文如此。

第二章 先秦潮汕社会

21

表 2 - 1 - 2　截至 2006 年有代表性的广东省先秦遗存简况表①

(单位：处)

| 序号 | 类型 | | 数量（其中位于潮汕） | 小计 |
|---|---|---|---|---|
| 1 | 遗址、窑址 | 遗址 | | |
| | | 洞穴遗址 | 13（0） | 95 |
| | | 沙丘遗址 | 17（0） | |
| | | 贝丘遗址 | 14（2） | |
| | | 山冈台地遗址 | 45（8） | |
| | | 窑址 | | |
| | | 横、竖穴窑 | 2（1） | |
| | | 馒头窑 | 2（0） | |
| | | 龙窑 | 2（0） | |
| 2 | 墓葬 | 土坑 | 21（5） | 26 |
| | | 木椁 | 3（0） | |
| | | 瓮棺墓 | 2（0） | |
| 3 | 石刻 | 岩画 | 2（0） | 2 |
| 合计 | | | | 123 |

　　从上表可以看出，有代表性的位于潮汕地区的先秦文化遗存分别是贝丘遗址 2 处，山冈台地遗址 8 处，横、竖穴窑窑址 1 处，土坑墓葬 5 处，总计 16 处。

　　潮汕地区这 16 处有代表性的先秦遗存，虽然仅占广东省有代表性先秦遗存总量的 13% 左右，却反映了太多珍贵的信息。它们在不同时期分布于不同地点，而其存在本身，理所当然可以反映出当时当地的若干情况，对于研究者来说，无疑是奇珍异宝。

　　具体情况梳理见下表②：

---

　　① 广东省地方志编纂委员会编：《广东省志·文物志》（光盘版），广州：广东省科技音像出版社，2007 年，第 75、76、99、132、185、217、244 页。又，该志内容时限截至 2006 年末。

　　② 本表整理自：广东省地方志编纂委员会编：《广东省志·文物志》（光盘版），广州：广东省科技音像出版社，2007 年；陈历明编：《潮汕考古文集》，汕头：汕头大学出版社，1993 年；广东省文化厅编：《中国文物地图集　广东分册》，广州：广东省地图出版社，1989 年。

表 2 - 1 - 3　潮汕地区有代表性的先秦遗存简况表

| 序号 | 名称 | 今所在地 | 类型 | 考古年代 |
|---|---|---|---|---|
| 1 | 象山遗址 | 汕头市南澳县后宅镇象山 | 山冈台地 | 新石器时代早期 |
| 2 | 陈桥村遗址 | 潮州市湘桥区陈桥村沟北 | 贝丘 | 新石器时代中期 |
| 3 | 梅林湖遗址 | 潮州市潮安县庵埠镇梅林湖西北岸边 | 贝丘 | 新石器时代与周代（下文化层可能与潮州陈桥村遗址相当，上文化层晚至西周或春秋时期） |
| 4 | 粮山遗址群 | 汕头市潮南区仙城镇金溪河中游的粮山南麓（包括葫芦山、走水岭山、粪箕坑山、九斗尾山、左宣恭山、赤牛山、月地山遗存等） | 山冈台地 | 新石器时代至商周时期（各具体遗址的考古年代不尽相同，如其中的月地山遗物属于商周时期的浮滨文化） |
| 5 | 虎头埔陶窑址 | 揭阳市普宁市广太镇 | 横穴窑、竖穴窑 | 新石器时代晚期 |
| 6 | 东坑仔遗址 | 汕头市南澳县后宅镇 | 山冈台地 | 青铜时代①早期（推断浮滨文化早期） |
| 7 | 牛伯公山遗址 | 揭阳市普宁市下架山镇 | 山冈台地 | 青铜时代早期（距今 2 870 年至 3 390 年，属浮滨文化） |
| 8 | 后山遗址 | 揭阳市普宁市池尾镇塔埔村 | 山冈台地 | 商时期（总体文化面貌早于浮滨文化） |
| 9 | 蜈蚣山遗址 | 揭阳市榕城区地都镇蜈蚣山 | 山冈台地 | 商时期 |
| 10 | 神山遗址 | 潮州市潮安县归湖镇梨下村 | 山冈台地 | 商周时期 |
| 11 | 塔仔金山墓群 | 潮州市饶平县浮滨镇 | 土坑墓 | 商代中晚期至西周前期（浮滨文化） |
| 12 | 顶大埔山墓群 | 潮州市饶平县联饶镇深涂村 | 土坑墓 | 商周时期（浮滨文化） |

---

　　①　青铜时代："考古学上继红铜时代之后的一个时代。青铜是红铜和锡的合金，较红铜的熔点低、硬度高，便于铸造。世界上最早进入青铜时代的是美索不达米亚和埃及等地，开始于公元前 3 000 年，中国在商代（公元前 16 世纪至公元前 11 世纪）已是高度发达的青铜时代。在青铜时代，尚不能排斥石器的使用，有的地区处于原始社会末期，有的地区已进入奴隶社会。中国在青铜时代已建立奴隶制国家，有相当发达的农业、手工业，并已有文字。"参见夏征农、陈至立主编：《辞海》（第六版彩图本），上海：上海辞书出版社，2009 年，第 1826 页。

| 序号 | 名称 | 今所在地 | 类型 | 考古年代 |
|---|---|---|---|---|
| 13 | 油甘山墓群 | 揭阳市揭东区地都镇 | 土坑墓 | 商周时期（浮滨文化） |
| 14 | 大盘岭墓群 | 揭阳市揭东区白塔镇洪陂村 | 土坑墓 | 商周时期（浮滨文化） |
| 15 | 龟山遗址 | 潮州市潮安县归湖镇金舟二塘 | 山冈台地 | 东周至汉时期 |
| 16 | 面头岭墓群 | 揭阳市揭东区云路镇中夏村 | 土坑墓 | 战国时期 |

这些仅仅是截至 2006 年作为综述性志书的《广东省志》认为比较有代表性的遗存，事实上，潮汕地区的发现远不止此。

如揭阳市（含普宁市），其丰富的地下文物，不少可以追溯至先秦时期，根据历年考古资料，其地下文化遗存的地点有 200 多处，包括古遗址、墓葬、窑址、石器制造场和文物散布点，基本上覆盖了今天揭阳市全境。其中，仅原揭阳县境内（大约相当于今揭阳市榕城区和揭东区），便有 114 处先秦时期文化遗存，多数分布在北榕江以北的大小支流及其附近的山地，少量分布在南榕江西岸及其支流，为数更少的一些分布在东南面的桑浦山西侧。其中黄岐山、北溪河、车田河、埔田一带遗址点分布十分密集，许多地点的文化层还呈现出多层文化的连续性。以黄岐山为例，它是一座海拔高度不超过 100 米的丘陵山冈，位于榕城区东北方向，考古学家们在这里发现新石器时代遗存 23 处，其中新石器时代、浮滨文化时期遗址 6 处，新石器时代、周代时期遗存 6 处，浮滨文化时期遗存（墓葬）6 处，周代时期遗存 3 处。[①]

又如潮州市的饶平县，除了上列浮滨、联饶镇两处较大型土坑墓群外，还有数处先秦遗存：位于饶平县新丰镇杨康村、考古年代测定为商至周的宫科山遗址，位于饶平县三饶镇田饶村、考古年代测定为商至周的鹧鸪堀遗址，位于饶平县三饶镇西南、考古年代测定为商至周的跑马埔遗址，位于饶平县新塘镇主村跳仔崟、考古年代测定为商至周的跳仔崟遗址，位于饶平县新塘乡主村后头山、考古年代测定为商至周的后头山遗址，位于饶平县新圩镇长彬村、考古年代测定为商至周的虎地路坎遗址，位于饶平县樟溪镇马山湖水库西侧、考古年代测定为商至周的马山湖遗址等。

再如汕头市的澄海区，也有 4 处先秦遗存[②]，分别是：

其一，位于澄海区莲上里关村的内底遗址，其四层堆积层中，第三层发现有

---

① 曾骐、邱立诚：《揭阳先秦两汉考古研究》，吴奎信、徐光华主编：《第五届国际潮学研讨会论文集》，香港：公元出版有限公司，2005 年。

② 广东省文化厅编：《中国文物地图集　广东分册》，广州：广东地图出版社，1989 年，第 51、246页；广东省地方志编纂委员会编：《广东省志·文物志》，广州：广东省科技音像出版社，2007 年，第 2 页。

人类颅骨、牙齿、夹砂陶片及箭镞（鱼镖）等骨器共36件，考古年代为新石器时代，根据贝壳标本测定，距今有4 336±100年；

其二，位于澄海区十五乡溪西至梅陇的梅陇遗址，考古年代为新石器时代，属于贝丘遗址，从隆城至程洋冈、南峙山、东里鼎脐山等连成一条贝丘遗址层，长达十多公里，贝丘层中采集有石杵、石刀、石锛、骨器、陶勺和绳纹陶片等遗物；

其三，位于澄海区东里鼎脐山与象鼻山之间的鼎脐山遗址，考古年代为新石器时代至青铜时代，1984年挖掘13平方米，出土大量陶片、石刀、石凿以及一件砍砸器，陶器有釜、器座、钵、罐、盂等残片，纹饰有粗绳纹、粗网纹、篦点纹、曲折纹、菱形纹、方格纹等；

其四，位于澄海区管陇山的管陇山遗址，考古年代为新石器时代，面积约3 000平方米，1958年发掘时，出土有石锛、夹砂绳纹陶片、釜、罐、陶器座。

此外，还有一些存疑的，其中有些是比较典型的，如揭阳新亨九肚村古河道中出土的一段已碳化的独木舟，曾有人认为该碳化遗物是"迄今为止，中国先后发现了数十艘独木舟或独木舟的模拟物或图像"中的"原始社会者"，其年代久远，"系旧石器时代晚期的产物"。倘若如此，那么它作为一个大发现，必然于专业论著中有记载。然而既未有考古学术论文论述其年代，也未见《中国考古学·新石器时代》《广东省志·文物志》等专著提及，因此，也许可以认为，"该碳化遗物'属于旧石器时代晚期的产物'这个结论未必可靠"[1]。

总之，以上所述只是文化遗存的一部分而已，也不是专业论文或权威专著所提及的全部。由此可见，潮汕地区已发现的先秦遗存还是有一定数量的，即使放在全国范围内来衡量，也不算寒碜。

## 二、专业论著上的考古阶段划分

关于广东先秦的考古面貌，综述性、介绍性的志书、文章，一般是按旧石器时代，新石器时代早、中、晚期，夏商时期，商周时期，战国时期，春秋时期来划分的。[2]

专业性较强的论著，则常有不同的分期。兹就目前数种较有影响的专业论著，将其中有关今潮汕三市史前考古分期情况作一梳理。

需要说明的是，由于潮汕地区迄今发现的最早遗存普遍认为年代为新石器时代早期（尽管象山遗址不排除其年代早于新石器时代的可能，揭阳又发现有疑似

---

① 李宏新主编：《潮汕史稿》，汕头：汕头大学出版社，2016年，第782页。

② 广东省地方志编纂委员会编：《广东省志·文物志》（光盘版），广州：广东省科技音像出版社，2007年，第1-2页；广东省文化厅编：《中国文物地图集 广东分册》，广州：广东省地图出版社，1989年，第2-4页。

旧石器时代晚期的石斧），因此对潮汕的先秦考古介绍，一般都是从新石器时代早期开始的。

1984 年刊出的论文《广东新石器时代考古若干问题的探讨》，以刊出时的广东全境作为讨论对象，介绍了新石器时代早、中、晚期文化遗存。文中涉及潮汕地区的只有早期和晚期，中期缺。

论文作者认为，处于广东新石器时代早期的是潮安石尾山、陈桥村贝丘遗址，都距今 6 000 多年。处于广东新石器时代晚期的文化遗存，则可根据时间先后分为三个发展阶段：第一阶段为潮阳左宣恭山、赤牛山遗址，第二阶段为揭阳蜈蚣山和稍晚的揭阳埔田宝山崇（距今约 4 000 年）、牛寮角和普宁虎头埔遗址，第三阶段为普宁池尾北山遗址，距今约 3 500 年。①

1986 年刊出的《广东新石器时代文化及相关问题的探讨》②，将广东新石器时代遗存分为早、中、晚期，晚期再分前、末两段，合计三期四段；空间上则分为粤北、粤西、粤东、珠江三角洲、港澳、南路共 6 个考古区域。潮汕三市是粤东区的主体，在该文中有新石器时代中期、新石器时代晚期前段和新石器时代晚期末段的遗存介绍。

该文论述中涉及潮汕三市的先秦遗存分别为：新石器时代中期，相当于公元前 4500—公元前 3500 年，有潮安池湖凤地、陈桥村、石尾村、海角山遗址；新石器时代晚期前段，相当于公元前 3000—公元前 2000 年，有揭阳蜈蚣山、关爷石、宝山崇，潮阳赤牛山、左宣恭山，澄海内底村遗址；新石器时代晚期末段，相当于公元前 2000—公元前 1000 年，有普宁后山、虎头埔，潮阳葫芦山、簸箕坑（山）遗址。

1994 年刊出的《先秦两汉时期潮汕地区的考古学文化》，论述对象是潮汕地区。该文将潮汕地区的先秦考古划分为新石器时代、夏商周时期两大部分，分别对应如下：陈桥村遗址（距今 6 000~5 000 年的新石器时代中期），稍晚的有潮阳左宣恭山、赤牛山遗址；虎头埔窑址（距今约 4 000 年的新石器时代晚期），约同期的有潮阳葫芦山、走水岭、九斗尾山、粪箕山等遗址；后山遗址（距今 4 000~3 500 年的新石器时代末期）；梅林湖遗址上文化层（距今约 3 500 年的夏商之际）；浮滨文化（该文称浮滨文化的年代"一般认为在商代，下限不会晚于

① 朱非素：《广东新石器时代考古若干问题的探讨》，广东省博物馆、香港中文大学文物馆合编：《广东出土先秦文物》，香港：香港中文大学文物馆，1984 年，第 13 - 44 页。

② 杨式挺：《广东新石器时代文化及相关问题的探讨》，《岭南文物考古论集》，广州：广东省地图出版社，1998 年，第 188 - 216 页。

西周"[①]）；面头岭遗存（周代）等。[②]

1998 年刊出的《从象山人到浮滨人——潮州远古文化的历程》，则直接以主要遗存的年代排序，分四个阶段介绍潮汕远古文化发展的历程：第一阶段，象山文化（距今 8 000 年或更早），与福建漳州、平和、诏安、东山应属同一文化系统；第二阶段，陈桥文化（距今 6 000～5 000 年），仍与闽南文化保持密切的联系；第三阶段，后山文化，以鸡形壶为特色，与上海马桥、浙江江山肩头弄、福建光泽杨山发现的鸭形壶以及福建闽侯黄土仑出土的鬶形壶有一定关系，而稍早的有潮阳左宣公山、揭阳地都蜈蚣山、普宁虎头埔等遗址发现的部分几何印纹陶，到了该阶段，陶器种类锐减，只留下一种方格纹陶，可看出东夷文化逐渐融入；第四阶段，浮滨文化，已发现近百处遗址，形成了地跨闽粤两省、分布于韩江、榕江、九龙江、晋江四个流域的重要考古学文化，潮汕地区发现的包括南澳东坑仔、榕江韩江流域、普宁牛伯公山等各处浮滨遗址，显示出其与商周文化有千丝万缕的关系。而若干器物又存在土著特征，这反映了中原华夏文化与岭南土著文化的第一次融合。[③]

该文还认为，潮汕的远古历史可以以上面这四个阶段为粗轮廓，上下延伸：象山人往上溯，潮汕更早的古人类"可能是 80 年代福建东山发现并确认的旧石器时代晚期的古人类化石——东山人"；从象山人到浮滨人阶段，"考古文化显示与漳州一带联系密切，……土著居民在族属上自然具有更多的闽越族血统"；浮滨文化之后，随着揭阳岭的开通等，潮汕地区的古文化日益发展，"除了东南海岸之外，波及珠三角及更大范围内的融合，这时韩江流域的居民才更多渗入南越族的血液"[④]。

2012 年刊出的《粤东闽南地区先秦考古学文化的分期与谱系》[⑤]，依照《我国南方几何形印纹陶遗存的分区、分期及其有关问题》[⑥] 中"粤东闽南区"的概念，将粤东闽南区视为以印纹陶遗存为代表的东南早期古文化 7 个区系之一，进行综合论述。该文所述的粤东闽南区指的是广东省的汕头、潮州、揭阳三市和福

① 邱立诚：《先秦两汉时期潮汕地区的考古学文化》，郑良树主编：《潮州学国际研讨会论文集》，广州：暨南大学出版社，1994 年，第 61～77 页。按：从时间上看，该文写作时象山遗址已经有所发现，但可能尚未有较为专业的调查及考古报道。

② 邱立诚：《先秦两汉时期潮汕地区的考古学文化》，郑良树主编：《潮州学国际研讨会论文集》，广州：暨南大学出版社，1994 年，第 61～77 页。按：从时间上看，该文写作时象山遗址已经有所发现，但可能尚未有较为专业的调查及考古报道。

③ 曾骐：《从象山人到浮滨人——潮州远古文化的历程》，《岭南文史》1998 年第 4 期，第 8 页。

④ 曾骐：《从象山人到浮滨人——潮州远古文化的历程》，《岭南文史》1998 年第 4 期，第 8 页。

⑤ 魏峻：《粤东闽南地区先秦考古学文化的分期与谱系》，北京大学考古文博学院、北京大学中国考古学研究中心编：《考古学研究（九）——庆祝严文明先生八十寿辰论文集》（上册），北京：文物出版社，2012 年，第 140～165 页。

⑥ 李伯谦：《我国南方几何形印纹陶遗存的分区、分期及其有关问题》，《北京大学学报》（哲学社会科学版）1981 年第 1 期。

建省的漳州、厦门两市的全部地区，以及广东省的梅州、汕尾两市和福建省泉州市的部分地区，作者将整个粤东闽南地区的文化序列、年代分为 7 期 14 段，并列出代表性遗存。

现将属于潮汕地区的部分拆出，按该文所述时间顺序排列。需要说明的是，原文有具体的期、段，为简明计，下文以顿号隔开的表示同一段，表示年代相当；以逗号隔开的为不同段，表示相对而言年代间隔较长。

距今 6 200 年前后或稍早，有陈桥村第三层遗存、海角山遗存；

距今 4 200～3 800 年，有虎头埔一组遗存，虎头埔二组遗存，莲花心山遗存、普宁龟山一组遗存；

距今 3 800～3 300 年，有普宁后山、普宁龟山二组、面头岭一组、油甘山一组、新岭矿场一组、牛伯公山一组和二组遗存；

距今 3 400～2 900 年，可分两类，甲类为距今 3 300～3 000 年，包括饶平浮滨墓葬"M1"至"M3"、油甘山三组、牛伯公山三组、普宁龟山三组、新岭矿场二组遗存，乙类为距今 3 400～2 900 年，包括华美一组①、面头岭二组一段和二段、东坑仔遗存；

距今 2 900～2 500 年，有面头岭三组、油甘山四组、普宁龟山四组、新岭矿场三组遗存，惠来赤岭埔一组和揭东第六期遗存（"揭东第六期遗存"指埔田金鸡崟四组、埔田茂林山二组、新亨落水金狮四组、新亨其他遗址四组遗存②）；

战国早期，有面头岭四组一段、华美二组遗存；

战国中期，有面头岭四组二段、华美三组遗存；

战国晚期至西汉初年，有面头岭四组三段、赤岭埔二组遗存。

2013 年刊出的《闽南粤东地区先秦时期考古学文化分期及相关问题》③，同样视粤东闽南为一个区域，其中的粤东地区主要指韩江—榕江流域，主要包括广东省的潮州、汕头、揭阳、汕尾、梅州五市以及福建省龙岩市的长汀、上杭、永定、连城、武平五县；闽南地区主要指九龙江—晋江流域，包括福建省的厦门、泉州、漳州三市以及龙岩市的部分县。该文将粤东闽南区在先秦时期的文化序列分为八期，现将属于潮汕部分的代表遗址及其年代析出。

第一期以象山遗址为代表，距今 8 000 年左右。第二期有潮安石尾山贝丘遗址，距今 6 000 年左右。第三期以陈桥村遗址为代表之一，距今 6 000～5 000 年，同类遗址有海角山、玉湖玉岗。第四期有潮阳左宣恭山、赤牛山、粪箕坑山、九斗尾山、葫芦山，距今 5 000～4 300 年。第五期粤东区以虎头埔文化和后山文化

---

① 魏峻：《揭东县华美沙丘遗址调查报告》，揭阳考古队、揭阳市文化广电新闻出版局编：《揭阳考古（2003—2005）》，北京：科学出版社，2005 年，第 181 - 189 页。

② 魏峻：《揭东县先秦两汉遗址调查报告》，揭阳考古队、揭阳市文化广电新闻出版局编：《揭阳考古（2003—2005）》，北京：科学出版社，2005 年，第 176 - 177 页。

③ 许永杰、范颖：《闽南粤东地区先秦时期考古学文化分期及相关问题》，《北方文物》2013 年第 4 期。

为代表，其中距今 4 200 ~ 3 600 年的虎头埔文化包括虎头埔遗址和狮头崎、猪腿山、石头中学、揭东鸡笼山、南面留、金鸡崀、宝山崀、出米石、翁内山、花鼓岩、高崀岭等；距今 3 500 ~ 3 200 年的后山文化，包括后山遗址、揭阳仙桥戏院后、乌坑内、揭东中夏、南塘山、新亨戏院东、金鸡崀、马头崀、岭后崀、山边园和油柑山等。第六期以浮滨文化为代表，相当于商代晚期至西周早期文化，包括饶平塔仔金山和顶大埔山墓葬、揭东金鸡崀、茂林山、梅林山、新岭矿场、戏院东、落水金狮、炮坡林、大盘岭、面前山、油柑山、剑尾场、普宁龟山、牛伯公山等；同时以华美沙丘遗址为代表的"华美文化"，包括揭东洪岗贝丘、蜈蚣山、面头岭等。第七期为夔纹陶文化，相当于西周中期至春秋时期，有揭东面头岭墓地的第三组遗存、新岭场、油柑山遗址。第八期为米字纹陶文化，相当于战国时期文化，有揭东面头岭墓地、揭西赤岭埔墓地、华美沙丘遗址。

2013 年出版的《广东先秦考古》，则以广东的早期智人、晚期智人、中石器时代、新石器时代早期、新石器时代中期、新石器时代晚期、商时期、两周时期为顺序进行论述。[1]

广东新石器时代各期的绝对年代为：早期，距今 10 000 ~ 7 000 年；中期，距今 7 000 ~ 5 000 年；晚期，距今 5 000 ~ 3 500 年，可分为前段（距今 5 000 ~ 4 200年）和后段（距今 4 200 ~ 3 500 年）。[2]

按照该书的论述，在广东新石器时代早期、新石器时代中期、新石器时代晚期、商时期、两周时期，分布于潮汕地区的典型遗存有不少（不过其中的"潮汕"的范围似乎延至粤东），现分析出位于今潮汕三市者，分别有：[3]

新石器时代早期：南澳象山遗址（距今约 8 000 年），潮安石尾山贝丘遗址[4]。

新石器时代中期：陈桥村遗址（距今 6 000 余年），比陈桥村稍早或相当的、距今 6 500 ~ 6 000 年的潮安池湖凤地、海角山遗址、梅林湖下文化层遗址，比陈

---

① 杨式挺、邱立诚、冯孟钦、向安强：《广东先秦考古》，广州：广东人民出版社，2015 年，目录第 1 - 4 页。

② 《广东先秦考古》中有不同的分期观点，如在第 373 页中称"广东新石器中期的上下限年代，推测在距今 5 300 ~ 7 000 年之际"。本书以此为准。参见杨式挺、邱立诚、冯孟钦、向安强：《广东先秦考古》，广州：广东人民出版社，2015 年，第 159 - 161、373 页。

③ 杨式挺、邱立诚、冯孟钦、向安强：《广东先秦考古》，广州：广东人民出版社，2015 年，第 45 - 46、159 - 161、164 - 165、172 - 173、176、186、205 - 206、208、211 - 213、219 - 220、362 - 370、376、386 - 387、389、393、398 - 424、591、617 - 618、738、745、763 页。

④ 对石尾山遗址的年代判断尚有争议。在《广东先秦考古》中，新石器时代早期和中期章节都有对其进行独立介绍，但更多的描述出现在新石器时代早期章节。从各方面考虑（如未见磨制石器、原始陶片等），本书将其归入新石器时代早期。参见杨式挺、邱立诚、冯孟钦、向安强：《广东先秦考古》，广州：广东人民出版社，2015 年，第 172、336 页。

桥村稍晚或相当的澄海莲上里美村遗址、梅陇—濮西遗址①。

新石器时代晚期：距今 5 000～4 000 年的潮阳左宣恭山遗址下文化层、潮阳赤牛山 2 号探沟、揭东宝山崀遗址等，距今 4 000～3 600 年的虎头埔遗址等，距今 3 500～3 300 年的后山遗址等。

商时期（公元前 1600 年—公元前 1046 年②）：以浮滨文化遗址为代表，浮滨文化年代相当于商代中期至西周前期③，如饶平塔仔金山、饶平顶大埔山墓群、揭阳油甘山墓群等，又如揭阳蜈蚣山遗址的 2B 层遗存，估计年代仅是商代，牛伯公山遗址则可确定在公元前 1500 年—公元前 900 年。

两周时期（公元前 1046 年④—公元前 256 年）：如揭阳蜈蚣山遗址的 2A 层遗存（西周至春秋）、华美遗址（西周）、面头岭遗址（东周战国）等。

以上是几种专业论著的大致分期情况。应该指出的是：受考古报道、遗址调查、发掘报告、考古论文发表时间的先后，后期发现增多、科技手段提高，以及各学者观点有所差异等因素影响，各种论述及阶段划分不尽相同。如对于最早的遗址——象山遗址的年代，便有上述的认为其"距今八千年或更早""距今约八

---

① 澄海苏北村、内底村贝丘原来归入陈桥类型，现据《澄海县文物志》，内底村（里美村）第三层出土过 36 件骨镞（鱼叉），并有人颅骨及夹砂陶片，贝壳标本碳十四测定为距今 4 330±100 年，说明它们属于新石器时代晚期。参见杨式挺、邱立诚、冯孟钦、向安强：《广东先秦考古》，广州：广东人民出版社，2015 年，第 376－377 页；澄海县博物馆编：《澄海县文物志》，内部出版，1987 年，第 3 页。

② 夏商周断代工程专家组编著：《夏商周断代工程 1996—2000 年阶段成果报告》（简本），北京：世界图书出版公司，2000 年，第 86－87 页。

③ "就考古学文化的内涵而言，浮滨文化的分期目前还未能解决。但相关学者对其年代已有初步的认识，即大体与吴城文化同步，最早在商代中晚期，最晚在西周中期。浮滨文化的遗物或含有浮滨文化因素的遗物在浮滨文化区的外围已有较多的发现，如西面的汕尾海丰，北面的和平、蕉岭，东面的永春、永泰等地。浮滨文化的西渐，似乎更多的是从海路传播的，如增城石滩围山出土的釉陶豆残片、博罗横岭山 248 号墓出土的釉陶豆、香港大屿山蟹地湾出土的釉陶豆、香港马湾东湾仔 C1044 墓葬出土的釉陶壶和釉陶盂、珠海淇澳岛亚婆湾出土的釉陶豆和釉陶壶残片、中山翠亨出土的陶壶等，都毫无疑问属于浮滨文化的遗物。它们是浮滨人带去还是以商品贸易形式出现的并不重要，重要的是我们看到了珠江文化对史前文化的传承以及对外来文化的包容。深圳屋背岭墓地所见的大口尊、珠海前山水涌的一件大口尊、佛山南海大沥的一件大口尊，其造型均可认为受到浮滨文化的强烈影响，珠海前山水涌大口尊底有圈足，饰席纹；南海大沥的大口尊为圜凹底，饰曲折纹，显然是当地的特征。在香港西贡沙下遗址的商时期遗存，出土一件直身、折腹、喇叭形圈足的黑皮豆，颇有浮滨文化釉陶豆的形态风貌。这类器物正是结合两种考古文化而诞生的物品。浮滨王国虽然拥有丰富多样的石兵器和先进的铜兵器，但其文化的西渐看来并不是依靠武力，浮滨人最终没有占领珠三角地区使之划进王国的地域。此外，不应忽视浮滨文化的釉陶器对周时期博罗梅花墩、银岗等窑场原始瓷器的生产所起的影响，正是浮滨文化的西渐带来了施釉的技术，使原始瓷器在珠三角地区泛起，并迅速成为原始瓷器的生产大户，缚娄国在这一区域的兴起当与此不无关系。自西周时期起，广东与江浙成为先秦时期两大原始瓷器生产基地，对中国瓷业的发展有着重要的贡献。"参见张镇洪、邱立诚著：《中国南海古人类文化考》，广州：广东经济出版社，2013 年，第 166 页。

④ 夏商周断代工程专家组编著：《夏商周断代工程 1996—2000 年阶段成果报告》（简本），北京：世界图书出版公司，2000 年，第 88 页。

千年"等观点，更有认为其属于旧石器时代者①。这是十分正常的。而在发现、核实、再发现、再研究的过程中，同一位考古学家对自己原有观点进行调整和补充也不足为奇。这种现象在世界范围内都普遍存在着，并非仅仅是中国、广东或潮汕地区如此。

本章从第二节开始，将主要依据《广东先秦考古》的观点分期论述，若其中有数种说法并存的（见上述石尾山贝丘遗址注等），则参照各家观点，并以原始考古报道、清理调查书、发掘报告（简报）、考古论文为基础，尝试对先秦潮汕的社会经济面貌进行简要探讨。

## 第二节　旧石器时代：远古人类活动痕迹

在人类出现之前，潮汕地区曾经历了无数次地壳运动。

新生代第三纪末，广东（包括潮汕地区）的山体水系，基本格局大致奠定。新生代第四纪期间，生物界已呈现出现代面貌，灵长目也完成了从猿到人的进化。大体上，古人类学家普遍视距今200万～20万年为直立人阶段，此后至5万年前进入早期智人阶段，距今5万年至今为晚期智人阶段。

地质学上的第四纪更新世，与考古学上的旧石器时代大约相当。目前发现最古老的广东人为马坝人和蟠龙洞人，都属于早期智人。

马坝人是发现于广东曲江马坝狮子岩洞穴堆积的一个中年男人的头骨化石，从拼凑起来的颅骨和部分面骨分析，可确定其为早期智人。马坝人眶后缩狭指数为80，与北京猿人相近，其接近圆形的眼眶以及较锐的眶下缘在中国则是唯一的例外，这种眶形与欧洲的尼安德特人的眶形较为接近，"可能是欧洲较早时候的古人类尼安德特人的祖先的有关基因流向亚洲东部的结果"，同时，利用铀系法测得可能与马坝人共生的哺乳动物化石的时代为距今12.9万～13.5万年，②马坝人存在于此时间段的判断，遂获得广泛认可；2007年，有学者根据新的测年结果等，推出马坝人化石的最小年代为距今23.7万年的新论断，并认为原有的年代判断过于年轻，"一般认为，马坝人化石应属早期智人中的较早阶段，这里给出的马坝人年代（≥23.7Ka）更符合这一分类学的位置"③。

---

① 如《关于潮汕史前文化的年代问题》采用比较方法论证象山遗址的年代为距今约12 000年，潮州石尾山遗址的年代为距今9 000～10 000年。参见王治功：《关于潮汕史前文化的年代问题》，《汕头大学学报》1999年第2期。

② 吴汝康、吴新智编著：《中国古人类遗址》，上海：上海科技教育出版社，1999年，第116－119、117页。

③ 高斌、沈冠军、邱立诚：《马坝人地点南支洞铀系定年初步结果》，《暨南大学学报》（自然科学版）2007年第3期，第311页。

蟠龙洞人发现于广东云浮云城区狮子山西麓的石灰岩洞，堆积中出土有两颗早期智人牙齿化石，学者认为1枚可能属于30岁左右的青年，另1枚估计属于10岁左右的儿童，其生存年代"应为中更新世晚期之末或晚更新世早期，有可能与马坝人同期或稍早，即距今10多万年前"①。

潮汕地区目前尚未有早期智人的相关发现。

目前可以了解到的是，在第四纪的中更新世末到晚更新世初，揭阳白塔鹅岭村存在大熊猫—剑齿象动物群。而距今5.5万~5万年的气温比现代略低，距今5万~4.5万年的年平均气温为16℃~18℃、1月份平均气温为0~7℃，距今2.8万~2.3万年的年平均气温为18℃，距今2.3万~2万年的气温则有所上升，晚更新世末距今2万~1万年，气候可能转冷。

这样的环境，大概可以说，并不排斥智人（如果存在的话）的生存，但在距今2万~1.2万年前，潮汕地区普遍遭受剥蚀与风化，沉积物几乎缺失。这些严重的剥蚀、风化等现象，极大地降低了古生物形成化石的可能性。也许正是这个原因，导致潮汕地区迄今尚未发现古人类化石。

然而，人类活动的若干蛛丝马迹还是存在着。

在揭阳便采集有两件手斧形砍砸器（《揭阳两件手斧石器的研究》称之为"手斧石器"）。这两件石器是揭阳市博物馆于20世纪80年代在广东第二次文物普查中发现的，据称，它们分别出自揭东埔田镇车田乡马头崈和新亨镇硕和村老鼠山。

《广东揭阳两件手斧石器的初步研究》载有发现经过："邱立诚与中山大学曾骐教授在进行'榕江流域史前期考古学研究'课题时，在揭阳市博物馆的藏品中看到这两件石器标本，正欲对标本所在地作进一步考察时，（采集人）吴道跃突然不幸谢世，致使这两件石器标本的具体发现地成为永久的谜团。"而上述的马头崈、老鼠山两地，虽然曾经出土过商周至战国时期的陶片、磨制石器等，但那些石器从各方面看与这两件手斧形砍砸器都相去甚远。②

考古学家随后对这两件石斧进行更为详细的分析：

编号"埔车采：1"者，硅质灰岩打制，下端有破裂面，两侧修理为薄刃，两面交互打击加工，中部较厚，向上渐修整成尖状，边缘及尖处均经第二步加工修理，长9.7厘米、宽8.4厘米、厚2.4厘米。

编号"新老采：1"者，硅质灰岩打制，下端保留有部分原砾面，经修理作打击台面，器身两面打击，沿两侧进行加工，中部较厚而梭起，两个侧缘形成薄刃，向上渐收小而呈近尖形的钝刃，可见第二步加工修理的小片疤痕，长10厘

① 邱立诚、张镇洪：《广东云浮蟠龙洞人类化石的考古学意义》，广东省珠江文化研究会岭南考古研究专业委员会编：《岭南考古研究》（第7辑），香港：中国评论学术出版社，2008年，第5-11、9页。

② 邱立诚、邓聪：《广东揭阳两件手斧石器的初步研究》，吴奎信、徐光华主编：《第五届潮学国际研讨会论文集》，香港：公元出版有限公司，2005年。

米、宽7.5厘米、厚2.8厘米。①

这两件手斧形砍砸器的发现地点相距大约8公里，但制作技术风格与形态特征基本相同，与欧洲所见的典型手斧特征相当一致，因此可以推断这种砍砸器不是形成于某种偶然行为，而是同一时期同一种石器工业的制品，且可以推测出其年代为旧石器时代晚期。②

制造和使用生产工具是人区别于其他动物的标志，是人类劳动过程独有的特征。有了工具便能证明人类的存在，这是毫无疑问的。

图2-2-1 揭阳旧石器时代手斧实物照

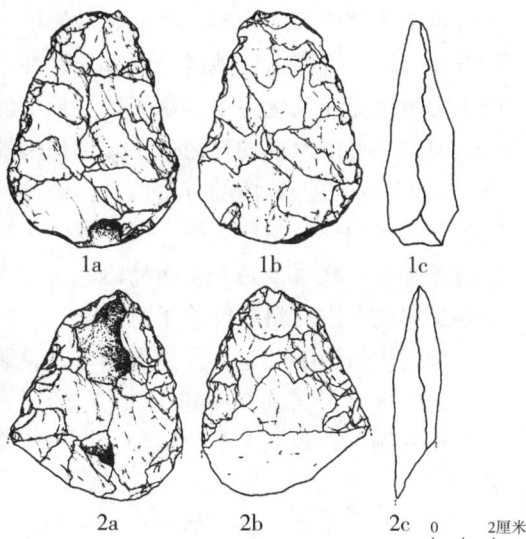

1. 新亨老鼠山 2. 埔田马头嵩

图2-2-2 揭阳旧石器时代手斧③

关于古石斧，从古籍记载上看，在中唐时期的岭南便已有人采集到，《唐国史补》载："（雷州人）有收得雷斧、雷墨者，以为禁药。"④《岭表录异》载："雷州之西雷公庙……每大雷雨后，多于野中得黳石，谓之雷公墨。叩之铿然，光莹如漆。又如霹雳处，或土木中，得楔如斧者，谓之霹雳楔。"⑤ 因此，饶宗

① 邱立诚、曾骐、张季怀：《广东揭阳先秦遗存考古调查》，《南方文物》1998年第1期。

② 邱立诚：《广东旧石器考古的几个问题》，董为主编：《第十届中国古脊椎动物学学术年会论文集》，北京：海洋出版社，2006年，第197、198页。

③ 邱立诚、邓聪：《揭阳两件手斧石器的研究》，揭阳考古队、揭阳市文化广电新闻出版局编：《揭阳考古（2003—2005）》，北京：科学出版社，2005年，第203—204页。

④ （唐）李肇：《唐国史补·卷下》，（唐）李肇、赵璘：《唐国史补·因话缘》，上海：上海古籍出版社，1957年，第63页。

⑤ （唐）刘恂撰，商璧、潘博校辑校：《岭表录异补校》，南宁：广西民族出版社，1988年，第194页。

颐先生认为中国新石器时代最早采集的石斧便是雷州石斧。①

此前，人们普遍认为岭南并不存在手斧石器的工业技术传统，广西百色遗址群出土的石斧，多被认为是西方阿舍利文化的代表性典型器物，而阿舍利文化对应的是直立人化石的面世。这进一步动摇了类似"旧石器时代欧洲大陆属于较先进的手斧文化圈，东亚地区是相对落后的砍砸器文化圈""中国旧石器时代中缺乏像典型阿舍利手斧那样的石器"等考古认识，同时也说明岭南在旧石器时代似乎有制造手斧的传统。②

考古学家将揭阳两件石斧放在更广阔的视野中考察，得出初步结论："不排除百色手斧曾受到阿舍利手斧文化的影响，但晚期遗存中如揭阳石斧般这类石器的弱化，恰恰说明东亚地区与欧非地区在旧石器文化发展延续方面的分歧，即中国南海地区史前文化主要继承了砺石砍砸器的传统。"③

但是，揭阳发现的这两件手斧形砍砸器为采集得来，而在发现人指出的采集点里并未找到更为具体的有用信息。因此，该遗物具体情况如何，与古籍中的模糊信息有何勾连，与作为岭南旧石器的主要源头、相距约 1 000 公里的广西百色旧石器是否有联系，乃至与南岛语系文化、与直立人迁徙的关系如何，这些问题需要更多的考古材料才能给予解答。

同时应该说明的是，虽然有些考古论著对此发现尚存疑问，但在一些志书中已予以载入。如《广东省志·文物志》便称这两件用硅质灰岩打制的石核石器手斧形砍砸器打制加工都较精细，"根据其形态观察，研究者暂定为旧石器时代晚期"④。

# 第三节　新石器时代早期：采集和渔猎

从大约距今 1 万年前开始，潮汕地区的气候转趋暖湿，海平面迅速回升，潮汕全境出现比较明显的海侵现象。这便是地质学上所称的第四纪全新世的开始，考古学上的新石器时代大体与之同步。

新石器时代早期的绝对时间范围，为距今 10 000～7 000 年。

潮汕地区已发现的最古老的人类遗址在此期便已存在。这些潮汕居民的活动

---

① 饶宗颐：《韩江流域史前遗址及其文化》，三颂堂复本，1948 年，第 2 页。

② 谢茂光：《百色旧石器遗址群：手斧挑战莫维斯理论》，《中国文化遗产》2008 年第 5 期；邱立诚、邓聪：《揭阳两件手斧石器的研究》，揭阳考古队、揭阳市文化广电新闻出版局编：《揭阳考古（2003—2005）》，北京：科学出版社，2005 年，第 201－209 页。

③ 张镇洪、邱立诚：《中国南海古人类文化考》，广州：广东经济出版社，2013 年，第 127 页。

④ 广东省地方志编纂委员会编：《广东省志·文物志》，广州：广东省科技音像出版社，2007 年，第 59 页。

范围在今汕头市南澳县的象山遗址①、潮州市潮安区石尾山遗址②等处。这两处遗址都属于贝丘遗址。

## 一、生活环境

象山人生活在距今 8 000 年左右。象山遗址这个小山冈，是他们日常聚居活动之处。在尚未找到考古学上更为确凿的象山人具体居址之前，我们只能说，象山人居住于象山贝丘遗址附近。象山顶采集到的不少贝类、蚌壳的标本，有可能是该时期人类聚居活动的地点。

石尾山人生活的时代，可能比象山人要晚得多，但也在距今 7 000 年以前。他们的居址，则是在石尾山贝丘遗址处，属于韩江流域的范围。

新石器早期潮汕地区人民的生活、活动范围，都濒临当时的滨海地带，附近有淡水源。

这时候的潮汕地区正处于海侵期，海侵最盛时，海水在韩江流域的分布直至潮州和揭阳以北，在练江流域则可达汕头潮南区的司马浦，整体气温比现代略高，年平均气温的估值为 23℃～24℃。

同时，潮汕的滨海地带、咸淡水交互处遍布红树林，红树植物接近于现代，而常绿林中含有大量热带分布属种。气候上则呈现出热而温湿的特征。

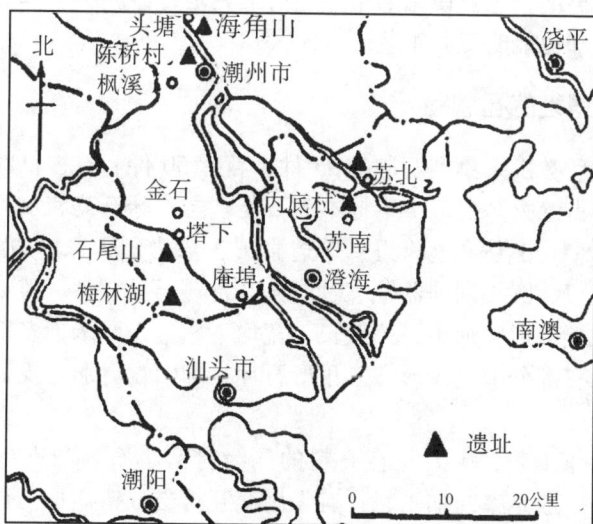

图 2 - 3 - 1　南澳象山遗址位置示意图

---

① 南澳县海防史博物馆、中山大学韩江流域考古课题组：《广东南澳县象山新石器时代遗址》，《考古与文物》1995 年第 5 期。

② 广东省文物管理委员会：《广东潮安的贝丘遗址》，《考古》1961 年第 11 期。

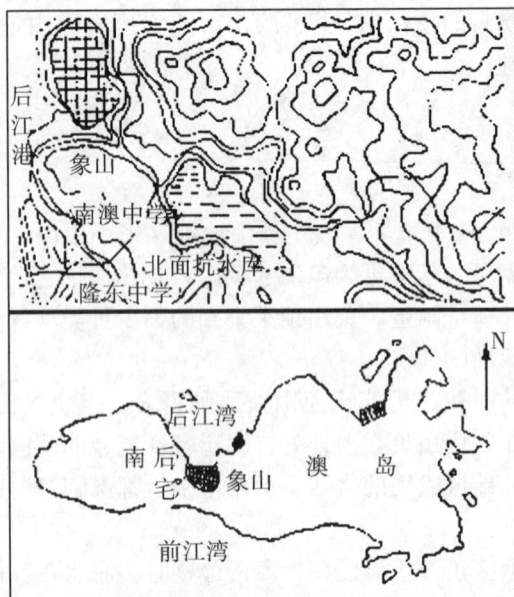

图2-3-2 潮安石尾山遗址位置示意图

## 二、石制品、石器及其工艺

新石器时代早期，主要使用的生产生活工具是石器。虽然本阶段发现的石器数量相对有限，却也能略窥其工艺。

### （一）象山遗址的石制品

象山遗址先后数次采集到石制品93件、石片50件、石核材料7件，原料中各种颜色的燧石占绝大多数，少量标本为石英砂岩、脉石英和水晶。其中石制品包括刮削器78件（分为单边凹刃、单边直刃、双边凹刃、单边双凹刃、凸刃、凹刃直刃、多边刃、圆头刮削器）、尖状器10件、石钻3件、雕刻器2件。

这些石器大抵上形体细小，一般长、宽均不超过3厘米，多用不规则形薄石片加工制成，也有部分呈长条形、三角形石片，均因没有形态规范而表现出很大的随意性。

石制品的制作工艺，主要是在石料的侧缘打落小石片和进行第二步加工处理，其加工方法一般是单向加工，也有采用交互打击或错向加工等方法。其原料绝大多数是各种颜色的燧石，有少量标本为石英砂岩、脉石英或水晶。最可代表象山石器特色的是：弧背刮削器、"人"字形刮削器、"山"字形石钻。

（1）刮削器78件。其中，单边凹刃刮削器20件，如编号"XC4"，浅灰色石英砂岩石片，较薄，一个侧边双向加工打成弧凹刃，长2.5厘米、宽1.5厘米；编号"XC19"，黑色燧石不规则形石片，在距地表188厘米深的地层断面采集，在弧背相对的一侧，使用交互打击方法进行加工，第二步加工打成一个弧凹刃，长2.2厘米、宽1.6厘米、刃宽1.3厘米。单边直刃刮削器17件，如编号"XC17"，灰色燧石，宽长石片，由破裂面向背面的一个直边单向加工，形成4个明显而连续的石片疤，宽大于长，长2厘米、宽3.1厘米、刃宽2.7厘米。双边凹刃刮削器14件，如编号"XC6"，灰褐色不规则形燧石石片，石片的尖部尚保留有台面，在台面的右侧缘修有一小凹刃，刃宽0.7厘米，在台面左侧缘打击加工成较大的凹缺刃，刃宽1.1厘米，两侧缘的第二步加工均为交互两面加工，石器长2.6厘米、宽2厘米。单边双凹刃刮削器4件，均为燧石石片，利用石片凸起的一个长边，采用交互打击方法进行第二步加工，修成上、下两个成凹状的刮刃。凸刃刮削器10件，如编号"XC3"，浅灰色不规则形长石片，由台面远端到左侧缘采用两面加工修成弧凸刃，长3.3厘米、宽1.8厘米。凹刃直刃刮削器7件，如编号"XC15"，灰黑色不规则形石片，左侧由破裂面向背面进行第二步加工，右侧缘采用两面加工修出直刃缘，宽大于长，宽3.2厘米、长2厘米，凹刃宽1.6厘米，直刃宽1.9厘米。多边刃刮削器5件，均为燧石质石片，很大程度迁就石片的原状，在石片的周边进行第二步加工，修理出两个以上的刮刃，其中"人"字形石片刮削器最具特点。圆头刮削器1件，编号"XC18"，棕黑色薄燧石片，刃缘作圆弧形，修在石片的台面上，采用两面加工进行修理。台面远端呈尖状，很适合作复合嵌入时使用，长2.2厘米、宽1.5厘米。

（2）尖状器10件。如编号"XC46"，黑色三角形厚石片，燧石质，加工台面的一侧边并在破裂面的远端进行细部加工，修成尖状，宽2.6厘米、长2.1厘米；编号"XC63"，白色矩形薄燧石石片，加工台面两侧缘，于远端偏左侧聚成锐尖，又将背面右侧缘加工成直角状刃缘，也可作刮削器使用，长3厘米、宽2.2厘米。

（3）石钻3件。如编号"XC78"，灰黑色短三角形厚燧石石片，在台面相对的一端使用两面加工方法修理尖端，使钻头部位于中央凸出成"山"字状，长2.5厘米、宽3.3厘米；编号"XC79"，与前者类似，但形体更宽，宽度达3.8厘米，钻尖居中，也成"山"字形；编号"XC84"，深灰色燧石方形石片，在台面近端连续向尖端进行第二步加工，然后在远端一侧击去一小石片，形成锐尖，长2厘米、宽2厘米。

（4）雕刻器2件。如编号"XC69"，黑色不规则形燧石石片，刮用一个台面作为尖端，斜击去一小石片，形成宽凿形凹的屋脊状，长2.6厘米、宽1.4厘米；编号"XC68"，灰黑色不规则形厚燧石石片，左侧弧边连续向尖端加工，有较明显的石片疤，在尖端左侧斜击去一小石片，形成一个单斜面凿形刃，长2.6厘米、宽1.7厘米。

（5）石片50件。石片多数为打击后留下的无任何加工的小石，多为不规则形。但破裂时，边缘锋利，不经第二步加工也可作刀片或刮削之用。如编号

"XC82"，黑色半透明燧石石片，两端均折断或截断，背部有单脊，两侧缘未经第二步加工。电子显微镜下的观察图像显示，锋利的边缘上有经使用而留下的擦痕，长1.6厘米、宽0.9厘米、厚0.3厘米；编号"XC83"，棕褐色半透明燧石石片，一侧保留有白垩质石皮，石片斜尖的一端有修痕，在电子显微镜下也能观察到明显的使用擦痕，长2.8厘米、宽1厘米。

（6）石核材料7件。如编号"XC103"，灰黑色三角形燧石质楔状石核，台面为椭圆形，有效台面边缘稍高起，工作面上有剥片条痕及打击疤痕，台面径2.5厘米，核身长2.5厘米；编号"XC105"，棕褐色漏斗状燧石石核，台面呈鞋底状，与台面相对的底部近圆形，石核的正面有剥片条痕，台面径1.6厘米，核身长1.4厘米。

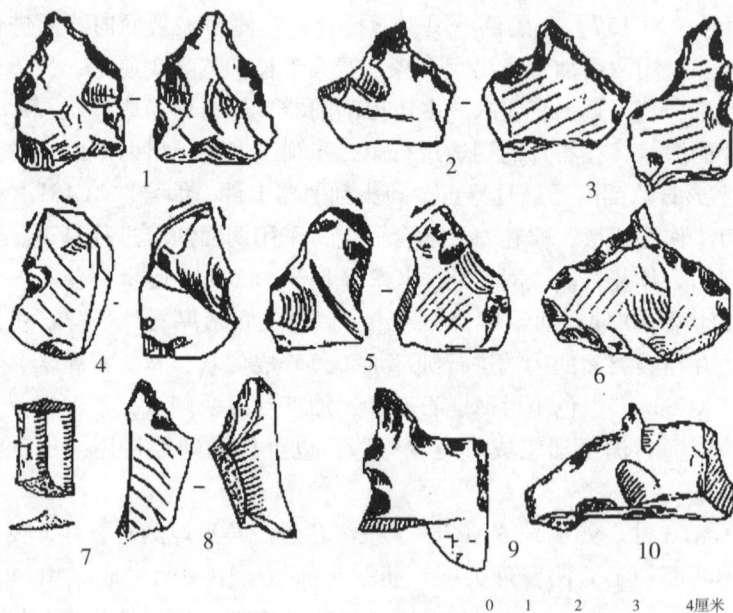

1、2、3、9. 尖状器　4、5. 雕刻器　6、10. 石钻　7、8. 石片

图2－3－3　象山遗址石器

## （二）石尾山遗址的石器

石尾山人的石器原料来源于附近河床的河砾石，其质料以石英粉砂砾居多，也有少量为粗砂岩和矽质角岩。石尾山人主要是利用扁椭圆形的河砾石，在边缘及尖端交互打击，有不同程度的二次加工迹象，但是仍普遍保留着自然岩面，可分为尖状器、手斧状石器、砍斫器等类型。

尖状器数量最多，大体上都呈椭圆形，相对而言，其制作较为精良，颇见功夫。具体的制作加工方式有一定差别，对有砾石尖端的两侧边缘进行交互打击而成的，其尖端扁平，左右侧边缘加工部分不对称，如编号"CS019"，长10.6厘米、宽8厘米、厚3.1厘米；有用交互打击法由砾石尖端向四周交互打击的，这种尖状器具有锥形尖端，左右侧边缘加工部分长短不一，如编号"CS017"，长11厘米、宽5.6厘米、厚2.5厘米；有由砾石一侧边缘向两面交互打击、另一侧边缘向一面加工的，具有核形尖端，如编号"CS012"，长12厘米、宽8.2厘米、厚5厘米；有由砾石较短的两侧边缘向两面交互打击、长的一侧边缘向一面加工的，这种尖状器具有三个尖端，呈三角形状，如编号"CS003"，长9.4厘米、宽8.6厘米、厚4.5厘米。这类尖状器其实也是"蚝砾器"，当时石尾山人就是利用尖状器的尖端去采集和取食蚝类。由于长期使用，所以多数留有使用过的痕迹，其尖端大多磨蚀光圆，估计同时也作砍斫或刮削等之用。

手斧状石器呈蛋圆形，在砾石周边的全部或大部进行交互打击，制成具有明显弯曲状的厚刃器物，如编号"CS007"，长13.2厘米、宽10.4厘米、厚4厘米，一侧打击痕迹明显，另一侧在边缘上稍微进行加工。手斧状石器的尖端、周边、器面留有砍、砸、挖掘等痕迹，是一种多用途的工具。

砍斫器形状多样，大抵随石材原料而定，工艺较为简单，基本采用单面加工方式，或由砾石一侧边缘加工成厚刃的单边砍斫器，如编号"CS011"，长8.6厘米、宽6厘米、厚2.9厘米；或由砾石周边加工成厚刃圆形砍斫器，如编号"CS001"，长11.4厘米、宽9.8厘米、厚5.2厘米，形如桃状，边缘及器面均经打击。

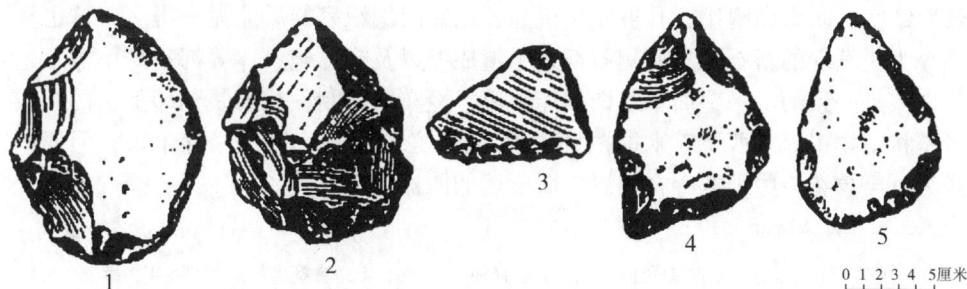

1. 手斧状石器（CS007）　2. Ⅱ式砍斫器（CS001）　3. Ⅰ式砍斫器（CS011）
4. Ⅲ式尖状器（CS012）　5. Ⅰ式尖状器（CS019）

图2-3-4　石尾山遗址石器

## 三、陶器及工艺

新石器时代早期文化的最大特点之一，是普遍使用了陶器。象山遗址和石尾山遗址便分别出土有1件和4件陶器残片。这两处遗址没有发现陶窑，这也是正常现象。因为早期可能是采用平底堆烧的方式制陶，在用窑烧制陶之前，必然存在一个无窑烧制阶段，龟山、石尾山遗址正处于这个阶段。

作为最古老的手工艺品之一，陶器是人类第一次利用天然物，按照自己的意志创造出来的一种崭新器具。《天工开物·陶埏》对其工艺基础作了高度的科学概括："水火既济而土合。"[①] 指出了制陶的三种必备要素：土、水、火。土无水，则没有黏性和可塑性，不能成型；器物不经火烧，则不能成为经久耐用的陶器。

使用陶器，说明人类已经掌握了火的应用，但人类什么时候懂得利用火，则是长期未解的问题。就目前所知，应该至少有五六十万年的历史了。不过，一些遗址中的零散碳粒并不能表明人类真正自主使用了火。[②]

原始陶器最初的制造工艺如何，也一直没有定论。以前流行的说法是恩格斯依据摩尔根的《古代社会》[③] 作出的结论："在许多地方，也许是一切地方，陶器的制造都是由于在编制的或木制的容器上涂上粘土使之能够耐火而产生的。在这样做时，人们不久便发现成型粘土不要内部的容器，也可以用于这个目的。"[④]不过，迄今为止在中国的考古发掘资料和对若干边远地区至今尚保留的古老原始制陶工艺的考察中，都未发现能支持这种说法的依据。而且国内少数民族和国外某些部落所使用的制陶方法中，也没有看到过这种方法的存在。山东省博物馆曾做过实验，最终认为不太可能，因为涂抹于树枝编制或木制容器上的粘土，在粘土干燥之前不能脱离容器而成为纯属粘土的陶胚，其干燥过程不具备克服容器脱模的难度，只能龟裂成为碎片。其实用手捏造一个简单形状的陶器如罐、钵、碗之类并不难，至少比用枝条编成如篮子等器物容易。而偶然发现手塑器物经火加热后结实、防水和耐用，其被发现机会要比专门编织容器后涂泥大得多，这也和迄今为止发现的新石器早期陶器都是手塑成型以及罐、碗、钵等都是简单器形这种现象是一致的。一些简单纹饰如绳纹等，经实践仿制，或者是刻印上去的，或者是将植物皮等东西绕着木拍拍打造成的。[⑤] 总之，这个问题尚存争议，但我们认为，至少在一些地方存在如恩格斯所述的陶器生产方法。

---

① （明）宋应星著，潘吉星译注：《天工开物译注》，上海：上海古籍出版社，1998 年，第 280 页。

② 尤玉柱：《史前考古埋藏学概论》，北京：文物出版社，1986 年，第 113 页。

③ "马克思、恩格斯很重视《古代社会》……联系'唯物主义的历史研究所得出的结论来阐述摩尔根的研究成果'，写出了光辉著作《家庭、私有制和国家的起源》。""陶器给煮食物以耐用的容器，在没有陶器以前，则采用一种粗陋的方法：即将食物盛于涂了粘土的篮子内，或置于张有兽皮的土坑中，然后再用烧热了的石头投之，使之煮沸。"[美] 摩尔根著，杨东莼、张栗原、冯汉骥译：《古代社会》，北京：商务印书馆，1971 年，重印说明第 2 页、正文第 21 页。

④ ［德］恩格斯著，中共中央马克思恩格斯列宁斯大林著作编译局译：《家庭、私有制和国家的起源》，北京：人民出版社，1972 年，第 22 页。

⑤ 李家治、张志刚、邓泽群、梁宝鎏：《新石器时代早期陶器的研究——兼论中国陶器起源》，《考古》1996 年第 5 期；周仁、张福康、郑永圃：《我国黄河流域新石器时代和殷周时代制陶工艺的科学总结》，《东南考古》1964 年第 1 期；刘敦愿：《恩格斯陶器起源说新证》，《文史哲》1987 年第 5 期。

陶器的起源地，目前流行的说法是多中心说，是世界各个古代文明中心所独立发展和创造出来的，如中国的黄河、长江流域以及华南很多地区，埃及的尼罗河两岸，印度的印度河流域，西亚和意大利、墨西哥、秘鲁等地区，当时便存在陶器了。而这些地方的相互交流和影响，都是后世相当遥远的事，所以都不存在借鉴或传播制陶技术的可能。

象山遗址出土的1片陶片，浅灰色夹砂陶质，陶片面积大约为2.5厘米×3厘米，厚0.4厘米，其质地粗糙疏松，火候、硬度均较低，陶片胎壁内饰有浅的不连续的压印方格纹，外表刻有划绳纹。无法分辨其具体器形。从原始的调查资料看，内侧这些不连续的压印方格纹，似乎正是如恩格斯所言"在编制的或木制的容器上涂上粘土"而造成的，是处于十分原始的阶段了。

象山陶器的功能，可以参考甑皮岩一期的圜底釜。陶器具有耐火性，远古时大抵作炊具用，当然也可以是盛器。中国目前所见最原始的陶器来自甑皮岩一期遗存的圜底釜，距今12 000～11 000年。该器敞口、圆唇、斜弧壁，夹粗石英灰白陶，烧成温度不超过250℃，胎质疏松，制作粗疏，捏之即碎。器表大部分为素面，仅在近口部分隐约有纹饰，似为粗绳纹，经滚压而成，后又抹平。经科学分析，其原料很可能是随机取土，成型方法应是捏塑法（捏制成型），烧制技术是平底无窑堆烧，其功能是作为烹煮介壳类相关动物的烹饪器。[①]

从"疏松而捏之即碎""外表绳纹""就地取材的取土"和遗址处壳类食物等文字描述以及附图比较，可以推断象山陶片与甑皮岩陶器似乎没有太大区别。而仅凭其火候之低和形态之原始这两个特点，便足以将象山的发现称为"原始陶器"了。

象山陶片是象山遗存年代判断的关键依据之一。该陶片出自距地表1.6米深的断面地层，而在相距大约3米远、同一地层距地表1.88米深处又采集到一件燧石小石器（即上述编号"XC19"单边凹刃刮削器），这为遗物的出土层位堆积和年代判断提供了可靠性。

实际上，由于细小石器等呈现出更多旧石器时代风貌，如果没有这件残陶片，也许象山遗址的年代判断得再往前推，而至今仍偶有文章推测该陶片可能与细小石器"同出"，并认为此处遗址属于旧石器时代遗存。

---

① 中国社会科学院考古研究所、广西壮族自治区文物考古队、桂林甑皮岩遗址博物馆、桂林市文物工作队编：《桂林甑皮岩》，北京：文物出版社，2003年，第59、348－349、446－447页。

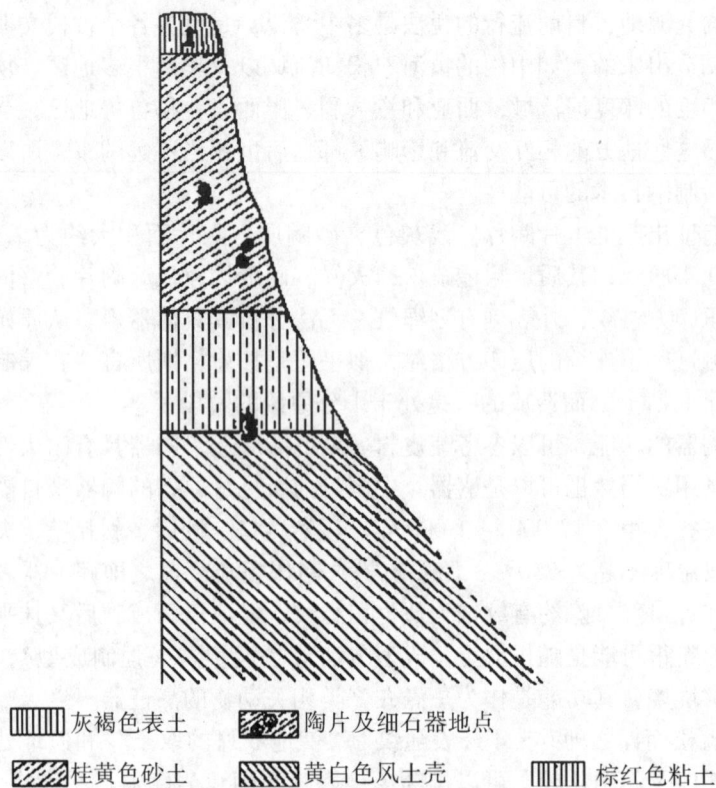

| 灰褐色表土 | 陶片及细石器地点 |
| 桂黄色砂土 | 黄白色风土壳 | 棕红色粘土 |

图 2-3-5　象山遗址地层剖面图

　　石尾山遗址与石器共存的陶片有 4 片，全部为粗砂红陶，火候十分低，捏之即碎，素面无纹饰，纯粹手工制作而未见磨轮之类的痕迹。这些陶片有可能是釜罐类器物的残片，详细器形已经没法分辨。整体观察这 4 片陶片，其工艺仍然相当原始。石尾山陶片也对遗存年代判断有着很大的参考意义，它与下阶段将介绍到的陈桥村遗址所出遗物的特点接近，但远不及其精美。

　　虽然不清楚这些陶片属于何种器物的残件，但可通过分析陶片的工艺并对比其他遗存等，来作为判断其文化内涵和使用状况的线索。

　　此外，新石器时代早期的陶器，由于烧成温度低，极易破碎，加之长期埋在地下，出土时大多破裂成尺寸不大的陶片，并且难以复原。如经碳十四测定，距今 10 000~9 000 年的江西万年仙人洞等所出共 90 多片陶片，仅能复原 1 件小陶罐，比例极低。因此，象山遗址和石尾山遗址都仅出残碎陶片并且无法复原，恰好说明了它们的原始。

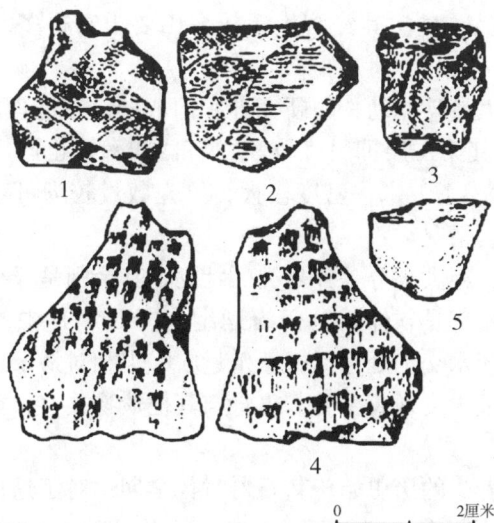

1. 石钻　2、3、5. 石刻　4. 陶片

图 2 - 3 - 6　象山遗址的石器、陶片

## 四、采集和渔猎经济

采集和渔猎是新石器时代早期潮汕居民的基本经济形式，也是他们的经济生活最基本的来源和保障。世界各地的早期人类大抵如此。

滨海之处，盛产海货，获取这些天然食品以充饥，既是生存的需要，也是自然的选择。

贝类应该是此期潮汕居民最主要的食品。

象山遗址遗留了大量贝类标本，意味着这些是他们的依赖食品。不过，该遗址在 20 世纪 60 年代进行修路等建设时遭受到较严重的破坏，其后当地又有多所建筑物陆续施工，至 1993 年初中山大学韩江流域考古课题组进行调查时，象山已经被挖成一处面积较大的断崖。

这些贝类包括蚌壳采集自象山山顶处，应该是象山人取食后的遗弃物。而众多形状各异的切割、刮削器，以及尖状器、雕刻器和石钻等，应该是用于在近海滩涂掘取贝类的原始工具。同时，这些石器可能也在挖掘植物根茎、采集植物果实中发挥作用。

陶片的出现，一方面透露出象山居民已能够熟练掌握堆木造火、钻燧取火等技能，踏入了熟食时代，告别茹毛饮血或仅凭篝火烧烤的生活；另一方面，也意味着象山居民有了盛器，那么，他们便可以更方便地到附近水源盛取并储存必不可少的淡水，当然也能够盛熟食。

石尾山居民同样取食贝类，并且以贝类为主食。但从遗存看，较之象山遗址，他们有更多的食品，显然其经济生活较象山要丰富得多，毕竟年代上间隔很远。

石尾山遗址是由大量软体动物的硬壳堆积而成的，在清理出的面积约为100米×60米的遗址中，其第二层即贝壳堆积，石器和陶片也同出于这一层。其中贝壳堆积厚度达到0.8～1.1米，密度极大，贝壳数量较为可观，这便可直观地了解到石尾山人的主食情况。

这些贝壳的种类，绝大部分是斧足类的牡蛎，其余则是极少量的文蛤、魁蛤等。牡蛎、文蛤、魁蛤都是软体动物门瓣鳃纲（斧足纲）中的品种，既能生活于浅海中，又可在咸淡水交汇处存活，繁殖量大，也相对易于获取。

此外，石尾山遗址中发现有牛骨。牛骨与其他遗物共存，意味着石尾山人是有牛相伴的。

一般认为中国驯养牛的历史始于新石器时代早期，对于这里的牛骨，有原始农业研究方面的学者判断为"潮安石尾山遗址已发现有驯养的牛"[①]。虽然如此，我们仍无法有足够的信心来明确判断该批牛骨是否出自人工畜养的牛，这一方面是由于发现数量较少，另一方面，尽管陶器出现也是原始农业的标志之一，但由于并未发现有明确的、与畜养紧密匹配、联系的遗存，至多只能说存在着人工畜养的可能性。

石器方面，石尾山人拥有数量众多的尖状器、形状多样的砍砎器以及多种用途的手斧状石器。凭借这些劳动工具，从事近海捕捞、滩涂采集等生产活动应该没有什么问题，也适合割、削、刮、钻、挖、砸等劳动操作的需要。

如作为主食的常见贝类，有时在滩涂上便能徒手捡得，有时则需挖掘和探取等，后者亦难不倒石尾山人，他们可以利用精心打造的石器工具进行作业。即使贝类拥有力量强大的闭壳肌，能够自由收缩贝壳，石尾山人的尖状器等也可以较为完整地取出贝肉。

其中的某些石器，甚至可能是专门为取用某一食物而设计的，譬如石尾山的尖状器，实质上是专门取食牡蛎的工具，可称为"蚝蛎啄"。借助这些数量众多、器形规整的蚝蛎啄，石尾山人可以轻松取出牡蛎的肉体，而大量有长期使用痕迹的尖状器以及贝壳遗存，成为这种经济活动的物证，同时也证明了牡蛎（蚝蛎）是石尾山人的重要食品。

作为食物的牛怎么得来？这点应该得益于手斧状石器、砍砎器等工具。毫无疑问，石尾山人正是凭借勇气和技巧，利用这些多用途工具成功猎杀野牛的。更有进一步猜测，无论是出于维护自身生命安全的需要，还是出于满足饕餮的欲望，他们必然不止捕猎野牛这一种兽类，只是沧海桑田，我们无法知道还有什么种类和多少数量的动物也曾成为他们的腹中餐。

---

① 李富强：《试论华南地区原始农业的起源》，《农业考古》1990年第2期，第84页。

与象山遗址一样，石尾山遗址也有陶器出现，尽管十分原始，硬度极差，但也令石尾山遗址居民的生活比较舒畅。在今天看来，这样的陶器质量，也符合那个时代的发展水平。

总体上看，石尾山居民的社会经济生活要比象山居民好得多，但是实质上，两者都同样是以采集和渔猎为生。

## 五、交通

原始居民，或说最初来到潮汕的人，不排除是凭借自然形成的陆桥通道而来。但从距今 8 000 年前的地理环境来看，更大的可能性是通过水路，如南澳岛上的象山居民尤其明显。

南澳在当时便是一个高出海平面的隆起小岛，距离最近的地方是饶平、澄海等处，现在距离都在十余海里间，新石器时代早期，它们距离更远。象山遗址发现的细小型石器工具，既适合滨海地区人类进行近海捕捞采集，也适合海岛上史前人类的聚居活动，如下文将涉及的漳州细小石器发现点。

出入海岛，自然需要借助浮海工具。水运工具在古籍中多有提及，是很早便存在了的。如《世本·作篇》载："共鼓、货狄作舟。"[1] 黄帝时代，其大臣已会作舟。又如《周易·系辞下》"刳木为舟，剡木为楫，舟楫之利，以济不通，致远以利天下，盖取诸涣"[2]，《淮南子·说山训》"古人见窾木浮而知为舟"[3]。这些是说远古之时，人们便受到外物启发而制造出舟。无论如何，象山居民是有舟或其他浮具可供渡水的，相信风讯水流合宜，亦能出入海岛。

我国发现有多艘史前舟船。如迄今为止最早的舟船遗存，是 2002 年于浙江跨湖桥遗址发现的独木舟，距今 8 000～7 000 年，全长 5.6 厘米，最宽处 52 厘米，厚约 2.5 厘米。由于船体轻薄等原因，一开始我国的学者弱化其与海洋的联系，但近来的研究表明，它完全可能是一艘适于海上航行的边驾艇独木舟。[4]

民族志的材料显示，独木舟 1 万年前便可横渡太平洋。又有比较有趣的报道：6 名南岛语族的后裔仿制了长 15 米、宽 7 米的远古独木舟，于 2000 年 7 月 27 日自法属波利尼西亚大溪地出发，经库克群岛、汤加、斐济、瓦努阿图、所罗门群岛、巴布亚新几内亚、菲律宾，漂洋近 4 个月到达中国福州，整个航程达 1.6 万公里。他们需要在大海里捕捞鱼类，船上没有任何烹调设施，捕捞上来的

① （汉）宋衷注，（清）秦嘉谟等辑：《世本八种》，上海：商务印书馆，1957 年，第 37 页。
② （魏）王弼、（晋）韩康伯注，（唐）孔颖达疏：《周易正义》，（清）阮元校刻：《十三经注疏》，北京：中华书局，1980 年，第 87 页。
③ 何宁：《淮南子集释》，北京：中华书局，1998 年，第 1133 页。
④ 吴春明：《中国东南与太平洋的史前交通工具》，《南方文物》2008 年第 2 期；吴健：《跨湖桥遗址独木舟及其与海洋关系考》，《杭州研究》2012 年第 2 期。

鱼只能生吃，其间也从未登陆上岸。[①]

潮汕内部的交通方面，居民们出入往返，应该也是普遍通过水路进行。特别是石尾山人所处的环境，更可说明问题。

首先，按恩格斯的说法："火和石斧通常已经使人能够制造独木舟，有的地方已经使人能够用木材和木板来建筑房屋。"[②] 石尾山人制作陶片和手斧状石器等劳动工具，说明两个条件都具备，则制造独木舟不在话下。又有相关的民族志资料，英国人类学家维克多·T. 金（Victor T. King）在 1972 年曾详细记录印度尼西亚婆罗洲地区迪雅克族（Dayak）土著制作独木舟的详细过程，断断续续耗时约 30 天（70～160 个实际工作时），便能够制造出一艘两头圆钝、长达 6 米、可轻松容纳 4 名乘客的独木舟。其绝大部分时间为单人操作，但在伐木、翻转烘烤半成品、搬弄船体至水面时需要有人帮忙，特别是烘烤船底阶段，需要 4～5 个劳力同时花费一个半小时才能完成，所用的工具是刃宽 8 厘米的斧和锛、刃宽 10 厘米的大锄头、刃宽 5 厘米的小锄头和砍刀，实际上主要工具是斧、锛。[③] 另一则不太详尽的民族志材料也说到这个问题，非洲马拉维土著单人从早干到晚花一周的时间便造出一艘独木舟，用料为约长 6 米、粗 0.75 米的木材（估计仅能乘坐两三人），使用的只是一把斧或锛一类的工具。[④]

其次，石尾山遗址位于今天的潮汕腹地、当时的沿海地带，综合孢子学和古地理研究成果可以推断，此期滨线上有成片的红树林，种类和分布面积均远远超过现代，红树林中还存在着沼泽。可能是因为红树林下生境潮湿、缺氧，水体显酸性（估值为 pH < 5），直至目前的科学发现，尚"未见有孔虫及钙质壳体生物遗骸"[⑤]，再加上丛林密布等恶劣的环境，作出如下推测相信是可以的：石尾山居民背海，或说身后的陆地十分难走，几乎寸步难行，甚至可以说，在此后很长的一段时间里，出入潮汕的途径，从海路通过比之陆路可能更为合理，尤其是接下去的海侵加剧阶段。而在广东发现的十余艘独木舟遗存中，最大且保存完好者是揭西棉湖灰寨河所出的樟木舟，长 10.7 厘米、外宽 1.3 厘米、内宽 1.1 厘米、深 0.8 厘米，中间宽、两端窄，船尾有一圆孔可作安舵或插竿停泊用，距今两千年以上。此外，潮安、揭阳也有发现，年代在先秦到秦汉，但多腐朽碳化，不见

① 张建忠：《南岛语族后裔乘独木舟远涉太平洋抵闽寻根》，中国新闻社，2010 年 11 月 16 日；《南岛语族后代驾木舟到福州寻根》，《东南快报》2010 年 11 月 16 日第 9A 版。

② ［德］恩格斯著，中共中央马克思恩格斯列宁斯大林著作编译局译：《家庭、私有制和国家的起源》，北京：人民出版社，1972 年，第 21 页。

③ Victor T. King. Maloh Canoe – making. *Newsletter*（*Museum Ethnographers Group*），No. 15（February，1984），pp. 1 – 11.

④ J. E. R. Emtage. The Making of a Dug – out Canoe. *The Society of Malawi Journal*，陈洪波、王然：《婆罗洲的独木舟造船术及其启示》，《国家航海》2014 年第 4 期。

⑤ 郑卓：《潮汕平原全新世孢粉分析与古环境探讨》，《热带海洋学报》1990 年第 2 期，第 37 页。

实物。<sup>①</sup> 可见在潮汕地区，人们出行主要是走水路。

## 六、关于象山、石尾山遗址

象山遗存和石尾山遗存呈现了两种迥然不同的文化内涵，相信两者有各自不同的来源。而象山人、石尾山人究竟从何而来，现通过若干论述作出判断和猜测。

### （一）象山遗址

象山遗址的年代推断，其依据一方面主要来自那一片内壁刻画格纹、外壁饰斜绳纹的夹砂陶片与其他遗址测年数据等的比较参照，[②] 另一方面，则是保留有更多旧石器时代风貌的石器，而在这些石器附近往往又都发现有相同或极其相似者，可供对比分析，从而推测象山人的由来。

象山细小石器，除了在附近的南澳金山北麓和深澳的吴平寨处有发现[③]（两地与象山遗址的直线距离都不足 10 公里[④]），在揭东玉湖也曾采集到数十件[⑤]。此外，广东境内的发现还有两处：其一，与揭东玉湖直线距离不足 10 公里的丰顺汤坑汤屋山[⑥]，发现 2 件石片和 2 件刮削器，其中的"人"字形刮削器、多边刃刮削器与南澳象山所见者毫无二致，两者是同一类型的文化遗存，其年代也应相同，"暂时推断距今 8 000 年左右的新石器时代早期，也有可能更早一些，准

---

① 广东省地方志编纂委员会编：《广东省志·船舶工业志》（光盘版），广州：广东省科技音像出版社，2007 年，第 36、41 页；揭西县文物志编纂委员会编：《揭西县文物志》，内部出版，1985 年，第 16 - 17 页。

② 《广东南澳县象山新石器时代遗址》称"江西万年仙人洞的下层文化发现内外壁均饰纹饰的夹砂陶片，桂林甑皮岩洞穴、河南登封双庙沟遗址、河南淅川下王岗遗址的较早地层中也出土过内外壁有纹饰的陶片，而仙人洞遗址的碳十四年代测定，比较保守的数据都在距今 8 000 年左右"；《中国考古学中碳十四年代数据表（1965—1991）》载江西万年洞石灰岩洞穴下层文化测年数据为 8 825±240 年、8 580±240 年。参见南澳县海防史博物馆、中山大学韩江流域考古课题组：《广东南澳县象山新石器时代遗址》，《考古与文物》1995 年第 5 期，第 8 页；中国社会科学院考古研究所：《中国考古学中碳十四年代数据表（1965—1991）》，北京：文物出版社，1992 年，第 127 页。

③ 在象山遗存所发现之后，南澳金山北麓和深澳的吴平寨亦采集到文化类型相同的细小石器。参见邱立诚：《广东旧石器考古的几个问题》，董为主编：《第十届中国古脊椎动物学学术年会论文集》，北京：海洋出版社，2006 年，第 198 页。

④ 以地图测量、Google 卫星地图作参考。参见广东省地图院编：《广东省地图册》（第 6 版），广州：广东省地图出版社，2011 年，第 63 页。

⑤ 大约 1985 年，杨式挺先生等在当时揭阳玉湖乡（今属揭东区）附近山冈调查时曾采集到 2 - 4 厘米的不成型器小石片数十件，明显为打击后剥离的，当时装满两个火柴盒带回广州。参见杨式挺、邱立诚、冯孟钦、向安强：《广东先秦考古》，广州：广东人民出版社，2015 年，第 208 页。

⑥ 玉湖与丰顺相邻，参考上一条注释，可知小石片的玉湖"附近山冈"，最远者丰顺汤屋山至远处直线距离也不足 10 公里。参见广东省地图院编：《广东省地图册》（第 6 版），广州：广东省地图出版社，2011 年，第 246 页。

确年代仍有待进一步的考察"①；其二，番禺飘峰山发现了 2 件加工小石器的工具，② 其中一件有公开报道，被称为"石锤"，石体上布满疤痕，报道者认为该件石锤是加工小石器时的锤击工具，其年代"距今 22.3 万 ~ 15 万年间……属于旧石器时代中期的遗存"③。

在其他地方，如福建漳州地区就发现有 118 处有细小石器分布的地点（至 1991 年)，分布范围包括漳州北郊的台地或山冈 113 处，以及平和县 3 处、漳浦县 1 处、东山县 1 处，被称为史前的"漳州文化"。这些细小石器混杂在晚更新世至全新世早期的红黄色砂质泥土中，学者在判断其年代时认为"到底应该归于旧石器时代或新石器时代早期，在没有测年数据之前，暂时不予讨论"④。

象山的细小石器与漳州的细小石器在石质、器物形态、加工工艺等方面均表现出惊人的相似性：石制品原料大同小异，石片、石器组合基本相同，漳州细小石器的单向加工、错向加工等方法在象山也可找到。它们联结成片，同属一个文化系统，表明粤东、闽南在文化渊源上的密切关系。综合考察，象山遗址与福建漳州地区的细小石器遗存同属一个考古学文化系统，有学者从已知的文化分布密集程度分析，认为其中心应在闽南九龙江流域的漳州一带，漳州—漳浦—东山—南澳，大约是当时存在的文化移动线。⑤

综上所述，就目前的发现来看，象山类型石器文化来自漳州文化的可能性比较大。同时，象山遗址与丰顺汤屋山、番禺飘峰山遗址的文化也有联系——这种联系当然也可能是漳州文化直接沿着海路传播到番禺，未必经过象山。

而倘若再上溯，则在各地发现的细小石器中，只有江苏三山岛旧石器时代晚期文化的凹刃刮削器与漳州文化的凹刮器最为相似。在这里，我们可隐约窥见一条发展的链条。⑥

## （二）石尾山遗址

石尾山遗址与象山遗址的文化内涵则差异明显。原始遗址调查认为其应该与下文将涉及的陈桥村、海角山遗址属于同一个文化系统，可能分别代表了三种不

---

① 邱立诚、曾骐、文衍源：《广东丰顺县先秦遗存调查》，《考古与文物》，1998 年第 3 期。
② 原注"两件标本藏于广州市文物考古研究所，其中一件见曾祥旺《广州番禺飘峰山旧石器遗存》图六：6。另一件未报道"。参见杨式挺、邱立诚、冯孟钦、向安强：《广东先秦考古》，广州：广东人民出版社，2015 年，第 173 页。
③ 曾祥旺：《广州番禺飘峰山旧石器遗存》，《南方文物》，1997 年第 4 期。
④ 尤玉柱主编：《漳州史前文化》，福州：福建人民出版社，1991 年，第 61 - 62 页。
⑤ 曾骐：《南澳岛两处古遗址研究》，潮汕历史文化研究中心、汕头大学潮汕文化研究中心编：《潮学研究》（第二辑），汕头：汕头大学出版社，1994 年，第 69 页。
⑥ 杨式挺、邱立诚、冯孟钦、向安强：《广东先秦考古》，广州：广东人民出版社，2015 年，第 207 - 208 页。

同的生活状态，只是时间的早晚有别而已。[①]

曾有人认为，从台湾、福建向西沿广东海岸看，新石器时代较早期以绳纹或贝划纹为主要特征的遗址，可以清楚地显示出我国东南沿海在全新世初期有一种古代原始文化以一片粗糙的绳纹陶器（以双道划纹和贝壳划纹为附属的特征）为代表，包括了陈桥村、石尾山、海角山贝丘遗址，向西到海丰的北沙坑式遗址、珠江三角洲的西樵山遗址、香港深湾遗址、广西灵山洞穴、南宁地区贝丘遗址、东兴贝丘遗址，直至越南境内的和平文化和北山文化遗址、泰国仙人洞洞穴遗址等。[②]

由于发现的增多以及研究的深入，上述这个将跨越中国台、闽、粤、桂以及越南、泰国等地的多种遗址划属为同一个考古学文化系统的观点逐渐遭受较多质疑。然而，从地理位置、生态环境和经济生活等方面看，这些居民之间的确存在文化间的交往关系。[③]

其中，与石尾山遗址同处这个泛考古"文化圈"内的广西东兴（今防城）亚菩山、马兰咀山、杯较山三处贝丘遗址，出土大量打制石器，又以尖状器"蚝蛎啄"和手斧形石器最为典型。而这些典型石器与石尾山、陈桥村所出同类石器相同，它们之间在文化内涵上的联系引人猜想。

## 第四节　新石器时代中期：原始农业的出现

大约距今 7 500 ~ 4 500 年，潮汕平原的海侵现象更为显著。不仅今汕头市区呈现出 20 米以内水深的海湾环境，海水还直入潮汕腹地，漫淹至今潮州及揭阳部分地区。尤其在距今 6 000 年前后，海侵现象至盛，海进范围达到了最大，海水深入韩江三角洲最北处，至今潮州市竹竿山山麓，内海湾的滨线大致沿着韩江三角洲周围山麓线分布，如桑浦山的东麓、南麓等韩江三角洲南部边缘山地都是海浪所至之处。距今 5 000 年前后，内海湾的滨线，最北处在今潮州市潮安区池湖附近，位于池湖稍南一侧。

新石器时代中期的绝对时间范畴，为距今 7 000 ~ 5 000 年。年代判断在此期

---

① 广东省文物管理委员会：《广东潮安的贝丘遗址》，《考古》1961 年第 11 期，第 583 页。

② 韩起：《台湾省原始社会考古概述》，《考古》1979 年第 3 期。

③ 邱立诚、杨式挺：《从文物考古资料探索潮汕地区的古代海上"丝绸之路"》，潮汕历史文化研究中心、汕头大学潮汕文化研究中心编：《潮学研究》（第二辑），汕头：汕头大学出版社，1994 年，第 35 页。

间的遗存，主要有潮安陈桥村①（今属湘桥区）、潮安池湖凤地②（今属枫溪区）、潮安海角山③（今属湘桥区）三处贝丘遗址。

应该说明的是，陈桥村遗址的地层堆积大致分为四层：第一层为耕土层，出土有唐宋和近代砖瓦，第二层为表土层，无遗物，第三层便是新石器时代文化层，第四层为生土层，无遗物。本书论述的是发现有大量新石器时代遗存的第三层，这一点后文不再加以说明。

## 一、生活环境

新石器时代中期，目前发现的年代较为明确的有数处遗址，都是位于今潮州市或汕头市境内，今揭阳市境内能真正确定的比较罕见④。居民活动居住点分布于当时的内海湾沿岸，潮汐朝夕可至，附近有淡水源，不远处还有滩涂、沼泽等，咸淡水交互，水资源丰富。潮安陈桥村、潮安池湖凤地、潮安海角山贝丘遗址的环境便是如此。

陈桥村遗址居民生活的年代，在距今 6 000 年左右，也有学者认为是距今 6 200 年前后，而在更早的文论中还存在更宽泛的年代判断，如有认为是距今 7 000 ~ 5 000 年者。无论何种判断，这些年代都属于新石器时代中期范畴。⑤

作为广东、南中国乃至中国南海周边考古发现的典型贝丘遗址代表之一，陈桥村遗址的文化内涵在考古研究上颇具重要性。以其为代表的这一类相类遗存，

① 杨式挺、邱立诚、冯孟钦、向安强著：《广东先秦考古》，广州：广东人民出版社，2015 年，第362 – 370 页；广东省文物管理委员会：《广东潮安的贝丘遗址》，《考古》1961 年第 11 期。

② 潮安博物馆：《潮安池湖凤地新石器时代遗址》，广东省汕头地区文化局：《汕头文物简讯》（第 4 号），内部出版，1977 年，第 8 – 9 页；《池湖村贝丘遗址》，潮州市文物局编：《潮州市文物志》，内部出版，1995 年，第 "2 - 4" "2 - 5" 页。

③ 广东省文物管理委员会：《广东潮安的贝丘遗址》，《考古》1961 年第 11 期；杨式挺、邱立诚、冯孟钦、向安强：《广东先秦考古》，广州：广东人民出版社，2015 年，第 366 – 367 页。

④ 《广东揭阳先秦遗存考古调查》认为 "揭阳玉滘伯公坳与曲溪山边园发现的两件盘状器……与潮阳赤牛山所出两件盘状器十分接近，或可视为同一时期的产物。就打制技术而言，它们与陈桥村的打制石器基本相同，其年代一般认为在距今六千年前的新石器时代中期"。但多种论著未再提及或提出了不同的看法，如《揭东县先秦两汉遗址调查报告》将曲溪山边园列为揭东第三期，即 "后山文化的范畴，略早于浮滨文化"；又如《广东先秦考古》将赤牛山遗址列为新石器时代晚期遗址，这意味着上述揭阳玉滘伯公坳、曲溪山边园两处遗址与赤牛山年代相同的推断若成立，亦应为新石器时代晚期。本书依照《广东先秦考古》说。参见邱立诚、曾骐、张季怀：《广东揭阳先秦遗存考古调查》，《南方文物》1998 年第 1 期，第22 页；杨式挺、邱立诚、冯孟钦、向安强：《广东先秦考古》，广州：广东人民出版社，2015 年，第 393页；魏峻：《揭东县先秦两汉遗址调查报告》，揭阳考古队、揭阳市文化广电新闻出版局编：《揭阳考古（2003—2005）》，北京：科学出版社，2005 年，第 166、177 – 178 页。

⑤ 《中国考古学通论》则认为陈桥村遗址距今 9 500 ~ 8 000 年，已经是新石器时代早期了，不过这个年代判断，目前少见于其他论著。参见张之恒主编：《中国考古学通论》，南京：南京大学出版社，1991年，第 165 页。

被考古学界称为"陈桥类型"①，也有不少考古学家视之为考古学文化的一种，称之为"陈桥文化"。

池湖凤地、海角山的居民，则生活在距今 6 500～6 000 年，时间上都相当或稍晚于陈桥居民。这个观点是基本被广泛认可的，而从古地理等方面分析，也未存在能证明实际情况与该观点相悖的证据。

上述潮汕居民的活动时代，正处于潮汕地区接近海侵高峰期时，学者称为"口外滨海阶段"，经分析取样孢子，期间潮汕沿海红树林的分布，已经逐渐上溯至潮安浮洋及潮州以北，季风常绿阔叶林成为地带性植被，还有若干面积较小的成片雨林存在于沟谷中。

此时整个潮汕普遍呈现热湿的气候特征。期间年均气温一度上升，估计可达 23℃～24℃，其余时间的年均温则相对稳定，基本比现代略高。居民们日常活动之处濒临海滨，甚至接近滨线，估计空气湿度更大。

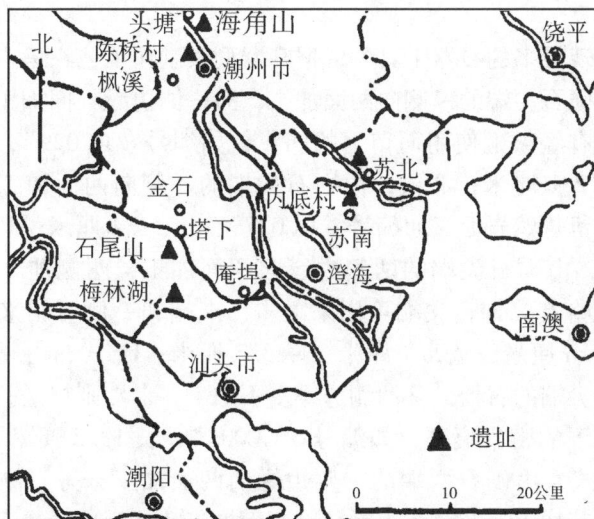

图 2－4－1　陈桥村、海角山遗址位置示意图

## 二、石器及其工艺

新石器时代中期潮汕地区发现的石器，无论是数量还是式样都明显增多，一

---

① 文化"类型"是考古界对考古学文化未作定论时所使用的术语，有时某些考古学者也把"某某类型"直称为"某某文化"，这与已获广泛认可并得到定名的考古学文化是有明显区别的。这里的"陈桥类型"即属于未定论的范围，据《广东先秦考古》介绍，陈桥类型包括"广东陈桥村、石尾山、海角山和广西东兴亚菩山等地的沿海贝丘遗址"。参见杨式挺、邱立诚、冯孟钦、向安强：《广东先秦考古》，广州：广东人民出版社，2015 年，第 362 页。

些较为典型的器物和反映时代风貌的工艺品，亦随之出现。

## （一）陈桥村遗址的石器

陈桥村遗址居民制作石器的原料，主要是从遗址附近的浅滩和河床等采集来的河砾石，这些滑溜溜的砺石，大抵都呈椭圆形。陈桥人以此制作了大量的蚝蛎啄、手斧状石器、砍砸器、敲砸器、刮削器、石锛。

在制作工艺上，蚝蛎啄、手斧状石器、砍砸器、敲砸器主要是打制，即利用河砾石的边缘及尖端，采取交互打击法制成。它们普遍保留着自然岩面，质料则大多是石英粉砂岩，也有少量为矽石角岩和黄色粗砂岩。石锛是磨制的，但是表面和边缘仍然留有打制痕迹，质料则均为细砂岩。

陈桥村遗址已经出现磨制工艺，这比上一阶段石尾山遗址的纯打制石器先进得多，而即使是同样的打制器物，也比石尾山遗址的技术更为先进。尽管如此，陈桥村磨制石器的数量在石器总量中所占比例仍然极低，呈现出其仍较为原始的特性。

蚝蛎啄是发现最多的石器工具。依据其器型及制作工艺，考古学家将之分为五式：Ⅰ式，由砺石尖端的一侧向两面加工，另一侧边缘一面加工，前者比后者显长而细，末端有经敲砸使用而留下的凹痕，如编号"CC029"，长 10.6 厘米、宽 6.2 厘米、厚 2.1 厘米；Ⅱ式，由砺石尖端的一侧向两面加工，另一侧不加工，制作简单且留自然岩面，如编号"CC027"，长 11.4 厘米、宽 5.6 厘米、厚 2.7 厘米；Ⅲ式，由砺石尖端的两侧边缘向两面加工，两侧加工长短、精细不一，器表和末端略有修饰，尖端可用来敲击，末端和一侧可用来砍砸，如编号"CC019"，长 11.6 厘米、宽 5.9 厘米、厚 3.7 厘米；Ⅳ式，由砺石尖端向四周加工成具有锥形尖端的石器，其两侧边缘多不加工，末端则略经打制，其中若干件有经使用而留下的密集痕迹，如编号"CC003"，长 13.2 厘米、宽 5.6 厘米、厚 3.6 厘米；Ⅴ式，由砺石两端的一侧边缘向两面加工，另一侧边缘向一面加工，上有尖端，其加工遍及整个边缘，以两面加工的一侧边缘最下功夫，是这类石器中工艺最为精细的，如编号"CC023"，长 15.8 厘米、宽 7.4 厘米、厚 3.8 厘米，是典型的蚝蛎啄。

蚝蛎啄是取食蚝蛎的工具，当然也有其他用途，如Ⅴ式蚝蛎啄，与目前居民所用的专门针对蚝蛎的铁制"蚝蛎啄"大体近似——它的命名，正是广东博物馆的专家根据现在的采蚝工具而起的[①]。但它两面加工的一侧，应当也具有砍砸和削刮的功能。

砍砸器的打击工艺相对简单，看不出规律。这些砍砸器大多是沿砺石的边缘向两面加工，制成具有厚刃的工具即可使用。因此各件的器形随石材原料而定，

---

① 广东省博物馆：《广东东兴新石器时代贝丘遗址》，《考古》1961 年第 12 期，第 646 页。

形状不太规则。其边缘加工部分长短不一，工艺精粗均有，但普遍保留自然岩面，有的有砍砸、敲砸等留下的凹痕，有的从两端及两侧边缘可看出屡经使用的迹象。如编号"CC025"，长10.8厘米、宽5.1厘米、厚2.1厘米，平圆顶，似长方形斧状器；编号"CC026"，长9.8厘米、宽8.2厘米、厚3.1厘米。

敲砸器呈圆柱状，在砺石的全部或大部分边缘、两面加工而制成。器身三边有厚刃，可作砍砸器，一端打击至平，另一端呈圆头状，上面既有敲砸留下的凹痕，又有研磨留下的痕迹。如编号"CC024"，长13厘米、宽6.4厘米、厚5.1厘米，平顶，两侧下部稍微收束，很像长身石斧。

手斧状石器呈蛋圆形，需要在圆石的中部向两面加工，使之带有呈明显弯曲状的厚刃，其中一些是两面平坦、尚保留原始形态的自然岩面，另一些则在中央隆脊，对器面略加修饰。这种工具功能齐全，从使用痕迹上观察，我们知道它可用于近距离的砍、敲、切、刮、挖，也可用于远距离的投掷，其锋利的锐面足可给目标以沉重打击。如编号"CC020"，长14.4厘米、宽7厘米、厚3厘米，尖顶，器身稍窄，近梭形，下带利刃，边缘有打击痕迹，定型很好；编号"CC028"，长11.6厘米、宽7.6厘米、厚3.9厘米，尖顶，弧形刃，整体呈勺状，该器虽然是打制造成，但成形极好。

刮削器，编号"潮陈19"，该编号在原始调查中未有公开报道，《广东先秦考古》则有描述："潮陈19，条形刮削器，上下均修成刃，横剖面为扁三角形。"① 未附图。这件刮削器是否属于打制或磨制工艺则不明，可能仍是打制的。

石锛的数量仅有3件，都是磨制的，但表面和边缘多留有打击痕迹。其器身较长，偏刃，如编号"CC034"，长8.8厘米、宽5.5厘米、厚2厘米；编号"CC033"，长6.8厘米、宽4.2厘米、厚1.5厘米，为梯形石锛。

这些磨制石锛是比较重要的发现。一方面，它显示出磨制技术已经出现，比起纯打制是一种进步，但这里磨制石器数量较打制石器少，说明磨制工艺的应用仍不广泛；另一方面，石锛的出现意味着此处的社会经济活动有了很大的进步，石锛在各地先秦遗址中不少见，它具备砍伐、撬、挖、掘等使用功能，与原始农业生产密切相关。有学者对史前石锛进行综合研究，认为石锛"与人类的定居行为、木结构的营造相关联"，因为石锛能对木、竹资源进行开发利用，成为树皮衣、水井、干栏式建筑、独木舟等的制作建造工具，这无疑涉及原始人类的衣食住行诸多方面。②

---

① 该刮削器在《广东潮安的贝丘遗址》《中国文物地图集》都没有体现，《广东先秦遗址》中列有一件，未附图，陈桥村遗物当时全部运送广东省，这一件应是当时已采集而未公开报道者。参见杨式挺、邱立诚、冯孟钦、向安强：《广东先秦考古》，广州：广东人民出版社，2015年，第365页。
② 肖宇、钱耀鹏：《中国史前石锛研究述评》，《南方文物》2015年第2期，第119页。

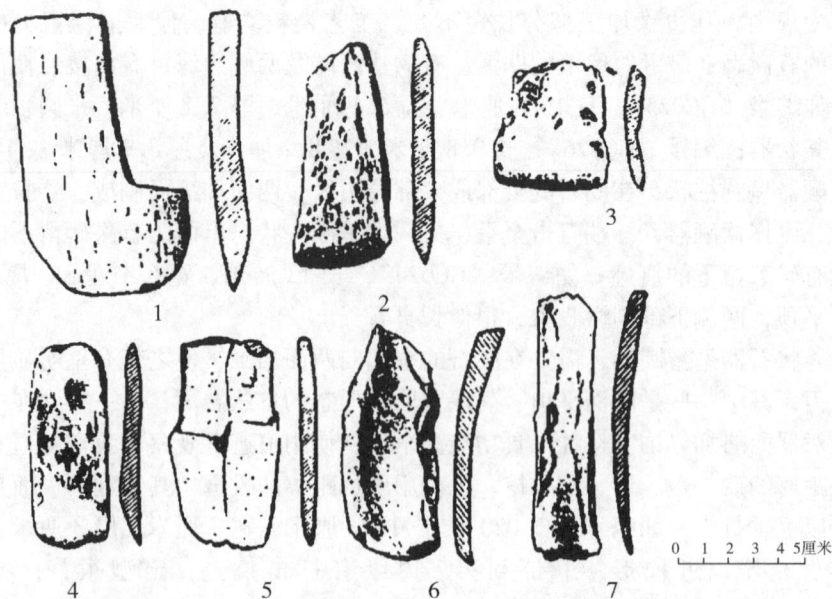

0 1 2 3 4 5厘米

4　　　　　5　　　　　6　　　　　7

1、5. Ⅲ式斧（"CC108""CC104"）　　2、6. Ⅱ式斧（"CC041""CC043"）

3. Ⅱ式斧（"CC050"）4、7. 两端刃器（"CC042""CC106"）

图2-4-2　陈桥村遗址石器

此外，陈桥村遗址还发现有大量的砺石，它们形态各异，有的磨面呈盘状，有的可见磨沟等，皆有长期使用痕迹。从形状看，应该是作为磨制骨器、石器之用。

## （二）海角山、池湖凤地遗址的石器

海角山遗址的石器包括打制石器、磨制石器和砺石，其中以磨制的居多。其打制石器的特点接近于石尾山、陈桥村遗址所出土者，器形有砍砸器和敲砸器；磨制石器中，则以石锛数量最多；砺石，多呈现出磨面和磨槽。

石锛均为半磨制，器身仍存在打琢痕迹，没有发现真正磨光的。其中多数为器身较长、单面平刃、背面隆起、边缘起棱的板石料石锛。如编号"CH001"，长梯形厚体石锛，平顶，刃微斜，背面略向内曲，前面略向外凸，横剖面呈长方形，器长12.8厘米，上宽6.4厘米、下宽7.7厘米，厚2.5厘米；编号"CH002"，段梯形石锛，平顶微凸，凸刃断去刃角，前面微凸，背面呈弧线形，顶厚而刃薄，横剖面为两面鼓起的长方形，长10.8厘米、宽7.5厘米、厚2.6厘米。

这两件都是典型的新石器时代磨制石锛，从其器形的厚重程度考察，这应是广东发现的石锛中较早的形制。

总体来看，海角山人磨制石器在石器总量中所占比例大，对比陈桥村所出磨制石器，其数量也要多得多，这是海角山人比陈桥人进步的地方，因此，就年代来说，海角山遗址应该晚于陈桥村遗址。

池湖凤地遗址贝壳层中发现的石器包括打制石器、磨光石器和砺石。《中国文物地图集　广东分册》《广东先秦考古》则载池湖凤地遗址发现有定型磨光的梯形和长条形石斧、石锛，后者还称磨光的石器约占石器总量的 10% ~ 20%。[①]砺石应该也是骨器、石器的磨制工具。

## 三、陶器及其工艺

陈桥村、海角山、池尾凤地遗址都发现带几何形纹饰的陶器，与上阶段的象山、石尾山的陶器发现相比，陈桥村等三处遗址发现的陶器无论从数量、器类还是质量上看，都有很大的提高。而较之同期广东其他地方的发现，这三处比珠三角、环珠江口等处少了彩陶和白陶，工艺上似乎亦有差距。

陈桥村遗址所出全部是粗砂陶，以灰胎为多，也有红胎及黑胎者。陶土未经淘洗，因而掺杂有粗砂粒和贝壳末。火候低，手捏即碎，全部手制。全部陶器的表里皆磨光。有的在口沿边及器里，有的在颈部，有的在腹部着赭红的色彩，其上再饰以螺丝划纹和线纹。

发现的陶片中有敞口及敛口的口沿残片，也有圜底残片等，可以分辨出器型的，以罐和钵类占大多数，钵多是敛口、折腹、圜底。其中，发现有两件完整陶器，均带有赭红色彩。编号"CC123"，小陶杯，直口、深腹、圜底，制作较精致，高 3.7 厘米、口径 3.5 厘米；编号"CC122"，葫芦状小压槌，长 5 厘米，下部直径 2 厘米，该器具估计是陈桥人用来修饰陶器表面的一种工具。有认为"从陈桥陶片的断面观察，有的陶片由多层泥片状构成，这种工艺，考古工作者称为贴塑法制陶"[②]。

较为引人注目的是陶器中呈现的赭红色彩，它不仅在完整器具中出现，还呈现在部分陶釜残件的颈部，而遗址中却未见泥质彩陶器。这是比较罕见的。因此，有考古学家认为称之为"彩绘"更为合适，以显示其与彩陶的区别[③]。

---

① 广东省文化厅编：《中国文物地图集　广东分册》，广州：广东省地图出版社，1989 年，第 278 页；杨式挺、邱立诚、冯孟钦、向安强：《广东先秦考古》，广州：广东人民出版社，2015 年，第 219 页。

② 曾骐：《韩江流域史前考古与潮汕文化源》，潮汕历史文化研究中心、汕头大学潮汕文化研究中心编：《潮学研究》（第一辑），汕头：汕头大学出版社，1994 年，第 9 页。

③ 张镇洪、邱立诚：《中国南海古人类文化考》，广州：广东经济出版社，2013 年，第 102 页。

图2-4-3　陈桥村遗址陶片实物照

海角山遗址发现有大量的陶片，但残缺现象十分严重。陶器的质料绝大多数为粗砂黑陶，少量粗砂红陶，火候低，均为手制。表面多带有绳纹和篮纹，也有素面、磨光或上红泥色陶衣者，但其特点却与陈桥村遗址所出大不相同。从口沿残片中可看出敛口、敞口器物的，大概都属于圜底器，其中器形可辨的仅有罐、缶两种。

池湖凤地遗址则发现有夹砂红褐陶片，多带有绳纹①。

这三处遗址仍然未发现明确的窑炉遗迹，说明直到新石器时代中期，潮汕地区有可能仍处于平地堆烧制陶的原始阶段。当然无发现并不是一定没有。但是从陈桥村遗址、海角山遗址原始调查中所描述的"手捏即碎""火候低"来看，这种平地堆烧而制陶的可能性是极大的。根据对我国有碳十四测年的早期8处遗存陶器烧成温度的科学研究，发现除了有简单窑址的裴李岗陶片达到820℃～920℃，其他南头庄、仙人洞、甑皮岩、青塘等早于裴李岗的陶片遗存均只有600℃～700℃，而这些地方恰恰未发现陶窑遗迹②。

不过，陶拍和"彩绘"陶的出现，以及"精美"的陶杯等，都隐约透露出此期陶器工艺的发展以及人类对美的追求远胜于前。

## 四、骨器及其工艺

陈桥村与池湖凤地遗址发现有不少骨器，其中，陈桥村遗址所出数量之多，磨制技术之发达，是迄今为止广东所调查遗址中仅有的，也是同期南海周边古人类遗址中罕见的，已经是成规模的骨器作坊了。

---

① 李伯谦：《我国南方几何形印纹陶遗存的分区、分期及其有关问题》，《北京大学学报》（哲学社会科学版）1981年第1期。

② 李家治、张志刚、邓泽群、梁宝鎏：《新石器时代早期陶器的研究——兼论中国陶器起源》，《考古》1996年第5期。

陈桥村居民制作骨器的原料，主要是牛、猪、鹿的长骨，而鱼骨则仅限于作骨针，其制作工艺全部是磨制，而磨制工具应该是遗存中的砺石。该处发现的骨器种类包括骨铲（原称"骨斧"）、两端刃器、骨刀、骨锥、骨镞、骨针、骨簪，以及切割后大量的碎骨料和碎骨。

骨铲呈扁平状，双面凸刃，边缘及刃部磨制光滑，可分长身、短身和有肩三式。无肩而长身者，最大的如编号"CC043"，长10.3厘米、宽4.3厘米、厚1厘米；最小的如编号"CC049"，长7厘米、宽4.6厘米、厚0.7厘米。无肩而短身者，如编号"CC050"，长9.5厘米、宽5.2厘米、厚0.7厘米。有肩者，肩呈钝角，可细分双肩和单肩两种，如编号"CC125"，双肩，斜弧刃，器体较长，长15.5厘米、宽7.1厘米、厚1.7厘米；如编号"陈桥村153"，单肩，平顶，一侧有肩，弧形刃。该器物在原遗址调查时被称为"骨斧"，后又有人认为应改称"骨铲"或"切割器"才更确切①，其主要功能是切割。

两端刃器呈扁平长条形，两端有偏刃，平刃、凸刃皆有，有的骨器阴面微向里凹。最大的为编号"CC064"，长15.5厘米、宽7.1厘米、厚1.7厘米，最小的为编号"CC061"，长5.1厘米、宽1.5厘米、厚0.2厘米。两端刃器既适宜松土挖掘，也可用于切割等。

骨刀呈三角形，两面边缘皆有刃，一侧为双面平刃，一侧为双面凸刃，出土时仍然锋利，专用于割切。如编号"CC052"，长6.2厘米、宽3.3厘米、厚0.7厘米。

骨锥有扁平状和圆柱状两种，尖端磨成圆锥状，皆制作精良，最大的为编号"CC109"，长11.5厘米、厚0.9厘米，最小的为编号"CC062"，长4.4厘米、宽1.6厘米、厚1.5厘米。从骨锥的使用痕迹来看，用它来为骨头、木器物钻孔相当适合，或者用它充当骨针的辅助工具。

骨镞呈扁平三角形，末端带铤，尖端钝圆，双翼宽大，一面带有凹入的槽，但多数已残缺。如编号"CC060"，复原后长5厘米、宽4.1厘米。镞是常见的渔猎工具，它的出现意味着要实施远距离的攻击已经更为便利。

骨针均用鱼骨制成，有笔直的和微弯的两种，均是尖端锋利，末端带孔。如编号"CC129"，长4.1厘米。骨针的出现意味着陈桥村居民已经懂得缝制技术，不再是赤身裸体披裹兽衣。

骨簪呈细长条状，有方形和圆形两种，方形的尖端磨出圆尖，圆形的尖端磨成钝圆，簪身前段略粗，后端略细，相当精致，长4.5~9.7厘米不等。骨簪应该与头发修饰密切相关。它的出现，意味着陈桥人已对自身的外观、对美有所追求并乐意花工夫进行修饰，这同时也是人类文明达到一定发展阶段的体现。

此外，陈桥村遗址中发现的切割后的碎骨和废骨料，数量十分多，其中有一

---

① 杨式挺、邱立诚、冯孟钦、向安强：《广东先秦考古》，广州：广东人民出版社，2015年，第365页。

部分表面带有对称的磨槽，是一种半成品，这一类数量也很可观。

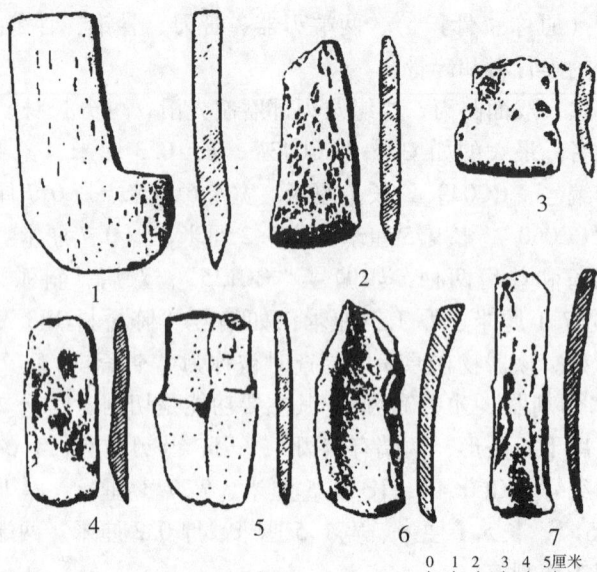

1、5. Ⅲ式斧（"CC108""CC104"）　2、6. Ⅱ式斧（"CC041""CC043"）

3. Ⅱ式斧（"CC050"）　4、7. 两端刃器（"CC042""CC106"）

图 2-4-4　陈桥村遗址骨器

海角山遗址没有发现骨器。

池湖凤地遗址所出骨器亦有一定数量，其器物形状及原料等均与陈桥村遗址相同。从《汕头文物简讯》《潮州市文物志》和《潮汕考古文集》①的原始附图以及描述看来，1975 年发现遗址并进行清理的过程中，采集到的骨器遗物至少有尖状器、圆凿形刮削器、骨针、骨斧、骨铲和骨锥。

其中有：尖状器，如 1 件全长 13.5 厘米者；刮削器，如 1 件器身长 8 厘米、器刃宽 4.8 厘米，刃口为圆齿形者；圆凿形刮削器，如 1 件长 10 厘米、宽 3～4.2 厘米，刃口为圆凿形者；骨针，如 1 件残长 6.8 厘米、三棱形而一面带沟者；"骨斧"，如 1 件身长 6.5 厘米者，从附图看，该骨斧应该称骨铲或切割器较好；骨铲和骨锥则各有一图样，但图样没有附比例尺或文字描述，未知规格，也未能知道具体数量。

① 潮安博物馆：《潮安池湖凤地新石器时代遗址》，广东省汕头地区文化局编：《汕头文物简讯》（第 4 号），内部出版，1977 年，第 8-9 页；《池湖村贝丘遗址》，潮州市文物局编印：《潮州市文物志》，内部出版，1995 年，第"2-4"、"2-5"页；陈历明编：《潮汕考古文集》，汕头：汕头大学出版社，1993 年，第 43 页。

池湖贝丘遗址出土的骨铲　　　　　　池湖贝丘遗址出土的骨锥和刮削器

图2-4-5　池湖凤地遗址骨器实物照

## 五、制骨作坊及高度发达的制骨业

骨器很早就与人类的经济生产活动结下不解之缘。20世纪50年代末考古学界对中国猿人是否使用骨器有过热烈讨论，随之便谈论到对史前骨器的辨识问题。① 目前学界一般认为至迟在旧石器时代晚期，便有骨器的应用。晚近有论文指出，贵州马鞍山旧石器时代遗址所出的人工磨制骨锥、骨镞、骨棒，其年代应不晚于1.5万年前，是中国华南地区各遗址出土磨制骨器中年代最早的。②

过去，考古学家们认为，陈桥村遗址所出骨器数量众多，是广东所调查遗址中规模最大的。然而，通过梳理时间跨度达5 000年的其他考古材料并对相关材料进行对比，笔者发现陈桥村骨器在考古地位上，应该远比"广东之'最'"重要：

陈桥村遗址的骨器是新石器时代早期、中期的南海周边地区典型遗存所见骨器中种类、数量最多者，其遗迹、遗物能够清晰体现整个骨器的取材、生产、加工过程，堪称一处十分发达的骨器作坊。

以下我们作一个探讨，并介绍若干情况。

### （一）陈桥村遗址骨器情况

陈桥村遗址所出骨器品种，已披露的共有7种，还有大量的半成品等。

陈桥村遗址所出骨器的具体数量，则没有系统整理的公开资料可查。原始调查通常用诸如"大量的""数量之多远非石器所能及""广东未见的"等定语来

---

① 贾兰坡：《关于中国猿人的骨器问题》，《考古学报》1959年第3期；裴文中：《关于中国猿人骨器问题的说明和意见》，《考古学报》1960年第2期。

② 张乐、王春雪、张双权、高星：《马鞍山旧石器时代遗址古人类行为的动物考古学研究》，《中国科学：地球科学》2009年第9期；张双权：《贵州马鞍山遗址发现旧石器时代骨角制品》，《化石》2016年第2期。

修饰。若追求直观数据，我们只能依据 1961 年的原始遗址调查以及有广东考古专业著述的图文描述来尝试进行比较和估算。

一方面，是遗址调查（含其所附图文，下同）。

首先，石器出现编号者有 10 件，最小及最大序列号分别为"CC003"和"CC033"，其他 8 件的编号在遗址调查中分布齐整，应无陶器及骨器混入，此处不赘述，可得出"CC033"编号前无骨器的结论；

其次，陶器仅介绍两件，编号为"CC122""CC123"；

再次，出现的骨器编号一共有 20 个，最小及最大序列号分别为"CC41"和"CC129"，不过其间混入了"CC122""CC123"两个陶器编号，最接近这两个编号的骨器有"CC114""CC128"；

最后，正文文字描述中称有"两种骨针"，则至少需要增加 2 件，然而仅有编号"CC129"为骨针，编号"CC128"是骨簪，则至少还有 1 件骨针排在编号"CC129"之后，应再计入骨器。

这样，依据原始遗址调查，当时陈桥村遗址所出骨器数量的下限为：

最为保守的算法是编号"CC41"至"CC114"计 74 件，加上编号"CC128""CC129"2 件和"CC129"之后的 1 件，合计 77 件；

较为大胆的算法是编号"CC033"至"CC129"97 件，减去其中 2 件混入的陶器，小计 95 件，再加上"CC129"之后的 1 件，合计 96 件。

这是下限，而上限则没法统计。

结论为：若依据遗址调查，陈桥村遗址的骨器数量至少有 77 件，不排除达到 96 件或以上的可能。器类则有 7 种。还有大量的器类不明的未编号半成品、残余骨料。

另一方面，是其他的专业著述。由于 1957 年和 1960 年广东文化局文物工作队调查和复查陈桥村遗址后，将全部遗物（1956 年冬发现，在工作队到达之前暂存潮安第一中学黄家年等师生处，后一并打包）运到广州。因此广东省文博考古方面的考古学家的论著，实际上也是原始资料。

如《广东先秦考古》便记录了一件编号"潮陈 19"的刮削器，遗址调查所列编号都是统一的"CC"附三位数序号，这个"潮陈"编号应是广东省有关文博单位另列的编号，由于该件刮削器在遗址调查中未见，可知尚有未列入"CC"编号的遗物。

因此，当年实际采集的陈桥村遗物（包括骨器）数量，要比公开刊出的遗址调查介绍的数量多，器类可能也更丰富。

客观上来说，我们以上的估量是相当之保守的。遗址调查称骨器"数量之多远非石器所能及"，而石器已至少有 33 件了，当年考古学家这样来描述骨器数量显非随意为之。此外，还有半成品及残余骨料，考古学家在遗址调查中的表述是"十分多的""大量的"。

即使按最为谨慎的 77 件来算，加上大量半成品，陈桥村骨器也是包括中国东南沿海及东南亚在内的、距今 10 000 ~ 5 000 年的代表性遗存中所存骨器最多的。

### （二）其他遗址的骨器情况

南海周边地区，包括中国沿海地区的省、区，和越南、老挝、缅甸、泰国、柬埔寨、菲律宾、马来西亚、新加坡、文莱、印度尼西亚等地属于新石器时代早期、中期（距今 10 000 ~ 5 000 年）的代表性遗存，[①] 按《中国南海古人类文化考》所列，数量达 60 处（群）以上，大多数没有发现骨器。现梳理陈桥村、池湖凤地遗址以外的，有出骨器的遗存的情况，大致如下：

牛栏山遗址，三期，前段（距今 10 000 ~ 9 000 年）出有骨锥 7 件、骨针 2 件；后段（距今 9 000 ~ 8 000 年）出有骨锥 1 件、骨针 1 件。[②]

甑皮岩遗址，三期（距今 10 000 ~ 9 000 年），出有骨锥 41 件、骨铲 2 件、骨鱼镖 2 件、骨针 6 件、骨残次品 6 件；四期（距今 9 000 ~ 8 000 年），出有骨锥 5 件；五期（距今 8 000 ~ 7 000 年），出有骨锥 5 件、骨针 2 件、骨铲 1 件；另有 2001 年之前采集的、因无地层关系而未能确认年代者，共 40 件，包括骨锥 24 件、骨铲 7 件、骨针 2 件、骨鱼镖 3 件、骨镞 1 件、饰品 1 件、骨凿 1 件及不明用途骨片 1 件。[③]

百达遗址新石器文化层（距今 9 000 ~ 7 000 年）发现有少量骨器，包括骨锥以及单尖、双尖的骨针。[④]

东兴防城亚菩山、马兰咀山、杯较山遗址（新石器时代早期，亦有认为稍早或相当于陈桥村遗址同时期），共计出有骨锥 2 件、骨镞 1 件、穿孔骨饰 65 件。这三处遗址的调查报告未分列，因此不明各处所出。[⑤]

桂南顶蛳山遗址，二期（距今 8 000 ~ 7 000 年，比三期稍早），出有骨锛 5 件、骨斧 2 件、骨铲 2 件、骨镞 2 件、骨锥 6 件、骨针 1 件；三期（距今 8 000 ~ 7 000 年，比二期稍晚），出有骨锛 1 件、骨镞 17 件、骨锥 14 件、骨针 4 件、骨

① "南海周边"的定义，以及南海周边有代表性的遗存名单，都依据《中国南海古人类文化考》所列，该书将新石器时代早期、中期有代表性者分成 29 个小单元介绍，包括遗址群、遗址等，数量达 60 处以上，其中潮汕地区的石尾山遗址、陈桥类型（陈桥村、池湖凤地遗址）各列一个小单元。参见张镇洪、邱立诚：《中国南海古人类文化考》，广州：广东经济出版社，2013 年，第 1、3、83 – 112 页。

② 英德市博物馆、中山大学人类学系、广东省文物考古研究所编：《英德史前考古》，广州：广东省人民出版社，1999 年，第 70、100、102 页。

③ 中国社会科学院考古研究所、广西壮族自治区文物考古队、桂林甑皮岩遗址博物馆、桂林市文物工作队编：《桂林甑皮岩》，北京：文物出版社，2003 年，第 124 – 128、148、182 – 183、193、237 – 245、448 – 449 页。

④ 谢光茂、彭长林、黄鑫、周学斌：《广西百色百达遗址考古发掘获重大发现》，《中国文物报》，2006 年 4 月 7 日；张镇洪、邱立诚：《中国南海古人类文化考》，广州：广东经济出版社，2013 年，第 90 页。

⑤ 莫稚、陈智亮：《广东东兴新石器时代贝丘遗址》，《考古》1961 年第 12 期。

矛 4 件、骨鱼钩 1 件、骨穿孔装饰品 1 件；四期（距今 6 000 年左右），出有骨
锛 6 件、骨斧 3 件、骨铲 1 件、骨矛 1 件、骨镞 2 件、骨针 4 件。①

越南多笔文化的 7 个遗址（7 000～5 000 年）发现若干骨鱼镖、骨镞和骨锥
等，数量不详；另外，一般认为承袭和平文化的越南北山文化，是分布于越南、
印度尼西亚、菲律宾等地的东南亚新石器时代遗存最具代表性者，其中亦发现有
若干骨斧、骨锥、骨凿等，数量不详，但各处数量总计亦不多。②

增城金兰寺下文化层（新石器时代中期），原调查报道称该层发掘有骨器，
但未描述器形及数量。③

肇庆蚬壳洲（新石器时代晚期的较早阶段）发现 1 件骨哨以及束发用的骨笄
3 件，还有几件半成品。其中骨哨为罕见之物，由动物肢骨截段磨制而成，表面
磨光，一面上下方分别钻两个小孔，长 4.1 厘米、外径 1.7 厘米。④

另外，万福庵遗址（距今 5 000 多年）出有骨器，器形、数量俱不详。东莞
蚝岗第二期遗存（距今 5 500～5 000 年）有骨铲、骨锥、骨镞等，数量不详。⑤

除了上述南海周边代表性遗存外，还可以对比潮汕地区以外的地方，主要整
理各综述文章、志书所涉及的内容。

广东出土骨器的遗址其实十分少，所见寥寥，如江门罗山嘴发现骨簪 1 件，
扁圆形，长 10 厘米，还有骨凿，数量不详，《中国文物地图集　广东分册》则只
列有骨簪 1 件。⑥

福建与潮汕接壤，文化联系密切，其所出骨器数量亦不如陈桥类型。现以一
向被视为各遗址中所出骨器最为丰富的福建平潭壳丘头贝丘、福建闽侯县石山遗
址为例。

---

① 中国社会科学院考古研究所广西工作队、广西壮族自治区文物工作队、南宁博物馆：《广西邕宁县顶蛳山遗址的发掘》，《考古》1998 年第 11 期。

② ［越］阮文好：《越南的多笔文化》，中国社会科学院考古研究所编著：《华南及东南亚地区史前考古》，北京：文物出版社，2006 年，第 341－346 页；张镇洪、邱立诚：《中国南海古人类文化考》，广州：广东经济出版社，2013 年，第 90－91 页。

③ 另，《中国文物地图集　广东分册》未提及该处有骨器遗物。参见莫稚：《广东考古调查发掘的新收获》，《考古》1961 年第 12 期；广东省文化厅编：《中国文物地图集　广东分册》，广州：广东省地图出版社，1989 年，第 228 页。

④ 广东省博物馆、肇庆地区文化局、高要县博物馆：《高要县龙一乡蚬壳洲贝丘遗址》，《文物》1991 年第 11 期。

⑤ 《中国南海古人类文化考》称万福庵、蚝岗遗址出有骨器，不过，《广东东莞市三处贝丘遗址调查》《广东东莞市蚝岗贝丘遗址调查》等都未记载有相关信息；这里仍按《中国南海古人类文化考》的描述进行介绍。参见张镇洪、邱立诚：《中国南海古人类文化考》，广州：广东经济出版社，2013 年，第 103－105 页；广东省博物馆、东莞市博物馆：《广东东莞市三处贝丘遗址调查》，《考古》1991 年第 3 期；李子文：《广东东莞市蚝岗贝丘遗址调查》，《考古》1998 年第 8 期。

⑥ 杨式挺、邱立诚、冯孟钦、向安强：《广东先秦考古》，广州：广东人民出版社，2015 年，第 227－228 页；广东省文化厅编：《中国文物地图集　广东分册》，广州：广东省地图出版社，1989 年，第 385 页。

福建平潭壳丘头贝丘遗址，该处经 1965 年发现、1985 年发掘等，出有骨凿、骨匕、骨锥、骨镞及骨料共计 37 件；2004 年再发掘出骨器 10 件，包括骨锥 7 件、骨镞、骨匕及扣状装饰物各 1 件。经综合考察，现修正其遗存年代为距今 6 500～6 000 年，该处整体体现出来的文化面貌，似乎与陈桥村遗址有可比之处。①

福建闽侯县昙石山遗址，该处自 1954 年至 2009 年历经九次科学发掘。随着发掘的深入，其遗存年代判断结果亦一直处于调整状态，目前较被普遍接受的观点为，第一期（至少距今 5 000 年以上）未发现骨器；第二期即"昙石山文化"（距今 5 000～4 000 年），便成为出有骨器又最接近陈桥年代者，2004 年发掘有骨镞 10 件、骨锥 3 件、骨凿 2 件、骨料 2 件，当年另采集到的 1 件骨镞，分期不明；② 2009 年发掘出骨镞 2 件。③ 该处遗址所出骨器一向号称丰富，以晚近分期看，"昙石山文化"亦仅得 20 件，并且已进入新石器时代晚期，距离陈桥长达三千年，而二期之后年代相距更久远，更接近现在，已经失去对比性。

### （三）骨器种类和数量的比较

上面已经列出陈桥村遗址以及对比物两方面的数据，我们可以据此作个比较。

在比较前，必须作个说明：考古专业著作上有关器物名称的描述，有时会出现同名但实际功能有异、异名而实际功能相类的情况，这大抵是不同作者、不同时期、不同学术背景而致理解不同等因素所造成。下文姑且忽略这类情况，而以各原材料中的文字描述名称为准，即假定：同名者则同物，不同名则不同物。

陈桥村遗址的骨器种类，不计未列器名的半成品和半制品（下同），不计骨料，一共有骨铲（原称"骨斧"）、两端刃器、骨刀、骨锥、骨镞、骨针、骨簪 7 种，骨器数量则至少有 77 件，很有可能为 96 件以上。

南海周边有出骨器的距今 10 000～5 000 年的代表性遗存，以及上文所介绍的广东、福建两地的 3 处遗存中，所出种类最多者为桂南顶蛳山第三期遗存（距今 8 000～7 000 年），共 7 种器类 42 件；其次是桂南顶蛳山第二期（距今 8 000～7 000 年，比三期早），6 种器类 18 件，桂南顶蛳山第四期（距今 6 000 年）6 种器类 17 件；再次是甑皮岩三期（距今 10 000～9 000 年）种器类 57 件，平潭壳丘头遗址（距今 6 500～6 000 年）6 种器类（含骨料）47 件。其他的都颇为零星，多数在 3 种器类以内，数量也较少。

数量较多者，还有东兴防城亚菩山、马兰咀山、杯较山三处遗址（新石器时

---

① 福建博物馆：《2004 年平潭壳丘头遗址发掘报告》，《福建文博》2009 年第 1 期；福建博物馆：《福建平潭壳坵头遗址发掘简报》，《考古》1991 年第 7 期。

② 福建博物馆编著：《闽侯县昙石山遗址第八次发掘报告》，北京：科学出版社，2004 年，第 39 - 40、100、105 - 108 页。

③ 福建省昙石山遗址博物馆：《2009 年昙石山遗址考古发掘简报》，《福建文博》2013 年第 2 期。

代早期，亦有认为稍早或相当于陈桥村遗址时期），有 3 种器类 68 件，但即使三处遗存数量相加，其实亦不及陈桥村遗址 7 种器类 77 件的最保守估值。东兴防城几处遗存所出石器与陈桥所出的有十分接近的地方，双方应有颇深的文化渊源，这一点下文还会述及。

此外，桂南顶蛳山未能确认年代的骨器达 7 种器类 40 件。该遗址经发掘证实，有距今约 10 000 年的第一期，至距今约 6 000 年的第四期，共计四期遗存，跨度达 4 000 年以上。如果将年代不明的 40 件骨器，随机平均分配到各期遗物中，则每期的数量、种类（即使排除相同者）亦甚可观。这说明该处有制造、使用骨器的传统。

通过对比，我们可以了解到陈桥村遗址所出骨器，即使是按 7 种器类 77 件算，仍然是各遗存中数量最多的，倘若以 96 件或以上的数量算，则更是其他遗存所出数量的多倍。

应该指出的是，我们上面的统计对比，是不计半成品、半制品和残存原料的。实际上，也仅见陈桥村遗址出土这么多数量的骨器，倘若全部计入，陈桥村遗址所出骨器与他处对比，可能更显悬殊。

此外，与陈桥村遗址相距不足 1 公里的池湖凤地，年代相当，文化面貌相同，故被归为属于"陈桥类型"。如果以"陈桥类型骨器"（或称"陈桥文化骨器""陈桥骨器"）来与他处作比较，便应加上池湖凤地所出的尖状器、刮削器、圆凿形刮削器（可能为骨凿）、骨针、"骨斧"（疑为骨铲）、骨铲、骨锥 7 种，扣除相同器类，陈桥类型已知器类达到 11 种，数量方面，自然更多。

### （四）陈桥村制骨作坊

经比较可以得知，陈桥类型尤其是陈桥村遗址所出的骨器，在新石器时代早期、中期各地、各时段的遗存中，都是器类最广、数量最多者。

尽管考古发现具有随机性，而上面的统计亦不能说是绝对全面的，然而这样的情况无疑是十分值得一提的。至少，笔者认为可以作如下判断：陈桥村居民熟谙此道、工于此术，具有突出的专业性，在同时代乃至前后数千年的时间里，其骨器生产水平及规模在南海周边地区都属于顶级。

没有专业的操作程序，很难想象陈桥类型尤其是陈桥村遗址的居民能有这么突出的骨器生产成就。因此，笔者认为，陈桥村遗址处存在一流制骨作坊，甚至可以说存在工厂。

《关于中国骨器研究的几个问题》一文认为，考古遗址中的制骨作坊，一般应满足三个基本条件：第一，有比较固定的生产活动空间；第二，作坊内（即原生堆积）或次生堆积中出土有骨器加工工具，例如残破的锯条、铜刀、砺石等；第三，作坊内或次生堆积中出土有骨器成品、坯料和废料等，且具有制作工序上的关联性，即能够清晰地看出骨器加工的整个流程。[1]

受该文启发，笔者以此作为判定制骨作坊的主要条件。

首先，陈桥村遗址本身便是一处固定的生产空间，遗址范围东西长约80米，南北宽约40米，这主要是依据发现遗址时贝壳堆积的情况来定，在考古发现中，已经不算太小的了，当中，除了生活活动区域之外，相信还有足够的空间作为生产场所使用。

其次，陈桥村遗址出有骨器加工工具。虽然囿于时代因素，陈桥人尚未拥有金属器具，然而如刮削器、手斧状石器等，皆可供截割切削、取材加工。但是有大量的形态各异的砺石，它们有的磨面呈盘状，有的可见磨沟等，皆有长期使用痕迹。遗址出土的三十多件石器中仅3件为磨制，与大量的砺石不成比例，这种情况也是其他石器时代遗址中极其罕见的——因为遗址所出的石器极少，似乎无须用到这么多的砺石。因此，这些砺石最主要的功能，应该是用于骨器磨制。

第三，陈桥村遗址共四层堆积，新石器时代文化便在第三层，其按土色可细分为A、B两层：3A层0.1~0.16米厚的灰黑色粘土堆积中含有大量陶片、碳屑和成堆的灰土，遗物多是陶片，3B层厚达1.2~1.25米的贝壳与黑色粘土混合堆积物中，石器、骨器、陶片和碳屑、灰土以及人骨、动物骨骼、贝壳等同出。其他堆积，则除了第一层耕土层出土有唐宋及近代砖瓦外，再无遗物。这个堆积状态较好地说明了遗物之间的关系。

陈桥村遗址所出骨器，从原料到成品的整个流程大抵是：

大量牛、鹿、猪的胫骨以及鲨鱼类的翅骨等是主要原料，这些原料，可能一部分来自豢养，另一部分从镞显示出来的迹象来看应该是通过捕获取得。总之，原料易于获得，并未有难以获取的证据；砍砸器、刮削器、两端刃器、刀，可以随形随质截取素材，形成产品雏形、粗胚，是后世青铜器时代金属利器的替代物，"中山大学人类学系的一件采自陈桥村遗址的长身骨铲，是用牛的肋骨锯切后磨刃而成"[2]便是例证，而采集到的若干有切割痕迹的废骨料，同样可说明这个问题。

砺石用于砥磨，各种形态的砺石应是出于不同加工需要而挑拣制造的，其中磨面呈盘状者，显然是磨制特定的器物，有的半成品尚有对称的磨槽，显然与那些带磨沟的砺石关系密切，这些都有助于理解磨制过程。

碳屑及灰土，有的可能是制作过程中烘烤留下的痕迹。甑皮岩遗址所出骨器的分析材料中，有相关描述表示这是骨器加工过程中会用到火这一事实的佐证。实际上，近现代骨器制作，仍需温度配合以便更好成型。但是，并非所有曾用火

第二章 先秦潮汕社会

---

① 马萧林：《关于中国骨器研究的几个问题》，《华夏考古》2010年第2期。

② 曾骐：《韩江流域史前考古与潮汕文化源》，潮汕历史文化研究中心、汕头大学潮汕文化研究中心编：《潮学研究》（第一辑），汕头：汕头大学出版社，1994年，第10页。

的遗址都可发现碳屑及灰土，大量的碳屑及灰土，显示出该处用火之频繁。在非制窑的情况下，这些自然遗物无疑与骨器制作紧密相关。

精加工的穿孔技术能实现，应是骨锥中尖端呈圆锥状者的功劳，遗址调查称骨锥用来为骨、木器物钻孔相当适宜，而骨锥尖端均见损蚀，证明其久经使用。这道程序，有民族志的资料显示，是在磨制骨器之前，即先在坯上钻孔再行磨制，否则难以成功。不过，笔者经实际咨询，并请制骨艺师稍作模拟，就结果来看，实际情况未必如此，这道工序在何时进行，还是与工具和质料有关。

成品完工后，半成品和废料在遗址大量出现，如上述针孔成品与针锥的损耗相对应，半成品磨槽与砺石磨沟相对应，以及切割后的骨头和碎骨料成批出现等，皆显示出其工具、成品、半成品、废品的紧密关联，可以推导出合乎逻辑的生产过程。至于整个生产环节需要打制、敲琢的劳动环节，劳动者依靠敲砸器、手斧状石器等辅助工具便可完成，很好理解。

通过以上论述，陈桥村遗址的骨器从用料、选材、切割成形、砥磨、精加工到制成成品，包括中间的打制、敲琢环节，整个制骨流程都是十分清晰的。

总而言之，陈桥村遗址堪称是新石器时代发达的制骨作坊。

从另一个角度来说，倘若规模如此大，流程如此明晰，出土种类、数量如此多，都不足以立论的话，那么距今 10 000~5 000 年的南海周边地区，便再难有能称得上"制骨作坊"的地方了。

另外，与广东其他地方相似，除了陈桥类型外，潮汕地区较少发现有出骨器的遗址。目前已知含骨器较多的是澄海内底贝丘遗址的第三层遗存，出有 36 件骨箭镞（骨鱼镖），考古报道称是与人头颅骨、松脆夹砂陶片、贝壳等同出，贝壳标本经碳十四测年化验为 4 330±100 年[①]（笔者未见检测报告，应是未经树轮校正）。尽管贝壳测年不尽可靠，但澄海内底贝丘遗址年代也似乎是在新石器时代晚期，这距陈桥村遗存已近两千年，且其骨器单调，应该与陈桥村骨器作坊所出是没有什么关系的。

---

① 澄海县博物馆编：《澄海县文物志》，内部出版，1987 年，第 3 页。

1. Ⅰ式骨斧（"CC043"）　2. 两端刃骨器（"CC106"）　3. Ⅲ式骨斧（"CC105"）
4. Ⅲ式骨斧（"CC125"）　5. 骨锥（"CC109"）

图 2 - 4 - 6　陈桥村遗址骨器实物照

## 六、最古老的人骨与葬俗

陈桥村遗址和池湖凤地遗址都出有人骨，这些是目前潮汕地区所发现的最古老人骨，因此值得一提。

陈桥村遗址发现有出自 10 个个体的人骨，分别属于人体的不同部分，从牙齿的磨蚀程度观察，男女老少都有。

遗骨处于陈桥村遗址的贝丘层，呈黄白色，均有轻微石化现象。这些遗骨应该是属于墓葬的遗存。

比较引人注目的是，多数遗骨"附染"（有用"撒有""洒上""散布"等词语表述者）一种红色粉末，其中又以头骨和椎骨最为常见。经化验得知这种红色粉末为赤铁矿。

用赤铁矿随葬是一种古老葬俗，出现在旧石器时代晚期，全世界都广泛存在着。如欧洲，1888 年发现于法国香斯拉特（Chancelade）列蒙丹巨岩洞穴中的一具遗骨，1891 年发现于捷克布尔诺（旧译"布龙"）市的一具人类遗骨及殉葬品；如非洲，20 世纪早期发现于肯尼亚西部的甘宝（Gamble）洞穴中的一具人骨架；如亚洲，1933 年至 1934 年发现于北京的一男二女山顶洞人骨架[1]，等等，都有红色的赤铁矿粉。

目前中国发现的最早墓葬是山顶洞人墓葬，当年在考古现场的下室发现一男二女的墓葬骨架，赤铁矿粉粒散布其上，有穿孔介壳、骨坠等装饰品随葬，上室

---

[1]　陈星灿：《史前居室葬俗的研究》，《华夏考古》1989 年第 2 期。

则是人类的居地。[①] 而在广西的甑皮岩洞穴遗址，发掘的墓葬人骨中有 2 具骨骼上显示有赤铁矿红色粉末，分别在编号为"BT2M2"的男性（40 岁左右）头骨，以及编号为"DT2M3"的女性（35~40 岁）骨盆上。[②]

陈桥村遗址出现的赤铁矿随葬现象，显然继承自上述始自旧石器时代的葬俗，在中国乃至世界范围内，这种葬俗迄至中石器时代、新石器时代都有出现，如广西长塘遗址发掘的 15 具墓葬人骨中 2 具周围有赤铁矿粉，[③] 仰韶文化北首岭处亦有发现。[④] 但在广东、福建的遗存中则一直较为少见。民族志材料显示，台湾原住民地区也未见此俗。不过，直至近代，大洋洲、非洲原住民地区仍然存在这种葬俗，若干小地方还颇为流行。

这种葬俗的意义是什么，学界一直有不同的说法。目前，红色代表血液，"人死血枯，加上同色的物质，希望他（她）们到另外的世界永生"[⑤] "赤铁矿可令死者在另外的世界精力充沛地永生"[⑥] 等类似观点较为流行，多延伸到宗教信仰方面的联想。也有认为是随葬物，即希望赤铁矿粉末长伴逝者身边，带去来世。又有学者根据澳大利亚原住民用赤铁矿粉末来治疗的情况，而提出"可能由于死者用此种药物治疗过，或者代表伙伴们曾试图用它来救回死者的生命"[⑦] 等，则大抵将其视为普通的生活随葬品了。

目前，各大洲都找到大型的赤铁矿床，相信赤铁矿粉末在史前应该不是极难得到的。它在随葬中出现，或许还是与其呈红色有关。笔者更愿意相信原始人类较为直观质朴的思维：红色象征血液，血液流动意味着生命永续，即形成"赤铁矿—红色—血液—永生"的逻辑链条，这是人们较易联想到的。也许此种葬俗的出现正是如此，而伴随着的则是原始宗教、原始信仰了。至于是何种族或人群，是对何种原始宗教或图腾的信仰等具体细节，则不得而知了。

陈桥村所出人骨，当年采集后经广东有关单位送交中国科学院古脊椎动物与古人类研究所作进一步研究鉴定，至今未有公开报道。

---

① 贾兰坡：《山顶洞人》，上海：龙门联合书局，1951 年，第 21 页。

② 此 2 具骨架在 1976 年发掘简报中公布，2003 年刊出的《桂林甑皮岩》对此前大量判断作了纠正，但未涉及这 2 具人骨染赤铁矿一事，年代则因出土层位不清无法判断，不过甑皮岩一共五期遗存，大约距今上限 12 500 年、下限 7 600 年。参见广西壮族自治区文物工作队、桂林革命委员会：《广西桂林甑皮岩洞穴遗址的试掘》，《考古》1976 年第 3 期；中国社会科学院考古研究所、广西壮族自治区文物考古队、桂林甑皮岩遗址博物馆、桂林市文物工作队编：《桂林甑皮岩》，北京：文物出版社，2003 年，第 29、41、490 页。

③ 广西壮族自治区文物考古训练班、广西壮族自治区文物工作队：《广西南宁地区新石器时代贝丘遗址》，《考古》1975 年第 5 期。

④ 北首岭这些颜料，有极少量是黄色的，绝大部分是红色，后者经鉴定，都是天然赤铁矿物颜料。中国社会科学院文物考古所编著：《宝鸡北首岭》，北京：文物出版社，1983 年，第 113、154 页。

⑤ 贾兰坡：《中国大陆上的远古居民》，天津：天津人民出版社，1978 年，第 121 页。

⑥ 张寿祺：《旧石器晚期红土随葬及其原始宗教意识》，《世界宗教研究》1983 年第 2 期。

⑦ 新智：《山顶洞中赤铁矿粉的新解释》，《化石》1987 年第 4 期，第 14 页。

先秦潮汕研究

池湖凤地遗址也发现有呈初期化石状的人类头盖骨、下颌骨及下牙，其中门牙已脱落了3颗，尚存一颗，同时采集到火烧土。

这3颗牙齿是否原已脱落，是否与古"拔牙"风俗有关，由于池湖凤地遗址的原始考古报道中未有进一步的介绍，而此后亦未见专业报告就此问题进行深入讨论，因此无法作出揣测。

古人类"拔牙"之风，今人多认为是古文献记载的"凿齿"民所有，较早见的是《山海经》："羿与凿齿战于寿华之野，羿射杀之。在昆仑虚东。羿持弓矢，凿齿持盾。一曰戈"，"有人曰凿齿，羿杀之。"[1]

考古及考察结果显示我国最早出现的拔牙习俗是距今约7 000年前，该习俗普遍流行于苏南、沪、浙、鄂、豫、闽、粤、港、台等地的史前时期；在世界海洋性地区如东亚日本、朝鲜，东南亚的越南、印度尼西亚、泰国等，非洲的埃及、尼罗河流域、东非、尼亚撒湖、赞比西河流域、刚果、几内亚等原住民地区，澳洲，环太平洋的海岛区中也广泛流行。研究表明，拔牙习俗的源起与母系氏族制度密切相关，据考证，在北非至少可追溯至中石器时代。[2]

目前专业论著中，位于广东和香港地区，且迄今可以确定的有拔牙现象的遗址只有5处，并不包括池湖凤地遗址。上述仅仅是附带介绍而已。

池湖凤地遗址1975年发现于农田水利基础建设现场，发现时墓葬已受破坏，人类骨架和葬式无从辨认。公开报道中也未见人骨相关的情况介绍。

## 七、采集渔猎和原始农业社会经济生活

新石器时代中期，潮汕居民依然以渔猎为主要谋生手段。然而，种种迹象也显示出原始农业已经出现乃至初步形成——特别是遗存较为丰富的陈桥村遗址，其透露出来的信息更为明显。这个阶段，潮汕地区原始居民形成群落，社会面貌焕然一新。

### （一）陈桥村遗址的原始农业

陈桥村遗址在考古、农业、动物学等专业论著中常被认为是表明广东、华南地区乃至中国原始农业出现的代表例子之一。

如《广东先秦考古》便将发现于距今1万年前后的古稻的英德牛栏洞遗址作为广东"原始农业诞生"的标志，又在"原始农业经济初步形成"一章中，将石峡一期文化、陈桥村遗址这两处遗存在农业上的情况列出介绍。[3]

——

① 方韬译注：《山海经》，北京：中华书局，2009年，第182、242页。
② 杨式挺：《略论我国古代的拔牙风俗》，《广西民族研究》2005年第3期。
③ 杨式挺、邱立诚、冯孟钦、向安强：《广东先秦考古》，广州：广东人民出版社，2015年，第146、372页。

又如《华南地区原始农业的起源》称:"从现有资料分析,华南地区早在 1 万年前左右就产生了农业,广西桂林甑皮岩、白莲洞(上部)、柳州大龙潭鲤鱼嘴(3 - 1 层),广东英德青塘洞穴、潮安贝丘,江西万年仙人洞等遗址是最早的农业遗址。"该文的"潮安贝丘"便指石尾山、陈桥村遗址,尤以后者举例最多。①

再如《我国原始畜牧业及其与农业的窥探》一文便以河姆渡遗址和陈桥村遗址为个例,论证我国水牛驯养及原始农业历史之长远。在详细介绍陈桥村遗存后,该文称陈桥村遗址"显示出农业与渔猎业结合的经济类型,而牛、猪的出现应是与农业相联系的。"②

类似以上这些论述还有不少,在非专业的综合性读物中尤为多见,从描述中我们可以大致了解陈桥村遗址的发现在相关专业史上的地位。

原始农业经济的产生,与古人类进入定居形态息息相关,正是农业经济的产生、发展,使人类成群定居成为必要和必然。

从早期居民稳定性角度来衡量,贝丘遗址、山冈遗址远较沙丘遗址来得稳定。陈桥村遗址、海角山遗址、池湖凤地遗址都属于贝丘遗址,仅各遗址的贝壳堆积——厚者达到一米多,薄者亦近一米,便表明这些遗址的居民曾在此生活了较长一段时间。

特别是陈桥村遗址的居民,他们生活劳作,繁衍生息,已经形成一个原始聚落,制骨作坊的出现,更是定居生活的佐证。考古学家们也认为陈桥村出土丰富,生活气息浓厚,是一个定居聚落,"从遗留下来的大量软体动物硬壳来看,遗址的规模较大,居住的时间比较长"③,"又从较为丰富的石器、陶器、骨器和骨料,数量众多的牛、鹿、猪等动物遗骨,以及海生为主的鱼、鳖、蚝蛎壳来观察,当时已经出现了定居聚落。"④

在出土遗物遗迹中,我们可以得到农业相关的信息。

从石器方面看,陈桥村遗址的石器中,石锛与手斧状石器以及那些类似长身石斧的敲砸器,还有适合松土、挖掘的两端刃器,在原始农业时代是最主要的农具,它们可以砍伐树木,挖掘根茎,垦劈荒地。⑤

据《国外磨制石斧石锛研究述评》介绍,1926 年曾有人在荷属东印度群岛作了石斧和钢斧的砍树实验,达雅克族男子用石斧砍倒直径约 38 厘米的类似松树的硬木树耗时不足 10 分钟,而中国樵夫用新式美制钢斧砍倒同样直径的硬木树却用了 15 分钟。这是因为钢斧过于锋利,斧头砍进树干后被夹住,把斧头拔出来花了不少时间;而达雅克族男子手持石斧柄,通过肘部运动,一次就在树干

① 李富强:《试论华南地区原始农业的起源》,《农业考古》1990 年第 2 期。
② 黄崇岳:《我国的原始畜牧业及其与农业的关系窥探》,《中原文物》1983 年第 3 期,第 3 页。
③ 广东省文物管理委员会:《广东潮安的贝丘遗址》,《考古》1961 年第 11 期,第 581 页。
④ 张镇洪、邱立诚:《中国南海古人类文化考》,广州:广东经济出版社,2013 年,第 102 页。
⑤ 周昕:《原始农具斧、锛、凿及其属性的变化》,《农业考古》2004 年第 3 期。

上砍出 V 字形切口的一条边，肘部稍回收，接着再砍一斧就能砍出 V 字形切口的另一条边，石斧刃部厚，所以不会被树干夹住，因此他能够很快把树砍倒。[①]可见石斧的砍伐功效确实非凡。

此外，远古时代一物多用是可以预料的，石锛、石斧自然是多用途工具，但其砍伐功能应该是主要的功能。而伐树锄草是原始环境下开荒的第一步。因此，过去有一些学者认为，如果锛、斧以及可供收割的刃器同出，便可认为该遗址居民可以进行农业生产。这当然也是有民族志材料作为依据的，如直至 1949 年中华人民共和国成立前，珞巴族的火耕工具仍只有斧和刀，以及刀斧所加工的木棍，再无其他现代农具。[②] 上述材料可证明锛、斧与原始农业关系密切。而呈扁平长条形的两端刃器，遗址调查结果显示，既可以用来松土、挖掘，亦适合切割，还有采集时仍然锋利的骨刀，用于收割想来没有问题。

从陶器方面看，陈桥村遗址的陶器种类已经不再单一，小陶杯在制作上已较为精致，亦有小压槌以供修饰器物，并且一些陶器还上彩、磨光，这些无不显示出陈桥人具有一定的制陶水平。

而陶器的出现与农业密切相关，甚至一度被认为是中国原始农业产生的标志之一。这一方面是来自民族志的材料，狩猎—采集的部落一般不会制陶，不少处于原始农业早期的民族也不会制陶，如菲律宾棉兰老岛南部的塔萨代人（Tassaday），和哥伦比亚与委内瑞拉交界处的莫迪洛涅斯山谷的耶瓦的尤卡斯人，他们过着狩猎—采集的生活，没有农业，也没有陶器。又如我国 1949 年以前仍过着游猎生活的鄂伦春族和鄂温克族，基本上处于刀耕火种阶段的苦聪人、僜族和独龙族人都不会制陶，而农业较为发达的西盟佤族、怒族、珞巴族、黎族、西双版纳的傣族已懂得了制陶。[③] 另一方面，考古发现的农业比较发达的文化，制陶业也较发达，如仰韶文化、龙山文化等，事实上，陶器的烧制需要经过一个费时费力的过程，其存放取用也需要有相对固定的生活环境，这些都是一段时间的稳定居住才能提供的条件，因此原始农业生产和陶器烧制往往相伴。

从骨骸遗存等方面综合看。

陈桥村遗址出土了数量众多的遗骨，被认为与仅出石器、陶器的此期大部分遗址不同，进而可推断原始农业生产在这个定居聚落已初步形成。因为家畜饲养业的出现，往往是以原始农业发展到一定阶段为前提的。只有粮食有盈余，才能给家畜提供饲料。特别是以块茎植物等为食物的猪的豢养，更能说明问题。当然猪最初的驯化、饲养形式，可能还是放养，而不仅仅单纯依靠人类的食物而生存。野外放养与管理喂食并存，可能是较为适合当时实际情况的。

---

① 黄建秋：《国外磨制石斧石锛研究述评》，《东南文化》2010 年第 2 期。
② 杜耀西：《珞巴族农业生产概况》，《农业考古》1982 年第 2 期。
③ 李富强：《试论华南地区原始农业的起源》，《农业考古》1990 年第 2 期。

陈桥村遗址发现有数量众多的偶蹄目哺乳动物遗骨，品种包括牛、鹿、猪，多数是牙齿和肢胫骨。如果将8个肢胫关节骨划作一头动物所有来计量的话，则这些兽骨可折算成一百余头兽类。这个数量在中国发现的此期遗存中并不多见，考古学家和农业史学家等都认为这类动物是驯养或至少一部分是豢养的。至于其中哪一种是驯养的，则无从得知。也许了解一下相关信息，能更好地理解这个问题。

猪（*Sus scrofa*）、牛（*Bos taurus*）的驯养，过去有人认为在距今1.1万年前已经存在了，水牛（*Bos bubulus*）则始于1.2万年前，如《人类地理学概论》的《家养动物起源》中便列有此数据[①]（但不知道该书史源出自何处）。鹿也有很多种，迄今都未被当成家畜；关于鹿类的问题比较复杂，在远古便有鹿被驯养的现象，考古发现上，仰韶文化中的宝鸡北首领遗址出有遗骸，有学者认为是人工驯养的证据。[②]

中国是早期动物驯养的一个中心。目前，较常被取用的中国最早驯养猪的例子，出自距今9 100～7 500年的广西甑皮岩中的猪骨遗存，被称为"国内外最早的家猪遗骨"[③]。根据1973年和1974年发掘的材料并于1978年刊出的结论，[④] 当时出土的67个猪个体中可以进行年龄测定的有40个，科学分析认为，年龄在1岁以下的占20%，1岁至2岁的占65%，2岁以上的占15%。这不大可能是人类狩猎的结果，而只能是人类有意识饲养和屠杀所造成的。此外，材料中提到，此时饲养的猪，门齿细弱，犬齿槽外突的程度很差，粗壮的犬齿少见，显示了猪在人类饲养的条件下体质形态发生了变化。[⑤]

被驯化的中国家牛，最早见的是浙江河姆渡遗址的水牛（*Bubalus mephistopheles*），通过放射性碳同位素测年测定，年代大约距今7 000～6 000年；其后出于安阳殷墟、距今约3 000年的牛骨，也是此种属。[⑥] 然而并没有直接证据可证明现在的中国家牛是该种属的后代。

应该指出的是，陈桥村遗址所出的牛、鹿、猪遗骨都未经鉴定。而即便作了鉴定，也未必没有不同说法，例如上面所述的甑皮岩遗址的猪，后来刊出的《桂林甑皮岩》发掘报告书对此又有了新的观点，《桂林甑皮岩》对此前所有发现（包括上述1973年和1974年发掘的材料）以及2001年的新发掘成果，运用新的

① 曾昭璇等：《人类地理学概论》，北京：科学出版社，1999年，第83－84页。

② 中国社会科学院文物考古所编著：《宝鸡北首岭》，北京：文物出版社，1983年，第113、145－153页。

③ 李根蟠：《中国古代农业》，北京：商务出版社，1998年，第13页。

④ 广西壮族自治区文物工作队、桂林革命委员会：《广西桂林甑皮岩洞穴遗址的试掘》，《考古》1976年第3期；李有恒、韩德芬：《广西桂林甑皮岩遗址动物群》，《古脊椎动物学报》1978年第4期。

⑤ 广西壮族自治区文物工作队、桂林革命委员会：《广西桂林甑皮岩洞穴遗址的试掘》，《考古》1976年第3期；李有恒、韩德芬：《广西桂林甑皮岩遗址动物群》，《古脊椎动物学报》1978年第4期。

⑥ ［美］斯坦利 J. 奥尔森，同号文译：《中国是动物早期驯化的一个中心》，《人类学学报》1993年第2期。

技术进行多学科综合性研究，认为"甑皮岩遗址出土的猪属于野猪"，[①] 否定了此前流行 20 多年的观点。

其实，正如一些中外学者所称，探讨畜牧业的发生，更多的是依靠推测，因为受现代科学分析技术的限制，要根据兽骨遗存判断是否驯养是十分困难的。[②]

陈桥村遗址没有发现谷类栽种的直接证据，但这并不妨碍学者作出其时已经出现原始农业经济的判断。

而未见种植谷类的直接遗迹遗物，这可能是包括潮汕在内的整个华南地区的普遍现象，因为华南地区一开始人工栽培的农作物，有可能是芋和薯蓣之类的块茎植物，而不一定是现今通常理解的农业——稻谷栽培。

在潮汕，《潮州志·实业志·农业》便将芋列为本地特产之一，甘薯与水稻等则并列为主要作物，木薯、葛薯、马铃薯、小麦、大麦、蜀黍等也并列为其他主要农产品，在主要农作物品种栽培的收获数据及注意事项中，薯、芋亦在其中。薯、芋种类繁多，不仅是主要粮食之一，还可药用，《潮州志·物产志·药用植物》介绍了其中可药用者，如天生薯切片贴于头部颞颥窝上能止头疼；杜薯头和苎麻根捣烂贴患处能除脓毒；水芋茎叶煮食可以救荒，全草煎服有消暑气之效；埔芋根茎捣烂涂抹患处能治疥疮等。《潮州志·实业志·农业》中的廿四节气农事要目，对数种重要植物列出工务要点，其中：立春是芋施肥期，惊蛰是甘薯栽种、施肥期，谷雨是甘薯收获期，立夏是甘薯栽种、收获期，小满、芒种、夏至、处暑皆甘薯栽种期，小暑是甘薯收获期，处暑是番薯施肥期，白露是芋施肥期，冬至是木薯收获期，小寒是冬薯收获期、芋栽种期，大寒是马铃薯收获期。[③] 虽然其中若干品种是外来的，如木薯中的红肉者，应该是来自东南亚的马六甲，甘薯（番薯）则常被认为是明代后才引进的。但是，这也可见芋薯类块茎植物的栽种在潮汕地区源远流长，适宜本地栽种，不少品种也是一直以来的传统作物。

潮汕地区的稻谷作物种植，《潮汕史稿》所梳理的古文献表明，唐代贞元十二年（796 年）左右，首个现存史料中可推导出的成规模稻谷种植区才出现，[④] 巧的是，该片庄稼种植区便在陈桥村遗址的旁边，也可能恰好涵括了陈桥村、池湖凤地遗址。潮汕地区很迟才出现稻谷种植，与所谓的"落后"未必有关，可能是一种民族习惯，但更有可能是地理环境造成的。包括潮汕在内的华南地区，野生块茎植物繁多，人工种植的话，可以利用林间空隙挖穴栽种，而无须像种植

① 中国社会科学院考古研究所、广西壮族自治区文物考古队、桂林甑皮岩遗址博物馆、桂林市文物工作队编：《桂林甑皮岩》，北京：文物出版社，2003 年，第 337－341 页。

② 谢崇安：《中国原始畜牧业的起源和发展》，《农业考古》1985 年第 1 期；[美] 斯坦利 J. 奥尔森、欧阳志山著，祁国琴译：《中国猪类的驯养——对有关资料的评价》，《古脊椎动物学报》1980 年第 2 期。

③ 林蔚南撰，饶宗颐总纂：《潮州志·实业志》，汕头：潮州修志馆，1949 年，第 18－19、49 页；杨金书、翟肇庄撰，饶宗颐总纂：《潮州志·物产志》，汕头：潮州修志馆，1949 年，第 5－40 页；刘陶天辑，饶宗颐总纂：《潮州志·教育志》，汕头：潮州修志馆，1949 年，第 7－9 页。

④ 李宏新主编：《潮汕史稿》，汕头：汕头大学出版社，2016 年，第 185－186 页。

稻谷那样砍倒、烧光大片丛林，进行刀耕火种，而且块茎植物一年多出、产量高，炊食方便，在尚未出现人多地少的窘境时，便更易于被居民接受。至于后来为适应社会发展的需要而栽培稻谷，那是另一回事了。

如果说上述的潮汕传统块茎植物种植情况，尚无法与新石器时代或者说陈桥村遗址原始农业生产问题直接挂钩，那么下面则简略介绍其他相关材料，以证明潮汕地区包括陈桥村最初的农业并非必然是栽培稻谷。

民族志的材料表明，南方各民族一开始的农业生产普遍不是栽培稻谷，如高山族、景颇族、黎族、怒族、阿昌族、独龙族、拉祜族等，有的直至近代仍然如此。他们的栽种作物，与潮汕远古、早期居民一样，还是芋薯类块茎植物。① 台湾高山族的案例多被引用，现以景颇族为例。景颇族人的歌谣民谚表明，栽芋历史远远早于谷物，景颇族载瓦支最古老的姓氏"梅何"，意为栽芋，"梅普"，意为犁芋，"梅掌"，意为重堆芋塪，都因种芋而得名，演变成姓。虽然今天稻谷占主要地位，但该族人在宗教仪式、宗教性质活动上，芋依然处于十分引人注目的位置，例如送魂时，必须在坟头画芋，给死者送作物时，也是送芋，每年打新谷时往往献祭"芋头鬼"，日常语言中，芋、谷子连称，并把芋放在第一位。②

早期文献记载中，也有不少涉及中国南方栽种、食用芋薯的记载，如《史记·项羽本纪》"今岁饥民贫，士卒食芋菽"，芋菽便是指芋，《史记·货殖列传》"汶山之下，沃野，下有蹲鸱，至死不饥"③ 等，所谓"蹲鸱"，也是大芋头，因其形状似蹲伏的鸱鸟得名。

考古发现方面，与潮汕地区自然环境相对接近的泰国仙人洞遗址（the spirit cave），④ 能让我们了解华南地区旧石器时代晚期植物利用方面的情况。该遗址1966 年、1973—1974 年由美国考古学家戈尔曼（Chester F. Gorman）发掘，作者认为其是东南亚 26 处"和平文化"遗址中唯一出土植物遗物者，其中稻谷类的种子便十分罕见。美国植物学家延（D. E. Yen）将之辨识为油洞子、槟榔、橄榄等当代东南亚原始或次生森林中的树木或多年生植物和黄瓜、葫芦、菱角、苦瓜等野生性质的同类或非常近似的品种，以及菜豆、豌豆等年生植物。尽管戈尔曼的种子材料，以及后来美国人类学家尔海姆（W. G. Solheim）基于这些材料作出

---

① 李富强：《试论华南地区原始农业的起源》，《农业考古》1990 年第 2 期。

② 李根蟠、卢勋：《从景颇族看原始农业的起源与发展》，《农业考古》1982 年第 1 期。

③ （汉）司马迁：《史记》，北京：中华书局，1959 年，第 305、3277 页。

④ ［美］切斯特·戈尔曼著，周本雄译：《和平文化及其以后——更新世晚期与全新世初期东南亚人类的生存方式》，中国社会科学院考古研究所编：《考古学参考资料》，北京：文物出版社，1979 年，第107 – 136 页。

一些原始农业起源判断等，目前被普遍认为证据不足。[①] 但我们应该可以推断，包括潮汕在内的南海周边地区及中国南方初步发展的农业，并非是栽培稻谷，更可能是像泰国仙人洞遗址所发现的情况一样，是发展多种植物的。

由此可见，陈桥村遗址没有发现稻谷遗物其实不足为奇，亦不足以说明该处原始农业尚未产生，反而"从石斧、锛、大型陶器及地理环境看，应当能够种植薯芋之类的块茎作物"[②]。正如《中国大百科全书·考古学》所载："中国华南地区与中亚地区相同，人工栽培的食物作物可能是芋头和薯蓣之类块茎植物，其种植远较谷类早，最初的植物栽培可能是渔猎的一种补充。"[③]

### （二）渔猎经济为主、原始农业经济为补充的原始生活

虽然新石器时代中期的陈桥村原始农业经济已经形成，不过这仍然是采集渔猎经济之外的一种补充而已。栽种受采集方式的启发而产生，驯养则始于狩猎。总的来说，原始农业经济是随着采集渔猎经济的发达而发展起来的。

而有了原始农业，尽管仅仅是补充，也令人们不用再完全依赖大自然的恩赐。原始居民们的衣食住行也随之发生了变化。下面将分类介绍。

新石器时代中期潮汕居民的主要食品依然是海货，其中贝类最为重要。

陈桥村遗址仅 3B 层便出有厚达 1.2 ~ 1.5 米的大量贝壳和粘土混合堆积，经测量，硬壳数量有数十万斤，基本属于斧足类和腹足类软体动物。其中斧足类软体动物绝大多数来自牡蛎（$Qstrea$, $sp.$），其次分别为魁蛤（$Cytherea$, $sp.$）、文蛤（$Aroa$, $sp.$）、海蛏子，还有数量较少的蚬和蚌，后两者存活于淡水；腹足类软体动物多数为海螺和乌蛳（$Semiewecospria$），[④] 前者属于暖海产种类，基本都生活栖息在低潮线、水深 1 ~ 30 米的浅海——按当时的内海湾，至深估值为 20 米，正好符合。遗址中还采集有鱼骨和龟壳。从鱼骨上观察，这些鱼的种类不少，其中某些鱼类的脊椎骨和翅骨相当巨大，应该是来自鲨鱼类身上之物，陈桥人能够捕获这生活于海洋的巨无霸，可见其渔猎能力之强悍。从龟壳看，可辨别出海龟和鳖两种，海龟一般仅在繁殖季节离水上岸，于沙滩上掘穴产卵，因此只要算准季节、时间，捕获海龟相对容易；而鳖类水陆两栖，江海滩涂出入无常，捕获它们则需要耐心。

---

① 童恩正：《略述东南亚及中国南部农业起源的若干问题——兼谈农业考古研究方法》，《农业考古》1984 年第 2 期；张光直：《中国南部的史前文化》，"中央研究院"历史语言研究所集刊编辑委员会编：《中央研究院历史语言研究所集刊》（第四十二本·第一分），台北："中央研究院"历史语言研究所，1970 年，第 143 - 177 页。

② 张镇洪、邱立诚：《中国南海古人类文化考》，广州：广东经济出版社，2013 年，第 102 页。

③ 中国大百科全书总编辑委员会《考古学》编辑委员会：《中国大百科全书·考古学》，上海：中国大百科全书出版社，1986 年，第 213 页。

④ 此段所述软体动物遗壳，部分经中山大学地理系方瑞濂先生鉴定，都是现生种，其种属为：牡蛎（$Qstrea$, $sp.$）、魁蛤（$Cytherea$, $sp.$）、文蛤（$Aroa$, $sp.$）、乌蛳（$Semiewecospria$）。

　　池湖凤地居民的重要主食是贝类，这从遗址距地面 1.2 米、下有厚达 0.7 米的贝壳层且贝壳堆积密度大可以看出来。同时，多件初期鱼骨化石的出现，表明池湖凤地居民也会捕猎海洋鱼类，其中有一些鱼骨似乎属于鲨鱼类，则说明他们猎食的技艺水平不低。由于池湖凤地与陈桥村遗址直线距离不足一公里，且时代相当、出土器物相似，可以说池湖凤地人与陈桥人文化内涵上的联系十分紧密，因此两地食物相类似是可以理解的。

　　海角山遗址的第二层有 0.4 ~ 1.2 米的贝壳堆积，所出以软体动物斧足类为主，其中淡水类的蚬最为常见，应该是较为重要的主食。其次有腹足类的田螺、乌蛳。比较奇怪的是，在海角山遗址中，并未发现常见的牡蛎壳，这在潮汕地区多处新石器时代贝丘遗址中比较罕见。

　　肉类是此期居民的食品，虽然不一定很充足。陈桥村居民所吃的肉类来自于牛、鹿、猪等，从遗址的大量兽类遗骨可看出他们的肉食种类较为丰盛。由于若干遗骨散布有赤铁矿红色粉末，我们不排除有兽类被用作随葬品的情况，然而，其中的绝大部分应该还是陈桥人腹中之物。另外，虽然池湖凤地和海角山遗址没有出现兽骨，但这并不说明他们没有获得肉食。

　　综上所述，海货，尤其是软体动物腹足类和斧足类都是新石器时代中期潮汕居民的主食，而龟、鳖、鱼等也是重要食物。早期古籍上有一条记载与此十分切合，《博物志·五方人民》载："东南之人食水产，西北之人食陆畜。食水产者，龟蛤螺蚌以为珍味，不觉其腥臊也。"[①] 虽然文献偏晚，但记载中的"龟蛤螺蚌"，的确是远古潮汕居民得以生息繁衍的保证。当然，肉食是补充，陈桥村居民才有更多的机会享受到。

　　对于新石器时代中期潮汕居民的居住形式，我们一无所知。有考古学家认为新石器时代中期有锛、斧出现的，便意味着遗址处有原始竹木造的居室，陈桥村遗址石锛、手斧状石器、骨斧等一应具备，且有长期使用痕迹，我们可以据此对陈桥村人民的居住情况进行推测。

　　陈桥村居民是一个聚落，他们有住在干栏式建筑即巢居、栅居的可能性。因为古地理的材料显示陈桥村遗址靠近内海湾滨线，离最近的沼泽、小河流等仅有数百步之遥，又因为降雨量大，水资源丰富，气候湿热。抬高居住面并使之与湿热地面隔离，与直接贴着地面修建建筑相比显然更适宜。但是"依靠原生木建造，所使用的植物材料不可能延留至今，因此只有用民族志资料为旁证"[②]。

　　民族志的材料则显示出锛斧伐木造屋的便利功能。苏联考古学家奥克拉德尼科夫曾经用色楞河附近的新石器时代墓葬出土的软玉锛作伐木实验，在事先不做

---

① （晋）张华原著，祝鸿杰译注：《博物志全译》，贵阳：贵州人民出版社，1992 年，第 30 页。
② 李先逵：《论干栏式建筑的起源与发展》，中国民族建筑研究会编：《族群·聚落·民族建筑——国际人类学与民族学联合会第十六届世界大会专题会议论文集》，昆明：云南大学出版社，2009 年，第 10 页。

任何准备的情况下，只用了 20 分钟就砍倒了一棵直径 25 厘米的冷杉。[①] 美国密歇根大学的汤森德在新几内亚调查时，请原住民做了多项石斧和铁斧砍树实验。根据实验结果，他推算出要砍倒足够建造一间房子用的树，用石斧砍的话需要558 分钟，而用铁斧砍伐的话只要 118 分钟，二者所用时间之比为 4.7：1。[②] 后一个实验虽然表明石器功效不如铁器，但对于原始居民来说是可愉快接受的。而砍砸器、两端刃器、骨刀，可劈刮竹料木材，骨锥可钻孔以固定，这些工具都能令住处的修建更为便利。

古籍对此类建筑物也有记载，虽然信息十分模糊。如：《庄子·盗跖》载："古者禽兽多而人少，于是民皆巢居以避之。昼拾橡栗，暮栖木上。"[③]《礼记·礼运》载："冬则居营窟，夏则居橧巢。"[④] 这两则是泛指远古概况的。《楚辞·九歌》载："暾将出兮东方，照吾槛兮扶桑。"[⑤] 这是指南方的。《博物志·五方人民》："南越巢居，北朔穴居，避寒暑也。"[⑥] 这指的则是"南越"了，与潮汕所处已然相近。这些早期文献记载，大体也可以算互证之一了。

考古发现上，近年有学者梳理迄今为止发现的新石器时代干栏式建筑的遗存，自距今约 10 000 年前的浙江上山遗址计起，对长江下游、长江中游、云贵、华南四个最集中的区域进行整理，比较典型的仅得 19 处。[⑦] 而干栏民居虽然多见于世界各地，但较集中的区域是东南亚和中国华南、西南，它是南岛语系各民族的显著特征之一，该语系一些民族的迁徙与干栏民居的分布区域有密切联系。尽管随着晚近发现的增多，对于"南岛语系"是否存在这一问题争议颇大，但较为明确的是潮汕地区处于"南岛语系"范围之内，至少是在干栏民居分布区最为集中的地区。

这种类型的居址都是以自然界植物为原材料，露天环境，自然较难存久。上例考古学家梳理的这种类型居址的考古发现数量，远少于其他形式居址，正说明了干栏式建筑难久存、难被考古发现的情况。尽管"植物是不能耐久的，想从考古学上获得证据，殊非易事"[⑧]。然而，所有的推断，还得以考古发现为主要依据，假设陈桥村遗址没有锛、斧等适合伐木的工具出现，便难以提出具有说服性的观点。

新石器时代中期的交通，依然是依靠独木舟之类原始的小船。但是应该比之前

① S. A. Semenov, Prehistoric Tchnology，黄律秋：《国外磨制石斧石锛研究述评》，《东南文化》2010年第 2 期。

② ［日］佐原真：《斧の文化史》，黄建秋：《国外磨制石斧石锛研究述评》，《东南文化》2010 年第 2 期。

③ 陈鼓应译注：《庄子今注今释》，北京：中华书局，1983 年，第 778 页。

④ 杨天宇：《礼记今译》，上海：上海古籍出版社，2004 年，第 268 页。

⑤ 董楚平译注：《楚辞译注》，上海：上海古籍出版社，1986 年，第 65 页。

⑥ （晋）张华原著，祝鸿杰译注：《博物志全译》，贵阳：贵州人民出版社，1992 年，第 30 页。

⑦ 张文娟：《试论中国史前干栏式建筑的起源》，《三峡论坛》（理论版）2014 年第 5 期。

⑧ 戴裔煊：《干栏——西南中国原始住宅的研究》，广州：岭南大学西南社会经济研究所，1948 年，第 37 页。

大有进步，这从陈桥村、池湖凤地遗址所出的若干"脊椎骨和翅骨相当巨大"的鱼骨可以间接看出。我们虽然不知道所见鱼骨是什么种属的"大鱼"，但按通常概念来理解，大鱼一般生活在较深的海，陈桥村遗址所在位置当时处于内海湾滨线，内海湾深度估值不超过 20 米，要捕杀到这些大鱼，便必须到离海岸线较远的地方。

也许居民们先前偶然迁徙或往来，如气候、水流、自身技术等掌握得好，小竹筏、独木舟亦可渡。但现在是发现大鱼鱼骨，这样的捕鱼难度明显比日常乘舟来往要大，至少需要相对经常性的出海，可能有时还得停驻海心。如果没有御风浪、抗击打能力稍强的船只，是难以想象的。

同时，如果所发现的鱼骨是一亿年来基本没有变化的鲨鱼类，那么它们偶会梭巡到浅海，居民们以骨镞（骨鱼镖）射杀也是可能的。不过，即使该假设成立，居民们也未必能常常如此好运，待在岸边或内海湾以待鲨鱼出现，多少存在些守株待兔的意味，也难以解释数量众多的大鱼骨遗物的发现。因此，综合来看，居民们应该是有驾舟出海，并且是到了稍为远离内海湾区域经验的。这样，他们的船具应该比以前有所发展了。

新石器时代中期居民的穿戴，应该是比较舒适的，至少他们已经注意到美观方面的需求，便说明最为基本的御寒问题已经解决。

陈桥村遗址采集到的"精美"骨针，表明当地居民对缝制的兽皮衣已经有了美的追求，遗址又见骨锥，既适合竹木器件的穿孔，也可配套骨针的使用而进行兽皮衣的制作，我们推测他们穿的是"兽皮衣"，实际上也可能是麻葛制品。池湖凤地遗址也出有骨针，意味着当时居民不再胡乱披裹了。《韩非子·五蠹》载："古者，丈夫不耕，草木之实足食也，妇人不织，禽兽之皮足衣也。"[1] 大概就是这种情况。虽然《五蠹》所载的"古者"有多古无从得知，不过陈桥村、池湖凤地的居民应该比其所述情况稍好，他们有缝制工具，得以让"禽兽之皮"更为舒适合体。

此外，陈桥村所出的骨簪可以用来绾住头发。这样，除了披头散发、状如禽兽以及时时削短之外，居民们还有了另一种更为体面的选择，这显示出他们已注意自己的仪表。同时，也暴露出他们社会生活状态较为良好，才会出现此种念头，并去专门制作、使用相关的器具。

这些无疑都是人类社会取得进步的体现。

## 八、关于陈桥类型

陈桥村、池湖凤地、海角山遗址的居民是从哪里来的，下面可以作个探讨。

上一节介绍的石尾山遗址居民，有人认为与活动于本阶段的陈桥人属于同一种文化系统，有的考古学家直接归为"陈桥类型"，只是石尾山遗址年代更早。

---

① （清）王先慎撰，钟哲点校：《韩非子集解》，北京：中华书局，1998 年，第 443 页。

譬如石尾山出土的 4 片陶片，其特点接近陈桥村所出者，并且远不及后者精美。仅从陶片看，石尾山遗址的陶片十分原始，而陈桥村所出则出现了磨光、上彩色的粗砂红陶，"就是在（石尾山遗址）这种陶器的基础上创造出来的"①。这依稀可见陈桥村与石尾山遗址文化的关系。

陈桥村与海角山直线距离大约 5 公里②，两者同属于一个文化系统。它们在文化内涵上呈现出来的差别，与二者年代的早晚有关，海角山遗址整体体现出来的面貌，显示出其在时间上应稍晚于陈桥村遗址。

池湖凤地与陈桥村相距不远，两处直线距离不足 1 公里③，两个遗址出土的器物颇为相似，这也许正反映出彼此的密切联系。他们应该属于同一种文化系统，而处于两者地理位置中间的窑边冈，原始报道认为那可能就是他们的聚居地——这一点也许还有值得商榷之处。而两者的年代孰先孰后，则不敢揣测，大约相差不是很远。

总的看来，在文化内涵上，或许陈桥村、池湖凤地以及海角山遗址都是处于新石器时代早期末的石尾山遗址文化的延续。

应该指出的是，距离陈桥遗址直线距离不足 1 公里的潮州西湖，地质钻孔显示其在5 500年前便出现海相淤泥（碳十四年龄5 420±140 年），而这次海侵开始于距今 6 000 年左右。

也就是说，也许陈桥人、池湖人在距今 6 000 年左右的时候，已逐渐感受到环境变化的影响乃至生活上威胁，并做出了反应。

而陈桥村附近至迟在 5 000 年前就发现有海相化石。截至此时，陈桥村、池湖凤地等聚落应是消失了的。

他们到哪里去了？

在潮汕地区，曾被认为与陈桥类型同属一个文化系统的，还有梅林湖（下文化层）、澄海下底贝丘遗址，但有的后来被认为时间应晚至新石器时代晚期。④又有考古学家认为揭阳揭东区落水金狮一组和湖岗一组遗存中的夹砂陶器，与陈桥类型所出有相似之处；但经过清理后，有考古学家认为此夹砂陶器的火候较高且未见陈桥流行的线纹、贝壳纹和红色陶衣装饰等特点，故推断其应该晚于陈

① 广东省文物管理委员会：《广东潮安的贝丘遗址》，《考古》1961 年第 11 期，第 581 页。
② 广东省地图院编：《广东省地图册》，广州：广东省地图出版社，2011 年，第 241 页。
③ 广东省地图院编：《广东省地图册》，广州：广东省地图出版社，2011 年，第 241 页。
④ 如《广东潮安的贝丘遗址》称梅林湖遗址的上文化层为第三层、下文化层为第四层，"石器和陶器均发现于第三层和第四层上部，且具有相同特征，显然是同一时代的产物，第四层下部的贝壳堆积中就没有任何文化遗物了"，又简报中的石器和陶器未见文化层区分，且称"如果我们把梅林湖遗址看成相当于中原殷商以至龙山时期"，同时龙山时期一般被认为是距今 4 350～3 950 年，则梅林湖遗址的年代应列入本书的新石器时代晚期了。参见广东省文物管理委员会：《广东潮安的贝丘遗址》，《考古》1961 年第 11 期，第 581－582、584 页；杨式挺、邱立诚、冯孟钦、向安强：《广东先秦考古》，广州：广东人民出版社，2015 年，第 376－377 页。

桥。由于这两处遗址与之后的虎头埔类型差距明显等,遂推测它们的年代应介于陈桥和虎头埔之间。[1] 虎头埔遗址年代也是新石器时代晚期,距今4 000~3 600年。如果陈桥村因面临恶劣环境而消失,则一二千年间,其居民、文化分散影响至潮汕其他地方,也是有可能的,却也不是笔者所能揣测的了。

而在其他地方,目前发现的各地遗存中,最能与陈桥类型相比较的是广西东兴的亚菩山等沿海遗址,二者之间可比之处甚多。

例如东兴亚菩山出土的“蚝蛎啄”和手斧形石器,与陈桥村、石尾山遗址同类器有相近之处,特别是其中的“蚝蛎啄”,与陈桥村的十分相似。

此外,笔者上面梳理的“制骨作坊及高度发达的制骨业”中的骨器比较部分提及包括东兴亚菩山在内的广西东兴防城三处遗址(亚菩山、马兰咀山、杯较山)共计出有68件骨器,这个骨器数量之多在南海周边地区也是比较少见的,同时说明它们也善于生产且乐于使用骨器。这种传统,很容易引人往陈桥人方面猜想。

广西东兴原始报告判断亚菩山等三处遗址的居民“经济生活是以采蚝、捕鱼和狩猎为主,并且兼营农业”,其年代“属于新石器时代的早一阶段……与南海西樵山的年代相比,似乎西樵山的年代比东兴贝丘遗址要稍早一些”。[2]《广东先秦考古》则直接将它们列为“陈桥类型”来作介绍。

如此看来,远在广西沿海地带的东兴遗址,似乎与石尾山、陈桥村遗址的文化是有一定关系的。

# 第五节 新石器时代晚期:发达的制陶业以及进一步发展的经济生活

在潮汕古地理方面,距今6 000年的时段,大概是一个较为引人注目的节点。海水漫延,也可说是离现代时间最近的一次海侵高峰的开始。如果放在全新世这个大时间范畴里来衡量,则距今大约6 000年或稍后是本地海平面达到最高的时间。当时海水分两支进入潮汕腹地:东支海水从澄海进入韩江三角洲,距今5 000年前左右今潮州中心城区呈被水淹没状态(湘桥西湖钻孔等显示),海侵的范围则包括樟林—江东—潮州—登岗一线以南地区;西支海水经牛田洋涌入榕江三角洲直抵揭阳中心城区(榕城14号钻孔等显示)以北。期间,位于韩江、榕江两个三角洲之间的桑浦山应该是一个向东南突出的半岛。此外,在练江流域,这次海侵亦约一直深入至练江盆地的边缘。海水开始“退出”的时间,孢

① 魏峻:《揭东县先秦两汉遗址调查报告》,揭阳考古队、揭阳考古队、揭阳市文化广电新闻出版局编:《揭阳考古(2003—2005)》,北京:科学出版社,2005年,第151、173、178页。
② 广东省博物馆:《广东东兴新石器时代贝丘遗址》,《考古》1961年第12期。

子学研究认为是距今 4 500 ~ 3 000 年，而地质学研究者则认为是距今 3 000 ~ 2 000年前才真正退出（这里的分歧也许是两者对"退出"概念的理解和表述不同造成的）。总之，直至现代，潮汕的滨线仍在向外移。

新石器时代晚期的绝对年代为距今 5 000 ~ 3 500 年。

此期潮汕居民明显增多，现潮汕三市皆发现有居民活动点，特别是此前未见典型遗址的榕江流域[①]。"古揭阳（榕江）流域先秦两汉考古学文化综合研究"课题组于 2003 年对榕江流域地区部分重点遗址进行复查，复查报告指出仅揭阳市境内复查的 86 处榕江流域先秦两汉遗址中，新石器时代晚期遗存便有 40 处。[②]

榕江流域此期靠近内海，突然勃兴的这些遗址，应与全新世海水的进退情况有关。新石器时代晚期的潮汕居民仍然与前两个阶段一样靠海而居，不过相比之下，此期居址可能绝大多数已非直接临海。

下文将在此期潮汕地区数量众多的遗址中，选取数个典型遗址作简单介绍，以一窥当时居民的社会经济生活状态。

它们分别为：左宣恭山遗址[③]、虎头埔遗址[④]、后山遗址[⑤]，以及诸多相关的虎头埔—后山类型的遗存。需要说明的是，一些后山类型遗存的年代下限，可能已经跨入下部分要介绍的"商时期"。

## 一、生活环境

左宣恭山遗址位于今汕头市潮南区仙城镇，该遗址于 20 世纪 60 年代初探掘。第一、二层发现有新石器时代及现代遗物，已被扰乱，第三层发掘有新石器时代的石器和陶片，一般称为下文化层，推测年代可能在距今 5 000 ~ 4 000 年。20 世纪 80 年代后，又在该遗址采集到几件遗物，经分析可推断其应属于下一阶段

---

[①] 榕江发源于陆河县凤凰山，流经陆河县、揭西县、榕城区、普宁市、揭东县、潮阳县，于金平区牛田洋入海。流域面积 4 408 平方公里，河长 175 公里，河流平均比降 0.493‰。东桥园站（集水面积 2 016平方公里）实测多年（1956—1987 年）平均年径流量31.1 亿立方米，年径流深为 1 542.7 毫米，多年平均输沙量61.9 万吨，侵蚀模数为307 吨/年·平方公里。参见广东省地方志编纂委员会编：《广东省志·地埋志》，广州：广东省科技音像出版社，2007 年，第 201 页。

[②] 这86 处遗址中，有的是单一文化性质的，有的是含多种文化性质的，后者分计遗存，如揭阳营灯山遗址含有新晚、后山类型遗存，则同一个遗址计为两处遗存。参见揭阳考古队、揭阳市文化局编：《揭阳的远古与文明——榕江先秦两汉考古图谱》，香港：公元出版有限公司，2003 年，第 19 - 40 页。

[③] 广东省博物馆：《广东东部新石器时代遗存》，《考古》1961 年第 12 期；中山大学榕江流域史前期人类学考察课题组、潮州市博物馆：《广东潮阳市先秦遗存的调查》，《考古》1998 年第 6 期。

[④] 魏峻：《普宁市虎头埔新石器时代窑址发掘报告》，揭阳考古队、揭阳市文化广电新闻出版局编：《揭阳考古（2003—2005）》，北京：科学出版社，2005 年，第 3 - 50 页；广东省博物馆汕头地区文管站、普宁县博物馆：《广东普宁虎头埔古窑址发掘简报》，《文物》1984 年第 12 期。

[⑤] 广东省文物考古研究所、普宁市博物馆：《广东普宁市池尾后山遗址发掘简报》，《考古》1988 年第 7 期。

将介绍的浮滨文化遗存，已经不属于本节范畴。因此这里所说的左宣恭山人，指的是新石器时代晚期的文化层，即下文化层遗存。

图 2 - 5 - 1　普宁虎头埔遗址示意图

虎头埔遗址位于今揭阳普宁市广太镇，居民生活的年代距今约 4 000～3 600 年，经 1982 年及 2003 年两次发掘，发现是一处新石器时代晚期的专业制陶遗址。目前发现有数量众多的以虎头埔遗址为代表的新石器时代晚期遗存。这些遗存，被认为是分布于广东省东部和东北部的一种具有自身鲜明特点的新石器时代晚期原住民文化遗存，今被称为"虎头埔类型"或"虎头埔文化"。虎头埔类型的聚落，在揭阳境内的，基本都在河流附近的矮丘或者岗地的顶部，面积最大的约为 9 000 平方米，最小者仅 600 平方米，一般是数千平方米。

后山遗址位于今揭阳普宁市池尾街道，居民生活的年代距今约 3 500～3 300 年，经 1983 年两次发掘共清理了 10 座墓葬，地层堆积三层，第二层为上文化层，第三层为下文化层，应同属新石器末期（延续至相当于中原的商代初期）文化遗存，只是两层时间先后略有不同而已。目前已发现的，以后山遗址为代表的遗存，在潮汕地区特别是榕江流域广为分布，被称为"后山类型"或"后山文化"。后山类型的聚落，在揭阳境内的，同样都位于近河流的矮丘、岗地的顶部，面积数千平方米。

上述居民生活的地方，在当时都接近于内海湾一带，附近有沼泽、溪河。依据孢子学分析结果可知，距今 4 500～3 000 年，海水呈退出的态势，临海之处的植物类型属于蕨类草丛阶段，初时以蕨类及草本植物群落为主，一些潟湖或内河湾的沉积孢粉组合表明沿海低山丘陵的季风常绿阔叶林仍然分布广泛。气温上，距今 5 000 ~ 4 000 年，这里的年平均气温估值为 23℃。

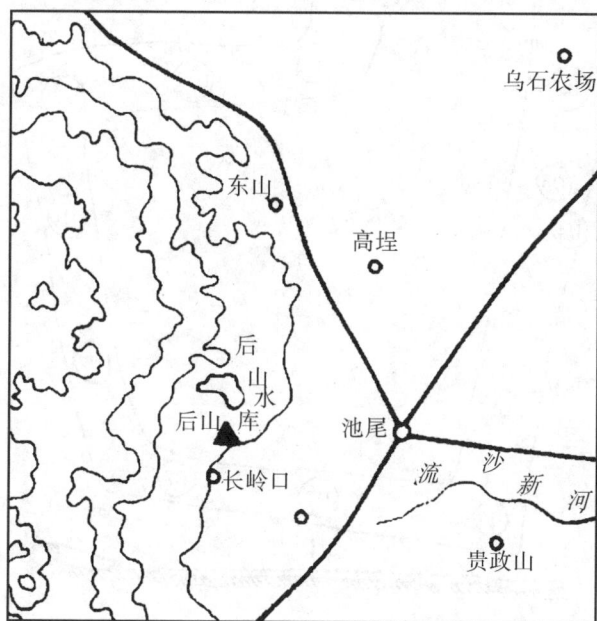

图 2 - 5 - 2　普宁后山遗址示意图

## 二、建筑物情况

左宣恭山遗址探掘有柱洞，可能是竹木建筑的架构遗迹。以遗址探掘第 3、5 号探沟为例，在出土有新石器时代陶器、石器的第三层近底部处，发现 6 个圆形柱洞。柱洞内有 1 ~ 2 厘米的灰白色土圈，中央为略微夹砂的黄褐色土。从广州西汉木椁墓中的木料腐朽后呈灰白色泥浆状的情况来看，这种灰白色土圈，其中心与外圈颜色不同，或许是竹柱的遗迹。遗址探沟处第四层为灰褐色硬土，厚 3 厘米，土质较为坚实，这应该便是当时的地面。倘若推测无误的话，那么新石器时代晚期的一座竹木支架建筑的影像俨然浮现。

这座建筑的第三层底部有 4 个窑坑，其中最大者，至宽处口径为 66 厘米，至深处口径为 54 厘米，这些窑坑里皆积满灰黄色土，周壁为深红色；而在第三层，距地表深 40 ~ 90 厘米、平均厚度为 9 ~ 23 厘米的地方还存在 8 处硬土堆烧积物，里面混杂着木炭及陶片，估计是灶坑遗迹。

虎头埔遗址处发掘有房址、烧坑和窑址。此处遗址经 1982 年及 2003 年两次发掘，清理得比较彻底。其建筑物大致分布如下。

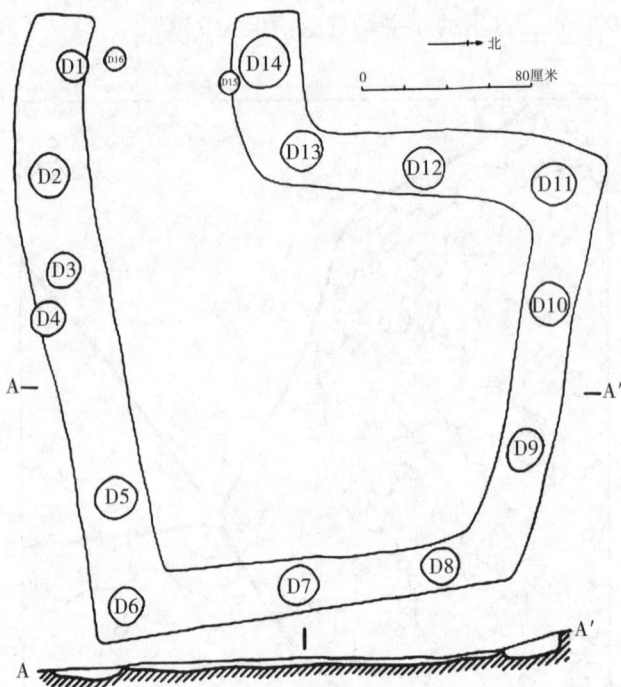

图 2 - 5 - 3 （1） 　虎头埔房址"F1"平、剖面图

注：D1 ~ D16 是柱洞。

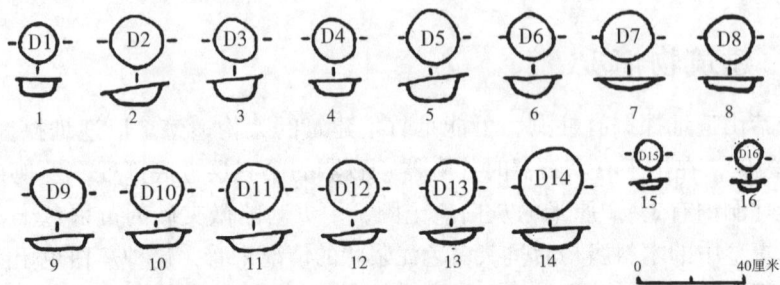

图 2 - 5 - 3 （2） 　虎头埔房址"F1"平、剖面图

注：D1 ~ D16 是柱洞。

房屋1座（"F1"），约6平方米，像它这样结构清楚、能留存下来的房址为数不多。房屋表面呈刀把形，西南侧有外延的门道（宽0.64米、长0.75米），仅存墙基槽和14个墙内柱洞，室内活动面已经不清楚，其墙基槽填土是内含较

多粗大砂砾的灰褐色硬土。这些柱洞的直径，大者 0.23 米，小的仅 0.1 米，但现存的深度相差不大，基本都在 0.04～0.08 米。门道位于房屋的西南侧，宽 0.64 米、长 0.75 米，方向 262°。这处房屋包括长方形门道在内的室内面积尚不足 4 平方米，如此狭小的空间似乎并不适合居住，加之其位于陶窑集中区域，附近分布有陶窑和烧坑。所以，学者推测该房屋可能是古代居民进行陶业生产时放置陶坯或者存储陶器成品的工作间。

烧坑 6 座，多为长方形竖穴土坑，四壁以细泥涂抹、修整并经火烧烤成坚硬的烧土硬面。烧坑的分布是零散而不相邻的，有 1 座位于与发掘总基点直线距离为 72.2 米的皇畔山东坡近坡顶处。土坑内有的存在少量烧土颗粒、碳屑、残陶片、器具等遗物，以编号"H5"烧坑为例：H5 开口于探方第六层并打破第七层及生土，其平面接近圆角长方形，现存坑口南北长 2.39～2.44 米、东西宽 1.13～1.4 米、深 0.48～0.62 米，底部南北长 1.93～2.06 米、东西宽 0.93～1.05 米，四壁均以掺细砂砾的泥土涂抹并经火烧烤成灰褐色烧土硬面，厚 0.02～0.04 米。坑内有灰褐色松软的填土，含碳粒和烧土颗粒，坑底散乱分布有 159 件陶片，器类为小口、直颈、鼓腹矮圈足罐。这类长方形的烧坑，很可能是用来加工、炼制陶土的。

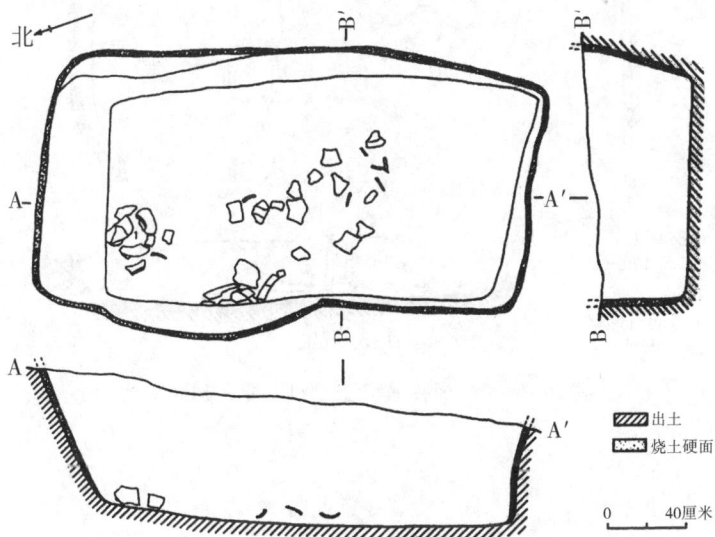

图 2-5-4　虎头埔遗址烧坑"H5"平、剖面图

陶窑 18 座，按照形态的差异可分为圆形窖穴式窑、平面呈"Ω"形的横穴式窑二型，前者目前仅见 1 座（编号为"Y1"），后者有 17 座。[①] 以编号"Y1"的圆形窖穴式窑为例[②]，其直接建于生土之上，平面近圆形，仅存部分窑室、窑门和烟道：窑室为直壁平底状，底部残长 1.1 米、残宽 1.78 米、残壁高 0.12 ~ 0.32 米，底部和壁皆以掺粗砂的泥土涂抹，分别被火烧制成厚 0.02 ~ 0.03 米、0.03 ~ 0.05 米的灰黑色烧烤硬面；烟道在窑室北侧，直接建于生土上，壁面未以掺砂泥土涂抹，也没有形成烧烤硬面，高 0.3 米、宽 0.15 ~ 0.17 米、深 0.1 米；窑门位于窑室西侧，方向 281°，与窑室之间以凹进的拐角分割。"Y1"在第一次发掘时出土遗物较多，但第二次发掘时该陶窑已暴露于地表，窑室中除了石块和破碎烧土外，未见陶片等文化遗物。

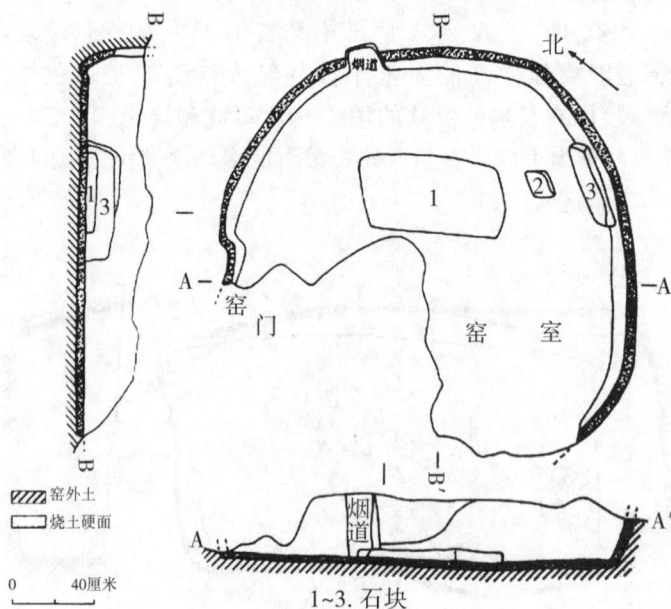

图 2 - 5 - 5　虎头埔窑址"Y1"平、剖面图

---

① 1982 年的发掘简报将当时发现的 15 座窑坑依"平面形状"的不同分为 4 式，这里的描述依据 2003 年的发掘报告，分为 2 型。

② "Y1"是 2003 年发掘报告中的编号，1984 发掘简报将其列为"Y14"。这里按照新发掘报告称"Y1"。

后山遗址是一处墓葬，1983 年分两次开探沟 9 个，共发掘清理了 10 座墓葬。这些墓葬皆为东西向的长方形竖穴土坑墓，墓坑较浅。因尸骨已经腐朽无存，葬式、头向及墓主性别等均不清楚。

墓葬一般长 1.6 ~ 1.7 米、宽 0.6 ~ 0.8 米、残深 0.15 ~ 0.74 米。第二次发掘时发

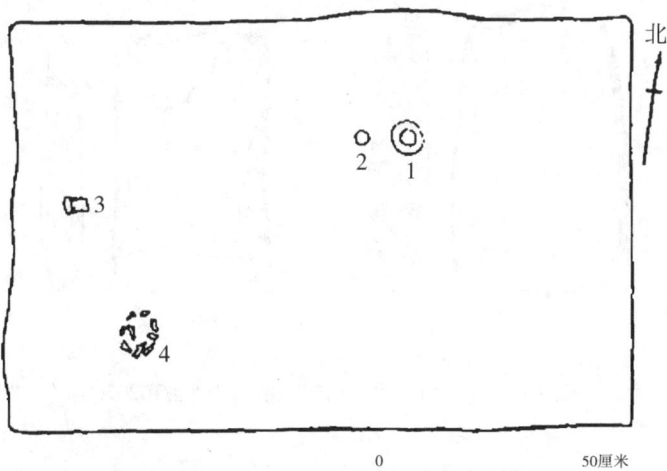

1. B 型陶平底罐  2. 陶杯  3. A 型石锛  4. 陶瓮残片
**图 2 - 5 - 6  后山遗址 "M9" 墓平面图**

现各墓的随葬品分别有 1 ~ 4 件不等，有石质生产工具和陶质生活用品，其中有随葬石器的仅有 3 座。如编号 "M9" 墓，长 1.4 米、宽 0.9 米、残深 0.26 米，第二次发掘时发现的随葬品有平底陶罐、陶杯、陶瓮（残片）及石锛各 1 件。

## 三、石器及其工艺

新石器时代晚期，潮汕地区的石器工艺发展比上一阶段更为先进，器具种类繁多。由于此期以虎头埔、后山类型的文化遗存为主流，也由于榕江流域的考古工作相对较多，因此新石器时代晚期的石器，在作为虎头埔、后山类型中心分布区域的揭阳市最为常见，当然，其他地方也有所发现。

虎头埔遗址首次发掘时出土的可能仅是制陶时拿来垫在内壁的一批鹅卵石等。第二次发掘时发现有 3 件石锛。其中，编号 "采：1"，青灰色板岩，平面略近梯形，平顶弧刃，器身有琢制痕迹，长 8.3 里米、宽 3.5 ~ 4.6 厘米、厚 1.2 厘米；编号 "ⅢT0202④：6"，青绿色砂岩，平面呈长方形，平顶弧刃，背面微弧，器身有明显的琢制痕迹，长 7.3 厘米、宽 4.4 厘米、厚 0.4 ~ 1.1 厘米；编号 "ⅢT0102④：1"，浅灰色泥岩，平面近长方形，平顶，正背面均平直，微弧刃，长 5.9 厘米、宽 2.3 ~ 2.8 厘米、厚 0.8 厘米。

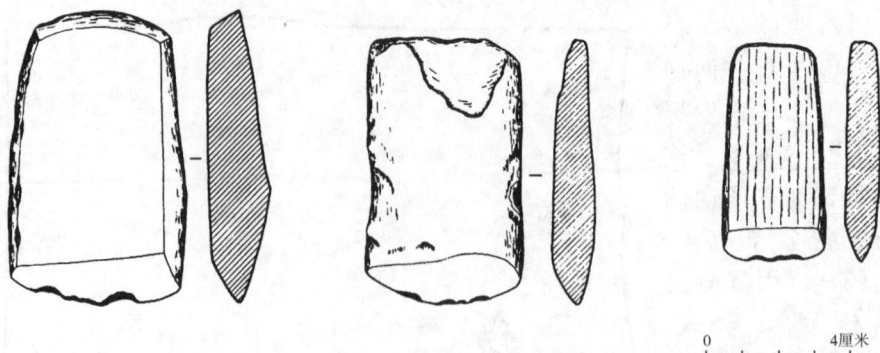

图 2 - 5 - 7（1） 虎头埔"采：1""ⅢT0202④：6""ⅢT0102④：1"石锛

图 2 - 5 - 7（2） 虎头埔"ⅢT0102④：1"和"ⅢT0202④：6"石锛实物图

    后山遗址的下文化层、上文化层以及墓葬出土石器共有 18 件。下文化层出土石器 8 件，保存较好，其中锛 4 件，泥质板岩或粉砂岩，刃部有使用过的痕迹；锉磨器 2 件，粉砂岩，已残；锤 1 件，泥质板岩质河卵石制，上大下小，小端有锤击后留下的疤痕；砺石 1 件，粉砂岩，两侧有下凹磨面。上文化层出土有石器 4 件，其中挫磨器 3 件，形制与下文化层所出者相同；砺石 1 件，一端厚，一端薄，两面均有使用过的磨面。墓葬出土石器 6 件，其中锛 2 件，灰色板岩；石核 2 件，茶色水晶质；石片 1 件，茶色水晶质，锥形，打制；砺石 1 件，粉砂岩，长条形，两面均有使用过的磨面。

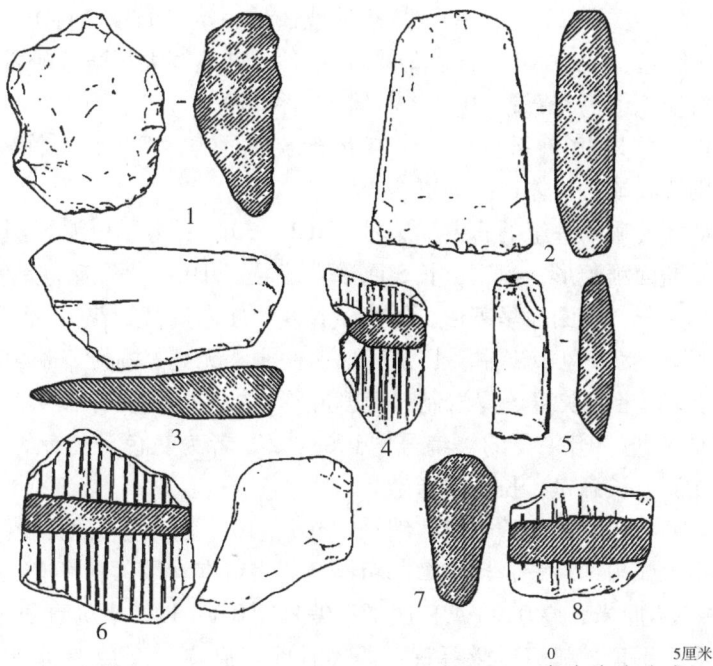

1. 茶色水晶石核（"M8：2"）　2、5. 锛（"M5：1""M9：3"）　3、7. 砺石
（"M8：3""T2②：2"）　4、6、8. 锉磨器（"T9②：1""T7②：5""T7②：1"）

图2-5-8　后山遗址上文化层及墓葬出土石器

其他地方发现的石器还有很多，下面仅以揭东、揭西、潮南为例。

如揭阳市揭东县（此段县、镇名称按2003年时的政区建制）的发现。根据
《揭东县先秦两汉遗址调查报告》的调查、分析结果[①]，属于虎头埔、后山类型
的文化遗存和石器数量有：埔田镇金鸡崬一组（石镞1件）、二组（石镞1件），
马头崬一组（0件）、二组（石锛1件、石矛1件），莲花心山一组（0件），岭
后崬一组（石镞2件、石环2件、石料1件）、二组（0件），出米石一组（石锛
1件、石镞3件），其他遗址一组（石镞2件）、二组（0件）、三组（石锛2
件）；云路镇饭包石一组（0件）、二组（石矛1件）；新亨镇新岭矿场一组（石
镞3件、石锛4件），落水金狮二组（0件），戏院东一组（0件），其他遗址一
组（0件）、二组（0件）；霖盘镇南塘山一组（石镞1件）；白塔镇大盘岭一组
（0件），花树坑一组（石镞3件、石矛1件），其他遗址一组（石锛1件、石镞

――――――――

　　① 该文将揭东县先秦两汉遗址分为八期，其中第二期甲类遗存"应属于虎头埔文化的范畴"，第二
期乙类与甲类"大约相当"，第三期则"应属于后山文化范畴，其年代早于浮滨文化"。这里根据该文所
总结序列挑出所有第二期、第三期对应遗存进行介绍。参见魏峻：《揭东县先秦两汉遗址调查报告》，揭阳
考古队、揭阳市文化广电新闻出版局编：《揭阳考古（2003—2005）》，北京：科学出版社，2005年，第
226-227页。

3件）；曲溪镇山边园一组（石杵1件），其他遗址一组（石锛2件）；地都镇油甘山一组（0件）；玉湖二组（石矛2件）。虽然这些遗存大都屡遭损坏，一些地方采集不到石器，但仍有石镞19件、石锛11件、石矛5件、石杵1件、石环2件、石料1件，总共39件石器，其中有些石镞、石锛、石矛、石杵较为完整，而2件石环则皆残缺。具体情况如下：

石镞。如新岭矿场一组的石镞，编号"JD1：30"者为黑色泥岩制，器身近菱形，镞身横断面为菱形，扁铤，长5厘米；编号"JD1：31"者为黑色泥岩制，柳叶形，器体窄长，横断面呈菱形，短铤，长8.8厘米。又如花树坑一组的，编号"JD66：1"者为灰色板岩制，长柳叶形、棱脊、无翼、扁铤，长10.2厘米；编号"JD66：2"者为灰黄色泥岩制，短柳叶形、棱脊、无翼，长4.5厘米。再如白塔镇其他遗址一组采集的，编号"JD68：2"者为灰色泥岩制，平面近菱形，棱脊、无翼、长扁铤，长4.2厘米。

石锛。如新岭矿场一组的石锛，编号"JD1：10"者为青灰色板岩制，平面呈梯形，平顶、弧刃、弓背，器物磨制粗糙，器表留有大量琢制痕迹，长7.9厘米、宽2.9~5.2厘米、厚0.9~1.9厘米；编号"JD1：11"者为青灰色砂岩制，平面呈长方形，平顶、弧刃、微弓背，器表有琢制痕迹，长12厘米、宽5.8厘米、厚2.4厘米；编号"JD1：13"者为青灰色板岩制，平面近梯形，弧顶、弧刃、弓背，器表有琢制痕迹，长7.6厘米、宽4~5.3厘米、厚0.5~1.4厘米；编号"JD1：12"者为深灰色砂岩制，平面呈梯形，平顶、弧刃、弓背，该器物为打制的石锛坯体，未经磨制，长18.5厘米、宽6.2~9.2厘米、厚0.7~3.4厘米。又如马头崇二组的石锛，编号"JD18：1"者为灰色粗盐砂磨粗岩制，器体细，平面为梯形，平顶、平刃、正背面均较平，长4.8厘米、宽2.4~3.4厘米、厚1.1厘米。又如白塔镇其他遗址一组采集的，编号"JD47：1"者为灰色泥岩制，平面近梯形，平顶、弧刃、弧背，长8.3厘米、宽3~5.5厘米、厚0.6~1.9厘米。再如曲溪镇其他遗址一组，编号"JD76：1"者为青灰色泥岩制，平顶近梯形，弧顶、斜弧刃，正背面均较平直，长11.2厘米、宽3.8~5.2厘米、厚1.8厘米；编号"JD77：1"者由灰色砂岩制，平面呈长方形，平顶、斜刃，正背面均较平直，长8.6~9.4厘米、宽4.8厘米、厚2.1厘米。

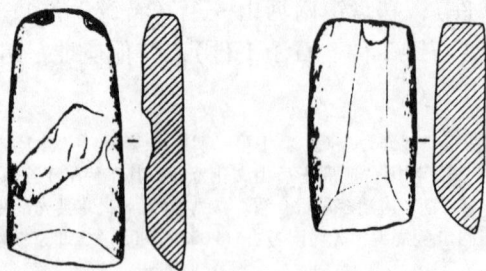

图5-9（1）　揭东曲溪"JD76：1""JD77：1"石锛

石矛。如玉湖二组的 2 件石矛，编号"JD82：1"者质料为灰色板岩，全器呈柳叶形，全长 16.6 厘米、厚 0.8 厘米；编号"JD82：2"者质料为灰色板岩，全器呈柳叶形，棱脊，器表有磨制痕迹，全长 22.3 厘米。

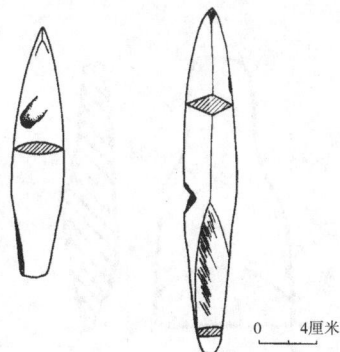

图 2－5－9（2）　揭东玉湖"JD82：1""JD82：2"石矛

石杵。如曲溪镇山边园一组的 1 件，编号"JD73：5"者质料为灰色砂岩，平面近长条形，两端均呈圆弧线形，器表有琢磨痕迹，长 31.3 厘米、厚 2.5～3.8 厘米。

图 2－5－9（3）　揭东曲溪山边园"JD73：5"石杵

石环和石料，均见于岭后崀一组遗存。2 件石环中，编号"JD26：3"者质料为灰色板岩，器体残断，单面钻取芯料，横断面为梯形，外缘面平直，残长 7 厘米、宽 1.6～2.2 厘米、厚 1.4 厘米；编号"JD26：4"者质料为白色泥岩，器体残断，横断面近方形，外缘面有一道凹弦纹，残长 7.1 厘米、宽 1.8 厘米、厚 1.8 厘米。石料为灰黄色滑石，器体呈不规则多边形，正背面平直并有清晰的磨制凹槽和切削痕迹，长 3.6 厘米、宽 2.9 厘米、厚 1.8 厘米。

又如揭西县境内，历年采集到一些石器，其中有段石锛 2 件："揭采：4"，砂质板岩，身较宽，略呈梯形，柄端较长，背面下部出段，正面略平，背面呈弓背状，刃面较窄，刃缘弧处呈凸刃，备锋，长 15.3 厘米、刃宽 7.3 厘米；"揭采：5"，板岩，器身略短，梯形、上端窄而刃端宽，正面较平，背部呈弓形，背面中部有段，刃面、刃缘较平直，偏锋，长 6.5 厘米、刃宽 23 厘米。这两件农具的年代，被推测为新石器时代晚期。[1]

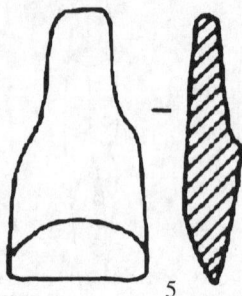

图 2 - 5 - 9（4）　揭西"揭采：5"石锛

　　在今汕头市潮南区境内的左宣恭山、赤牛山遗址等，探掘出一批新石器时代晚期的石器。左宣恭山遗址第三层 20 世纪 60 年代出土有磨制石器 13件，其中的 1 件石矛呈扁平柳叶状，两面无棱，但经过磨光，有铤；赤牛山遗址第 2 号探沟出土有石器 7 件，其中的 1 件石斧呈盘状，两面边缘经磨制，中央部分稍经磨平。[2] 不过从考古简报来看，潮南这些遗址似乎与虎头埔、后山类型关系不大。

　　这些石器工具中，石斧是多用途工具，有段石杵、有段石锛是农具，石锉磨器（即下文将涉及的"树皮布石拍"）是树皮布制作的工具，石矛、石镞等既是武器又是渔猎器械，揭阳地都洪岗贝丘遗址，采集到鹿角 1 件（编号"JD79：1"，呈灰白色，有鹿角及少量颅骨，长 23.4 厘米，年代大约相当于商代晚期偏早或中期偏晚）[3]，相信是狩猎的成果。上述这些，无不体现出本期潮汕地区渔猎经济、原始农业经济面貌。

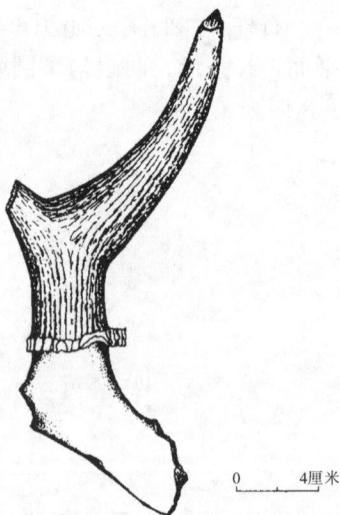

图 2 - 5 - 10　揭阳洪岗
"JD79：1"鹿角

---

　　① 邱立诚、曾骐：《广东揭西县先秦遗存的调查》，《考古》1999 年第 7 期。
　　② 广东省博物馆：《广东东部新石器时代遗存》，《考古》1961 年第 12 期，第 651－652、653、655 页。
　　③ 魏峻：《揭东县先秦两汉遗址调查报告》，揭阳考古队、揭阳市文化广电新闻出版局编：《揭阳考古（2003—2005）》，北京：科学出版社，2005 年，第 173、177 页。

## 四、树皮布的制作

新石器时代晚期的潮汕居民，应该能够制作树皮布了。

作为植物性无纺布之一，树皮布是服装制作等诸多生活应用的材料，这在新石器时代晚期，显然是其先进工艺的体现。近年来有考古学家提出"世界树皮布文化可能源自中国南方，很可能就在岭南一带""树皮布是南中国先民极富创造性的发明"等观点。

树皮布的生产工具是石拍，这在后山遗址中便有出土。石拍在很长一段时间里常被认为是用陶瓷花纹拍制[①]的，但进一步的研究证明了其用途之一或说更主要的用途是制作树皮布[②]，遂得到学术界认同的"树皮布石拍"的命名。

迄今出土有树皮布石拍的遗址主要集中在珠三角地区，如香港的大湾、万角咀、虎地湾、涌浪，深圳的大黄沙、大梅沙、咸头岭，珠海的水涌、拱北、草堂湾、宝镜湾，中山的龙穴、白水井、下沙等，其中在距今 7 000～6 000 年这一阶段里发现的丰富石拍，是中国乃至东南亚范围内年代最古老的树皮布石拍。根据目前发现的成果，树皮布石拍可见于中国云南、海南、两广、福建、台湾及日本冲绳等地，东南亚地区的越南、老挝、柬埔寨、泰国、菲律宾及马来半岛也可采集，在太平洋岛屿与中美洲曾盛极一时。有学者认为，"以环珠江口的树皮布石拍，流行于距今 6 000～5 000 年前，是迄今东亚已知最古老的树皮布文化系统。由珠江口南向中南半岛、越南北部冯原文化有丰富的树皮布资料，年代可能在距今 3 500～4 000 年。泰国及马来半岛的树皮布文化稍晚，在距今 3 500 年前后。菲律宾、中国台湾等地都有别具特色的树皮布文化，所知年代不超过距今 3 500 年。太平洋岛屿均为树皮布文化繁盛地区，其年代应在距今 3 500 年之后。至于中美洲，树皮布文化上限不超过距今 2 500 年"[③]。

后山遗址出土的树皮布石拍十余件，1998 年的原始简报公开了其中的 5 件，将之称为"石锉磨器"，简报认为，虽然此前珠海、深圳认为类似出土器物是用

---

① 如深圳市大黄沙沙丘所出"石拍"，云南元谋大墩子所出石"印模"，福建武平所出石"印拍"等，皆被认为是拍打陶器、压制纹饰之用。参见深圳博物馆、中山大学人类学系：《广东深圳市大黄沙沙丘遗址发掘简报》，《文物》1990 年第 11 期；云南省博物馆：《元谋大墩子新石器时代遗址》，《考古学报》1977 年第 1 期；福建省文物管理委员会：《福建武平新石器时代遗址调查报告》，《考古》1961 年第 4 期。

② 又，香港学者邓聪先生曾与日本学者小林正史交流，后者称在今东亚地区民族学的资料中从未见过以石拍制陶的例子，一般制陶都是使用木质拍加工。邓聪：《东南中国树皮布石拍使用痕试释——后山遗址石拍的功能》，揭阳考古队、揭阳市文化广电新闻出版局编：《揭阳考古（2003—2005）》，北京：科学出版社，2005 年，第 241 页。

③ 张镇洪、邱立诚：《中国南海古人类文化考》，广州：广东经济出版社，2013 年，第 143 - 144 页；邓聪：《史前蒙古人种海洋扩散研究——岭南树皮布文化发现及其意义》，《东南文化》2000 年第 11 期，第 14 页。

于制作陶纹饰的"石陶拍",但后来学者发现后山遗址所出陶器的纹饰与石锉磨器所能压出的条纹似无关系,遂敏锐地摒弃"陶拍"命名;又因该石器的扁平一面可见密集的条状凹槽,于是猜测其为一种锉磨器,并指出其来源及发展、分布等问题尚待进一步研究。[①] 2003 年,考古学家邱立诚先生等首次公开表示石锉磨器应为树皮布加工工具,称:"普宁后山是珠江三角洲以外的第一个地点,就年代而言,也是岭南地区中年代最晚的地点之一,对探讨树皮布文化在岭南地区的发展及相关问题有特殊意义。"[②]

《东南中国树皮布石拍使用痕试释——后山遗址石拍的功能》对后山石拍作了深入的研究,作者实测到的以及原始简报发表的合计 9 件,编号列为:"T2③:1""T2③:2""T8③:6""T7②:1""T7②:5""T9②:1""后山采:21""后山采:22""后山采:24"。[③] 下面分别进行介绍:

下文化层 3 件,其中 2 件有沟槽的石拍均折断,未见有双面的沟槽石拍:"T2③:1"呈圆角方形,单面有 24 条沟槽痕,沟槽痕平行排列,工整细致,沟槽痕多有崩断现象,估计拍面可能经长期的拍打,石拍的一端略有损折,另一端被折断;"T2③:2"呈圆角方形,单面只剩下 8 条沟槽痕,沟梢纵列规整,沟槽痕有若干崩断,拍侧及一端均被折断,折断面平直;由于拍身较厚,估计可以直接装木柄使用;"T8③:6"为梯形素面石拍,由于较厚重,估计装柄后能发挥较大的拍打力度。

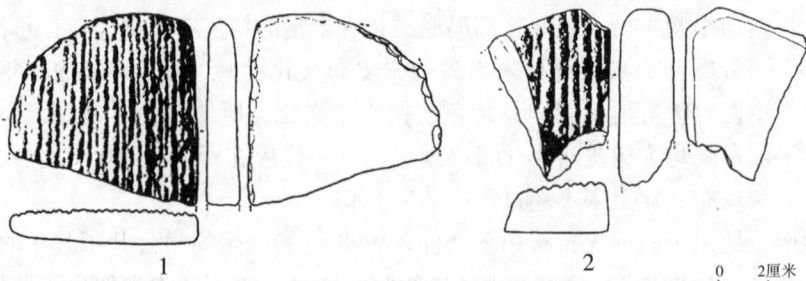

1. "T2③:1"  2. "T2③:2"

图 2 - 5 - 11（1）　后山遗址下文化层出土石拍

上文化层 3 件,均残,其中 2 件为双沟槽面,2 件一端折断,1 件一侧折断,

① 广东省文物考古研究所、普宁市博物馆:《广东普宁市池尾后山遗址发掘简报》,《考古》1988 年第 7 期。

② 揭阳考古队、揭阳市文化局编:《揭阳的远古与文明——榕江先秦两汉考古图谱》,香港:公元出版有限公司,2003 年,第 74 页。

③ 邓聪:《东南中国树皮布石拍使用痕试释——后山遗址石拍的功能》,揭阳考古队、揭阳市文化广电新闻出版局编:《揭阳考古（2003—2005）》,北京:科学出版社,2005 年,第 239 - 251 页。

"T7②：1"呈圆角方形，两面均有 8 条沟槽，沟槽痕的崩断现象明显，沟槽痕间分界漶漫不清，这可能是由于长期拍打而形成的，石拍的一端折断；"T7②：5"呈圆角方形，单面有 13 条沟槽，若干沟槽痕有扭曲倾斜现象，崩断现象不明显，一端折断，由于拍身较厚，估计可以直接沿侧拍边装上木柄；"T9②：1"呈圆角方形，双面各有 11 条和 9 条沟槽，右拍面的沟槽痕崩断现象比较明显，拍的侧沿折断，折断部位有若干破裂面，其中有一处的破裂面较大，形成一处凹口状，但并非如原考古简报判断的"中间有一穿孔"。

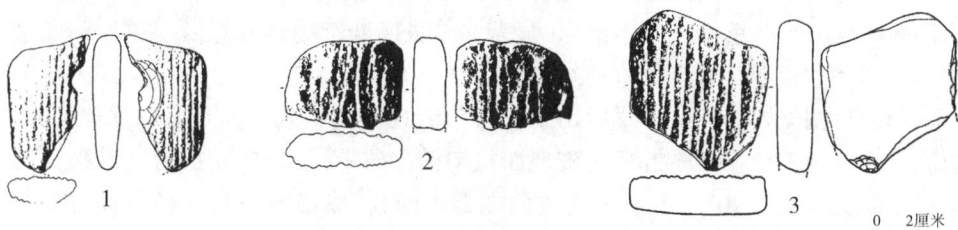

1."T9②：1"　2."T7②：1"　3."T7②：5"

图 2 - 5 - 11（2）　后山遗址上文化层出土石拍

采集到的 3 件："后山采：21"石拍呈长方形，除一端略有破损外，基本外形完整，单面沟槽面共有沟槽痕 15 条，大多数沟槽痕都有崩断现象，表明该石拍长期被作为拍打工具使用；"后山采：22"石拍呈长方形，两端均有折断，石拍由断裂的两个个体拼合而成，单面沟槽，沟槽痕 14 条，大多沟槽脊有崩断现象，表明该石拍有可能是在使用过程中破裂折断的；"后山采：24"石拍上下两端及一侧均有明显折断现象，单面沟槽面，沟槽痕上崩断现象并不明显，背面有数条深浅不一的沟槽。

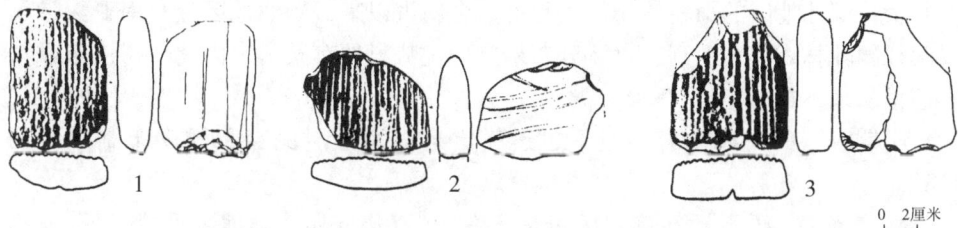

1."后山采：21"　2."后山采：24"　3."后山采：22"

图 2 - 5 - 11（3）　后山遗址采集石拍

石拍的破损情况，可为探讨其功能等提供线索。后山石拍的破损，可分为两种情况：石拍面沟槽崩断和石拍器体破损。

后山石拍面沟槽崩断的痕迹很多。所谓崩断或崩断痕迹，是指石拍由锯刻形成沟槽后，沟槽面由脊与槽相间构成。在使用过程中，由于拍打的力度较大，沟槽脊容易出现局部崩落。崩落轻微时，沟槽脊出现个别剥离疤状痕，使原沟槽脊直线的轮廓被破坏而形成锯齿状；崩落严重时沟槽脊多处中断破裂。而根据石拍上沟槽脊痕破损的形态，便可以推测石拍的左右手执持方式，以及石拍使用时间的长短。民族志资料显示，以石拍来拍打树皮，必然是长时间、强体力的劳动，石拍柄部是增强拍打力度的一种设计。每次拍打树皮，目的在于开松及重组树皮的纤维结构，这通常需要连续工作数日。顺此推想，石拍在隔着树皮的木或石砧上长期重力地拍打，拍面必定会形成很明显的拍打痕迹。后山石拍中，可按沟槽脊崩断程度分为严重（漶漫不清）、显著（多处断断续续）及轻微（部分崩断破损）三类。这说明是长期拍打的结果。

后山石拍器体除了编号"后山采：21"者比较完整外，其余器身都被折断。折断方式分为三种：纵向折断（破裂面与沟槽方向平行），横向折断（破裂面与沟槽方向交叉成近90°，上下一端或两端都折断），纵横向折断（破裂面方向与沟槽痕纵横交错）。其中，石拍横向折断的有4件，占绝大多数，这可能与石拍使用方式有关。石拍装柄后用在树皮布上拍打时，常常是石拍前端先接触石（木）砧台部分，如此，横向折断概率自然较高。

后山石拍面沟槽崩断和石拍器体破损折断的情况，皆表明这里的石拍是经长期使用后才被弃置于遗址中的。

由植物纤维组成的树皮布，其史前实物是很难保存下来的，考古学发现的树皮布石拍，以及民族志所载的遗存，成为研究、了解史前树皮布文化的关键。

现在一般认为，楮树是树皮布的制作原料，或说最主要制作原料之一。楮（*Broussonetia kazinoki Sieb.*），按《中国植物志》，楮产于台湾及华中、华南、西南各省区，多生于中海拔以下，低山地区山坡林缘、沟边、住宅近旁。日本、朝鲜也有分布。属桑科植物，韧皮纤维可以造纸。[①] 而孢子学研究成果表明，在晚更新世，潮汕地区的桑科植物便很常见，全新世以来，潮汕地区分布南亚热带季风常绿阔叶林，排名前列、自然分布最广的优势科便有桑科。因此，树皮布原料在这里从来不缺。

早期古籍的一些内容，似乎也透露出远古潮汕居民穿着树皮布制服装的信息。

如《尚书·禹贡》在述及扬州时，称："岛夷卉服，厥篚织贝。"汉孔安国传："南海岛夷，草服葛越。"唐孔颖达疏："传'南海'至'葛越'。正义曰：上传'海曲谓之岛'，知此'岛夷'是南海岛上之夷也。《释草》云：'卉，草。'舍人曰：'凡百草一名卉。'知'卉服'是'草服葛越'也。葛越，南方布

---

① 中国科学院中国植物志编辑委员会主编：《中国植物志》（第23卷第1册），北京：科学出版社，1998年，第26页。

名，用葛为之。左思《吴都赋》云'蕉葛升越，弱于罗纨'是也。冀州云'岛夷皮服'，是夷自服皮，皮非所贡也。此言'岛夷卉服'，亦非所贡也。此与'莱夷作牧'并在贡篚之间，古史立文不次也。郑玄云：'此州下湿，故衣草服。贡其服者，以给天子之官。'与孔异也。"① 而禹贡时期，潮汕地区便被认为属于扬州之域，众多的地方志书都作如是记载，如现存最早见相关记载的府志——（嘉靖）《潮州府志》辄称："潮州府。《禹贡》：扬州之域。春秋时为杨越。《舆地考》：吴兼楚，及南越之交，潮阳属越。"②

这些材料大致都认为"卉服"是中国南方植物所制作的服装，甚至直指蕉葛（葛布）是"卉服"的主要原料，并且是南方沿海居民自穿自用的。而正因为如此，"卉服"被用来借指边远地区或岛居之人，如《魏书》卷九十五载："辫发之渠，非逃则附；卉服之长，琛赆继入。"③

蕉葛则一直是潮汕地区盛产之物，如潮汕地区较为明确的物品上贡时间是唐代，当时的土贡之物便包括蕉布。据《潮汕华侨史》的统计，唐时管辖73个州和1个都护府的岭南道（大约包括今广东、海南全部，广西大部，云南东南部以及越南北部地区），一共有68个州、府必须上贡，其中仅有潮州、新州和安南都护府需要上贡蕉布。④ 可见自古蕉葛便是潮汕土产。这种情况，历代不绝，如《广东新语》："粤故多葛。……出潮阳者曰凤葛，以丝为纬，亦名黄丝布。"⑤ 直至近代仍然是这样，如民国《潮州志》载："蕉麻山生或田种。揭阳山中多种之。"⑥

总而言之，这些古籍上的记载，不由让人联想到其与树皮布衣服的关系。现在后山遗址出土了树皮布石拍，让我们知道新石器时代晚期后山类型处的潮汕居民是接受了这种文化并拥有这种工艺技术的。

## 五、陶器及其工艺

新石器时代晚期潮汕地区发现的陶器，无论是数量还是种类都远多于此前，并已有相当专业的陶窑存在，可见其制陶业的发达程度。其中以虎头埔类型、后山类型的文化遗存为绝对主流，但也发现有与此类型不同的文化遗存。

虎头埔遗址是一处陶窑，其出土陶器及制陶业情况将在下节专门介绍。

---

① （汉）孔安国传，（唐）孔颖达疏：《尚书正义》，（清）阮元校刻：《十三经注疏》，北京：中华书局，1980 年，第 146 页。

② （明）郭春霄纂修；（嘉靖）《潮州府志》，北京书目文献出版社编：《日本藏中国罕见地方志丛刊》（第 13 册），北京：书目文献出版社，1992 年，第 164 页。

③ （北齐）魏收：《魏书》，北京：中华书局，1974 年，第 2042 页。

④ 李宏新：《潮汕华侨史》，广州：暨南大学出版社，2016 年，第 43 – 44 页。

⑤ （清）屈大均：《广东新语》，北京：中华书局，1985 年，第 423 页。

⑥ 林德侯辑纂，饶宗颐总纂：《潮州志·丛谈志三》，汕头：潮州修志馆，1949 年，第 14 页。

## （一）后山遗址的陶器

后山遗址的地层中无完整陶器，遗存可分为上、下文化层，但两个文化层之间没有大的差别，应是有早晚之分而已。

下文化层出土的陶器，可分夹砂陶和泥质陶两类，夹砂陶火候不高，皆为手制，器类包括釜及少量器座残片，器表多数是素面，个别拍印间有绳纹、梯格纹；泥质陶火候略高，部分器物受火不均，器物领部光素，大多通体压细方格纹、方格纹、菱格纹等。器类主要有罐，另有豆和口沿见穿孔的陶盂残片，器物口沿普遍以慢轮修整，遗留下凹凸不平的轮旋痕迹。

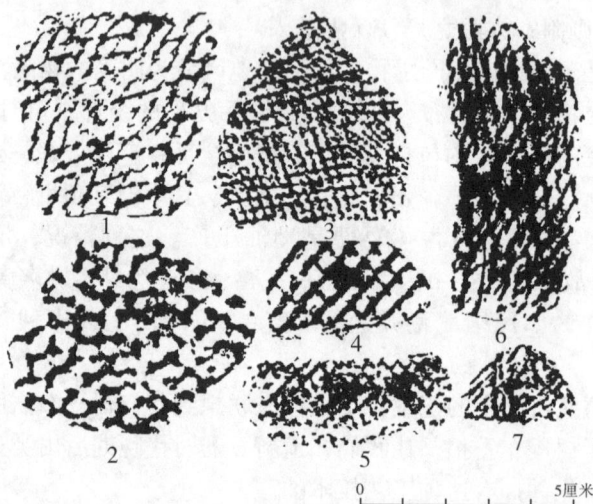

1、6. 菱格纹　2、4. 方格纹　3、5. 细方格纹　7. 梯格纹

图 2 - 5 - 12　后山遗址下文化层陶片纹饰拓本

上文化层出土的陶器，也分夹砂陶和泥质陶两类。所出一件大型夹砂残陶瓮较有特点，夹细砂、圆唇、侈口、卷沿、高领、广肩、大鼓腹、平底、肩腹间转折不明显，其肩、颈、腹各有一周条状附加堆纹，领部多加一层泥片，火候不高，器胎较厚，与后期浮滨文化遗存中的平底器有较大不同；泥质陶火候较下文化层所出稍高，陶器纹饰有方格、菱格组合纹以及方格纹、细方格纹、菱格纹等，器物皆为手制，口沿多数经轮修，部分器物内部和表面有使用粗面陶垫的痕迹。

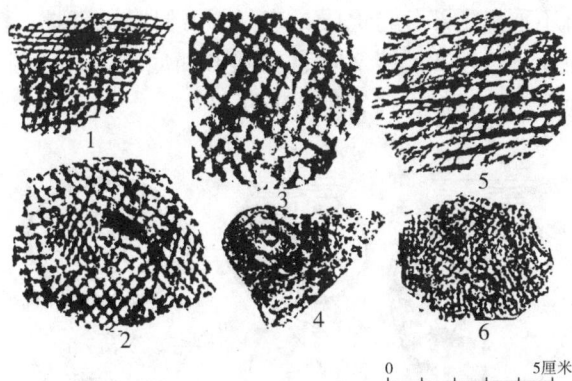

1、3. 方格、菱格组合纹　2、5. 菱格纹　4. 陶器内壁陶垫痕迹　6. 细方格纹

**图2－5－13　后山遗址上文化层陶片纹饰拓本**

后山墓葬的随葬陶器出土20件，多为日用器，以泥质灰陶为主，火候较高，少数为橙黄陶，火候稍低；器表流行几何纹，常见的是大小方格纹以及粗细菱格纹，少量小型器为素面或仅刻凹形纹，但未见上文化层的组合纹；又有若干夹砂陶片，火候较低。陶器均手制，口沿及领部常见慢轮修整平行纹，器壁不平或留有手压痕迹，肩、腹转折处往往不呈水平。器类有：凹底罐8件、平底罐2件、钵2件、鸡形壶1件、盂1件、杯2件、豆1件、釜3件。

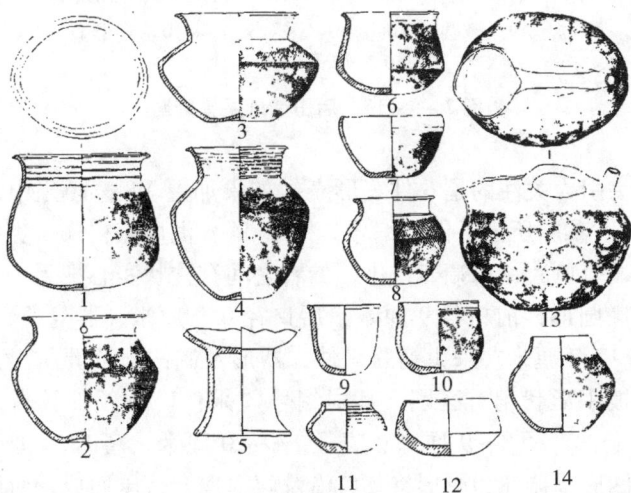

1. D型凹底罐（"M6：4"）　2. A型凹底罐（"M3：1"）　3. C型凹底罐（"M1：2"）
4. B型凹底罐（"M4：1"）　5. 豆（"M6：3"）　6. E型凹底罐（"M2：1"）　7 钵
（"M4：2"）　8. A型平底罐（"M10：2"）　9. 杯（"M6：2"）　10. 钵（"M10：1"）
11. 盂（"M6：1"）　12. 杯（"M9：2"）　13. 鸡形壶（"M1：1"）　14. B型平底罐
（"M9：1"）

**图2－5－14　后山遗址墓葬出土陶器**

在遗址范围内还采集到部分与地层、墓葬所出相近的陶器，其中较完整者包括：长身凹底罐 4 件、折腹凹底罐 2 件、椭圆形凹底罐 2 件、圆腹凹底罐 2 件、钵 1 件、鸡形壶 5 件、豆 4 件、残袋足器 1 件。①

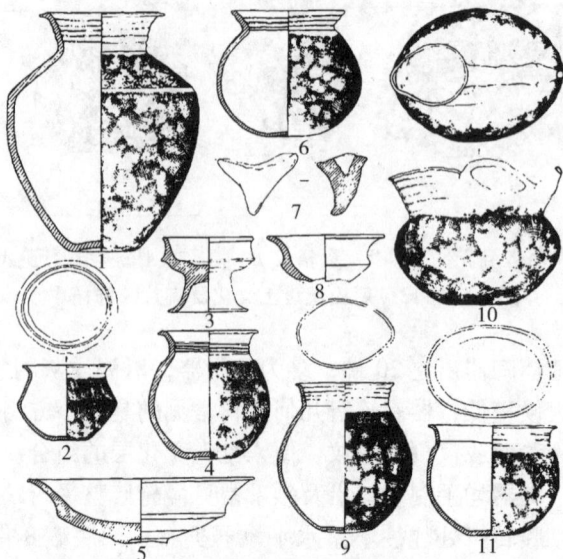

1. 长身凹底罐（"采：9"）　2. 折腹凹底罐（"采：6"）　3. 豆（"采：7"）　4. 圆腹凹底罐（"采：2"）　5、8. 豆（"采：30""采：41"）　6. 圆腹凹底罐（"采：32"）　7. 残袋足（"采：28"）　9. 椭圆形凹底罐（"采：3"）　10. 鸡形壶（"采：1"）　11. 椭圆形凹底罐（"采：4"）

图 2 - 5 - 15　后山遗址采集陶器

其中，最为引人关注的是 6 件鸡形壶（如果加上 M8 墓填土中采集的鸡形壶残片则为 7 件）。墓葬所出 1 件，编号"M1：1"，泥质灰褐陶，尖唇，高领，鼓腹，凹底、前端壶口大，后端壶口小，二者之间有柱状实心把手，器身压印方格纹，横截面为椭圆形，前口径 9 厘米、后口径 0.9 厘米，器身长 21.6 厘米、宽 16.2 厘米、高 17.7 厘米。采集到的 5 件，器形及制法与墓葬所出大致相同，仅于领部高低或扳手形状稍有区别，其中编号"采：1"，领部较高，有明显轮修痕迹，流口较大，直径 8 ~ 9 厘米、腹径 17 ~ 20 厘米、高 18.4 厘米。这些鸡形壶，是以高领凹底罐器坯为原形将其口沿及腹部捏合挤压而成，所以壶背上留有罐口沿贴压在一起的明显痕迹。

---

① 广东省文物考古研究所、普宁市博物馆：《广东普宁市池尾后山遗址发掘简报》，《考古》1988 年第 7 期。

## （二）虎头埔、后山类型的陶器

属于虎头埔、后山类型的陶器还有很多，现以揭东县为例进行介绍。

根据《揭东县先秦两汉遗址调查报告》的介绍，揭东县（此段介绍县、镇名称时按 2003 年时的政区建制）发现的多批陶器，大概情况为：

埔田镇金鸡崬一组，陶片，多泥质灰色硬陶；二组，陶片，多灰色或灰褐色硬陶，其中有 1 件为一端残断的泥质灰色硬陶长方形陶拍，正面有菱格纹，背面光滑无纹。

埔田镇马头崬一组，泥质灰色硬陶陶片 1 件；二组，较丰富，陶片为灰色或灰褐色硬陶，其中有方格纹子口钵，以及夹细砂的红褐陶陶豆 1 件、全器呈素面的泥质红陶陶拍 1 件。

埔田镇莲花心山一组，出土有每组 9 件、一共 9 组的小型陶器，采集了其中较完整的 11 件，包括平底罐、圈足罐、圜底罐各 2 件和圈足碗、陶豆各 1 件以及陶壶 3 件，均为泥质浅灰色、褐色或红褐色硬陶，有可能是专门制作的明器。

埔田镇岭后崬二组，陶片，为灰色或灰褐色硬陶，陶钵、陶勺形器、陶罐各 1 件，均为泥质灰色或浅灰色硬陶。

埔田镇出米石一组，陶片，泥质浅灰色硬陶圈足罐 1 件。

埔田镇其他遗址一组，硬陶陶片；二组，泥质浅灰色硬陶陶壶 1 件，泥质灰色硬陶陶豆 2 件；三组，泥质黄褐色硬陶陶钵 1 件。

云路镇饭包石一组，陶片，多浅灰色或灰色硬陶；二组，陶片，多灰色或灰褐色硬陶。

新亨镇新岭矿场一组，陶片，多为硬陶，泥质灰色硬陶陶钵 1 件。

新亨镇落水金狮二组，泥质灰色硬陶陶钵 1 件，夹砂灰褐陶陶拍 1 件。

新亨镇戏院东一组，泥质深灰色硬陶凹底罐 1 件。

新亨镇其他遗址一组，陶片，多泥质灰色或浅灰色硬陶；二组，陶片，多灰褐色或浅灰色硬陶，泥质浅灰色硬陶凹底罐 1 件。

霖盘镇南塘山一组，灰褐色或灰色硬陶居多，以凹底或圜底陶罐为主，陶罐多有宽折沿，口沿内外壁有明显轮修痕迹，器形多样，包括折沿鼓腹罐 11 件、带流罐 2 件、扁腹罐 1 件、陶钵 2 件。

白塔镇大盘岭一组，泥质硬陶灰陶陶钵 2 件。

白塔镇花树坑一组，陶片，多为灰色或浅灰色硬陶。

白塔镇其他遗址一组，陶豆 1 件，陶拍 1 件，均为泥质灰色硬陶。

曲溪镇山边园一组，泥质橙黄色和灰褐色硬陶陶钵各 1 件，泥质灰色和黄褐色硬陶陶罐各 1 件，共 4 件。

曲溪镇其他遗址一组，泥质橙红色硬陶陶罐 1 件。

地都镇油甘山一组，泥质灰色和浅灰色硬陶陶罐各 1 件，共 2 件。

玉湖镇二组，泥质浅灰色硬陶陶罐 2 件。

以上陶器、陶片大都有刻画纹饰或符号。

《揭阳榕江流域的后山类型》[1] 总结了后山类型陶器的特点与工艺：①墓葬出土陶器多属小型非实用的随葬陶器，发掘报告中的墓葬出土陶器，其高度最高不超过 18 厘米，最矮的高 2.2 厘米，多数陶器高度为 6～12 厘米；②后山陶器虽然多数质硬火候高，但系手制一次成器，手捏痕迹清晰，制作粗糙，器壁拍打时，常有不同程度的歪、斜、扭、偏，部分罐的大宽沿、高领沿采用泥条盘筑捏成后附上；③除了圈足豆，不见其他圈足器，圜底器仅见釜类；④后山的凹底器均系圜底胚体拍打而成，未见有器底拼接，通体拍打粗细方格纹和菱格纹是这组陶器的装饰风格；⑤在椭圆形罐胚的基础上，采用捏、塑、补、贴等方法对罐形作进一步完善，创造出有提梁、双流注的鸡形壶，这是后山类型最具特色的陶器。

### （三）其他遗址的陶器

与虎头埔、后山类型文化内涵不尽相同的其他遗存亦出有陶器，以潮阳为例。

如左宣恭山遗址，在 20 世纪 60 年代初期探掘有夹砂黑陶纺纶 11 件，红色陶弹丸 1 件，以及陶片 484 件。陶片可分为夹砂粗陶和几何印纹软陶，其中夹砂粗黑陶、夹砂粗灰陶、几何印纹软灰陶、几何印纹软红陶各占 84%、7.3%、7.4%、1.3%。此外，左宣恭山遗址在 20 世纪 80 年代又再采集到 4 件陶器，器形分别为釜、豆、钵、罐，各 1 件，经观察可确认已经是属于浮滨文化了，这说明左宣恭山遗址至少包括两种不同的文化遗存，而浮滨文化已经不属于本节新石器时代晚期的介绍范畴。[2]

又如与左宣恭山遗址相隔不远的赤牛山遗址 2 号探沟处，出土有陶片 225 件，其中夹砂粗黑陶占 72.9%，夹砂粗灰陶占 6.6%，夹砂粗红陶占 4%，几何印纹软灰陶占 9.8%，几何印纹软红陶占 5.8%，软黑陶占 0.9%，陶片纹饰及其出土形式均与左宣恭山遗址相同。

---

① 该文是针对《揭阳先秦两汉遗址登记表》中所列的位于揭阳境内榕江流域的 37 处后山遗存进行分析的。参见曾骐、吴雪霏：《揭阳榕江流域的后山类型》，揭阳考古队、揭阳市文化广电新闻出版局编：《揭阳考古（2003—2005）》，北京：科学出版社，2005 年，第 229–239 页。

② 广东省博物馆：《广东东部新石器时代遗存》，《考古》1961 年第 12 期；中山大学榕江流域史前期人类学考察课题组、潮阳市博物馆：《广东潮阳市先秦遗存的调查》，《考古》1998 年第 6 期。

## 六、独步岭南的专业制陶业

新石器时代晚期的潮汕，陶器制作已经趋于专业化。下面主要以最为典型的虎头埔遗址为例，并介绍晚近发掘的普宁龟山遗址，以使读者对此期高度发达、堪称独步岭南的潮汕制陶业有更深入的了解。

虎头埔遗址，其"18 座陶炉是迄今为止广东地区发现的结构明确、保存较好、数量最多的新石器晚期陶窑"①。而亚洲最早的陶炉，陶瓷研究界的共识认为是出现于距今7 000余年的黄河中游两岸的黄土高原上，大约在不晚于西周时期（公元前1046 年—公元前771 年），黄河流域才出现由升焰圆窑引出的半倒窑馒头窑（或称马蹄窑），算是突破性的飞跃。与之相比，虎头埔的平面呈"Ω"形的横穴式窑，就结构形态而言属于升焰圆窑；圆形窖穴式窑，就结构及火焰运动而言已经初步具备了馒头窑一些要素，它后壁下烟道的出现，无疑是窑炉技术一大进步。

虎头埔遗址不仅发现数量众多、集中分布的陶窑，而且有与制陶作业相配套的其他设施，如烧坑、房屋等。位于虎头埔坡脚和陶窑周围大量的残碎陶片说明当时陶器生产已具有相当的规模。虎头埔陶窑的空间位置有一定的规律性，基本都选在相对高度为7～9 米的虎头埔南侧坡腰地带，由东南向西北大致呈条带状分布。这种分布状况较好地利用了该区域的自然坡度，一方面在修建陶窑时可以省工省力并利用地形特点合理地构建斜坡状的火道和火膛，如借助窑炉火膛和火道坡度的自然抽力，使窑内气流和火焰自然上升；另一方面可以利用陶窑南侧的斜坡倾倒垃圾和废弃的陶器。这些都是专业化的表现。

各学科的学者对虎头窑炉烧造技术做了分析，认为其中的17 座平面呈"Ω"形的横穴式窑，就结构形态而言属于中国早期窑炉形式之一——升焰圆窑。其火膛位于窑室的侧方，与窑室连为一体，无明显分界线，火焰经前低后高倾斜的环形火道进入窑室底部，再上升进入窑室，将坯件预热后自窑顶排走。这种形式与黄河中游早期的横穴式升焰圆窑（无顶）相比，要进步一些。它能够初步控制空气量，烧成温度可以提高至1 100℃，这里的硬陶也就由此而来；而因为只有穹苍顶的排烟口，并没有真正意义上的烟囱，所以17 座窑基本上还是在氧化气氛中烧造，灰陶、红褐陶和灰白陶同时出土，便是佐证。

① 刘成基：《虎头埔陶窑的初步研究》，揭阳考古队、揭阳市文化广电新闻出版局编：《揭阳考古（2003—2005）》，北京：科学出版社，2005 年，第217 页。

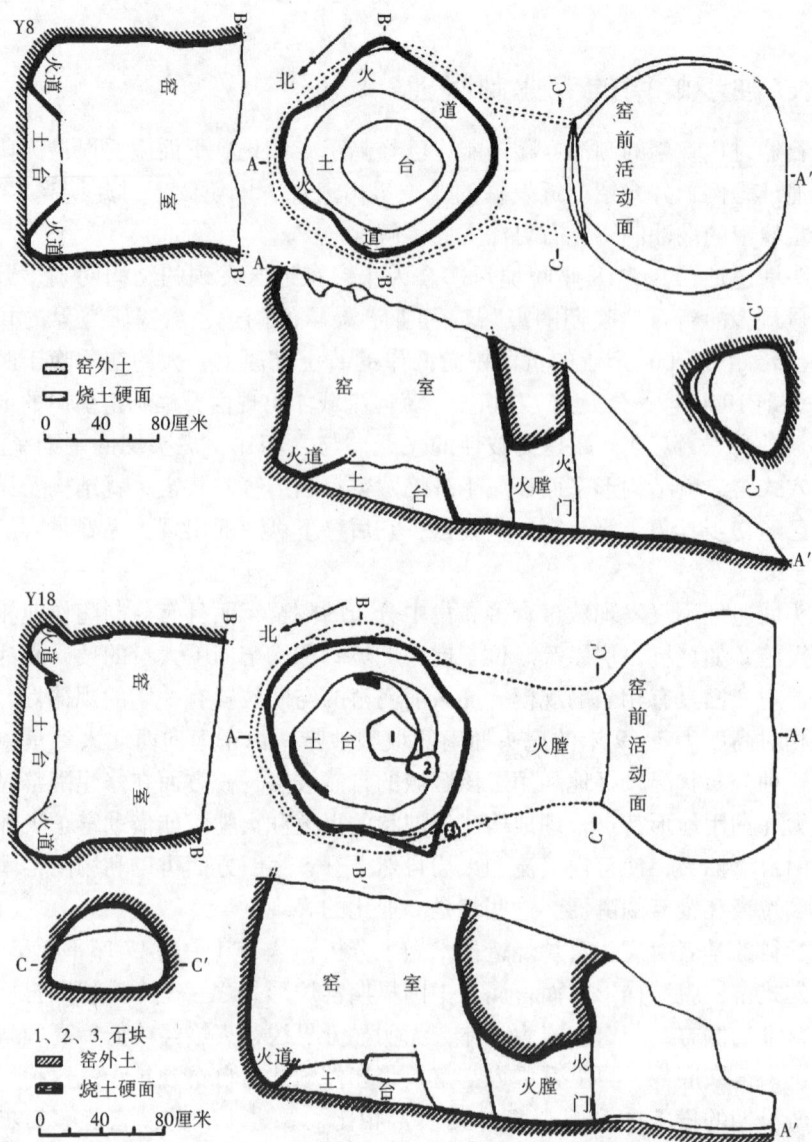

图 2-5-16　虎头埔 "Y8" "Y18" 窑址平、剖面图

另外 1 座圆形窖穴式窑，编号 "Y1"，其结构与烧成技术已经有了明显的变化和发展。"Y1" 的窑室空间增大，在窑后壁设置了烟道，窑前的窑门左侧有约 50 厘米的折墙，可能用来防风。其 "窑床平坦，窑墙垂直，火膛可能在窑室侧前下方，近窑底的后壁上开孔排烟，这是窑炉发展史上的一大创造"。因为从热工学上来说，这样就改变了燃烧气体在窑内的运动方向。窑后壁设置有烟孔，故火焰必然部分改为横向运动，部分上升到窑顶再折回来，两部分均经过陶坯的空隙，然后集中到进烟口再经烟道排出窑外，这样就使火焰在窑内的运动行程增

大，与坯件进行热交换的机会增多，因而具备进一步提高烧成温度的条件。烟囱设在窑后，理当有窑顶（首次发掘简报认为其顶部应封有以竹木为架并糊以湿泥的平窑顶，而相关研究表明不排除穹窑顶），否则后壁的烟道便失去作用。这些都说明圆形窖穴式窑比平面呈"Ω"形的横穴式窑更为先进。尽管窑体大部分被毁，窑顶和火膛的实际情况不甚清楚。然而从实物看，该窑堆积有大量硬陶片和少量软陶片（指第一次发掘），并混合炭屑和木灰。硬陶呈青灰色，胎薄而硬，火候很高，敲之锵锵有声，且硬陶数量在整个出土陶片中占80%，可见这座窑的烧成率相当高。可以推测与之相适应的窑炉结构应比其他炉先进且烧成温度高，才会出现这样的结果。此外，"Y1"窑床底部发现有大量碳屑和木灰，表明当时的陶窑是以柴为燃料。[①]

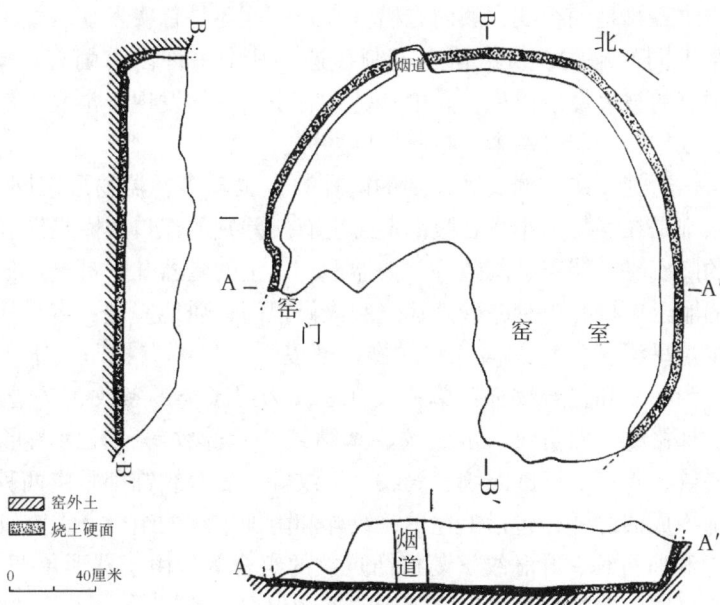

图2－5－17　虎头埔"Y1"窑址平、剖面图

①　1984年发掘简报中将窑分4式，编号"Y14"窑（即2003年发掘报告、《虎头埔陶窑的初步研究》以及本书正文中所称的"Y1"）被列为Ⅲ式，执笔者认为其比Ⅰ、Ⅱ式复杂先进，但比Ⅳ式简单而原始，录此供参考。这里取魏骏、刘成基等先生说。参见广东省博物馆汕头地区文管站、普宁县博物馆：《广东普宁虎头埔古窑址发掘简报》，《文物》1984年第12期，第40、44页；刘成基：《虎头埔陶窑的初步研究》，揭阳考古队、揭阳市文化广电新闻出版局编：《揭阳考古（2003—2005）》，北京：科学出版社，2005年，第217—229页。

　　虎头埔生产的陶器数量众多。首次发掘便出土器物 2 000 余件，其中绝大部分是陶器、陶片以及作为制陶工具的鹅卵石。陶器的陶胎内多加有少量细沙，胎质以数量多少排序为青灰、橙黄、橙红三色，以火候硬度排序为青灰、橙红、橙黄，部分陶器表面呈橙黄色而中间呈青灰色。陶器外壁通体拍印花纹，腹部及肩部亦多饰有一至四道附加堆弦纹，不见素面陶器。陶器的花纹有条纹、间断条纹、长方格纹、曲尺纹、圆圈纹、圈线纹、叶脉纹、编织纹八类。长方格纹有两种，一种方格规整，另一种成斜方格，近似菱形。曲尺纹有大曲尺和小曲尺之分，曲尺角度亦不尽相同，有的角度大而略带弧形，近似水波纹。圆圈纹有五重大圆圈、三重圈、二重圈、一圈四种，除五重大圆圈纹外，其余三种均是先拍印一层编织纹或叶脉纹后，再拍印圆圈纹，为圆圈纹和叶脉纹或编织纹的组合纹饰。圈线纹底纹是编织纹，圈内有横竖直线，这还是首次发现。这次出土的器物均是大小不同的罐类，口沿留有轮制痕迹，其中一件内沿划有"十"字符号。鹅卵石则有的被火烧成黑色，其中一件钻有小孔，均发现于窑底，作用可能是在垫烧陶器或拍印陶器时用来垫在陶器内壁的。

　　虎头埔遗址二次发掘及采集到的陶器数量也较多，器物形态同样较为单调，绝大多数都是在器物大小或者腹部形态上有所差别的侈口矮圈足罐，也发现有零星数量的圜底罐、器盖、陶坠等其他器形。出土的陶器几乎都是泥质陶，但有若干器具的胎土中掺有少量的砂砾；烧制火候很高，质地坚硬；多呈浅灰色或者灰白色，少量呈深灰色和红褐色。器物颈部以下一般都有拍印或压印的几何形纹饰，可分为单一和复合纹饰：单一纹饰表现为线条类的条纹、交错条纹、席纹、细绳纹、梯格纹、曲折纹、水波纹、垂鳞纹、叶脉纹等，几何图形类的长方格纹、方格纹、菱格纹、圆圈纹、涡纹、云纹等；复合纹饰则是由两种或两种以上单一纹饰构成的纹样，包括上述单一纹样和附加堆纹的组合、重圈纹（或者圆圈凸点纹）和曲折纹、叶脉纹、菱格凸点纹的组合等。由于器形单调且破碎严重，因此能够复原的器物并不多。能辨析的器物仅是一小部分，计有：小门鼓腹罐 8 件、垂腹罐 6 件、子口罐 5 件、折沿罐 8 件、圜底罐 2 件、器盖 1 件、陶坠 1 件。其中，除了子口罐中 1 个软陶和 1 个不明外，都是硬陶。

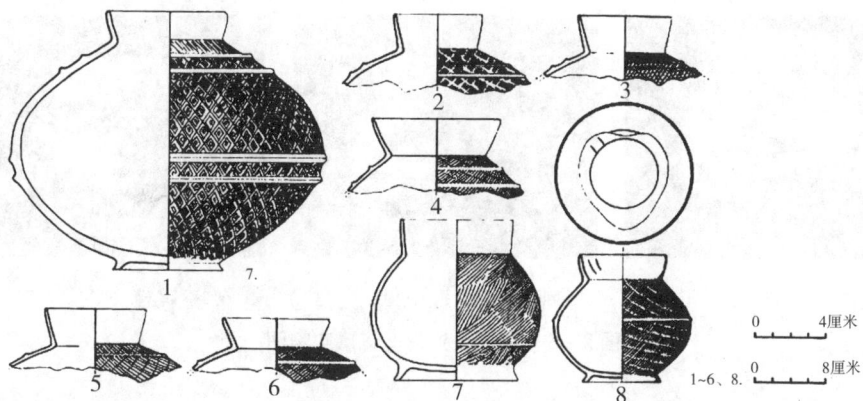

1~4. Ⅰ式小口鼓腹罐（"ⅢT0202⑤：1" "ⅢT02102⑤：2" "H5：1. Y9：1"）　5、6.
Ⅱ式小口鼓腹罐（"ⅢT0301③：1" "ⅢT0202④：12"）　7、8Ⅲ式小口鼓腹罐（"ⅣT0203
②：2" "Y2：1"）

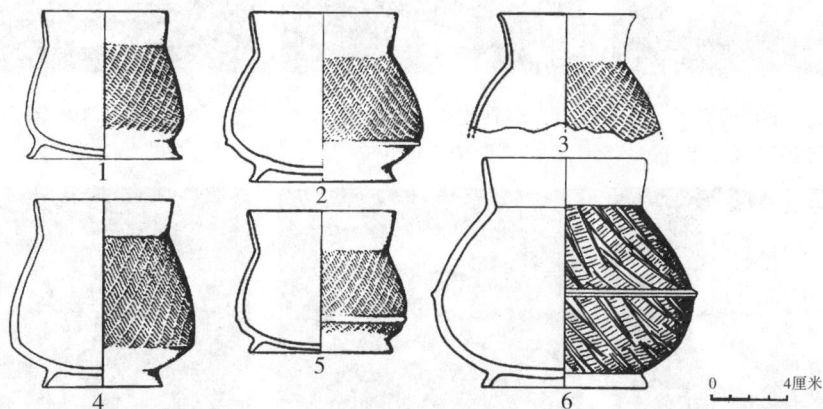

1~6. 垂腹罐（"ⅢT0202④：1" "ⅢT0202④：2" "ⅢT0202④：8" "ⅢT0202④：5" "Ⅲ
T0202④：3采：2"）

**图 2-5-18　虎头埔遗址陶器**

1. 垂腹罐（"ⅢT0202④：1"）　　2. 垂腹罐（"ⅢT0202④：2"）　　3. 垂腹罐（"ⅢT0202④：8"）

4. 垂腹罐（"ⅢT0202④：5"）　5. 垂腹罐（"ⅢT0202④：3"）　6. 垂腹罐（"采：2"）

图 2 - 5 - 19　虎头埔垂腹罐实物图

1. Ⅰ式小口鼓腹罐　　2. Ⅲ式小口鼓腹罐　　3. Ⅲ式小口鼓腹罐
（"ⅢT0202③：1"）　　（"ⅣT0203②：2"）　　（"Y2：1"）

4. 圆底罐（"ⅣT0203②：1"）　5. 圆底罐（"ⅢT0202③：1"）　6. 器盖（"ⅢT0202④：4"）

图 2 - 5 - 20　虎头埔陶器实物图

　　观察这些出土陶器，可以获得这样的认识：虎头埔陶窑生产的陶器分为硬陶和软陶两类。硬陶坯体吸水率小，体积密度大，胎色呈灰色，烧成温度可能高达 1 100℃，部分陶器不排除是在还原气氛中烧成，软陶的物理性能明显劣于硬陶，其胎色一般呈灰白色和红褐色，烧成温度低于 1 000℃，但其坯体化学成分与硬陶相似，即采用的制坯原料相同。其物理性能差别的形成，主要原因是烧成温度和烧成气氛的不同。由于一个窑炉的烧窑过程中，放置于窑炉不同位置的坯件所受温度和所处气氛不尽相同，烧成的陶片质量就有所不同。从虎头埔遗址发掘的情况可知，硬陶和软陶是同窑烧造的。在陶瓷手工业发展的过程中，始终进行着为改良制品品质而作出的工艺技术的更新和求索。原料选择和配制、成型和装烧等都不是陶器生产最基本的技术条件，窑炉技术的进步、窑炉温度的提高和对窑炉气氛的控制才是关键。随着窑炉结构的改进和烧成温度的提高，硬陶与软陶在同一窑炉产品中的比例也相应发生变化，与平面呈"Ω"形的横穴式窑炉相比，圆形窖穴式窑炉烧制的陶器呈硬陶比例增多而软陶数量减少的趋势，这便是后者技术进步的体现。而虎头埔陶窑作为岭南陶窑的典型代表，其硬陶和软陶共存的现象，也真实地反映了广东地区新石器时代晚期制陶手工业的生产技术水平。[①]

同时，从出土遗物看，器物类型基本是大小不同的罐类。其中第二次发掘到的绝大多数是侈口矮圈足罐，圜底罐、器盖和陶坠仅有零星发现，这反映了其产品种偏于单一性，这种单一性，其实是个体私营陶窑生产的特点之一。按整体情况观察，虎头埔并不存在生产更多种类产品的技术障碍，且同时代并非没有其他产品的市场需求。在此情况下，这种成品的单一性，也许可以理解为原始的"市场细分"作用的一种体现。而陶器几乎全是泥质陶，且烧制火候很高，质地坚硬，反映了此时的窑炉技术已处于较高的水平。同时，又可以理解为，虎头埔窑凭借长期专一生产罐类产品积累的经验，成为此期此区域此类产品的专业生产"厂家"。

虎头埔陶窑是在一段较长时间内存在着的。初次发掘的简报认为其可分为三期，各期时间早晚不同，但相隔不远，有相承的关系。2003 年的发掘报告进一步确认：由于陶窑之间存在打破关系，因此该次发现的 18 座陶窑不可能同时被使用，遗址中同时期使用的陶窑不超过 10 座。

虎头埔遗址产品的流通及去向，我们只能根据考古成果进行推测。

与虎头埔陶器相同或相类的遗存在整个榕江流域都有发现，主要分布于莲花山脉的南北两侧：南侧的榕江流域考古工作较多，发现的遗址相当密集，其中榕江中游冲积平原与山地的交界地带遗址数量尤其丰富，大约可称为中心分布区，更南的练江中上游地区则显稀疏；北侧曾发现一定数量的典型陶器，如五华安流半径村的狮公石、和平的卢屋嘴、梅县的山子下和罗屋岭、大埔的高山崀，可知其分布范围至少囊括东江上游及梅江流域。[②] 在远至北江流域的曲江石峡和珠江三角洲地区的东莞圆洲、南海鱿鱼岗、三水银州豆兵岗，以及香港屯门涌浪南等

---

① 刘成基：《虎头埔陶窑的初步研究》，揭阳考古队、揭阳市文化广电新闻出版局编：《揭阳考古（2003—2005）》，北京：科学出版社，2005 年，第 217—229 页。

② 揭阳考古队、揭阳市文化局编：《揭阳的远古与文明——榕江先秦两汉考古图谱》，香港：公元出版有限公司，2003 年，第 50 页；广东省博物馆、和平县博物馆：《广东省和平县古文化遗存调查》，《考古》1993 年第 3 期；广东省文物考古所、梅州市文物管理委员会、梅县博物馆：《梅县山子下新石器时代晚期墓地》，中国考古学会编：《中国考古学年鉴　1994 年》，北京：文物出版社，1997 年，第 250－251 页；黄玉质、杨式挺：《广东省梅县大埔县考古调查》，《考古》1965 年第 4 期。

遗址都能见到类似的陶器，其器表有相同的长方格纹、曲折纹、条纹、圆圈纹等。①

作为广东新石器时代晚期最重要的典型制陶遗址，以虎头埔窑的规模和产量来看，其所出产品应该不仅仅流通于榕江流域、潮汕地区，从上述考古发现看来，它很有可能溯水而行，北上西去，流通区域远达珠三角乃至香港等地。当然离中心分布区的距离越远，流传出去的机会和数量越少。

总体而言，虎头埔的陶器成品流通广泛，而这样专业的"工厂"，如果不是以商业交换为目的而形成，那其出现原因则是难以想象的。正如考古学家所分析，虎头埔与上述这些地方，特别是时代相同、地理相近的，如"仙桥赤岭口、埔田宝山岽、锡场三担村、东山黄岐山虎头岭、埔田金鸡岽、埔田世德堂、磐东南河村等处……当有商贸交换关系"②。

关于虎头埔遗址的制陶工艺和技术水平，历来不乏专业的探讨和分析。《虎头埔陶窑的初步研究》作了较为全面的研究总结，认为：学术界在总结我国新石器时代中晚期的陶窑时，列举的多是集中于北方地区特别是黄河流域的，长江中下游和东南沿海地区许多文化遗址的材料中都罕有发现陶窑的报道，而有学者对湖北枝江关庙山和秭归县朝天咀遗址的陶片进行重烧，测试得出的烧成温度是750℃～800℃和630℃～730℃，因两处皆未发现陶窑，因此认为这些很可能是采用平地堆烧的"泥壳窑"烧成的，由于绝大多数遗址都没有发现陶窑，有些学者遂认为长江中下游和东南沿海地区新石器时代中晚期遗址都还在使用平地堆烧，没有进入有窑烧成阶段。其实，"虎头埔遗址发现的陶窑和烧制的硬陶也可以说明，同期不同地区的窑炉发展和陶器烧成温度的实际情况是不一样的。从虎头埔遗址的考古发掘材料来看，那种认为'长江中下游和东南沿海地区新石器时代中晚期遗址都还在使用平地堆烧，没有进入存窑烧成阶段'的观点可以商讨，至少是不够全面的。商周时期由于北方已出现带有烟囱的陶窑，以及南方已出现龙窑，使得陶器的烧成温度有实现第一次突破的可能。但一般泥质陶器，多数是灰陶，由于受到所用原料的限制，烧成温度也还在1100℃以下。……而虎头埔遗址的圆窑技术虽然源自北方地区，但发展至新石器时代晚期，由于对窑炉结构的改进、后壁烟道的出现等因素，硬陶的烧成温度已达1100℃，因此，就窑炉结构和陶器的实际烧成温度而言，虎头埔与黄河流域的同期窑业技

---

① 广东省博物馆、曲江县文化局石峡发掘小组：《广东曲江石峡墓葬发掘简报》，《文物》1978年第7期；广东省文物考古研究所、东莞市博物馆：《广东东莞市圆洲贝丘遗址的发掘》，《考古》2000年第6期；广东省文物考古研究所、北京大学考古实习队：《广东南海市鱿鱼岗贝丘遗址的发掘》，《考古》1997第6期；广东省文物考古研究所、北京大学考古学系、三水市博物馆：《广东三水市银洲贝丘遗址发掘简报》，《考古》2000年第6期；刘成基：《虎头埔陶窑的初步研究》，揭阳考古队、揭阳市文化广电新闻出版局编：《揭阳考古（2003—2005）》，北京：科学出版社，2005年，第227页。

② 揭阳考古队、揭阳市文化局编：《揭阳的远古与文明——榕江先秦两汉考古图谱》，香港：公元出版有限公司，2003年，第8页。

术相比，丝毫不逊色，甚至有过之而无不及"[1]。

普宁龟山遗址[2] 2009 年也发掘有 7 座横穴式陶窑，以及灰坑 6 个、灰沟 1 条、柱洞 1 组（9 个），同被列为第一期遗存，属于虎头埔类型的较晚阶段，年代上稍晚于虎头埔遗址。

7 座陶窑，如编号"Y1"，由窑室、窑床、火道、火膛、窑前工作面组成，平面呈"Ω"形，全长 3.51 米，窑口方向 303°，窑室与火膛皆向下挖造而成，窑室平面近圆形，推测为穹隆顶，有圆孔烟道，窑室中央为窑床，火膛置于窑室西侧前方，弧壁，顶部坍塌，底部平面后宽前窄。又如编号"Y6"，结构与编号"Y1"相近而略有区别，全长 2.32 米，窑口方向 237°，窑室平面近圆形，窑壁略弧，中部束腰不如"Y1"明显，近圆形窑床在后期经过两次修补，后端无挡火墙，环形火道，火膛置于窑室西南侧，弧壁，拱顶，底部斜平，坡度 13°。

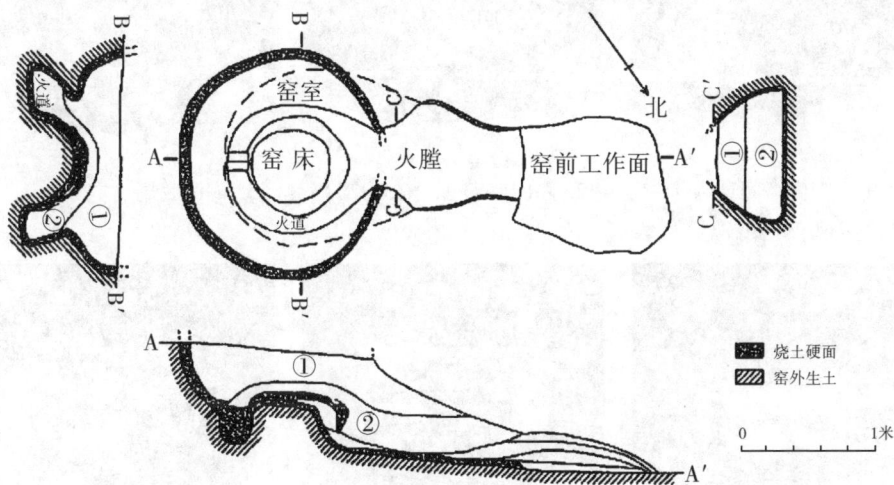

图 2 - 5 - 21  普宁龟山"Y1"窑址平、剖面图

其他灰坑、灰沟、柱洞都与陶窑关系密切。如柱洞，一般陶窑内有 9 个柱洞，按照东西两列、南北三行排列，平面呈不规则梯形，南北长 2.36 ~ 3 米、东西宽 2.48 米，西南高、东北低，南北高差 0.2 米、东西高差 0.1 米，其平面为圆形，斜直壁，平底，残深 0.26 ~ 0.3 米，此组柱洞遭晚期破坏较严重，无墙壁、基槽等迹象，亦未发现屋内活动面，观察其与陶窑的平面位置关系，可推断其为临时搭建的简易房屋，其用途与陶窑的使用有关。

---

① 刘成基：《虎头埔陶窑的初步研究》，揭阳考古队、揭阳市文化广电新闻出版局编：《揭阳考古（2003—2005）》，北京：科学出版社，2005 年，第 226 - 227 页。

② 广东省文物考古研究所、普宁市博物馆：《广东普宁龟山先秦遗址 2009 年的发掘》，《文物》2012 年第 2 期。

　　整个龟山遗址发掘出逾千件陶器，其中遗迹部分即第一期遗存所出占有不小的比重。这些陶器以泥质硬陶为主，泥质软陶、夹砂硬陶、夹砂软陶也占有一定的比例；纹饰以条纹、交错条纹为主，其次为叶脉纹、曲折纹、方格纹、重圈凸点纹、菱形交叉纹等，复合纹饰以斜行条纹为基础构图元素，少数器物的肩部和腹部饰有附加堆纹；陶器组合为各型矮圈足罐、圈足钵、圜底钵、簋、器座、深腹罐、釜等。相对于虎头埔遗址，龟山遗址第一期的泥质软陶和夹砂陶的比重相对较大；纹饰以条纹和交错条纹为主，附加堆纹有衰退的趋势；矮圈足器的圈足更低矮，开始出现之前未见过的高领、折肩的器物；陶器组合也远较前者丰富。[1]

1. C 型陶矮圈足罐
（"TN6W3②：21"）

2. 陶凹底罐（"M5：2"）

3. 陶凹底罐（"M4：1"）

4. A 型陶簋（"H3：7"）

5. B 型陶簋（"TN6W3②：18"）

6. A 型陶体（"G1：3"）

图 2 - 5 - 22　普宁龟山出土陶器实物图

---

[1]　广东省文物考古研究所、普宁市博物馆：《广东普宁龟山先秦遗址 2009 年的发掘》，《文物》2012年第 2 期。

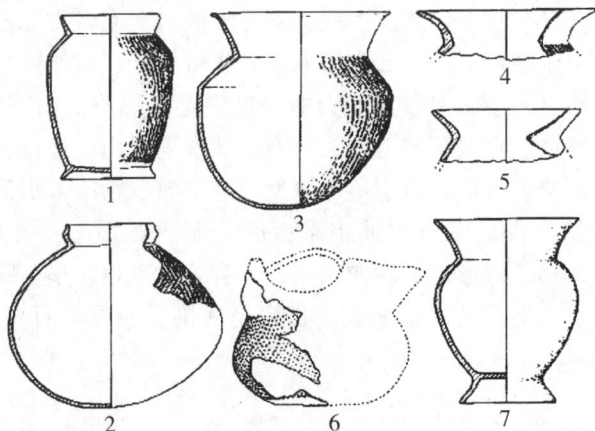

1. 深腹罐（"TN2W1②：8"） 2. 瓮（"TS3W2②：2"） 3. 尊（"M5：1"） 4、5. 釜（"H3：18""TN2W1②：9"） 6. 鸡形壶（"TN6W1①：1"） 7. 圈足壶（"M1：1"）

图 2 - 5 - 23　普宁龟山遗址陶器

在同属一种文化类型的虎头埔遗址和龟山遗址均发现了数量较多的陶窑群，新石器时代晚期，潮汕地区的榕江和练江流域应该是岭南地区规模较大的陶器生产中心。仅从其庞大规模看，已是同期南海周边地区已发掘遗址中所未见的。

## 七、原始图腾及艺术发展的痕迹

图腾，就是人们把某种动物、植物、非生物（如自然现象）等视为自己的亲属、祖先或保护神，相信它们具备超自然力，会保护自己，并且还可以获得他们的力量和技能。"图腾崇拜的特点就是相信人们的某一血缘联合体与动物的某一种类之间存在着血缘关系。"[①]

新石器时代晚期潮汕地区发现的遗物，有一些器物形态就带有图腾的意味，比如"鸡形壶"和"蛇形"陶器，它们的出现，显示出新石器时代晚期潮汕居民较为独立的文化发展状态。

下面就此分别介绍，并对"蛇并非越人的图腾"等若干观点进行探讨。

### （一）鸡形壶和蛇形器

1. 鸡形壶

所谓"鸡形壶"，是一种带提梁陶器。鸡形，是针对其造型而言，亦类鸟形，故又有称"鸟形壶"者。

---

① ［俄］普列汉诺夫：《普列流诺夫哲学著作选集》（第 3 卷），北京：生活·读书·新知三联书店，1962 年，第 383 页。

鸡形壶在 20 世纪 40 年代就曾出现，麦兆汉的《粤东考古发现》一书中，便记录有一件南澳出土的鸡形壶，此后历见于龙川坑子里、华城狮雄山、深圳咸头岭以及和平、饶平、香港，但数量最大的一批则是出现于揭阳普宁的榕江流域，它不仅见于后山遗址，在揭阳的玉湖关爷石、新亨老鼠山、仙桥粮所后、仙桥戏院后、云路中厦、曲溪五堆、普宁龟山也发现有完整器物或可辨认的残碎陶片。[①]

如仙桥采集的一件，编号"仙粮采：1"，泥质黄褐陶，器身较长，侈口，沿上一侧有流口，另一端形近上翘的鸡尾，上有管状流口，呈壶嘴形，两流口之间有桥形提梁把手，斜折肩，圜凹底，自肩至底饰方格纹，通高 15.5 厘米、口径 10 厘米。[②]

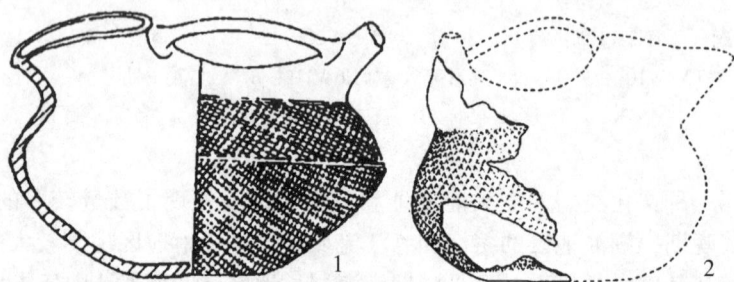

图 2 - 5 - 24　鸡形壶"仙粮采：1""TN6W1①：1"

又如普宁龟山二期遗存出土的一件，编号"TN6W1①：1"，泥质硬陶，扁圆形朝天流，鼓腹，底微凹，腹部饰棱格纹，底径 8 厘米，复原高 15.2 厘米。[③]

中国先民普遍存在着对鸟类的崇拜现象，诸多先秦文献都有记载，如东方的东夷人，《大戴礼记·五帝德》载："东方鸟夷民。"如北方的商人，《诗经·商颂·玄鸟》载："天命玄鸟，降而生商。"[④] 如南方的楚人，《楚辞·离骚》载："鸾皇为余先戒兮，雷师告余以未具。吾令凤鸟飞腾兮。"[⑤] 如西方的秦人，《史记·秦本纪》载："秦之先，帝颛顼之苗裔孙曰女修。女修织，玄鸟陨卵，女修吞之，生子大业。"[⑥] 在世界上，以鸟为图腾的族群（氏族）也不罕见，例如民族志的材料里有记载，印第安人辛加尼（Senecas）部落有 8 个氏族，其中便有

①　曾骐、邱立诚：《揭阳先秦两汉考古研究》，吴奎信、徐光华主编：《第五届国际潮学研讨会论文集》，香港：公元出版有限公司，2005 年，第 13～14 页。

②　邱立诚、曾骐、张季怀：《广东揭阳先秦遗存考古调查》，《南方文物》1998 年第 1 期。

③　广东省文物考古研究所、普宁市博物馆：《广东普宁龟山先秦遗址 2009 年的发掘》，《文物》2012 年第 2 期。

④　（汉）郑玄笺，（唐）孔颖达疏：《毛诗正义》，（清）阮元校刻：《十三经注疏》，北京：中华书局，1980 年，第 622 页。

⑤　董楚平译注：《楚辞译注》，上海：上海古籍出版社，1986 年，第 23 页。

⑥　（汉）司马迁撰：《史记》，北京：中华书局，1959 年，第 173 页。

鹨、鹭、鹰 3 个与鸟有关的图腾，揆由加（Cayagas）部落也有 8 个氏族，其中有鹨、鹰 2 个图腾。①

因此，后山类型鸡形壶具有鸟图腾意义也是可以想象的，但不一定与越族有关。因为考古发现上并未有确凿证据，而文献上较早的表明越人奉鸟的记载，则见于《吴越备史·武肃王》："有罗平鸟，主越人祸福，敬则福，慢则祸，于是民间悉图其形以祷之。"② 这里仅指罗平一地。属于东夷族山东大汶口文化的遗存，倒是有稍微类似的器物出土，如泰安大汶口、曲阜西夏侯、邹县野店、兖州王因、日照东海峪和胶县三里河等，都陆续发现许多将口、颈做成鸟首形态的陶器（考古报道称为"鸭形壶""陶鬶""有流带把壶"等），而在传说和若干文献中也有类似东夷崇拜鸟类（凤）等记载可作为佐证。

后山类型的这类鸡形壶，向来多被认为或与东夷文化有联系，但从鸟类崇拜的广泛性看，后山类型的鸡形壶，仍然有可能是新石器时代晚期潮汕居民独立发展出来的。正如《中国南海古人类文化考》所述，这些潮汕地区发现的鸡形壶，在东夷族遗存中有类似器，"应是东夷文化南传与粤东土著文化相融合的产物"③。

2. 蛇形器——兼论"蛇非先秦越人图腾"

所谓"蛇形器"，是一种有环形器身的陶器，榕江流域已发现的有蛇形壶、蛇形盘。

蛇形壶见于揭阳东山黄岐山、地都华美、埔田马头崀，泥质橙黄陶，仅黄岐山编号"东黄采：2"者可以复原，敞口，长颈，立于器身的一端，器身为环形管状，弧壁圆平底，高 8 厘米、口径 4.5 厘米。④ 蛇形盘见于揭阳埔田马头崀，如编号"埔马采：1"，夹砂灰褐陶，器已残，可辨出浅盘状，沿上一端接一圆柱形执把，似昂起的蛇首，已残。关于上述蛇形器的年代，调查报告认为"以共存的陶器器形、纹饰判断，年代与普宁虎头埔遗存大体同期，都属新石器时代晚期"⑤。也有著述认为："从几处遗址出土的共存陶器特点看，其年代上限均不早于新石器晚期，从马头崀出土的与蛇形壶共存的陶器多为高领圜底器和器表拍印斜方格纹的尊、罐、豆、钵等看，这类遗存应该与后山类型相当或稍晚。"⑥

① ［美］摩尔根著，杨东莼等译：《古代社会》，北京：商务印书馆，1971 年，第 110 页。

② （宋）钱俨撰，李最欣校点：《吴越备史》，傅璇琮、徐海荣、徐吉军主编：《五代史书汇编》，杭州：杭州出版社，2004 年，第 6186 页。

③ 张镇洪、邱立诚：《中国南海古人类文化考》，广州：广东经济出版社，2013 年，第 116 页。

④ 邱立诚、曾骐、张季怀：《广东揭阳先秦遗存考古调查》，《南方文物》1998 年第 1 期。

⑤ 邱立诚、曾骐、张季怀：《广东揭阳先秦遗存考古调查》，《南方文物》1998 年第 1 期，第 22 页。

⑥ 杨式挺、邱立诚、冯孟钦、向安强：《广东先秦考古》，广州：广东人民出版社，2015 年，第 423 页。

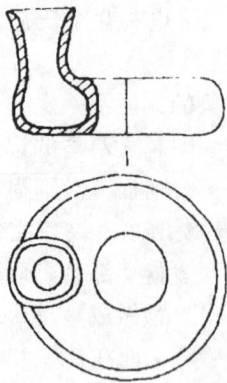

图2-5-25（1）　"东黄采：1"蛇　图2-5-25（2）　"东黄采：2"蛇形壶实物图
形壶

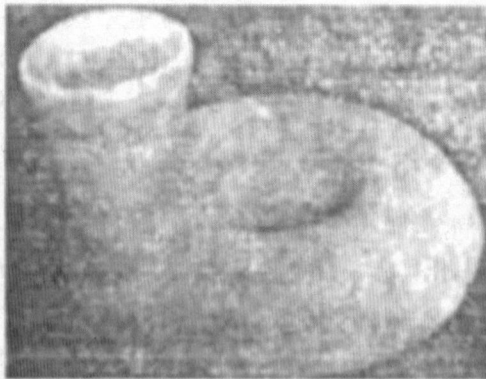

对蛇的信仰在早期古籍中并不罕见，如上古神话中的女娲、伏羲、轩辕黄帝等，都有相关记载表示其与蛇密切相关乃至本身便是蛇身。女娲人首蛇身，如王逸《楚辞章句·天问》中注"女娲有体，孰制匠之"句："传言女娲人头蛇身，一日七十七化，其体如此，谁所制匠而图之乎。"① 伏羲、女娲都是人首蛇身，如《太平御览·皇王部·人王》分别载："《帝系谱》曰：伏牺，人头蛇身，以十月四日人定时生"，"《帝王世纪》曰：女娲氏，亦风姓也。承庖牺制度，亦蛇身人首。"② 黄帝轩辕族则四蛇加身，如《山海经·海外西经》载："轩辕之国在此穷山之际，其不寿者八百岁。在女子国北。人面蛇身，尾交首上。穷山在其北，不敢西射，畏轩辕之丘。在轩辕国北。其丘方，四蛇相绕。"③ 这些记载无不透露出上古先民对蛇的崇拜。

蛇虽然是史前人类普遍信仰物之一，但很难说一定就是新石器时代晚期古越人的图腾。20世纪80年代后不少人认为"蛇是越族图腾"，国内学者有的还举潮汕地区为例。其实，这一观点从各方面看都很值得商榷。

从早期文献上，我们看到的是先秦越人嗜好食蛇，而不是将之奉为神灵。最早出现与越、蛇有关的文献，如《逸周书·王会》载："东越，海蛤；欧人，蝉蛇；蝉蛇顺食之，美。"④ 说的是他们以蛇为美食。《淮南子·精神篇》里说得更清楚："越人得髯蛇，以为上肴；中国得而弃之，无用。"⑤ 这些都是越人喜欢吃蛇的直接记录，蛇是越人的食品，而不是信仰物，人类学、民族志的材料，从来

---

① （汉）王逸：《楚辞章句·卷三》，文渊阁四库全书本，第20页。

② （宋）李昉等：《太平御览》，北京：中华书局，2000年，第364、364页。

③ 方韬译注：《山海经》，北京：中华书局，2009年，第187页。

④ 黄怀信、张懋镕、田旭东撰，李学勤审定：《逸周书汇校集注》，上海：上海古籍出版社，1995年，第890-900页。

⑤ 何宁：《淮南子集释》，北京：中华书局，1998年，第551-552页。

未有人们会取食神圣图腾的记载，也就是说，没有既将某种生物当成神圣之物又将之当成惯常食物的情况，否则便不叫图腾信仰了。

早期最为丰富地记载了吴越地区状况的文献是《吴越春秋》《越绝书》，据笔者查考，两书有涉及越、蛇的仅两处（《吴越春秋》的其中一处与《越绝书》所载相同）。

其一为《吴越春秋·阖闾内传》载："越在东南，故立蛇门以制敌国。吴在辰，其位龙也，故小城南门上反羽为两鲵鳐以象龙角。越在巳地，其位蛇也，故南大门上有木蛇，北向首内，示越属于吴也。"① 然而这里说的是方位，这两种书成书时间都在汉代，当时谶纬之学盛行，吴、越国都在东南，居辰、巳位，编撰者以此立言完全可以想象。

其二为《吴越春秋·勾践阴谋外传》所载，越王勾践砍伐到大木，遂镂刻雕金献媚于吴王夫差，"状类龙蛇，文彩生光。乃使大夫种献之于吴"②（《越绝书·九术》亦载"于是作为策楯，镂以白璧，镂以黄金，类龙蛇而行者，乃使大夫种献于吴"③），这里仍然与图腾无关，而是古代谶纬观念作祟，越在巳位即蛇位，吴在辰位即龙位，勾践便龙蛇并饰以示友好而已。

更为蹊跷的是，《吴越春秋》《越绝书》这两种数十万字的专门述吴越物事的最早文献，其内容涉及先秦吴越社会的各个方面，但居然没有与吴越人信仰蛇有关的哪怕一点点信息，这无疑大悖常理。最为合理的解释就是：先秦越人并不以蛇为神圣物，不将其视为图腾。

很多论著在找不到越人奉蛇为神灵的先秦文献的情况下，只要出现"蛇"和"南方"的记录，便用来佐证此事。常见的如引用《山海经·海内经》所载："南方有赣巨人……又有黑人，虎首鸟足，两手持蛇，方啖之……有人曰苗人。有神焉，人首蛇身，长如辕，左右有首，衣紫衣，冠旃冠，名曰延维。人主得而飨食之，伯天下。"④ 其实，前一段已明确说是"苗人"了，即使三苗是越人的前身，以此证越人崇蛇也不甚妥；后一段则是描述南方"人首蛇身"之物，君王若能取食，它就能称霸天下。这些，都和越人是否信仰蛇毫无关系。

早期记载中，尚有一些言及越俗断发文身的记载，但原文都没明确说是越人纹蛇，下举两例。

《庄子·逍遥游》载"越人断发文身"⑤，这里庄子只说越人习俗是文身，并未说纹的是蛇。

---

① （汉）赵晔撰，（元）徐天祐音注，苗麓校点，辛正审订：《吴越春秋》，南京：江苏人民出版社，1999 年，第 31 页。

② （汉）赵晔：《吴越春秋·卷五》，文渊阁四库全书本，第 13 页。

③ 李步嘉：《越绝书校释》，武汉：武汉大学出版社，1992 年，第 282 页。

④ 方韬译注：《山海经》，北京：中华书局，2009 年，第 516–518 页。

⑤ 陈鼓应注译：《庄子今注今译》，北京：中华书局，1983 年，第 26 页。

又如《淮南子·原道训》载:"九疑之南,陆事寡而水事众,于是民人被发文身,以像鳞虫。"这条记载是说文身像鳞虫,也没指蛇。汉代高诱注此句:"被,剪也。文身,刻画其身,内默其中,为蛟龙之状,以入水,蛟龙不害也。"① 高诱的注解也很明白,是说纹龙,龙、蛇在两汉分得很清楚,所谓"鳞虫之精者曰龙"②,汉儒的解读是有道理的。那么,倘若以高诱注解为是,则纹的就是龙,倘若以高诱注解为非,则原文所指就是鳞虫而已,并没有确指鳞虫的一种——蛇。

晚出的文献如各地的地方志书等,可能也有说到"越人信仰蛇",但都距离先秦已久,以讹传讹的情况就多了。退一万步来说,就算后来南方若干民族(古越族在秦汉后已逐渐消失,与其他"民族"融合,除非确认是越族后人且以古越文化为主流文化)真有此例,也不等于说那便是先秦越俗。

此外,晚出的文献中,流传最广的且常被今人引用来作为论证越以蛇为图腾的依据的,是《说文解字》:"闽,东南越,蛇种。"③ 姑且不论《说文解字》是否晚出作品,也不论"闽"是否属东南越,只就该书的"蛇种"描述来看,其实是许慎出于中原正统观念,以六书理论解字,因此描述其他带"虫"字族群的都用"蛇"的概念去解释。如《说文解字》"虫"部共160个字,解"蛮"为"蛇种"、解"闽"也是"蛇种"。④ 但实际上,现今出土的金文"蛮"字并没有"虫"部,从"虫"部的"蛮"是汉代小篆才存在的,即在许慎所处时代稍前才出现,即一开始的"蛮"字与"虫"无关⑤。笔者虽然不知道"闽"字的由来,且迄今毫无头绪,但以"蛮"类推,可知像许慎那样从文字上来推断恐怕不大可靠,而许慎的注解也十分可疑。那么,也就很难以这条记载来说明先秦越人以蛇为图腾了。

在考古发现方面,要证明新石器时代晚期的越人以蛇为图腾无疑十分困难,目前国内确认的越人的遗存,都没法确证此事。还有回形纹、云雷纹等纹饰也常被拿来说事,但首先得证明这些纹饰便是蛇形的抽象简化图案,这一点迄今尚在探讨阶段;接着必须论证回形纹、云雷纹等纹饰仅越人独有,这个则几无可能。因为这些纹饰的实际分布区域很广,而"百越"是总称而非某一具体种族名称,有学者认为所有几何纹印都是越族蛇纹的延伸,只能说很值得商榷;最后还有一个遗存年代的问题,越人文化源远流长,何时何地的越人崇拜蛇,这牵扯的范围就更广了。

总之,越人以蛇为图腾的说法,在考古发现上至多有讨论,却远未到定论的

---

① 何宁:《淮南子集释》,北京:中华书局,1998 年,第 38 页。

② (清)王聘珍撰,王文锦点校:《大戴礼记解诂》,北京:中华书局,1983 年,第 100 页。

③ (汉)许慎:《说文解字(附检字)》,北京:中华书局,1963 年,第 282 页。

④ (汉)许慎:《说文解字(附检字)》,北京:中华书局,1963 年,第 278 – 283 页。

⑤ 王卫平:《试论古代越族的"文身断发"与图腾崇拜》,《东南文化》1986 第 2 期。

时候。因此，所谓的"蛇为越人图腾已经得到了考古学支持"等类似说法，笔者认为至少是不充分的。事实上，新石器时期与越人有关的考古发现，反而未见蛇形器。

既然在文献、考古上没有获得可靠证据，反而有越人嗜好吃蛇的清晰记载，则"越人崇拜蛇""以蛇为图腾"等说法，大约可称为"史实上失之可证，逻辑上失之可通"。与其相信文献有反证且考古无依据的观点，不如相信早期文献的记载，即蛇是越人的食物。也就是说，蛇并非越人的图腾。

如果真是这样，那么潮汕地区发现的蛇形器以及产生的蛇崇拜、蛇图腾的猜想，便说明一个事实：本阶段蛇形器的主人并非越人，也便不宜就此说明新石器时代晚期越文化已经进入潮汕地区了。

《广东先秦考古》一书认为潮汕地区所出蛇形器，"目前仅见于榕江流域，广东及江西、福建地区均未发现，可视为榕江流域先民的土著特色"[1]；《广东揭阳先秦遗存考古调查》认为"这类蛇形器在广东其他地点不见，可能是具有土著特点之器皿，或许与以蛇为图腾之土著民族的原始文化有关"[2]。

以上所引两段文字，都主要是从较纯粹的考古学角度来立论，措辞颇为严谨，笔者认为是比较客观和妥帖的。[3]

### （二）艺术发展

图腾文化与艺术发展有较为密切的联系，如陶器的纹饰，从整个中国南方的考古发现来综合观察，"新石器时代晚期阶段，陶器上的各种刻画、拍印或戳印的花纹，工艺上的要求已经退居第二位，主要是为了装饰的作用和美的追求"[4]。

新石器时代晚期潮汕地区的陶器纹饰更为多姿多彩。

一方面，新石器时代中期陈桥村遗址已经发现了陶拍，到了本阶段，各遗址出现的陶拍数量更多。

仅揭东县境内，属于虎头埔、后山类型者便有多件。这些陶拍，有的适合单面拍印纹饰，有的适合双面按压拍印，有的一面可拍出纹饰、一面修饰平整器表，有的适合多面拍印纹饰。

如埔田镇金鸡崬二组遗存所出陶拍，长方形，一面光滑无纹，一面有刻画的菱格纹，残长 4.6～6.1 厘米、宽 3.7～5.1 厘米、厚 1.8 厘米。又如埔田镇马头崬一组遗存所出陶拍，平面呈长方形，背面略凹，正面弧鼓，全器呈素面，长

---

① 杨式挺、邱立诚、冯孟钦、向安强：《广东先秦考古》，广州：广东人民出版社，2015 年，第 424 页。

② 邱立诚、曾骐、张季怀：《广东揭阳先秦遗存考古调查》，《南方文物》1998 年第 1 期，第 22 页。

③ 按：不排除在周穆王公元前 940 年征越之后，或者公元前 601 年吴越两国首次亮相春秋舞台并持续紧密接触中原后，受中原文化影响（参见本书后文的讨论），继而接受崇蛇的思想。虽然其崇蛇倾向在先秦文献上并无相关记载，不过，越人崇蛇的说法几十年来甚为盛行，妥当点较好。

④ 彭适凡：《试述南方早期印纹陶的特点及其渊源》，《东南文化》1986 年第 2 期，第 117 页。

9.1厘米、宽4.3厘米、厚2.3厘米。

再如，新亨镇落水金狮二组遗存所出陶拍（编号"JD：73"），正反面的中部无纹（一面为方形凹窝，一面为长方形空白区域），周围则环绕由横竖线条组成的席纹；较长的侧面有叶脉纹，较短的两个侧面无纹，长8.4厘米、宽7厘米、厚4厘米。白塔镇古塘庵遗址所出陶拍，平面为长方形，四缘平直，正面有刻画网纹格，残长6.3厘米、宽5.9厘米、厚1.4～2厘米。①

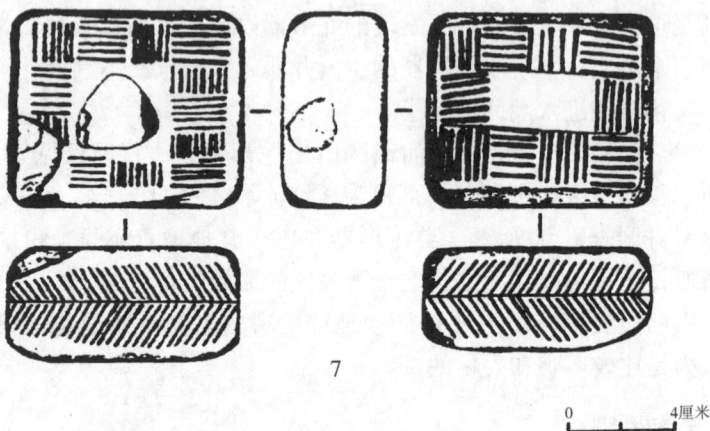

7

0    4厘米

**图2-5-26　揭东落水金狮"JD：73"陶拍**

另一方面，新石器时代中期，潮汕地区所出的纹饰，主要有陈桥村遗址的螺丝划纹和线纹，海角山遗址的绳纹、篮纹以及池湖凤地的绳纹，总计即螺丝划纹、线纹、篮纹和绳纹4种。到了新石器时代中期，纹饰已经十分丰富，以虎头埔出土陶器为例。1982年首次探掘时，发现的陶器纹饰有条纹、间断条纹、长方格纹、曲尺纹、圆圈纹、圈线纹、叶脉纹、编织纹共8类。2003年出土的陶器，其颈部以下一般都有拍印或压印的几何形纹饰。若按单一纹饰和复合纹饰两种类型划分，则可分为：单一纹饰，表现为线条类的条纹、交错条纹、席纹、细绳纹、梯格纹、曲折纹、水波纹、垂鳞纹、叶脉纹等，以及几何图形类的长方格纹、方格纹、菱格纹、圆圈纹、涡纹、云纹等；复合纹饰，由两种和两种以上单一纹饰构成的纹样，包括上述单一纹样和附加堆纹的组合、重圈纹（或者圆圈凸点纹）和曲折纹、叶脉纹、菱格凸点纹的组合等。

---

① 参见魏峻：《揭东县先秦两汉遗址调查报告》，揭阳考古队、揭阳市文化广电新闻出版局编：《揭阳考古（2003—2005）》，北京：科学出版社，2005年，第130、132、152－153、164页。

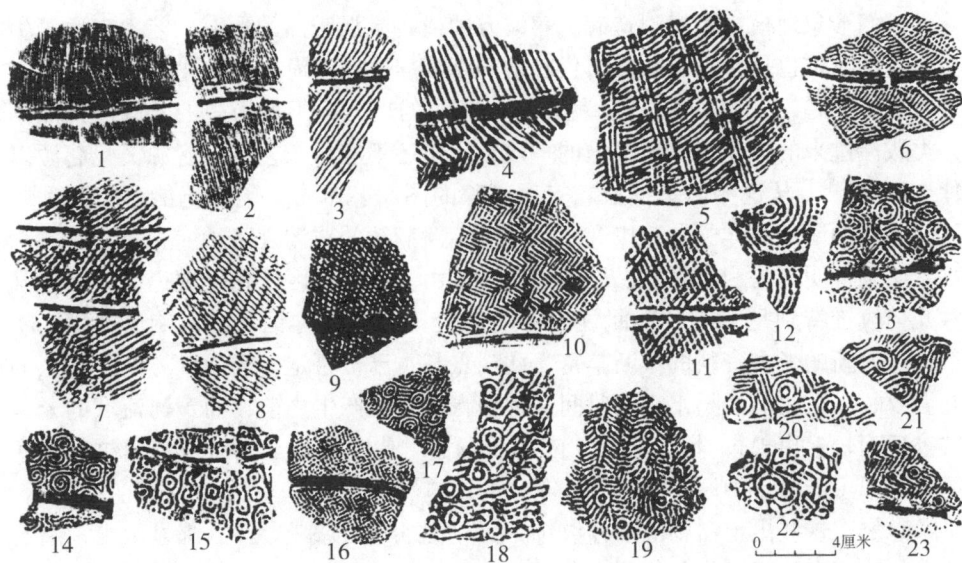

1、2. 细绳纹＋附加堆纹组合  3. 条纹＋附加堆纹组织  4. 交错条纹＋条纹＋附加堆纹组合  5、6. 梯格纹＋附加堆纹组合  7. 长方格纹＋条纹＋附加堆纹组合  8. 长方格＋附加堆纹组合  9. 方格纹＋附加堆组合  10. 曲折纹＋附加堆纹组合  11. 席纹＋附加堆纹组合  12. 圆圈凸点纹＋涡纹＋附加堆纹组合  13. 重圈纹＋附加堆纹组合  14. 云纹＋附加堆纹组合  15. 圆圈凸点纹＋附加堆纹组合  16. 菱格回字纹＋附加堆纹组合  17. 梯格纹＋重圈凸点纹组合  18. 曲折纹＋重圈纹组合  19. 梯格纹＋重圈纹  20. 菱格纹＋重圈纹组合  21. 条纹＋云纹组合  22. 菱格凸点纹＋重圈凸点纹组合  23. 曲折纹＋圆圈凸点纹＋附加堆纹＋交错条纹组合

图 2－5－27　虎头埔陶器复合纹饰

　　这些纹饰，既反映了制作工艺的进步，也反映了人们对美和原始艺术的更高要求。

　　其中那些或直或横斜等形态不同的线条或几何组合中，有若干图案可能具备蛇形图腾崇拜的相关因素。

　　中外民族志的调查材料，便有这样的例子。如台湾原住民文身的几何形纹中，曲折形、锯齿形、义形、网目形都是由百步蛇背上的三角纹变化而来，在他们心目中，这种花纹就是百步蛇的简体。[①] 如美洲的"卡拉耶（karaya）人装潢品上的图谱，种类有曲折线、弧线、圆点、菱形和杂形的卍字"，其中一些便是蛇的模拟图形。[②]

　　同时，像水波纹、圆圈纹、涡纹等，看起来更像是与大海波涛和江河湖泊有

---

① 何廷瑞：《台湾土著诸族文身习俗之研究》，台湾大学文学院考古人类学系编印：《考古人类学》（第15、16期合刊），1960年，第1－48页。

② ［德］格罗塞著，蔡慕晖译：《艺术的起源》，北京：商务印书馆，1996年，第92－93页。

关，它们形象地模拟着海浪迭起、碧波万顷或者漩涡激涌的形态。艺术来源于生活，这些纹饰也是身处新石器时代晚期的潮汕居民在南海之滨的生活实践经历在艺术上的反映，"艺术的起源，就在文化起源的地方，不过历史的光辉还只照到人类跋涉过来的长途中最后极短的一段，历史还不能给予艺术、起源文化起源以什么端倪"①。从这些简单抽象、支离破碎的图案艺术中，笔者仍能感受到远古波澜壮阔的潮汕海洋文化，以及原始文明筚路蓝缕的跋涉之路。

必须说明的是，过去有一种观点认为，由于南方地区文化发展迟缓，因此某些几何纹饰特别是云雷纹、回纹等可能是受黄河流域青铜器的影响而产生。不过，随着新的考古资料的不断丰富，此观点基本已被否定。因为南方一些地区的旋涡纹、云雷纹等最早出现的时间，远在青铜文化产生之前，而黄河流域的云雷纹等反而较迟出现，"恰恰相反，南方新石器时代晚期的云雷纹或兽面纹等艺术风格，很可能给予中原早期青铜器花纹的影响"②。

总之，这些出土器物的多样纹饰，无论是否与图腾有关③，都显示出了新石器时代晚期潮汕居民的装饰艺术的进步，它们都是源于现实生活的抽象、升华的艺术创造，令器物避免单调，具有了相当的艺术美感。

## 八、文化陶符

陶器上的刻画符号，也称刻画记号、陶符等。它们和最原始文字的起源密切相关。至迟在新石器时代晚期，潮汕地区已经出现了文化陶符。

关于中国文字的起源，早期文献普遍记载是由仓颉所造，如《韩非子·五蠹》称"古者仓颉之作书也"④、《吕氏春秋·审分览·君守》称"奚仲作车，仓颉作书"⑤、《论衡·对作篇》"仓颉之书，世以纪事"⑥ 等。

但是，无论从什么角度看，很难想象成系统的文字会完全由一个人创造出来，这也是前人难以理解的。因此早在先秦，《荀子·解蔽》便尝试作出说明和"补救"，称"好书者众矣，而仓颉独传者壹也"⑦。大意是，原来也有很多书写的人、很多流传的文字，但仅有仓颉创造整理的文字能够流传下来。

《路史发挥·辨史皇氏》载："吕不韦之书曰：'史皇作书，仓颉氏也。'管

---

① ［德］格罗塞著，蔡慕晖译：《艺术的起源》，北京：商务印书馆，1996 年，第 26 页。

② 彭适凡：《试述南方早期印纹陶的特点及其渊源》，《东南文化》1986 年第 2 期第 117 页。

③ 虎头埔遗址中的一些绳纹和附加堆文，有认为并非出于装饰需求，而是出于工艺需要。参见赵善德《虎头埔文化与岭南考古研究》，揭阳考古队、揭阳市文化广电新闻出版局编：《揭阳考古（2003—2005）》，北京：科学出版社，2005 年，第 211 页。

④ （清）王先慎撰，钟哲点校：《韩非子集解》，北京：中华书局，1998 年，第 450 页。

⑤ 许维遹撰，梁运华整理：《吕氏春秋集释》，北京：中华书局，2009 年，第 443 页。

⑥ 黄晖撰：《论衡教释（附刘盼遂集解）》，北京：中华书局，1990 年，第 1184 页。

⑦ （清）王先谦撰，沈啸寰、王星贤点校：《荀子集释》，北京：中华书局，1988 年，第 401 页。

氏、韩子、《国语》《史记》俱无史官之说。据《世本》云：'史皇、仓颉同阶。'又云沮诵、仓颉作书，亦未尝言为史官也。及韦诞、傅玄、皇甫谧等遽以为黄帝史官。盖肇缪于宋衷。衷之《世本》注云：仓颉、沮诵，黄帝史官。抑不知衷何所据而云。末代儒流莫见其书，更望望交引，以为《世本》之言。《世本》曷有是哉？窃尝考之，仓颉之号曰史皇，又曰仓帝，《河图说征》云'仓帝起、天雨粟、青云扶日'语，亦见之《洛书说河》，而《鸿烈解》言史皇生而能书，是则仓帝、史皇非人臣之目明矣。后世徒见其有史皇之名，因谓为史官尔。史，岂今之所谓史乎哉？且上古始制文字者，仓颉也，而无怀氏已刻徽号，伏羲氏已立书契，俱在炎黄之前，岂能至黄帝而始制文字耶。"① 《世本》是重要的先秦古籍，也是《史记》的参考史源之一，在南宋末已经佚失。② 这里，《路史》引用《世本》的说法，大意是：仓颉非史官，而文字亦非仓颉所创，至少还有沮诵、无怀氏、伏羲氏与原始"文字"有关。这样，即使传说中担任黄帝史官的仓颉确有其人，至多也只是一位文字整理者或颁布者，而在此之前，已经存在"无怀氏已刻"的可以表意记事的"徽号"。这些"徽号"如何，我们不得而知，但想来是极其简单和原始的。

现在研究者较常引用的一条史料是《周易·系辞下》所载的"上古结绳而治，后世圣人易之以书契"。③ 这里"契"（"栔"的假借），意为"刻"。可以推测，包括陶符在内的刻画符号可能具备记事的功能，它们也许便是原始"文字"的原型，便是上引《路史》所载的"徽号"，或说是汉字的前身。

饶宗颐先生将这个问题放到更广阔的东西方文化视野上来考察，认为："人类在未有文字以前，似乎都要经过使用纹饰与符号的阶段，器物上的款识在纹饰与文字的中间，还有'符号'这一漫长阶段存在。汉字发展过程中，40 年来考古学的成果，各地发现了无数的陶器符号，正证明这一不可否认的事实"，"这些资料对中国文字的产生，带来了远古实物的佐证。"他研究对比了东西方的考古成果，进一步指出"汉字未形成的前期，除了图形绘饰之外，在陶文流行阶段的大量线性符号，其中绝大多数与腓尼基字母④相似，而此种符号亦见于西亚早

----

① （宋）罗泌著，罗苹注，（明）乔可传校：《路史》，上海：中华书局，1936 年，第 233 页。

② （汉）宋衷注，（清）秦嘉谟等辑：《世本八种》，上海：商务印书馆，1957 年，出版说明第 1 – 2 页。

③ （魏）王弼、（晋）韩康伯注，（唐）孔颖达疏：《周易正义》，（清）阮元校刻：《十三经注疏》，北京：中华书局，1980 年，第 87 页。

④ 腓尼基字母：纪元前腓尼基人用的字母。来源于由古埃及文字演变出来的闪语字母。字母 22 个，都表辅音。腓尼基字母传入希腊后演变成希腊字母。希腊字母后来又孳生了拉丁字母和斯拉夫字母，因此它成为欧洲各种字母的共同来源。参见夏征农、陈至立主编：《辞海》（第六版彩图本），上海：上海辞书出版社，2009 年，第 597 页。

期的线型图文，似反映当时闪族[①]人，使用字母尝采择彩陶上的若干符号，来代替楔形文的雏形文字"，并提出"字母出自古陶文"的假说。[②]

事实上，距今 7 000～6 000 年，中国已经出现陶符，它们广泛分布于几乎全国各个省区，这些陶符的产生发展，在时间上有差别。粤港澳地区的陶符出现于新石器时代晚期，发展于青铜器时代，消亡于汉代，与南方几何印纹陶的发生、发展、消亡阶段相伴始终。

而在潮汕境内，考古学家也对此有所统计，属于新石器时代晚期的如下：

虎头埔类型的，据《广东先秦考古》，虎头埔类型文化包括虎头埔 18 座陶窑址及其数十处遗址，初步统计，只查到 3 个符号，分别为"｜｜""∧"和"◊"，全部刻画在圈足罐口沿内侧，不过，它们都不是见于虎头埔遗址的陶器，应有疏漏。[③]

后山类型的，据《揭阳出土陶器上刻画符号的研究》，已发现的揭阳境内出土的后山类型陶器上有符号 13 个，分布在揭东县、普宁县、榕城区的多个地点（此处区县名按 2005 年的行政区划，下同）。[④]

揭东县的有：埔田镇翁内水库东侧出土的 1 件方格纹陶器的肩部刻画有一个"山"符号（图 2 - 5 - 28，1）；埔田镇宝山崀出土 1 件陶器的口沿内刻画有一个"｜｜｜｜｜"符号（图 2 - 5 - 28，2），另一件陶器的口沿内也同样刻画有一个"｜｜｜｜｜｜"符号（图 2 - 5 - 28，3），两个符号在形态上基本相同，区别在于前者笔画较密，而后者笔画较疏；埔田镇世德堂水库 1 件陶罐的口沿内刻画有一个"｜"符号（图 2 - 5 - 28，6）；霖盘镇南塘山出土 1 件陶器的口沿内刻画有一个"◁"符号（图 2 - 5 - 28，5）；南塘中学后山的 1 件陶罐口沿内则刻画有一个麦穗状"⊻"符号（图 2 - 5 - 28，8）；云路镇中夏石厝岭出土 1 件陶器的口沿内刻画有一个"T"符号（图 2 - 5 - 28，7）；新岭镇白石岭的 1 件陶罐口沿内刻画有一个"↓"符号（图 2 - 5 - 28，10）；桂岭镇花盘山的 1 件陶罐口沿内刻画"ⅢⅢ"符号（图 2 - 5 - 28，4）。

榕城区仙桥戏院后出土 1 件陶器的口沿刻画有一个"｜｜｜｜｜｜"（图 2 - 5 - 28，9）。

普宁市，石牌镇花鼓岩遗址出土 2 件已残的陶罐，其中一件口沿内侧刻画有

---

① 闪米特人（Semites）旧译闪族。西亚和北非说非亚语系闪语族诸语言的人的泛称。古代包括巴比伦人、亚述人、希伯来人、腓尼基人等；近代主要包括阿拉伯半岛和北非的居民、犹太人、叙利亚人和埃塞俄比亚居民的大部分。人口约 23 462 万人（1995 年），分属西亚、非洲 15 个国家，共 47 个民族。得名于犹太经典《创世记》所载的传说，他们被称为挪亚长子闪的后裔。参见夏征农、陈至立主编：《辞海》（第六版彩图本），上海：上海辞书出版社，2009 年，第 1963 页。

② 饶宗颐：《符号·初文与字母：汉字树》，上海：上海书店出版社，2003 年，第 27 页、引言第 1 页。

③ 杨式挺、邱立诚、冯孟钦、向安强：《广东先秦考古》，广州：广东人民出版社，2015 年，第 591 页。

④ 邱立诚：《揭阳出土陶器上刻画符号的研究》，揭阳考古队、揭阳市文化广电新闻出版局编：《揭阳考古（2003—2005）》，北京：科学出版社，2005 年，第 282 - 302 页。

一个"↓↓"（图 2 - 5 - 28，12），另一件口沿内侧刻画有一个"／"符号（图 2 - 5 - 28，13）；还有 1 件饰篮纹陶片器表刻画有一个"︽"符号（图 2 - 5 - 28，11）。[1]

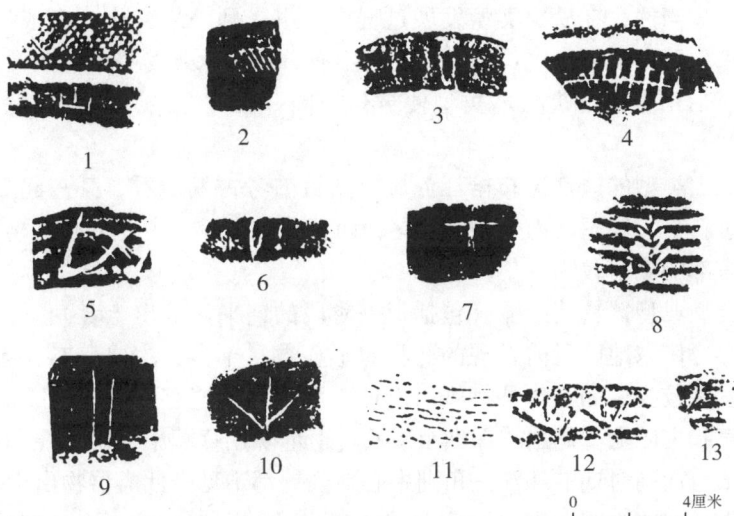

1. 翁内水库　2、3. 宝山嵩　4. 花盘山　5. 南塘山　6. 世德堂水库　7. 石厝岭
8. 南塘中学　9. 仙桥戏院　10. 白石岭　11 ~ 13. 花鼓岩

图 2 - 5 - 28　后山类型文化陶符

文者，物象之本；字者，言孳乳而浸多也。这些陶符究竟有什么寓意？饶宗颐先生在《符号·初文与字母：汉字树》中，认为其大体可分为几大类，即数字、物象、吉语、专名和生活写照。但其寓意究竟如何，在考古学和文字学上，由于资料较少且散见于各处，尚未能得到较好的解译。[2]

## 九、关于虎头埔、后山类型

虎头埔类型是以虎头埔遗址为代表的，具有自身鲜明特点的一种新石器时代晚期原住民文化遗存。它分布于广东省东部和东北部，至少有榕江中下游地区和梅江流域这两个中心分布区，与珠江三角洲和北江流域同期遗址的不同文化之间有着相互交流和影响。

属于虎头埔类型的各个遗址，往往是数处在空间上相互邻近的遗址构成的遗

---

① 邱立诚：《揭阳出土陶器上刻画符号的研究》，揭阳考古队、揭阳市文化广电新闻出版局编：《揭阳考古（2003—2005）》，北京：科学出版社，2005 年，第 83 页。

② 饶宗颐：《符号·初文与字母：汉字树》，上海：上海书店出版社，2003 年，第 46 - 47 页。

址群，由于遗址面积普遍较小、文化堆积薄，目前尚无法判断这样的小型遗址群落的形成是代表了同一人类社群在同一时间内的共生，还是同一人类社群在不同时间内遗留的若干居址。

后山类型是以后山遗址为代表的、继虎头埔类型之后在潮汕地区继起的原住民文化遗存。当然，在后山类型发展过程中，也受到外来文化或多或少的影响。但总的看来，后山类型与虎头埔类型大体上有着直接承袭的关系。在《广东先秦考古》中，后山类型与虎头埔类型便被列为同一单元介绍，称为"虎头埔—后山类型"①。

属于后山类型的遗址遍布榕江流域，从目前考古发现看，其东起揭阳玉滘、云路，北过新亨、玉湖，南抵普宁池尾，西至普宁玉牌，主要分布在榕江流域及其支流，东部的聚落较为密集。

后山类型典型器物鸡形壶（包括下一阶段的饶平浮滨出土者），往往与折肩凹底罐共存。广东地区目前发现的此种鸡形壶数量不多，主要分布在粤东地区。其他区域发现较少，如五华县狮雄山遗址中汉代建筑遗存下叠压有一座土坑墓，墓中鸡形壶和夹砂陶釜同出；深圳市咸头岭遗址晚期墓葬中，鸡形壶和高喇叭形圈足豆共出。而同时期的珠江三角洲中心地区，都不见有此类器物出土。

有考古学家认为鸡形壶"与闽北光泽杨山的鸭形壶、黄土仑类型的鬶形壶、浙南江山县肩头弄的鸭形壶及上海马桥文化的鸭形壶有密切的文化交流关系，应是东夷文化南传与粤东土著文化相融合的产物"②。

而后山类型遗址发现的器形为盘和壶两种环形器，全器似昂首盘身的蛇，目前仅见于榕江流域，广东及江西、福建地区均未发现，可视为榕江流域先民的特色。

后山类型是继虎头埔类型之后，潮汕地区由新石器文化晚期向青铜文化过渡的具有鲜明地方特色的一种原住民文化。而后山类型的后续，便是下一阶段将要介绍的浮滨文化。简单地说，潮汕地区的虎头埔人、后山人，以及后来的浮滨人，应该有着一种文化继承关系，很可能也存在人类种属意义上的延续关系。

---

① 杨式挺、邱立诚、冯孟钦、向安强：《广东先秦考古》，广州：广东人民出版社，2015年，第404页。
② 张镇洪、邱立诚：《中国南海古人类文化考》，广州：广东经济出版社，2013年，第117页。

# 第六节　商时期：等级分明的浮滨方国

开篇之前作个说明：这里以"商时期"作为标题以及本书以"商时期"为分期，仅仅是为了与历来的考古报告、论著等做好联系，避免混淆，并不是说中原商时期的文化已经完全进入潮汕地区，更不意味着潮汕地区在商朝势力范围之内。实际上，商王朝的统治与潮汕地区毫不相干。

中原的商政权自公元前1600年延续至公元前1046年。①

在古地理方面，潮汕地区此时期已与近代大同小异。差别比较大的，是距今2 500~4 000年的滨线，其标志为仙洲—盐鸿—樟林—内底—上华—庵埠举丁的贝壳堤，这比近代内向得多，而这条滨线，曾在中全新世后期至晚全新世初期的较长一段时间内是相对稳定的。

商朝是已知的中国第一个有直接的同时期文字记载的王朝，它的文化影响范围直至粤东，但势力范围则是未至岭南的。此期潮汕地区占绝对主流的是浮滨文化，因此有人称之为"浮滨方国""浮滨王国"。

下面将在此期潮汕地区数量众多的遗址中，选取数个典型遗址作简单介绍，以一窥当时居民的社会经济生活状态。它们是饶平浮滨塔仔金山和联饶顶大埔山遗址，以及与此相关的诸多浮滨文化遗存。

同时，浮滨文化遗存中至少有一些已经进入下部分要介绍的"两周时期"，如牛伯公遗址可确定年代范围是公元前1500—公元前900年，其下限已达西周前期。

送测碳标本未经树轮校正，有关数据整理如下表：

| 序号 | 实验室编号 | 遗址及层位 | 标本材料 | 碳–14年代 |
| --- | --- | --- | --- | --- |
| 1 | KWG—1582 | 牛伯公山 T0303②C | 碳标本 | 2870±80 |
| 2 | KWG—1587 | 牛伯公山 T0705②C | 碳标本 | 2980±85 |
| 3 | KWG—1581 | 牛伯公山 T0107②C | 碳标本 | 3170±90 |
| 4 | KWG—1586 | 牛伯公山 T0504②C | 碳标本 | 3290±90 |
| 5 | KWG—1585 | 牛伯公山 H7 | 碳标本 | 3390±95 |

---

① 夏商周断代工程专家组编著：《夏商周断代工程1996—2000年阶段报告成果·简本》，北京：世界图书出版公司，2000年，第86–87页。

## 一、生活环境

饶平浮滨塔仔金山遗址位于今潮州市饶平县浮滨镇，联饶顶大埔山遗址位于今潮州市饶平县联饶镇，两处直线距离约为 20 公里。由于两处发掘时间相近，[①]文化性质一样，原始发掘简报又放在一起报道，而此后的专业考古著述也是不分彼此，多数统称广东饶平这两处遗址为"浮滨遗址"，无法分割，因此，下文也将两处遗址合并介绍。[②]

这两处遗址都属于墓葬遗址，至今尚未发现墓主的真正居址。然而，可以推断他们应该是生活在附近，生活时间则比上阶段介绍的虎头埔—后山类型要晚，大约相当于中原的商代中晚期，或至西周。

以这两个遗址为代表的同一类考古文化称为"浮滨文化"。

浮滨文化是公认的广东考古学文化之一[③]，它指的是分布于粤东、闽南区域内的一种以长颈大口尊、圈足豆、带流壶等釉陶器，直内戈、三角矛、凹刃锛等石器和少数青铜工具、兵器为基本组合与特征的考古学文化。

浮滨文化遗存主要分布于粤东的榕江、韩江流域与闽南的九龙江流域，具体包括粤东的饶平、南澳、大埔、揭阳、丰顺、潮阳、普宁、揭西，以及闽西南、闽南的诏安、平和、南靖、南安、云霄、漳浦、东山、华安、龙海等地。其中，榕江流域是遗存较为密集之处，仅在揭阳境内，就发现有 5 个遗址群共 33 处遗

---

[①] 1976 年发掘清理塔仔金山遗址 16 座墓葬，在饶平县文化馆作汇报展出，展出结束时，联饶公社深涂大队报告联饶顶大埔山也发现文物，遂前往联饶顶大埔山清理 3 座墓葬。参见彭如策、邱立诚：《饶平县发现新石器时代晚期墓葬》，广东省汕头地区文化局编：《汕头文物简讯》（第 4 号），内部出版，1977 年，第 6－8 页。

[②] 广东省博物馆、饶平县文化局：《广东饶平县古墓发掘简报》，文物编辑委员会编：《文物资料丛刊》（第 8 辑），北京：文物出版社，1983 年，第 100－105 页。

[③] 浮滨文化遗存发现及名称确认概要：20 世纪 40 年代，麦兆良先生等在海丰、蕉岭等地采集到遗物，当时未独立命名；其后，饶宗颐先生等在揭阳、普宁亦有所发现，仍将其与其他遗物混为一谈；70 年代，饶平两处墓葬被发现后，逐渐得到辨识；1983 年，何纪生先生的遗作中首次提出"浮滨文化"的名称；同年，朱非素先生提出将此类遗存命名为"浮滨类型文化遗存"；1993 年，邱立诚先生正式公开提出"浮滨文化"的命名；1996 年，《广东通史：古代上册》采用此名；1997 年，邱立诚、曾骐先生联名发表《论浮滨文化》，并对此作了全面、系统的阐述和总结。此后，浮滨文化作为一种真正意义上的考古学文化得到学界确认。参见［意］麦兆良著，刘丽君译：《粤东考古发现》，汕头：汕头大学出版社，1996 年；饶宗颐：《韩江流域史前遗址及其文化》，三颂堂复本，1948 年；何纪生：《香港的考古发掘和需要探讨的几个问题》，邱立诚、曾骐：《论浮滨文化》，潮汕历史文化研究中心、汕头大学潮汕文化研究中心编：《潮学研究》（第六辑），1997 年，第 20、33 页；朱非素：《闽粤地区浮滨类型文化遗存的发现和探索》，中山大学人类学系：《人类学论文选集》，广州：中山大学出版社，1986 年，第 57－68 页；邱立诚：《先秦两汉时期潮汕地区的考古学文化》，郑良树主编：《潮州学国际研讨会论文集》，广州：暨南大学出版社，1994 年，第 61－77 页；汪廷圭主编：《广东通史：古代上册》，广州：广东高等教育出版社，1996 年，第 102－116 页；邱立诚、曾骐：《论浮滨文化》，潮汕历史文化研究中心、汕头大学潮汕文化研究中心编：《潮学研究》（第六辑），1997 年，第 19－34 页。

存。而考古工作开展得相对较少的地方，如饶平县，除了浮滨镇外，至1984年便至少有另6处地点发现浮滨遗物①，潮南区也至少有5处地点发现浮滨遗物②等。浮滨文化的辐射范围可达到珠三角乃至香港。

浮滨遗存大都位于靠近江河水流的山冈、丘陵上，墓地一般都在山冈的半山腰以上，规模较大者往往位于山冈顶部的平台，中小型者则散布在山腰四周，生活遗址则在山冈稍平缓的台地上。

浮滨文化在潮汕历史上是比较重要的。这类遗存早在二十世纪三四十年代便有发现，但一直到饶平塔仔金山和顶大埔山遗址被发掘后才辨析出来。随着发现的增多以及研究的深入，目前学界对这个被世界范围内所广泛接受的考古学文化已经有了比较透彻的认识。浮滨文化集中分布于粤东闽南，于潮汕而言，它是华夏文化与本土文化首次融合的结果和见证，也可能是潮汕文化积淀的底层。

浮滨文化的年代之前未有定说，有的认为是商末，有的判断为西周，甚至有定在春秋时期的。目前得到广泛认可的是《论浮滨文化》和《广东先秦考古》以考古地层学、器物类型学和测年数据综合考察为基础作出的较为稳妥的结论：浮滨文化的上限为中原商代中期或晚期，下限在西周初年，是否延至春秋时期，则需等到更多资料出现才能确定。③

根据孢子学等分析研究结果，这个时间段，潮汕平原大体上处于蕨类草丛阶段的末期。即大约距今3 000～4 500年，由于海水迅速退出，初期蕨类及草本群落开始滋长，并逐步占据优势。不过，一些潟湖或内河湾沉积孢粉组合则表明季风常绿阔叶林仍广泛分布于沿海低山丘陵。饶平这两处墓葬的居民应该离墓葬不远，因此他们应当生活于亚热带雨林中。其气候特征已经接近现代，年平均气温估值为22℃，湿度则比上一阶段略微低一些。

---

① 余添泉、邱立诚：《饶平新发现几处"浮滨类型"遗物地点》，广东省汕头市文物管理委员会办公室编．《汕头文物》1984年第11期，第16－17页。

② 中山大学榕江流域史前期人类学考察课题组、潮阳市博物馆：《广东潮阳市先秦遗存的调查》，《考古》1998年第6期。

③ 邱立诚、曾骐：《论浮滨文化》，潮汕历史文化研究中心、汕头大学潮汕文化研究中心编：《潮学研究》（第六辑），1997年，第29页；杨式挺、邱立诚、冯孟钦、向安强：《广东先秦考古》，广州：广东人民出版社，2015年，第674－675页。

图 2-6-1　饶平浮滨遗址示意图

## 二、建筑情况

目前发现的浮滨文化遗存多数是墓葬，如饶平浮滨塔仔金山和联饶顶大埔山。

塔仔金山和顶大埔山这两处墓地一共发现有 21 座墓葬，其中 16 座在塔仔金山，5 座在顶大埔山，发掘报告依序编号"M1"～"M21"。

21 座墓葬中，除了 6 座因受损严重而形制不明，其他全部为长方形土坑竖穴墓。墓坑位置按山形而掘，朝向无规律，排列分布极不齐整。其中最大的一座是"M1"墓，墓坑深度达 3.6 米，位于塔仔金山的顶部，该处其余 15 座墓坑深度皆为 0.8～1.2 米，分布在周围山坡上；顶大埔山 5 座亦是杂乱分布于山腰。

在可辨析的 15 座墓中，其墓葬结构可分两类。第一类为有二层台设计的，共计 2 座：编号"M1"墓，墓坑长 2.6 米、宽 1.08 米、深 1 米，二层台长 4.2 米、宽 2.9 米；编号"M6"墓，墓坑长 1.7 米、宽 0.45 米，坑底呈斜坡形，南端深 0.2 米、北端深 0.3 米，二层台长 2 米、宽 0.95 米。第二类为没有二层台的，共计 13 座，墓坑大小不一，大的长 2 米、宽 1.2 米，小的长 1.2 米、宽 0.6 米。最小的墓坑，从尺寸看，墓主应该是小孩。大体上，这些墓坑的长宽比例约为 2∶1，没有接近 3∶1 的，这与其他地方发现的墓葬有所不同。

从出土随葬品及墓葬分布、规格综合观察，各座墓的墓主生前存在着等级关系，而不是血缘关系。"M1"墓随葬品多达 36 件，武器、工具、生活用品、装饰品等俱全，而这座墓也是迄今发现的浮滨文化中规模最大的，墓主生前显然有着明显的等级优势。

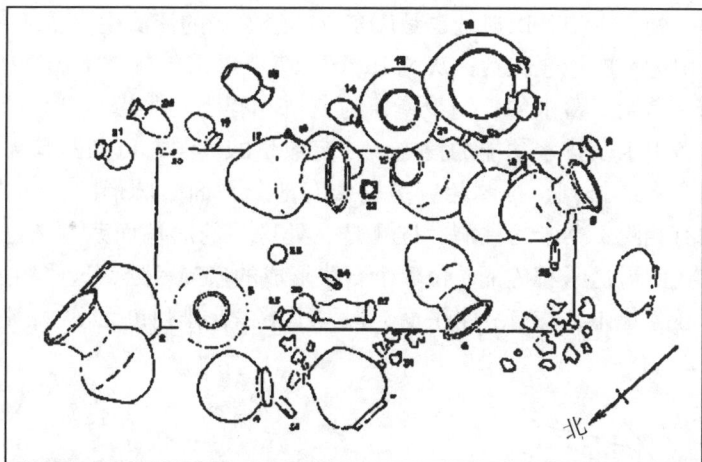

1、6、8~12、14~18、20、21、26、29. 陶尊　2~5、7、13、19、23. 陶罐
11、27、33. 陶壶　22. 石壁　24、28、32. 石戈　25. 陶豆　30、35. 石锛　31. 陶杯　34. 砺石

图2-6-2　饶平浮滨塔仔金山"M1"墓平面图

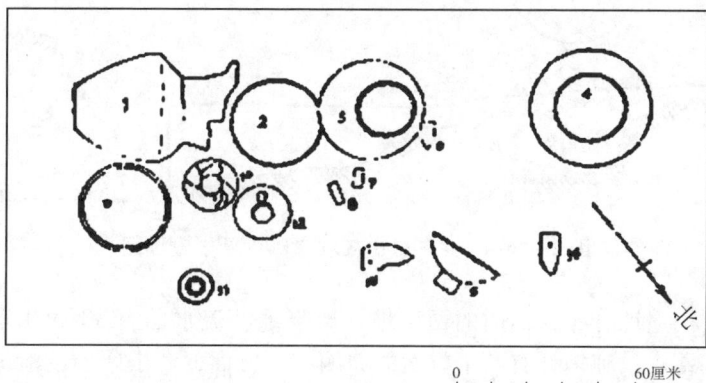

0　　　　　　　　60厘米

1、3、4. 陶尊　2. 陶盆　5. 陶豆　6. 石矛　7、8. 石凿　9、10. 粗陶罐　11. 陶盂
12. 陶把壶　13. 石矛　14. 石戈（填土中出石斧、石锛各1件）

图2-6-3　饶平浮滨塔仔金山"M2"墓平面图

浮滨文化遗存中经过发掘的生活居址较少。其中牛伯公山遗址[1]是可以获得

① 原始发掘报告《广东普宁市牛伯公山遗址的发掘》认为该遗址可分为有直接相承关系的早晚两期；《粤东闽南地区先秦考古学文化的分期与谱系》有一些不同的判断，如认为可将遗存分为三组（原始报告中的2C层遗物有相当一部分属于第一组）并再细分年代等。本书描述暂按原始发掘报告及《论浮滨文化》中的介绍。参见广东省文物考古研究所、普宁市博物馆：《广东普宁市牛伯公山遗址的发掘》，《考古》1998年第7期；魏峻：《粤东闽南地区先秦考古学文化的分期与谱系》，北京大学考古文博学院、北京大学中国考古学研究中心编：《考古学研究（九）——庆祝严文明先生八十寿辰论文集》（上册），北京：文物出版社，2012年，第144页。

较多信息的一处。牛伯公山遗址也是广东首处经发掘的浮滨生活居址①。

牛伯公山遗址的遗迹包括：灰坑 16 个（编号"H1"～"H16"），其中至少有几个可确定是用于蓄水的；沟少量，与灰坑相连，其中编号"G1"者应是人工设置的具备引水及排水功能的设施；一定数量的柱洞，可判断其为房屋遗址，其中有三四个弧形排列，推测相应房屋中有部分平面是圆形的；红烧土硬面一处，其两侧有相距 1.9 米的柱洞，推测是一处房屋的居住面残迹，也是近圆形，似乎可与上述圆形房子相佐证；由 5 个石块形成的遗迹一处，这些经过人工修整的石块分布较为集中，均有一个平面，但大小不一，排列也无规律，性质不明。

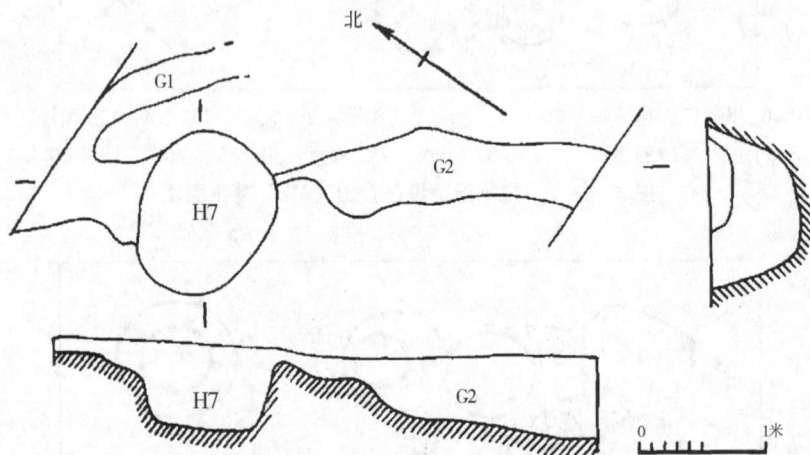

图 2 - 6 - 4　牛伯公山灰坑"H7"平、剖面图

牛伯公山遗址分布在山冈的西南坡，离当地河流水面有 30～50 米，遗址会出现排水和蓄水设施估计有两个方面的原因：一方面，若山冈上的泄水未能及时排出，会对居住处构成威胁；另一方面，利用蓄水池比仅仅用瓮、罐类陶器储水来得更适宜。而"蓄水功能的坑穴是广东先秦考古的首次发现"②。

同时，这两种设施也暗示着这处遗址有相当规模，且居民数量不会很少。另从遗物分析，许多夹砂陶瓮、釜和泥质陶碗、罐的碎片等日常生活器皿也显示出了长时间生活使用的迹象。此外，遗物中出现制陶时折印缠饰的陶拍印模 1 件，说明居民也从事制陶生产，一般来说，只有一定规模的聚落才有可能存在制陶作坊。

---

① 广东省地方志编纂委员会编：《广东省志·文物志》（光盘版），广州：广东省科技音像出版社，2007 年，第 86 页。

② 广东省文物考古研究所、普宁市博物馆：《广东普宁市牛伯公山遗址的发掘》，《考古》1998 年第 7 期，第 22 页。

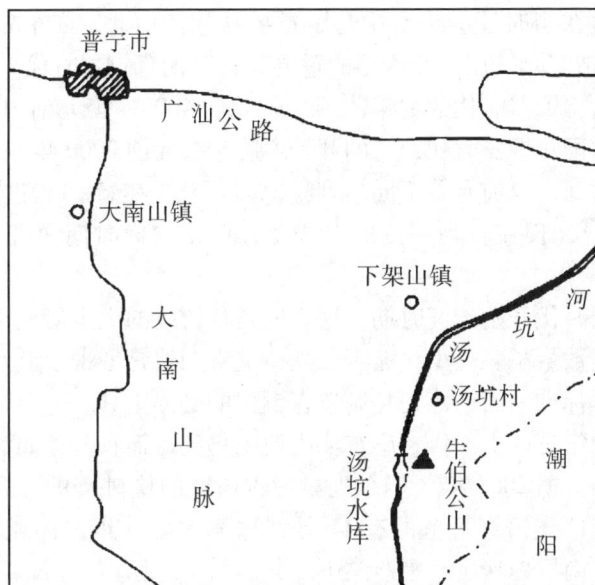

图 2 - 6 - 5　牛伯公山遗址位置示意图

## 三、青铜器及其他

浮滨人已经使用青铜器，这在这个阶段的岭南地区是比较早的。

顶大埔山墓葬发现的 1 件铜戈，是目前为止广东所见年代最早的青铜器实物，也是广东发现的唯一完整的商时期铜器。并且，"它是本地所铸造也得到了公认"①，证明广东此时已经进入青铜器时代，也有认为"浮滨文化已属于青铜文化"的②。广东境内，目前仅采集到 1 件此时期的青铜器实物，即饶平的青铜戈。但有理由相信，以后会出现更多商时期的青铜器，特别是浮滨文化的核心区域——潮汕地区。

广东先秦时期是否有过真正意义上的青铜器时代的问题，过去曾有过不同的说法，但现在已经基本达成了共识。如《广东先秦考古》便从四个方面论述、力证广东先秦时期存在青铜器时代：岭南不缺乏铜矿，阳春就存在青铜铸造业遗迹、遗物等；全省发现有先秦青铜器遗存 1 200 件，发现地点遍及各地；广东能独立铸造青铜器，包括发现青铜器的铸范、青铜器具有显著地方和民族特性，均

① 邱立诚：《广东先秦考古研究的检讨》，广东省文物博物馆学会编：《广东省文物博物馆事业前瞻》，广州：广东人民出版社，2001 年，第 118 页。

② 杨杰：《广东青铜文化的研究及相关问题》，《华南师范大学学报》（社会科学版）2008 年第 3 期，第 62 页。又，此句的"青铜文化"与通常理解略有差别，它指的是不论其青铜器来源如何，只要该考古学文化的主人曾经使用青铜器，就可以称之为青铜文化，即内涵中包含有青铜器制品的考古学文化就是青铜文化。

可为证；青铜器在当时社会生活中起了重要作用。由此，广东先秦时期已进入"以青铜作为制造工具、用具和武器的重要原料"的青铜器时代。①

世界范围内青铜器时代的编年范围是公元前 4000 ~ 公元前 1000 年，以中原地区为代表的中国青铜器时代，它的开始不晚于公元前 2000 年。② 对于广东青铜器时代开始的时间，以前有着不同的判断，如"至少在春秋晚期之前两广尚无土著的青铜文化"③，现在较为一致的看法是，广东在商时期便进入青铜器时代，但晚于中原。

广东青铜器时代开始于商时期，这主要是从铸范的出土研究得出的结论——无论青铜器发现数量是多是少，能否独立铸造青铜器是考古学上判别是否存在青铜器文化的根本标准，而铸范正是制造青铜器的必要工具。

早在二十世纪三四十年代，广东境内便采集到铸铜石范，如汕尾东涌宝楼山出土的 1 件斧范。据 2001 年《广东先秦考古研究的检讨》的不完全统计，当时广东境内发现有这类铸铜石范的有 11 处：珠海 5 处（淇澳岛亚婆湾、南芒湾、东澳岛南沙湾，南屏白沙坑，平沙棠下环），斗门 1 处（乾务曾船埔），中山 1 处（南蓢龙穴），惠阳 1 处（潼湖蚬壳角），揭西 1 处（河婆），汕尾 1 处（宝楼山），乐昌 1 处（老虎头）。④ 年代较早的珠海平沙棠下环所出的铸范可能属于商时期，但未见青铜器实物。⑤ 潮汕境内的揭西河婆所出器物载于《韩江流域史前遗址及其文化》，有可能是铸造铜斧的模具。由于此后未见具体报道，其形制尺寸等皆不明，亦未能判断其年代。⑥

2003—2005 年"古揭阳（榕

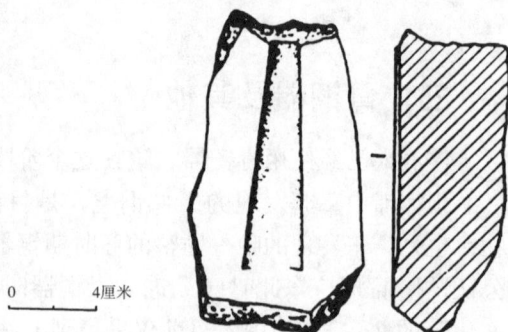

图 2 - 6 - 6　揭阳东山"JY26：1"青铜器石范

---

① 杨式挺、邱立诚、冯孟钦、向安强：《广东先秦考古》，广州：广东人民出版社，2015 年，第 658 - 663 页。

② 张光直：《中国青铜时代》，北京：生活·读书·新知三联书店，1983 年，第 2 页。

③ 李龙章：《试论两广先秦青铜时代文化的来源》，《南方文物》1994 年第 1 期，第 101 页。

④ 邱立诚：《广东先秦考古研究的检讨》，广东省文物博物馆学会编：《广东省文物博物馆事业前瞻》，广州：广东人民出版社，2001 年，第 117 - 118 页。

⑤ 广东省文物考古研究所、珠海市平沙文化科：《珠海平沙棠下环遗址发掘简报》，《文物》1998 年第 7 期。

⑥ 这件石范，包括《广东青铜器时代概论》《广东出土先秦文物》《对粤港地区青铜文化几个问题的探讨》等多种论著称引自《韩江流域史前遗址及其文化》一文，查两个版本"韩江"文，涉及石范的描述有饶宗颐先生"据裴礼义云……距河婆 8 公里许地方，因建学校曾掘出铜刀矛、矢镞、陶碗等物"，"又据裴氏云：曾发见铸造空首铜斧之石模"，应是此器物。参见饶宗颐：《韩江流域史前遗址及其文化》，三颂堂复本，1948 年，第 2、7 页；饶宗颐：《韩江流域史前遗址及其文化》，黄挺主编：《饶宗颐潮汕地方史论集》，汕头：汕头大学出版社，1996 年，第 3、12 页。

江）流域先秦两汉考古学文化综合研究"课题组的复查成果中，确认揭阳东山的山东围军营后采集有石范 1 件，编号"JY26：1"，为黑色砂岩打磨而成，平面呈不规则多边形，一面磨平，一面琢打呈弧形，横截面近似半圆，磨平的一面有长条形槽，浇注口端已残，此器物应该是合范的一半，残长 8 厘米、宽 4.5 厘米、厚 2.8 厘米。从器物形制观察，该石范是商时期的遗物。[①]

彭适凡先生认为："大抵古代人们在发现红铜的初期，制作简易的工具或武器，是把烧软的铜块放在石头上敲打成型，后来在实践中发现，如果凿刻出一定的凹槽，再灌进铜液，就可以铸成器具，于是石范应运而生。从铜器产生的历史来考察，最早使用的铸型应该是石范，石范铸造是青铜时代的初始阶段。"[②] 目前发现的最早的石范是甘肃玉门火烧沟齐家文化晚期遗址中出土的石质镞范，属于新石器时代晚期。揭阳东山、揭西河婆的石范，在目前看来，也表明潮汕居民领先或同步于广东青铜时代。

除了铸范之外，青铜器实物也是重要依据。商时期的广东青铜器实物目前仅见于两处遗存，都是来自潮汕地区的浮滨文化，即顶大埔山出土的铜戈 1 件，以及揭阳梅林山一处墓葬发现的青铜器碎块，或称青铜容器残片[③]，其中铜戈是唯一完整的器具。

顶大埔山墓地发现的铜戈，是考古现场取土时与一件石锛一起发现的，石锛同墓葬内所出完全一致，[④] 而且铜戈形态与墓中所出相近。此处除了浮滨文化时期墓地外再无发现其他先秦遗存，加之其他浮滨文化遗存亦发现有青铜器，如福建漳州虎林山遗址中发掘有铜矛、铜戈、铜铃各 1 件[⑤]，福建云霄墓林山发现有青铜锛 1 件、残片 2 个及珠粒状残渣若干[⑥]。这些都证明浮滨文化区存在青铜器铸造使用的情况。顶大埔山铜戈曾因"采集"而受质疑，但随着后来其他浮滨文化遗址中铜戈的出土，以及经过考古学家等的深入讨论后，就再无异议。可以说，该铜戈属于饶平浮滨文化遗物是没有任何疑问的了。

顶大埔山青铜戈的器身呈亚腰形，长援，隆脊有棱，两侧有刃，直内无胡，援、内之间有一道棱起不太明显的阑。援、内各有一个穿孔，通长 17.5 厘米，

---

① 李岩：《揭阳市古遗址调查报告》，揭阳考古队、揭阳市文化广电新闻出版局编：《揭阳考古（2003—2005）》，北京：科学出版社，2005 年，第 116 页。

② 彭适凡：《江西先秦考古》，南昌：江西高校出版社，1992 年，第 176 页。

③ 张宗仪、张秀清主编：《揭阳文物志》，内部出版，1985 年，第 63 页；广东省文化厅编：《中国文物地图集　广东分册》，广州：广东省地图出版社，1989 年，第 273 页。

④ 广东省博物馆、饶平县文化局：《广东饶平县古墓发掘简报》，文物编辑委员会编：《文物资料丛刊》（第 8 辑），北京：文物出版社，1983 年，第 105 页。

⑤ 福建博物院、漳州市文管办、漳州市博物馆：《福建漳州市虎林山商代遗址发掘简报》，《考古》2003 年第 12 期。

⑥ 福建省博物馆：《福建墓林山遗址发掘简报》，《东南文化》1993 年第 3 期。

内长4.2厘米，援长13.3厘米、宽2.6厘米。①

图2-6-7　饶平顶大埔山青铜戈

　　与这件铜戈同时清理采集到的还有33件石戈（下文再详述），两相对比，其形制是大致相同的，如其平内、长援、援脊隆起、锋略作三角形的形状，与Ⅱ、Ⅴ式石戈相近；其器身束腰的造型，则与Ⅲ式石戈相仿。这可能说明铜戈与第三期的Ⅲ、Ⅴ式石戈同期。不过铜戈上的援、内各有一穿孔，而石戈的援则都未有穿孔，这是较大的差异。戈的器身穿孔与装柄有关，穿的数量越多，则作用力越强，铜戈的援部加穿，说明这比石戈要先进。但与中原商周时期的青铜戈比较，饶平铜戈仍属于原始型。

　　关于这件青铜戈、浮滨文化与岭南青铜器时代的关系，《关于岭南地区何时开始铸造青铜器的再讨论》一文认为："浮滨文化时期已能铸造青铜器，是毫无问题的。当然，浮滨文化的青铜技术不是当地的，而是中原地区的商文化通过吴城文化向岭南传播的结果。文化传播是十分复杂的文化现象，一般来说，在文化传播过程中，从甲地到乙地会有一定的时间差，但如果没有十分特殊的原因，传播过程中产生的时间差不会有太长的时间。经多方面的研究，吴城文化的下限不会晚到西周，因而将在吴城文化影响下出现的浮滨文化存在的时间估定为相当于中原商代晚期至西周前期是合乎情理的。浮滨文化主要分布于粤东闽南地区，夔纹陶文化则分布于广东全省，甚至更远，浮滨文化不与夔纹陶文化共存，浮滨文化早于夔纹陶文化也是铁定的事实。以上这些由众多学者经研究得出，并有大量考古发掘成果予以证实的科学论断，不需怀疑，也是难以否定的。"②

　　至于潮汕地区乃至广东青铜器时代是否存在奴隶制的问题，早在1961年，广东历史学会便曾就此召开大型的学术研讨会进行热烈的探讨，因为相关资料特别是考古发现欠缺，所以未能统一意见。现在，笔者的倾向是：如果按照马克思主义的历史唯物主义社会发展形态学说来衡量，作为人类历史上第一个私有制的奴隶制应该是所有制中最残酷的制度。那么，综合看来，很难说潮汕地区乃至广东青铜器时代是进入了奴隶制社会。因为就考古发现看，并未有证据显示殉葬现象，随葬品虽然显示出等级差别，但尚不足以反映奴隶主与奴隶之间的残酷盘剥

---

　　① 邱立诚：《饶平古墓出土戈类浅析》，广东省汕头地区文物管理站编：《汕头文物》，内部出版，1983年第10期，第7～11页。

　　② 李伯谦：《关于岭南地区何时开始铸造青铜器的再讨论》，《考古》2008年第8期，第95页。

关系，而中原地区代表着礼器及森严等级等的严格用鼎制度亦未见；从民族志材料上看，有学者研究认为至今没有发现任何足以证明其经历过这一历史阶段的根据或遗迹。[①] 或者说，潮汕地区乃至广东在青铜器时代，至多是进入了原始的极不发达的奴隶制社会。

此外，虽然以潮汕地区为核心区域的浮滨文化已经使用青铜器制品，进入青铜器时代，但此时期物质文化的主角仍然是石器和陶器。

## 四、石器与工艺

浮滨文化的石器中，石戈、石矛、石锛、石凿是最为常见的器类，其中石戈较为重要。就目前发现来看，石戈是浮滨文化的主要内涵之一，岭南地区发现的石戈远比中原来得多，也是本土文化独立发展的见证。其中浮滨文化核心区即潮汕地区分布最多，乃至以前有学者认为"石戈源于华南"[②]。

潮汕境内浮滨文化遗存众多，据统计，分布在揭阳境内的遗址达 33 处。其他地方由于考古工作开展较少，看似发现不多，但饶平境内至 1984 年便至少有 6 处地点发现浮滨遗物。各遗址大多出有石器，其中石戈更为常见。

### （一）塔仔金山和顶大埔山遗址的石器

塔仔金山和顶大埔山遗址发掘清理和采集到的石器包括：

石锛 61 件。有长身的，上身薄下身厚，前窄后阔，单面刃，如"M11：12"，长 6.3 厘米；也有长身梯形的，单面弧形凹刃，如"M8：13"，长 13.3 厘米。

石矛 7 件。编号"M2"墓出土 2 件，器身平滑，两侧有刃，一件身宽而前端修成锐锋，后端两角各有一圆穿，长 14.6 厘米；另一件器身呈三角形，长 9.1 厘米。其余几件有的有梃，器身有棱，锋作柳叶形，两侧有刃，后段一圆穿；也有的后端呈分叉状。

石凿 32 件。器身呈扁平长条形，单面刃，其中 12 件为弧形凹刃。

石斧 1 件。出自编号"M2"墓填上，有肩，双面刃，其中一面为弧形凹刃，长 10.8 厘米、宽 9.7 厘米。

砺石 2 件。砂岩质，如编号"M1"墓所出者，长 28 厘米、高 12.5 厘米。砺石是青铜器制作的必用工具。

石玦 3 件。都是编号"M15"墓所出，黑色，大小不一，最大的直径 5.3 厘

① 练志铭：《先秦广东越人社会性质之我见》，广东省民族研究学会、广东省民族研究所编：《广东民族研究论丛》（第四辑），1988 年，第 143－162 页。

② ［意］麦兆良著，刘丽君译：《粤东考古发现》，汕头：汕头大学出版社，1996 年，第 104 页。

米，最小的直径 3.6 厘米。

石璜 3 件。如编号"M8"墓所出者，质黄褐色，弧形，面宽 1.2 厘米，外表微凹，有两道弦，一段穿两孔，另一端穿一孔。

此外，尚有石戈 33 件和石环 1 件（下面专文介绍），以及少量残玉玦、残玉饰。

1. Ⅴ式石戈　2. Ⅱ式石戈　3. Ⅲ石戈　4. 石矛　5、8. 石璜　6. 石凿
7. 石玦　9. 砺石

图 2-6-8（1）　饶平塔仔金山和顶大埔山部分石器实物图

## （二）浮滨石戈

塔仔金山和顶大埔山遗址发现的石戈一共有 33 件。

这 33 件石戈可分为五式：

Ⅰ式 20 件，平内长援，援部向前呈斜弧线，内收成锐锋。以有无穿孔分则 10 件内无穿、1 件内有二穿、9 件内有一穿，以援的情况看则 5 件平援、15 件援脊隆起，一般通长 17～24.5（残）厘米（图 2-6-8，1）；

Ⅱ式 6 件，平内长援，援部直线向前伸展，至锋端折向里收杀成三角形锐锋。以有无穿孔分则 2 件内无穿、3 件内有一穿、1 件内有二穿，按援的情况分则是 4 件援脊隆起、2 件平援，一般通长 18.6~32.5 厘米（图 2-6-8，2）；

Ⅲ式 3 件，平内短援，援部束腰，脊隆起，前出收杀成三角形锐锋，但锋尖较Ⅱ式瘦削而锐利，内均有一穿，一般通长 13.7~18.3 厘米（图 2-6-8，3）；

Ⅳ式 2 件，平内长援，1 件内有一穿，1 件在援近肩处有一穿，内接援处略向外折出呈双肩状，但有的两肩不对称。援部隆脊有棱，斜弧线前出而收杀成锐锋（图 2-6-8，4）；

Ⅴ式 2 件，平内长援，援接内处两侧有凸出的阑，内近阑处一穿，其中 1 件援脊隆起，另 1 件为平援，直线前出收杀三角形锐锋（图 2-6-8，5）。

以上 33 件石戈中的Ⅰ、Ⅱ、Ⅲ式合共 29 件，均为无阑戈，且援、内两部分无明显的分界线，因此援、内部长度无法截然分开测量。①

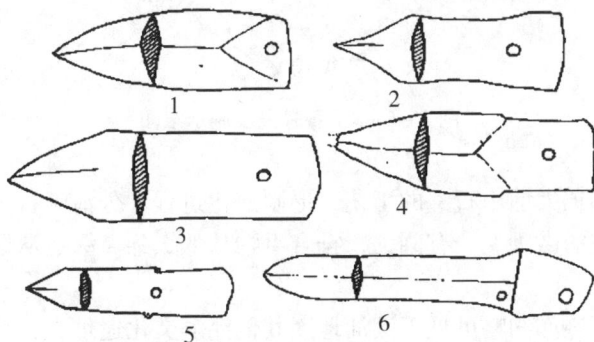

图 2-6-8（2）　饶平塔仔金山和顶大埔山石戈和铜戈器形示意图

这类石戈在其他省区很少见到，其器身硕大厚重，朴素粗犷，有的甚至可以称为大型石戈，如"M1"墓出土的编号"M1：32"石戈，Ⅱ式，长达 32 厘米，有着浮滨石戈显著的地方特色，或说是原住民风格的反映。仅从这些石戈的形制便可看出浮滨石戈的工艺发展过程。

首先，Ⅰ式戈有一个从援部平滑发展到隆脊有棱的过程，但是其弧线收杀锐锋、半数内无穿，较之Ⅱ、Ⅲ式戈的三角形锐锋和内多有穿的特点要原始一些；从Ⅰ式戈经Ⅱ式戈到Ⅲ式戈，工艺是逐步发展的，最后发展出援缩短、具有束腰和尖细锐锋的Ⅲ式戈。从平内、内一穿、三角形锋可看出三者之间还存在一定的亲缘关系。

---

① 邱立诚：《饶平古墓出土戈类浅析》，广东省汕头地区文物管理站编：《汕头文物》，内部出版，1983年第 10 期，第 7-11 页。

其次，Ⅳ式戈与前三式戈最大的差异是有折出的双肩，令援、内有明显的分界；Ⅳ式戈与Ⅰ式戈较为接近，应由Ⅰ式戈发展而来。

最后，Ⅴ式戈除去略微突出的阑外，与Ⅱ式戈较为接近，但穿孔已经自内移至接近阑乃至阑中；Ⅴ式戈与Ⅳ式戈一样带肩，装柄时更显牢固；因此，Ⅴ式戈应是由Ⅱ式戈和Ⅳ式戈演变而来。

这样，可以将这批石戈的发展过程分为三期：第一期为Ⅰ式戈；第二期为Ⅱ、Ⅳ式戈，由Ⅰ式戈分别发展而来；第三期为Ⅲ、Ⅴ式戈，Ⅲ式由Ⅱ式发展而来，Ⅴ式则是由Ⅱ式和Ⅳ式综合发展而来。[①]

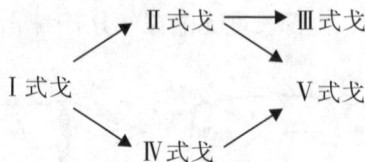

图 2-6-9　各式戈发展示意图

塔仔金山和顶大埔山石戈的工艺、形制演化过程十分清晰，它们从最原始的无阑戈到较先进的微阑戈、有阑戈，符合事物从低级到高级、从原始到进步的发展规律。

这种演化痕迹亦约略可见于潮汕地区其他浮滨文化遗址，如普宁流沙龟山发现的 5 件石戈：A 型 1 件，编号 "PG：2"，砂板岩，短身，宽直援，内部近后缘处一穿，援两侧起刃，前出三角形锋，锋已钝，长 15.7 厘米、宽 6.5 厘米；B 型 1 件，编号 "PG：8"，砂岩，长身，内宽，援窄，内部较长，有一穿，援部前出渐收窄，两侧起刃，前有略呈三角形的锋，长 27.1 厘米、最宽处 6.1 厘米；C 型 2 件，长身稍弧，如编号 "PG：3" 者，灰板岩，内部较长，后有单面刃，援部较短，两侧起刃，棱脊，前出三角形锋，锋有损缺，长 22.8 厘米、最宽处 5.3 厘米；D 型 1 件，编号 "PG：7"，砂岩，长身，弧形，内部较长，无穿，援部两侧有刃，前出微收三角形锋，长 21.6 厘米、最宽处 5 厘米。[②] 这里同样包括直援戈、弧援戈等几种形态。

---

① 邱立诚：《饶平古墓出土戈类浅析》，广东省汕头地区文物管理站编：《汕头文物》，内部出版，1983年第 10 期，第 7-11 页。

② 吴雪彬、邱立诚、曾骐：《广东普宁两处先秦遗存的调查》，《南方文物》1999 年第 2 期。

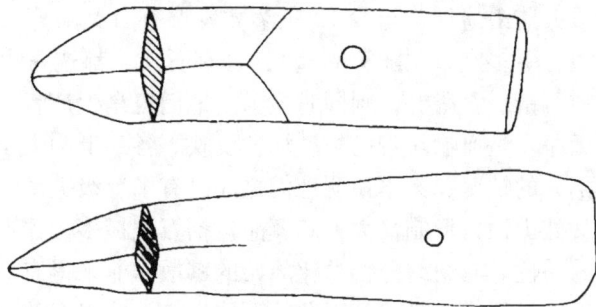

图 2-6-10  普宁龟山 "PG：3" "PG：8" 石戈

浮滨石戈完全呈现了其自身发展的一系列过程，这在中原考古中是未见的。

石戈在中原的出现始于殷墟三期（即晚商文化中期），而浮滨文化石戈广泛流行的时间不迟于此，并且已知分布地点较为集中，无论出土地点还是各点出土数量都多于中原。因此，认为岭南石戈仿自商周青铜器的看法是不全面的，也许反而是石戈对铜戈的出现产生了影响。

石戈的祖型，有人认为是斧，也有人认为是在新石器时代原有锋刃器的基础上发展出来的新器物，综合了石镰、石刀、石斧的功能。① 戈可以砍伐造屋，如《周礼·冬官考工记·庐人》载："庐人为庐器，戈柲六尺有六寸。"② 但戈更是一种兵器，相关记载中表示其盛行于商至战国时期的中原地区，秦以后逐渐消失。戈屡见于早期文献，如《尚书·周书·顾命》载："四人綦弁，执戈上刃，夹两阶戺。"③ 作为兵器的戈的形制及使用，《周礼·冬官考工记·冶氏》载："戈广二寸，内倍之，胡三之，援四之，已倨则不入，已句则不决。长内则折前，短内则不疾，是故倨句外博，重三锊。" 又东汉郑玄注《庐人》"句兵欲无弹，刺兵欲无蜎，是故句兵椑，刺兵抟" 句称："句兵，戈戟属。"④《吕氏春秋·恃君览·知分》载："直兵造胸，句兵钩颈。"⑤ 则戈之使用颇需技巧，大约是：戈的杀伤功能来自戈头，使用时必须安装长度适宜的柄，可直捣亦可啄击、勾杀，如 "句兵"（勾兵）使用，则不能在接触到敌人身体时快速弹开或滑开，而应顺势勾勒，以让援锋造成最大程度的有效杀伤。

① 杨式挺、邱立诚、冯孟钦、向安强：《广东先秦考古》，广州：广东人民出版社，2015 年，第 716–717 页。

② （汉）郑玄注，（唐）贾公彦疏：《周礼注疏》，（清）阮元校刻：《十三经注疏》，北京：中华书局，1980 年，第 926 页。

③ （汉）孔安国传，（唐）孔颖达疏：《尚书正义》，（清）阮元校刻：《十三经注疏》，北京：中华书局，1980 年，第 240 页。

④ （汉）郑玄注，（唐）贾公彦疏：《周礼注疏》，（清）阮元校刻：《十三经注疏》，北京：中华书局，1980 年，第 915、926、927 页。

⑤ 许维遹撰，梁运华整理：《吕氏春秋集释》，北京：中华书局，2009 年，第 555 页。

塔仔金山和顶大埔山遗址，至少 12 座墓葬发掘有石戈随葬（21 座中至少 6 座受损，否则可能有更多有石戈随葬的墓），且有石矛，都透露出墓主生前是尚武之人，而共存的石锛、石凿等，则同时显示出他们也是生产者。这些墓葬排列方向不一、紊乱无序，是血缘纽带已被破坏的反映。各墓形制大小悬殊，随葬品数量多寡、精粗不一的情况，无不说明他们之间已有了等级关系。"M1"墓位于墓葬群的中央，又处山顶，形制最大，随葬品包括石戈最多，器形也最大，墓主应当是地位最高的一位。有组织分工总比原始的零散作业来得有效率，而战争带动兵器制造水平迅速发展，正是此处石戈等石器生产工艺提高的原因，当然可以反过来看，兵器的改进和发展，也是征战频繁的反映。

### （三）其他遗址的浮滨石器

潮汕境内有很多属于浮滨文化的石器出土，其中 1 件"游鱼浮萍"图案的石雕尤其值得一提。

潮汕境内的发现，如饶平境内发现的浮滨文化遗存，除了塔仔金山和顶大埔山外还有 6 处，分别为三饶镇田饶村鹧鸪堀、三饶镇瓷厂附近、新丰镇人官柯山、新塘镇新圩乡、新塘镇糖寮、新塘区竹宅后头乡，各处都发现有石戈。这数处都是 1984 年或之前无意中发现的，并未做专门的考古工作，遗物处理方式都属于采集，除了鹧鸪堀所出的 1 件石戈、2 件凹刃锛、1 件石璧、1 件石矛可确认是随葬品之外，其他 5 处的遗物皆未知是否出自墓葬。① 迄今为止，饶平、黄冈河流域的考古发现不多，这很可能与该地考古工作开展较少有关。因为以饶平、黄冈河流域所处的潮汕海路入口的地理位置，以及若干已见端倪的先秦两汉的发现看，估计这个范围考古潜力不小。饶宗颐先生也曾在谈话中表示，该处至古潮州东溪一带，考古工作大有可为。②

又如榕江中下游地区的揭东县境内，便分布有茂林山一组、大盘岭二组、梅林山一组、新岭矿场二组、面前山一组、新亨戏院东二组、坡林一组、剑尾场一组、落水金狮三组、油柑山三组等十余处遗存，石器种类多、数量大、磨制精良是本类遗存的主要特色之一。这些石器中以长方形的弓背凹刃锛数量最多，其余尚有石戈、矛、小石锛、小石凿和石镞。而石料基本都是就地取材，但居民对材质还是有选择的。以揭东埔田茂林山一组遗存为例，该地发现凹刃石锛 3 件，其中编号"JD20：1"者由青灰色泥岩磨制，平面近长方形，平顶，平刃，弧背，刃面微内凹，长 6.7 厘米、宽 2.8 ~ 3.6 厘米、厚 1.4 厘米；编号"JD 20：2"者，灰色泥岩，平面近长方形，平顶，平刃，正背面均较平，刃面微内凹，磨制粗糙，器

---

① 余添泉、邱立诚：《饶平新发现几处"浮滨类型"遗物地点》，广东省汕头市文物管理办公室编：《汕头文物》，内部出版，1984 年第 11 期，第 16 – 18 页。

② 李宏新：《隆福寺与潮汕早期海事痕迹》，《潮学通讯》2015 年第 1 期。

表留有较多的打琢痕迹，长 5.1 厘米、宽 2.8～3.5 厘米、厚 1.2 厘米。[1]

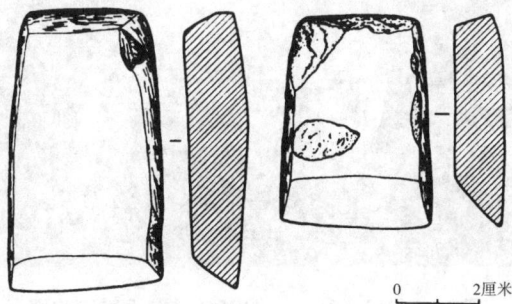

图 2 - 6 - 11　揭东茂林山 "JD20：1" "JD20：2" 石锛

值得一提的是，本阶段出现了 1 件石雕。这是公开报道中潮汕地区首见的先秦石雕。

该石雕于揭阳炮台坡林山墓葬附近采集到，编号 "JD51：1"，青灰色泥岩，由一件残破的穿孔石器改制而成，平面大致呈圆角长方形，器体扁薄，一侧中部有单面钻穿孔，背面平直，正面浮雕为 "游鱼浮萍" 图案，长 6.5 厘米、宽 8.5 厘米、厚 0.7～0.9 厘米。[2]

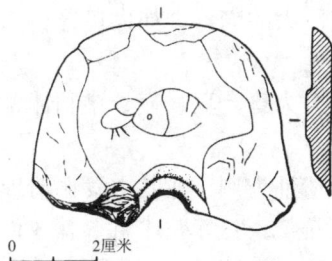

图 2 - 6 - 12 (1)　揭阳炮台 "JD51：1" 石雕

①　魏峻：《揭东县先秦两汉遗址调查报告》，揭阳考古队、揭阳市文化广电新闻出版局编：《揭阳考古（2003—2005）》，北京：科学出版社，2005 年，第 139、177－179 页。
②　魏峻：《揭东县先秦两汉遗址调查报告》，揭阳考古队、揭阳市文化广电新闻出版局编：《揭阳考古（2003—2005）》，北京：科学出版社，2005 年，第 165、178－179 页。

图 2 - 6 - 12（2）　　"JD51：1"石雕实物图

石雕在潮汕先秦考古以及浮滨文化中都是极为罕见的，而类似游鱼、浮萍这样图案的石雕，据笔者了解，应该是潮汕地区先秦考古发现中唯一的一件，在同期岭南地区的发现里面，也未有类似的石雕。其文化内涵究竟如何，则未能深究。

## 五、陶器与工艺

浮滨文化时期，潮汕居民的制陶技术较之粤中、粤北地区有进步的一面。这主要体现在：一是出现形制巨大的陶器，如大口尊；二是较为普遍地采用了施釉技术，这是原始瓷的萌芽。[①]

浮滨文化的陶器基本组合为尊、豆、壶、罐和钵，这些组合在遗物较多的浮滨文化遗存中普遍可见。

以塔仔金山和顶大埔山遗址为例，在其中发掘清理和采集到的陶器有大口尊33件、尊4件、小尊2件、壶22件、豆31件、盆3件、钵18件、盂6件、杯4件、罐41件、纺轮5件。皆为夹砂红陶、黑陶和泥质陶，看来陶器已经使用模范来制作，然后再加慢轮修整，制法有手制、轮制或手轮并制，尊、壶、豆等往往是颈、肩、腹、圈足分别轮制，然后再黏合而成。

大口尊33件。均为泥质，大抵火候一般，少量较低。但其中7件施釉的火候相对较高。大口尊的基本特征是：大敞口、平唇、长颈呈斜内收或弧形内收、小平底。可分三式。Ⅰ式有30件，斜肩、部分肩饰三枚乳钉、深腹，多数饰条纹，少量为素面，如最大的一件是编号"M1"墓的随葬品，高度、口径、底径分别为67厘米、35.5厘米、10.5厘米。Ⅱ式2件，颈下一道棱、斜肩、扁腹，肩饰三枚乳钉，腹饰条纹，器身通体施酱褐釉，如编号"M1：1"者，高39.5

---

[①] 李伯谦：《我国南方几何形印纹陶遗存的分区、分期及其有关问题》，《北京大学学报》（哲学社会科学版）1981年第1期。

厘米、口径 23.7 厘米。Ⅲ式 1 件，鼓圆腹，高 33.8 厘米、口径 11.6 厘米。

尊 4 件。泥质，火候一般，其中两件施釉。高颈深腹，小平底。如编号"M1：21"者，高 22 厘米，施酱褐釉，大部分已剥落。

小尊 2 件。泥质，火候较高，均施酱褐釉。编号"M1"墓出的一件，口沿两边对称，穿四孔，肩有三枚乳钉，腹饰条纹，釉色大部剥落，高 14 厘米。

壶 22 件。泥质，火候较高。形制多样，可分四式：Ⅰ式 5 件，内有通体施酱褐釉者；Ⅱ式 10 件，其中 5 件施酱褐釉；Ⅲ式 2 件，口沿处各有一流，对边沿则穿两个孔，腹饰条纹，器内外施酱黄釉，均高 27 厘米；Ⅳ式 5 件，敞口有流，圜底，内有 4 件内外施酱褐釉，高颈，鼓腹，腹饰条纹，从颈部至腹部附有一耳。

豆 31 件。泥质，釉陶火候一般较高。分二式：Ⅰ式 7 件，如编号"M3：2"者，高 22 厘米、口径 22.5 厘米；Ⅱ式 24 件，口沿处均有相对称的穿孔，有 8 件施酱褐釉，如编号"M2：5"者，高 12.5 厘米、口径 14.3 厘米。

盆 3 件。泥质，火候较高，均为素面，如编号"M2：12"者，高 12.5 厘米、口径 24 厘米。

钵 18 件。如编号"M8：1"者，高 7.7 厘米、口径 15.7 厘米。

盂 6 件。其中 2 件为粗砂黑陶，4 件为泥质陶，火候低，质软、敞口、平底。如"M2：11"，圆腹，口沿处对称穿一孔，高 8.4 厘米。

杯 4 件。均为粗砂黑陶，如"M1：31"，高 5 厘米、口径 5 厘米。

罐 41 件。多是粗砂陶，一般是敞口、圆腹、圜底，饰方格纹、编织纹、绳纹等，但多为素面，其中"M9"随葬的一件为泥质陶，腹饰细方格纹，高 21.7 厘米、口径 17.8 厘米；"M1"随葬的一件为子口、束颈、斜肩，高 17.5 厘米。

纺纶 5 件。有扁梯形和算珠形两种。

以上介绍的内容，全部是参照原始简报。① 《广东先秦考古》则是将其中 33 件大口尊、4 件尊和 2 件小尊，统称为 39 件"大口尊"，并放到整个浮滨文化区的遗物中去做比较，分为 A、B 两型，A 型为鼓腹，B 型为折腹（Ba）或折肩（Bb）。大口尊是中原商文化的重要因素，其重要性仅次于陶鬶，部分折腹或折肩大口尊的肩部饰有三枚乳钉，可能是仿自青铜器。又，一些器物存在着"共型"现象，如盆、钵和上述的Ⅱ式豆（《广东先秦考古》称为"B 型Ⅰ式豆"），三者之间的关系是放大为盆，缩小为钵，加圈足则为Ⅱ式豆。这种"共型"现象在许多文化遗存中都有，它反映了某种设计定式的共享，是时代风格的一种体现。②

① 广东省博物馆、饶平县文化局：《广东饶平县古墓发掘简报》，文物编辑委员会编：《文物资料丛刊》（第 8 辑），北京：文物出版社，1983 年，第 100－105 页。

② 杨式挺、邱立诚、冯孟钦、向安强：《广东先秦考古》，广州：广东人民出版社，2015 年，第 693－697 页。

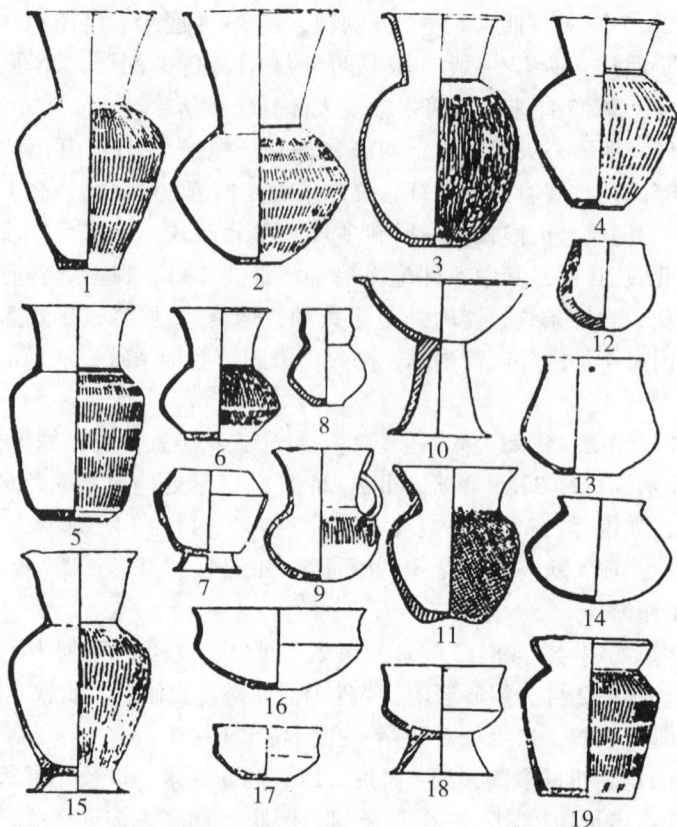

1~3. 大口尊　4、5. 尊　6. 小尊　7~9、15. 壶　10、18. 豆　11、19. 罐　12. 杯
13. 盂　14. 釜　16. 盆　17. 钵

图 2 - 6 - 13　塔仔金山和顶大埔山遗址出土陶器

　　浮滨文化时期的居民善于制陶，本阶段也发现有不少陶拍、制陶的工场。如前文介绍的牛伯公山遗址,[①]　又如距离塔仔金山和顶大埔山遗址不远的南澳岛上，都发现有陶拍，应该存在着一个制陶作坊。

　　南澳东坑仔遗址[②]位于南澳岛隆东乡，被发现时，其文化层早已受到严重破坏，由于长期水土流失，许多遗物裸露在地面，经清理采集到陶器、石器类生产和生活工具一批，多数已残缺。对大口尊、罐、壶等器物进行分析及整体研究，可确认其应属于浮滨文化，不过遗物中未见戈类，且仅有少量陶器器表施釉。因

---

　　① 广东省文物考古研究所、普宁市博物馆：《广东普宁市牛伯公山遗址的发掘》，《考古》1998 年第7 期。

　　② 广东省南澳县海防史博物馆：《广东南澳县东坑仔古遗址》，《东南文化》1991 年第6 期；曾骐：《南澳岛两处古遗址研究》，潮汕历史文化研究中心、汕头大学潮汕文化研究中心编：《潮学研究》（第二辑），汕头：汕头大学出版社，1994 年，第64 -73 页。

先秦潮汕研究

146

此，其年代可能稍早于塔仔金山和顶大埔山遗址。又由于发现不少经使用而已残断的、流行于华南沿海地区的采集、渔猎经济中的食物加工工具——凹石类锤击器具等，以及数量较多的网坠（渔猎工具）、陶支座、陶拍，因此可以判断，该地为人类较长期的居住活动遗迹。

南澳东坑仔遗址被发现时已严重受损且遗物不多，但在这种情况下，考古及人类学家仍然采集到7件陶拍标本，均为夹细砂红陶，火候较高。其造型较为少见，可分为两类：一类为正方形六面体，左右有两面，见有4~5个小孔，其余四个面刻有梯格纹、方格纹等；另一类为扁方柱形，左右两面有6个小孔，其余四个面刻有菱格纹。

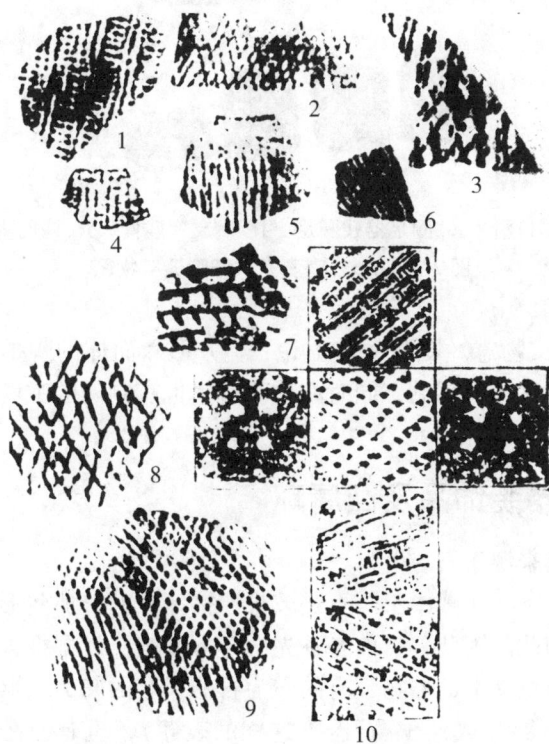

1~9. 陶片　10. 陶拍

图 2 - 6 - 14　南澳东坑仔陶器纹饰拓片

南澳东坑仔采集到的陶器，除了部分是素面，其余的多数装饰有拍印的梯格纹、网格纹、大小方格纹、篮纹、菱格纹、双线方格纹、瓦棱纹、弦纹等，而这与遗址区域采集到的陶拍样式是能对应得上的，说明在此处陶拍是一种有特色的陶器加工工具，就仅存的陶器来看，器具上多数纹饰为正方形六面体陶拍所拍制而成。

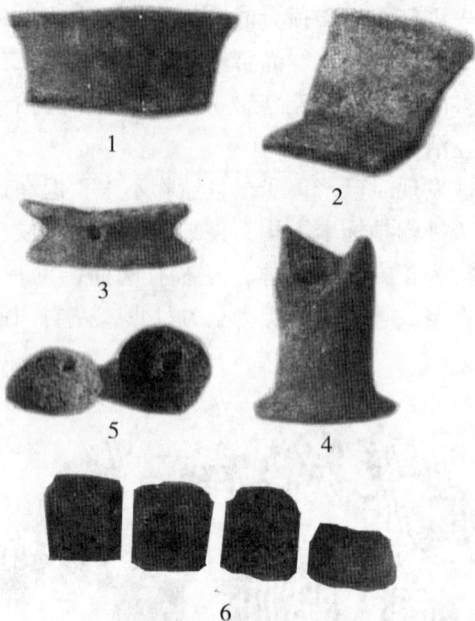

1、2. 大口尊口沿　3. 圈足器残圈足　4. 陶支座残件　5. 陶网坠　6. 陶拍

图 2 - 6 - 15　南澳东坑仔陶器实物图

《广东省志·文物志》更进一步立论："方形六面体的陶拍四面有印纹，这件制陶器纹样的工具较为罕见，同时亦说明这里也有制陶的工场。"[①]

## 六、玉石器装饰品及凸唇环

玉从石来，玉来源于石。[②]

众所周知，在考古实践中玉与石是较难严格区分的，那些形体较小并且年代久远的遗物更是如此。因此，目前各种先秦考古调查、发掘报告对于其中所描述的具有矿物学玉石意义上的器物，有的归为石器，有的归为玉器，有的直接归为玉石器（用"玉石器"或"玉/石器"这样的表述），也有的在同一篇文章中区分出玉和石，这样的类似情况普遍存在，有时甚至会见于同一个学者在不同时期对同一件器物作出的文字描述中。这给跨文论对比工作的进行增加了难度。

有鉴于此，本书将这类器物统称为"玉石器"，但如果涉及某一件具体遗物的介绍，则仍然依照其原始考古报告或遗存调查等原文措辞。这个处理方式自然

---

① 广东省地方志编纂委员会编：《广东省志·文物志》（光盘版），广州：广东省科技音像出版社，2007 年，第 86 页。

② 曾卫胜：《论玉与石的本质区别》，玉石学国际学术研讨会论文集编：《玉石学国际学术研讨会论文集》，北京：地质出版社，2011 年，第 344 页。

不是最合理的，但可能会避免混淆。

浮滨文化遗存中发现有不少玉石类装饰品，仅塔仔金山和顶大埔山两处遗址便发现有石玦、石环、石璜以及玉玦、残玉饰，[1] 其质料为"高岭岩、绿松石、翠玉等"[2]。在潮汕地区其他浮滨文化遗址中，也有类似的发现。

如揭阳大盘岭属于浮滨文化遗存的第 1 号墓，出土有璜：1985 年的考古报道称有"滑石璜"1 件，光滑精致，里厚外薄，断面呈长三角形，一端有两孔，另一端单孔，长 5.3 厘米、面宽 1.2 厘米，色泽润滑，浅灰透黄；[3] 2005 年的调查报告则称该器物为"玉璜"，青灰色，由单面钻孔的残破玉环或玦改形而成，磨制精细，两端分别有一个和两个穿孔，长 5.3 厘米、宽 1.3 厘米、厚 0.1~0.3 厘米。[4]

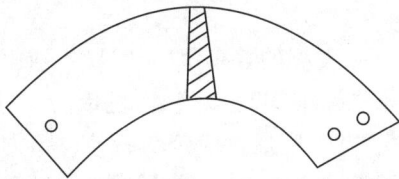

图 2 - 6 - 16　揭东大盘岭玉璜

又如揭阳油柑山浮滨文化遗存中随葬的两件玦：1988 年的发掘报告称之为 1 件"玉玦"和 1 件"石玦"，编号"M8：1"者是断面为圆形、径 3.1 厘米的墨绿色石玦，编号"M1：7"者是青白色玉玦；[5] 2005 年的调查报告则称之为"石玦"2 件，编号"JD38：4"者（上述编号"M1：7"者）是断面为圆形的灰绿色石玦，编号"JD38：5"者（上述编号"M8：1"者）是青灰色板岩，外径 3.4 厘米、器体扁薄而两侧残断的石玦，后者工艺为单面管钻取芯。[6]

①　广东省博物馆、饶平县文化局：《广东饶平县古墓发掘简报》，文物编辑委员会编：《文物资料丛刊》（第 8 辑），北京：文物出版社，1983 年，第 100 - 105 页。

②　邱立诚、曾骐：《论浮滨文化》，揭阳考古队、揭阳市文化广电新闻出版局编：《揭阳考古（2003—2005）》，北京：科学出版社，2005 年，第 257 页。

③　揭阳县博物馆考古组：《揭阳考古三题》，广东省汕头市文物管理办公室编：《汕头文物》，内部出版，1986 年第 12 期，第 34 - 42 页。

④　魏峻：《揭东县先秦两汉遗址调查报告》，揭阳考古队、揭阳市文化广电新闻出版局编：《揭阳考古（2003—2005）》，北京：科学出版社，2005 年，第 161 页。

⑤　广东省博物馆、揭阳县博物馆笔：《揭阳地都蜈蚣山遗址与油柑山墓葬的发掘》，《考古》1988 年第 5 期。

⑥　魏峻：《揭东县先秦两汉遗址调查报告》，揭阳考古队、揭阳市文化广电新闻出版局编：《揭阳考古（2003—2005）》，北京：科学出版社，2005 年，第 170 页。

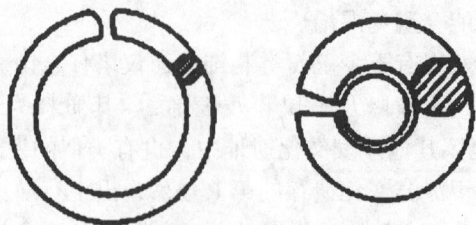

图 2 - 6 - 17　揭阳油柑山两件玦

这些环、璜、玦等都是浮滨文化中较为流行的装饰品类器物。其中环类中的"凸唇环"① 较为重要。

自 20 世纪 30 年代起，凸唇环便陆续在潮汕及临近的汕尾、梅州、紫金、大埔等地出土。②

潮汕境内的，如 2009 年发掘的普宁龟山"M2"墓出有 3 件石环，发掘简报公布了其中的一件，编号"标本 M2：3"，黑色板岩，内缘较厚且向两侧凸起，外缘渐薄近刃，截面近横"T"字形，应是凸唇环，归为二期遗存，属于后山类型偏晚阶段的器物，比浮滨文化略早，处于两者的过渡期。③ 属于浮滨文化区的，如 1986 年在大埔县清理的 21 座古墓，从清理简报的图文描述看来，至少有 1 件玉环和 1 件石环属于浮滨遗存的凸唇环，其中编号"M13：1"的玉环为青玉质，凸缘形环，内缘两面凸起，环径 7.4 厘米、凸缘宽 0.9 厘米、内宽 1 厘米。④

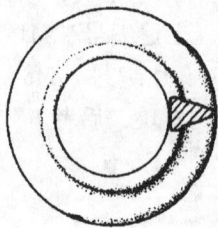

图 2 - 6 - 18　普宁龟山"标本 M2：3"环

凸唇环被普遍认为是作手镯类装饰品之用，但有人认为它是功能似璧的礼

---

① "凸唇环"又称"丁字形环""T 字环""有肩环""有领环""凸字形环"等，由于"丁字形""T 字形"等的叫法都是根据环的横剖面而起的，不是直观印象，而有肩、有领描述的只是环平放时的情态，相比之下，"凸唇环"更为直观形象，因此本书称为"凸唇环"。

② 杨式挺、邱立诚、冯孟钦、向安强：《广东先秦考古》，广州：广东人民出版社，2015 年，第 702 - 705 页。

③ 广东省文物考古研究所、普宁市博物馆：《广东普宁龟山先秦遗址 2009 年的发掘》，《文物》2012 年第 2 期。

④ 广东省博物馆、大埔县博物馆：《广东大埔县古墓葬清理简报》，《文物》1991 年第 11 期。

器，也有人认为是环形石斧，还有人认为其中的一些环如作手镯略显厚重，作工具环斧用刃部又不够锋利，因此认定其为研磨谷物的磨轮①。总之，不同规格、材质的凸唇环应有不同的用途。

《中国与东南亚的"T"字形环》一文较全面收集了该文作者所见中国和东南亚发现的、出土地点明确的凸唇环（该文称之为"'T'字形环"）进行系统研究，得出八个结论：①凸唇环分布于中国河北省至马来西亚半岛前端附近；②至迟从公元前3000年后半期起已经见于包括今中国河南省、山西省南部在内的黄河中游地区，目前的相关考古学资料有限，在其他地区还未见到这一时期的出土报道；③到公元前2000年后半期，凸唇环的发现迅速增加，分布范围也扩大到了越南北部；④虽有人认为越南的凸唇环是自发地发展起来的，但迄今为止，考古学资料中还未见到有十分充足的证据；⑤从种种情况来看，越南北部的凸唇环的出现，应是在与华北系统（中原）文化接触过程中产生的，主要的接受者就是越南史前文化的主体民族，这种观点较为适当；⑥在华北与长江下游地区，公元前6世纪以后便见不到凸唇环了，在华南边缘地区和东南亚，则一直延续到公元前1000年的后半期；⑦"凸唇环的功能方面，在中国南方与东南亚部分地区，它应该主要是作为手镯使用的，但就华北而言，还未见确实作为手镯使用的例子；⑧从公元前2000年后半期的河南省出土器物开始，至公元前2世纪时云南省的石寨山文化都表明，凸唇环的使用者限定在承担社会特殊角色的人群中。②

倘若如此，则有着浮滨文化核心区的潮汕地区，便是凸唇环由华北向东南亚传播中的重要一环。

## 七、浮滨石璋以及商文化南渐

潮汕地区自20世纪70年代便在揭阳仙桥采集到属于浮滨遗物的2件石璋，收藏于揭阳市博物馆，原本几乎默默无闻，饶宗颐先生在1994年"南中国及邻近地区古文化研讨会"作开幕演讲时对其身份进行公开确认后，它才开始进入学界视野。

关于璋的研究，30多年来浮现了一波高潮。1990年，中山大学、香港中文大学组成的考古队在香港南丫岛发掘到1件牙璋，对牙璋的研究遂在港台学术界得到前所未有的重视；1994年，香港中文大学中国考古艺术中心召开第一次"南中国及邻近地区古文化研讨会"，岭南、全国乃至东亚、东南亚学者成果频出，汉学界对璋的研究由此进入高峰期。而自三星堆1987年、1989年出土牙璋

---

① 杨式挺、邓增魁：《广东封开县杏花河两岸古遗址调查与试掘》，《考古》编辑部编：《考古学集刊》（第6集），北京：中国社会科学出版社，1989年，第68－82页。
② ［日］吉开将人著，陈德安译，石应平校：《中国与东南亚的"T"字形环》，《四川文物》1999年第2期。

的简报发表后便已渐热的研究氛围，至此更加热烈。持不同看法的考古、古文字、文史学等领域名家学者均不同程度地卷入"牙璋热"中，随之引发了对中原文化南渐问题的热烈讨论。

良好的学术探讨氛围令我们得以越来越接近真理，但由于资料的缺乏，关于璋、牙璋、石璋等的问题难以下定论，在其命名及功能用途等方面仍存有分歧。下文将分三部分略为梳理，希望能简单说明问题。

### （一）早期文献中的璋

早期文献有关璋的内容其实也不少。目前能见的所有60种"现存先秦文献"中，据笔者分析整理，《周礼》是直接述及璋的资料中最丰富且最为详尽者，一共8则，其他有《礼记》7则、《仪礼》6则、《诗经》3则、《白虎通》2则、《尚书》《春秋公羊传》《尔雅》《晏子春秋》《山海经》《庄子》《淮南子》各1则，以及《太平御览》征引的疑似《吕氏春秋》佚文1则。[1]

表2-6-1　先秦文献中的璋

| 文献名 | 相关记载 |
| --- | --- |
| 《周礼》 | 璋邸射，以祀山川，以造赠宾客。 |
| | 璋邸射，素功，以祀山川，以致稍饩。 |
| | 合六币：圭以马，璋以皮，璧以帛，琮以锦，琥以绣，璜以黼。 |
| | 驵圭璋、璧琮、琥璜之渠眉，疏璧琮以敛尸。 |
| | 以玉作六器，以礼天地四方。以苍璧礼天，以黄琮礼地，以青圭礼东方，以赤璋礼南方，以白琥礼西方，以玄璜礼北方。 |
| | 大璋、中璋九寸，边璋七寸，射四寸，厚寸，黄金勺，青金外，朱中，鼻寸，衡四寸，有缫，天子以巡守，宗祝以前马。 |
| | 牙璋以起军旅，以治兵守。 |
| | 牙璋、中璋七寸，射二寸，厚寸，以起军旅，以治兵守。 |

---

① 笔者所检索翻阅者，为60种传世早期文献，其中如《管子》"不璋两原"中的"璋"应解为"彰"之类均不列入；笔者检阅或有疏漏。又，这60种古书即李零先生总结的所有"现存先秦文献"，各种传世版本繁多，笔者所用60种60个版本（每种一个版本）均是依照李先生的建议；为省篇幅，这里除了出现"璋"而配脚注者之外，其他书目都附录于"参考文献"。参见李零：《简帛古书与学术源流》，北京：生活·读书·新知三联书店，2004年，第17-30页。

| 文献名 | 记载 |
|---|---|
| 《礼记》 | 圭璋特，琥璜爵，鬼神之祭单席。 |
|  | 君执圭瓒裸尸，大宗执璋瓒亚裸。 |
|  | 周人尚臭，灌用鬯臭，郁合鬯，臭阴达于渊泉，灌以圭璋，用玉气也。 |
|  | 君亲礼宾，宾私面私觌，致饔饩，还圭璋，贿赠飨食燕，所以明宾客君臣之义也。 |
|  | 以圭璋聘，重礼也。已聘而还圭璋，此轻财而重礼之义也。诸侯相厉以轻财重礼，则民作让矣。 |
|  | 有圭璧金璋，不粥于市。 |
|  | 圭璋特达，德也。 |
| 《仪礼》 | 聘于夫人，用璋。 |
|  | 受夫人之聘璋。 |
|  | 上介出请，宾迎，大夫还璋。 |
|  | 上介执璋屈缲，立于其左。 |
|  | 受上介璋，致命亦如之。 |
|  | 设六色：东方青，南方赤，西方白，北方黑，上玄，下黄。设六玉，上圭，下璧，南方璋，西方琥，北方璜，东方圭。 |
| 《诗经》 | 济济辟王，左右奉璋。奉璋峨峨，髦士攸宜。 |
|  | 颙颙昂昂，如圭如璋。 |
|  | 乃生男子，载寝之床，载衣之裳，载弄之璋。 |
| 《白虎通》 | 何谓五瑞？谓珪、璧、琮、璜、璋也。……五玉者各何施？盖以为璜以征召，璧以聘问，璋以发兵，珪以信质，琮以起土功之事也。 |
|  | 璋半珪，位在南方，南方阳极而阴始起，兵亦阴也，故以发兵也。不象其阴何？阴始起物尚凝，未可象也。璋之为言明也，赏罚之道，使臣之礼，当章明也。南方之时，万物莫不章，故谓之璋。 |
| 《尚书》 | 以异同秉璋以酢。授宗人同，拜。王答拜。 |
| 《春秋公羊传》 | 璋判白。 |
| 《尔雅》 | 璋大八寸，谓之琡。 |
| 《晏子春秋》 | 今吾欲具珪璋牺牲，令祝宗荐之乎上帝宗庙。 |
| 《山海经》 | 其祠之礼：毛用一璋玉瘗，糈用稌米，一璧，稻米、白菅为席。 |
| 《庄子》 | 白玉不毁，孰为珪璋，道德不废，安取仁义。 |
| 《淮南子》 | 锦绣登庙，贵文也；圭璋在前，尚质也。 |
| 《吕氏春秋》（佚文） | 成功用璋。 |

现将这些记载串讲如下。

璋在先秦时期是神圣之物。它是礼器，是在祭祀、宴飨、征伐及丧葬等活动中使用的器物。

用于大型祭祀场合，包括祭天、祭宗、祭社、祭山川神明等，《尚书·顾命》载"以异同秉璋以酢。授宗人同，拜。王答拜"①，《礼记·礼器》载"圭璋特，琥璜爵，鬼神之祭单席"，《礼记·祭统》载"君执圭瓒祼尸，大宗执璋瓒亚祼"，《礼记·郊特牲》载"周人尚臭，灌用鬯臭，郁合鬯，臭阴达于渊泉，灌以圭璋，用玉气也"②，《晏子春秋·问上十》载"今吾欲具珪璋牺牲，令祝宗荐之乎上帝宗庙"③，《周礼·春官宗伯·典瑞》载"璋邸射，以祀山川，以造赠宾客"，《周礼·冬官考工记·玉人》载"璋邸射，素功，以祀山川，以致稍饩"④。

敬献天子之礼物，如《周礼·秋官司寇·小行人》记载诸侯行觐礼时飨天子、王后需要"合六币：圭以马，璋以皮，璧以帛，琮以锦，琥以绣，璜以黼"⑤。

诸侯之间相互聘问过程中赠送的礼物以及整个流程中的应用，见《仪礼·聘礼》载："聘于夫人，用璋"，"受夫人之聘璋"，"上介出请，宾迎，大夫还璋"，"上介执璋屈缫，立于其左"，"受上介璋，致命亦如之。"⑥又见《礼记·聘义》载："君亲礼宾，宾私面私觌，致饔饩，还圭璋，贿赠飨食燕，所以明宾客君臣之义也"，"以圭璋聘，重礼也。已聘而还圭璋，此轻财而重礼之义也。诸侯相厉以轻财重礼，则民作让矣。"⑦

用于墓葬敛尸，见《周礼·春官宗伯·典瑞》载："驵圭璋、璧琮、琥璜之渠眉，疏璧琮以敛尸。"⑧

---

① （汉）孔安国传，（唐）孔颖达疏：《尚书正义》，（清）阮元校刻：《十三经注疏》，北京：中华书局，1980年，第241页。

② （汉）郑玄注，（唐）孔颖达疏：《礼记正义》，（清）阮元校刻：《十三经注疏》，北京：中华书局，1980年，第1432、1603、1457页。

③ 吴则虞编著：《晏子春秋集释》，北京：中华书局，1962年，第201页。

④ （汉）郑玄注，（唐）贾公彦疏：《周礼注疏》，（清）阮元校刻：《十三经注疏》，北京：中华书局，1980年，第776、924页。

⑤ （汉）郑玄注，（唐）贾公彦疏：《周礼注疏》，（清）阮元校刻：《十三经注疏》，北京：中华书局，1980年，第894页。

⑥ （汉）郑玄注，（唐）贾公彦疏：《仪礼注疏》，（清）阮元校刻：《十三经注疏》，北京：中华书局，1980年，第1047、1056、1066–1067、1067、1068页。

⑦ （汉）郑玄注，（唐）孔颖达疏：《礼记正义》，（清）阮元校刻：《十三经注疏》，北京：中华书局，1980年，第1692、1693页。

⑧ （汉）郑玄注，（唐）贾公彦疏：《周礼注疏》，（清）阮元校刻：《十三经注疏》，北京：中华书局，1980年，第777页。

此外，有学者依据《春秋公羊传注疏·定公八年》"璋判白"①句，认为璋具有判别某事物是否为白色、是否拥有与白璋相应地位的功能，这主要是将"判"字理解为判别、区别的意思所造成的。笔者对此观点持保留态度。因为何休对此句的注解是"判，半也"，又早期古籍常解"判"为"半"（如《周礼·春官宗伯·小胥》"卿大夫判县"②），并不存在"判即判别"这种理解。当然，用璋来衡量、对比说明其他器具尺寸也是有的，如《尔雅》"璋大八寸，谓之琡"③句，那是另一回事。

璋主南方，便有了南方的意象。作为礼器中祭天地四方的"六器"之一，璋礼南方，南方主夏，五行属火，色赤，故礼拜时必须用或说适宜用赤色的璋。《仪礼·觐礼》记载诸侯觐见天子时要在城外筑坛，奉上下四方神明，对应六种颜色、六玉："设六色：东方青，南方赤，西方白，北方黑，上玄，下黄。设六玉，上圭，下璧，南方璋，西方琥，北方璜，东方圭。"④又《周礼·春官宗伯·大宗伯》载："以玉作六器，以礼天地四方。以苍璧礼天，以黄琮礼地，以青圭礼东方，以赤璋礼南方，以白琥礼西方，以玄璜礼北方。"⑤这里涉及下文要讲到的璋的其中一种——赤璋。

璋是诸侯所用"五瑞""五玉"符信之一，具有信符、兵符功能。见《白虎通·瑞贽》载："何谓五瑞？谓珪、璧、琮、璜、璋也。……五玉者各何施？盖以为璜以征召，璧以聘问，璋以发兵，珪以信质，琮以起土功之事也。"⑥至于为何将璋与军事行动联系起来，这可能与璋礼南方有关。南方卦象为离卦，八纯之卦，有征战之义，如《周易·离卦》载："上九，王用出征，有嘉折首，获匪其丑，无咎。象曰：王用出征，以正邦也。"⑦又《白虎通·瑞贽》载："璋半珪，位在南方，南方阳极而阴始起，兵亦阴也，故以发兵也。不象其阴何？阴始起物尚凝，未可象也。璋之为言明也，赏罚之道，使臣之礼，当章明也。南方之时，万物莫不章，故谓之璋。"⑧

① （汉）何休解诂，（唐）徐彦疏：《春秋公羊传注疏》，（清）阮元校刻：《十三经注疏》，北京：中华书局，1980年，第2340页。

② （汉）郑玄注，（唐）贾公彦疏：《周礼注疏》，（清）阮元校刻：《十三经注疏》，北京：中华书局，1980年，第795页。

③ （晋）郭璞注，（宋）邢昺疏：《尔雅注疏》，（清）阮元校刻：《十三经注疏》，北京：中华书局，1980年，第2601页。

④ （汉）郑玄注，（唐）贾公彦疏：《仪礼注疏》，（清）阮元校刻：《十三经注疏》，北京：中华书局，1980年，第1092–1093页。

⑤ （汉）郑玄注，（唐）贾公彦疏：《周礼注疏》，（清）阮元校刻：《十三经注疏》，北京：中华书局，1980年，第762页。

⑥ （清）陈立撰，吴则虞点校：《白虎通疏证》，北京：中华书局，1994年，第349–350页。

⑦ （魏）王弼、（晋）韩康伯注，（唐）孔颖达疏：《周易正义》，（清）阮元校刻：《十三经注疏》，北京：中华书局，1980年，第43页。

⑧ （清）陈立撰，吴则虞点校：《白虎通疏证》，北京：中华书局，1994年，第352页。

另外，祖本《吕氏春秋》可能有一则记载涉及璋，《太平御览·珍宝部》载："《吕氏春秋》曰：'成功用璋。'"① 但今本《吕氏春秋》已不见，所以这应该是佚文。又唐《酉阳杂俎·礼异》载："古者安平用璧，兴事用圭，成功用璋，边戎用珩，战斗用璩，城围用环。"② 《太平御览》应可信，《酉阳杂俎》内容虽然诡怪荒谬，然而遗文秘籍亦往往错出其中，因此历代学者亦多重视。这里的"成功用璋"四字完全相同，不排除《酉阳杂俎》整句是《吕氏春秋》佚文的可能。倘若如此，"成功"在先秦便有成就功业的意义（如《尚书·禹贡》载"禹锡玄圭，告厥成功"③），采用《酉阳杂俎》整句的内容，则更有助于我们理解璋与军事的关系。

《周礼》中的璋一共有5种，除了赤璋之外，还有大璋、中璋、边璋和牙璋4种。其中，"赤璋礼南方"前文已分析清楚，而大璋、中璋、边璋，则是天子巡狩时祭祀山川用到的礼器。《周礼·冬官考工记·玉人》载："大璋、中璋九寸，边璋七寸，射四寸，厚寸，黄金勺，青金外，朱中，鼻寸，衡四寸，有缲，天子以巡守，宗祝以前马。"郑玄注："三璋之勺形如圭瓒。天子巡守，有事山川，则用灌焉。于大山川则用大璋，加文饰也；于中山川用中璋，杀文饰也；于小山川用边璋，半文饰也。"④ 即郑玄认为：需根据山川的大小规模而选用不同规格的璋（大璋、中璋和边璋）来进行祭祀活动。祭山的礼仪，《山海经·南山经》有所涉及："其祠之礼：毛用一璋玉瘗，糈用稌米，一璧，稻米、白菅为席。"⑤ 大约是说，祭祀时应将一块璋玉和祀神用的毛物一起埋在土中。不过，这里指的仅是《山海经》中的"南山"山系而已，祭拜别的山川不一定如此。

五种璋的最后一种——牙璋，其主要功能是作兵符使用。上引记载璋具有信符、兵符功能的文献，里面的"璋"所指多数是这种牙璋。《周礼·春官宗伯·典瑞》载："牙璋以起军旅，以治兵守。"郑玄注："先郑云：'牙璋，琢以为牙。牙齿，兵象，故以牙璋发兵，若今时以铜虎符发兵。'玄谓牙璋，亦王使之瑞节。兵守，用兵所守，若齐人戍遂，诸侯戍周。"⑥ 如果稍加延伸，则可以探讨牙璋可作兵符的主要原因：郑司农认为原因是牙璋有"琢"（琢大约是隆起、凸出的部分和纹饰，《说文解字》载"圭璧上起兆琢"⑦），外观有点像"牙"（现在语

① （宋）李昉等：《太平御览》，北京：中华书局，1998年，第3585页。
② （唐）段成式撰，方南生点校：《酉阳杂俎》，北京：中华书局，1981年，第6页。
③ （汉）孔安国传，（唐）孔颖达疏：《尚书正义》，（清）阮元校刻：《十三经注疏》，北京：中华书局，1980年，第153页。
④ （汉）郑玄注，（唐）贾公彦疏：《周礼注疏》，（清）阮元校刻：《十三经注疏》，北京：中华书局，1980年，第923页。
⑤ 袁珂校注：《山海经校注》，成都：巴蜀书社，1991年，第9页。
⑥ （汉）郑玄注，（唐）贾公彦疏：《周礼注疏》，（清）阮元校刻：《十三经注疏》，北京：中华书局，1980年，第778页。
⑦ （汉）许慎撰：《说文解字（附检字）》，北京：中华书局，1963年，第11页。

境下的臼齿、磨牙，见孔颖达疏《春秋左传·隐公五年》），"齿牙"处称"颔上大齿谓之为牙"①），相对应的上下白齿咬合，无缝如一，如两个璋合成一个圭（《说文解字》载"牙，牡齿也。象上下相错之形。……古文牙"②，"剡上为圭，半圭为璋"③），这样，神圣的牙璋便可为兵事信物。事实上，"牙"的含义常与信有关，如粤语中的"唔讲口齿"，则谓其人不讲诚信；潮州话的"呾话哒着舌"，则是说该人夸口撒谎——如何"哒着舌"？自然是牙齿造成的。

尤应指出的是，中璋虽然主要功能是礼祭，但也兼具兵符作用。如《周礼·冬官考工记·玉人》："牙璋、中璋七寸，射二寸，厚寸，以起军旅，以治兵守。"贾公彦疏："军多用牙璋，军少用中璋。"④ 就是说，如作为兵符，则根据调动兵员数量或战区规模大小等的不同选用不同的璋，牙璋属于较高的一级。两者的不同还在于形制，如《周礼·春官宗伯·典瑞》"牙璋以起军旅，以治兵守"句，孙诒让正义称："此不云中璋者，中璋比于牙璋杀文饰，总而言之亦得名为牙璋。"⑤

早期文献中还有数则涉及璋的，都是文艺化描述。礼器是神圣而高贵的，不允许人们进行买卖等，如《礼记·王制》载："有圭璧金璋，不粥于市。"它具有常物不可比的美德，如《礼记·聘义》载："圭璋特达，德也。"⑥ 将之与美好气质联系起来，如《诗经》中《大雅·棫朴》载"济济辟王，左右奉璋。奉璋峨峨，髦士攸宜"、《大雅·卷阿》载"颙颙昂昂，如圭如璋"、《小雅·斯干》载"乃生男子，载寝之床，载衣之裳，载弄之璋"，⑦《庄子·马蹄》载"白玉不毁，孰为珪璋，道德不废，安取仁义"，⑧《淮南子·缪称训》："锦绣登庙，贵文也；圭璋在前，尚质也。"⑨ 这些，大概都是以璋的高贵难得、具君子之德的特性进行譬拟引申。

综上所述，璋是礼器，是美好高贵的象征物。倘若以《周礼》为依据，则至少有五种璋，分别为赤璋、大璋、中璋、边璋、牙璋。璋是标准的礼器，祭祀、宴飨、征伐及丧葬等活动都可见其身影。但这五种璋应用的侧重点稍有区

① （晋）杜预注，（唐）孔颖达正义：《春秋左传正义》，（清）阮元校刻：《十三经注疏》，北京：中华书局，1980 年，第 1727 页。

② （汉）许慎撰：《说文解字（附检字）》，北京：中华书局，1963 年，第 45 页。

③ （汉）许慎撰：《说文解字（附检字）》，北京：中华书局，1963 年，第 11 页。

④ （汉）郑玄注，（唐）贾公彦疏：《周礼注疏》，（清）阮元校刻：《十三经注疏》，北京：中华书局，1980 年，第 923 页。

⑤ （清）孙诒让撰，王文锦、陈玉霞点校：《周礼正义》，北京：中华书局，1987 年，第 1595－1596 页。

⑥ （汉）郑玄注，（唐）孔颖达疏：《礼记正义》，（清）阮元校刻：《十三经注疏》，北京：中华书局，1980 年，第 1344、1094 页。

⑦ （汉）郑玄笺，（唐）孔颖达疏：《毛诗正义》，（清）阮元校刻：《十三经注疏》，北京：中华书局，1980 年，第 437、514、545 页。

⑧ （清）郭庆藩撰，王孝鱼点校：《庄子集释》，北京：中华书局，1961 年，第 336 页。

⑨ 何宁撰：《淮南子集释》，北京：中华书局，1998 年，第 715 页。

别，大体上来说，赤璋主要用于祭拜南方社稷神祇；大璋、中璋、边璋主要用于祭祀山岳（三者最直观的区别是纹饰和尺寸）；中璋也兼具信符、兵符功能；牙璋则是兵符、信符，以征伐、征召为主；用作兵符时，牙璋比中璋所使用的场景等级高。

### （二）考古发现上的璋、牙璋

考古实践上对璋、牙璋的定名，一直存在不同的看法，主要原因是古籍涉及璋的描述仅限于文字而无图像，且所指所论很不清晰，考古发现的类似器物自然难以对应得上。

目前能见的最早的璋图像，出自东汉的《柳敏碑》，其阴面刻有俗称"六玉图"的图像，宋代洪适的注解是："其上刻一禽若凤，其下则麟也。中有牛首衔环，两旁凡六玉。其右则瑁、圭、璧，左则琮、璋、璜。"①

图 2 - 6 - 19　东汉《柳敏碑》上的璋

影响较大的是北宋聂崇义撰制的《新定三礼图》，聂崇义自称参考了当时能见到的六种不同版本的古《仪礼》《周礼》《礼记》。其中的牙璋、大璋图如下。②

---

① （宋）洪适撰：《隶续·卷五》，（宋）洪适撰：《隶释·隶续》，北京：中华书局，1985 年，第320 页。

② （宋）聂崇义：《新定三礼图·卷十》，康熙十二年（1673）通志堂藏版刻本（三颂堂复本），第3、4 页。

图 2 - 6 - 20　北宋《新定三礼图》中的牙璋　　图 2 - 6 - 21　北宋《新定三礼图》中的大璋

　　清末吴大澂考证文献、参校遗物后撰著的《古玉图考》，则是目前研究者最常引用的，其中收有边璋和牙璋图各 1 件。吴大澂对牙璋的描述是"与戈戉之制略同，首似刀而两旁无刃，世俗以为玉刀，误矣，圭璋左右皆正直，此独有旁出之牙，故曰牙璋"①。同时，民国所出、香港翻制的《古玉图录初集》卷一②中有数幅图像与璋比较类似，虽然真伪莫辨、史源未知，该书也未言明是璋，但常被近人参考。

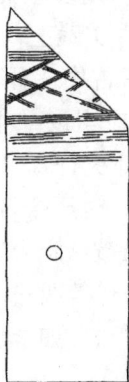

图 2 - 6 - 22　《古玉图考》中的璋

　　上述这些，大概是目前绝大多数文章中"璋"图形的源头了，新出作品或直接引用，或以之为底本模拟，辗转取用。但是，这些图形究竟是否名实相符，

①　（清）吴大澂：《古玉图考》，上海：同文书局，光绪十五年（1889），第 19 - 22 页。
②　香港美术书社编：《古玉图录初集·卷一》，香港：广雅社，1987 年。

历来颇多争议。

持"《周礼》是战国晚期的托古伪作"观点的考古学家夏鼐，在1983年的《商代玉器的分类、定名和用途》专论中，明确提出《周礼》的记述不可尽信，而汉代经学家的注解是"许多是望文生义，有的完全出于臆测"。这样，仅有汉儒注释而未见实物的汉《六玉图》图样便不足为凭，出于汉唐经师并加上作者想象的《新定三礼图》更不可信，而虽有实物考证却依附《周礼》、以"以资诂经之用"为出发点的《古玉图考》，则难免有牵强附会之嫌。因此，夏鼐主张出土的商代玉器"可以定名的，即用古名，如果古名找不到，可以找一个简单易懂的新名。用途不能确定的，可以暂且存疑，不作决定"[1]。如郑州二里岗（1件，无编号）以及河南偃师二里头（2件，编号"VM3：4""VM3：5"）出土的器物，从图样看，3件器物形制大略一致，前者原始报道称玉璋，后者发掘简报称石璋，[2] 夏鼐出于审慎严谨的科学态度，都更名为"刀形端刃器"，并主张今后类似器物亦应这样称呼。类似这样的情况还有一些，所以璋、牙璋等便有了"刀形端刃器""骨铲形玉器"[3]"耜形端刃器"等诸多依据其器物形态而作出的命名。

笔者认为，尽管《周礼》所载的制度规范仅是理想化的制度而非当时之现实，也确有托古的成分，但战国时期的编撰者应有传承如口头传说为据，汉唐经学家的注解即使有附会曲解之处，却也有着宝贵的参考价值；另外，关于璋的描述可能杂糅着编撰者、注解者的若干主观联想，至少在规格尺寸的具体描述方面十分可疑，而宋人的《新定三礼图》则多望文生义，如大璋、中璋、小璋瓒图等皆属编撰者臆想，断不可信。考古实践上，笔者赞同《广东先秦考古》的观点："以形态给予命名是石器时代考古中一种不得已的办法，一旦明确了用途，都应当采用与用途相联系的名称；应当以'主位'立场，尽量采用古代名称。除非另外发现的器物，并经严格考证更符合'牙璋'一名，否则牙璋目前的使用方法，还是可以沿续。"[4] 事实上，时至今日，上例河南偃师二里头出土的器物以及三星堆出土的类似器物等，已被认定为牙璋了。

鉴于此，本书沿袭璋、牙璋、石璋等叫法，即饶宗颐先生对此类型器物一贯以来的称呼。不少学者也尊崇这种看法，如李学勤、杨伯达、李伯谦、邓淑苹等著文时皆用牙璋。[5]

---

① 夏鼐：《商代玉器的分类、定名和用途》，《考古》1983年第5期，第455、455、456页。

② 河南省博物馆：《郑州二里岗发现的商代玉璋》，《文物》1966年第1期，第58页；中国社会科学院考古研究所二里头队：《河南偃师二里头二号宫殿遗址》，《考古》1983年第3期，第219页。

③ ［日］林巳奈夫：《中国古代の石庖丁形玉器と骨铲形玉器》，《东方学报》（第54册），1982年。

④ 杨式挺、邱立诚、冯孟钦、向安强：《广东先秦考古》，广州：广东人民出版社，2015年，第707页。

⑤ 香港中文大学中国考古艺术研究中心编：《南中国及邻近地区古文化研究　庆祝郑德坤教授从事学术活动六十周年论文集》，香港：中文大学出版社，1994年。

中国何时始有人发现、收藏璋，是一个难以追溯的问题。就现存实物看，广东省博物馆 1957 年收入的一件，据说是明代陈献章的传家宝，由收藏家临终捐献。估计至迟自明代始便有人视之为传家宝收藏此类器。可以确定的是，在吴大澂所处的清末，璋已经是贵重难得之物，《古玉图考》问世后，璋更为藏家所青睐，因此现世赝品随之增多。

现世有多少璋是难以统计的，因为这涉及名实的问题。

1996 年刊出的《耒形端刃器的分类与分期》是较全面且常被用到的统计资料，文中担忧如果以牙璋命名，"便意味着承认此类玉器的性质与《周礼》所记牙璋是一致的……在不了解或不能确定它们的用途之前，或者说并不承认此类玉器即为《周礼》所记牙璋而继续使用这种名称，则实必造成概念上的混乱"①，因此参考农具耒耜等以"耒形端刃器"来称呼的情况，并梳理了作者判断为"耒形端刃器"的遗物资料，作一综述。据其不完全统计，截至 1996 年，现世的璋共有 250 件左右，其中早年出土的不知出土地点，并有相当一部分于二十世纪三四十年代流散海外，中华人民共和国成立后这种情况虽然已经不复存在，但经科学发掘出土的仍占少数。

据《耒形端刃器的分类与分期》介绍，已知有确切出土地点的"耒形端刃器"约有 145 件②，包括越南 4 件和中国约 141 件。③ 中国的有：山东三处地点共 4 件；陕西据说 20 世纪初有发现，但出土时间及批次不清楚，公布的资料称有两个批次共 35 件；河南六处地点共 9 件；四川的主要集中于广汉三星堆及附近，分六处地点、七次发现，总量据说有七八十件，实际公布数量约 70 件；山西同一地点发掘的至少 4 件；湖北三处地点共 6 件；湖南 1 件；福建 1 件；广东情况特殊，除发现玉石质外，还发现有骨质、石质的，至少五个地点共 6 件（另有五处地点发现有阑端刃器共 9 件，该器据说梅县、五华、汕头、韶关亦有发现）；香港两个地点共 2 件。未知确切出土地点但传世及流传于海外的，据不完

---

① 王永波：《耒形端刃器的分类与分期》，《考古学报》1996 年第 1 期，第 1 页。

② 这里所述的"耒形端刃器"是《耒形端刃器的分类与分期》作者判别认定的，而在具体各例器物的原始报告中多有其他叫法，如该文所列湖北三个地点共发现 6 件"耒形端刃器"，几个原始考古资料称其中 5 件为"玉戈"、1 件为"玉铲"；又如该文所列神木石峁出土 28 件"耒形端刃器"，1977 年的考古调查称之为"玉石器"中的"铲"、1988 年和 1993 年同一作者分析文章修订器名为"牙璋"。参见湖北省荆州地区博物馆：《江陵天星观 1 号楚墓》，《考古学报》1982 年第 1 期；湖北省博物馆、北京大学考古专业盘龙城发掘队：《盘龙城一九七四年度田野考古纪要》，《文物》1976 年第 2 期；熊卜发：《湖北孝感地区商周古文化调查》，《考古》1988 年第 4 期；戴应新：《陕西神木县石峁龙山文化遗址调查》，《考古》1977 年第 3 期；戴应新：《神木石峁龙山文化玉器》，《考古与文物》1988 年第 5、6 期；王炜林、孙周勇：《石峁玉器的年代及相关问题》，《考古与文物》2011 年第 4 期。

③ 《耒形端刃器的分类与分期》称国内发现而确知出土地点者总数约 141 件，但此项下所细列的条目相加则是 138 件，差别的产生应源于四川所出的"约"70 件上。又该文前言称不完全统计共 250 件，但将各项相加仅得 223 件，其数量不符的原因，也在诸多"约数"以及减去的被作者判断为赝品者的器物上。

第二章 先秦潮汕社会

161

全统计共有三十批 78 件。① 则两项合计约 223 件，其中很多应可归为璋、牙璋等。

广东发现的璋、牙璋等，除了上述的 6 件"耜形端刃器"，可能还有 9 件有阑端刃器中的若干件。不过，从该文内容看，我们并不清楚其统计对象是否包括了揭阳发现的两件石璋。②

### （三）浮滨石璋

20 世纪 50 年代中后期，揭阳新西河的积沙河床便有"石圭"（或璋）现世，同时发现的有铜戈和磨光的石戈、石锛、石斧等 6 件石器，推断铜戈的年代为春秋末年至战国年间，③ 但这件"石圭"详细情况如何，再未见公开报道。

揭阳仙桥山前遗址采集的 2 件浮滨文化遗物——石璋，为 1975 年修建学校时发现的，当时称为鱼尾式石璋，判断为原始社会遗物。④ 这两件器物长期未受重视，在出版于 1989 年的《中国文物地图集》和 1990 年的《广东文物普查成果图录》中，都没有收录。⑤

1994 年，饶宗颐先生在香港中文大学的研讨会演讲中介绍了仙桥石璋中的一件（下述"仙山采：5""JY21：2"），并称："国内外共 22 处，广东地区，以前林巳奈夫（日本学者）记录一件在增城外红花林出土，杨式挺认为这是广东出土文物之最像牙璋者，又有东莞村头的牙璋，我现在要加上一件，合上 23 处。"⑥ 此后才引起重视。

1995 年，榕江流域史前人类学考察组到揭阳进行实地考察并作进一步研究，认定仙桥两件石璋，虽有穿阑和有阑无穿之差别，但应为同一类型璋形物，属浮

---

①　王永波：《耜形端刃器的分类与分期》，《考古学报》1996 年第 1 期。

②　《耜形端刃器的分类与分期》中有"这类石耜形器梅县、五华、汕头、韶关亦有发现"句，该句引自《广东平远县寨顶上山遗址调查》。《广东平远县寨顶上山遗址调查》原句"汕头"之后有"地区"两字，则汕头地区包括揭阳县（1991 年该文刊发时揭阳属汕头市下辖县），也意味着所指遗物可能为仙桥石璋；但该文尾注称引自《广东饶平县古墓发掘简报》，而后者却未见描述，因此，又无法确知是否指揭阳仙桥的石璋。参见王永波：《耜形端刃器的分类与分期》，《考古学报》1996 年第 1 期，第 9 页；广东省博物馆、平远县博物馆：《广东平远县寨顶上山遗址调查》，《考古》1991 年第 2 期，第 180 页；广东省博物馆、饶平县文化局：《广东饶平县古墓发掘简报》，文物编辑委员会编：《文物资料丛刊》（第 8 辑），北京：文物出版社，1983 年，第 100 - 105 页。

③　杨豪：《介绍广东近年发现的几件青铜器》，《考古》1961 年第 11 期。

④　张宗仪、张秀清主编：《揭阳文物志》，内部出版，1985 年，第 162 页。

⑤　广东省文化厅：《中国文物地图集　广东分册》，广州：广东省地图出版社，1989 年，第 272 -278 页；广东省文物管理委员会办公室、广东省博物馆编：《广东文物普查成果图录（出土文物部分）》，广州：广东科技出版社，1990 年，第 1 - 27 页。

⑥　饶宗颐：《由牙璋分布论古史地域扩张问题——南中国及邻近地区古文化研究国际研讨会开幕演讲》，《中华文化论坛》1981 年第 1 期，第 81 - 82 页。

滨文化遗物，"也是目前广东浮滨文化所仅见"①。

1998 年的考古调查，将这两件石璋分为两型：A 型 1 件（编号"仙山采：4"），灰黑色砂质板岩，长身板状，顶端凹下分叉呈双尖刃，双尖不对称，略向外撇，柄端凸出呈双肩状，通长 25.5 厘米、刃口宽 6.2 厘米、厚 1 厘米；B 型 1 件（编号"仙山采：5"），浅灰色砂质板岩，长身板状，顶端亦凹下分叉呈双尖刃，双尖基本对称，向外撇出，柄端弧缘，柄部有一穿，通长 27.9 厘米、刃口宽 5.6 厘米、厚 1 厘米。②

2005 年的调查报告称两件都为灰色板岩磨制，较为精致，器身为长条形状，有少许琢打痕迹，其中编号为"JY21：1"者（上述编号"仙山采：4"者）器身顶端呈燕尾形、尾端收为肩状，长 25.7 厘米、宽 5.2～6.2 厘米、厚 0.7 厘米；编号"JY21：2"者（上述编号"仙山采：5"者）器身顶端呈燕尾形、尾端弧形，近尾端有一对穿孔，长 27.8 厘米、宽 4.8 厘米、厚 0.6～0.95 厘米。③

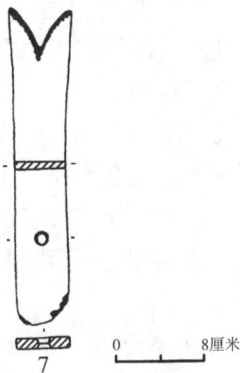

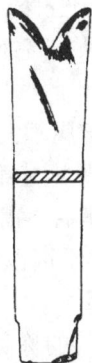

图 2-6-23 揭阳仙桥 "JY21：1"石璋　　图 2-6-24 揭阳仙桥 "JY21：2"石璋　　图 2-6-25 揭阳仙桥石璋实物图

以上是揭阳有关石璋发现的简况。

璋的功能，如上文第一点所说，倘若仅仅按早期文献所述，则只能是礼器，即在祭祀、宴飨、征伐及丧葬等活动中使用的器物。《左传》有"国之人事，在祀与戎"④，从某种意义上说，祀、戎场合皆见身影的璋甚至可以说是"国器"

---

① 曾骐、邱立诚、吴雪彬：《仙桥石璋——兼论先秦中原文化对岭南的影响》，华学编辑委员会编：《华学》（第一辑），广州：中山大学出版社，1996 年，第 118－126 页。

② 邱立诚、曾骐、张季怀：《广东揭阳先秦遗存考古调查》，《南方文物》1998 年第 1 期，第 12 页。

③ 李岩：《揭阳市古遗址调查报告》，揭阳考古队、揭阳市文化广电新闻出版局编：《揭阳考古（2003—2005）》，北京：科学出版社，2005 年，第 119 页。

④ （晋）杜预注，（唐）孔颖达正义：《春秋左传正义》，（清）阮元校刻：《十三经注疏》，北京：中华书局，1980 年，第 1911 页。

了。考古学上，目前多认为璋的用途有三种，即神秘的礼器祭器、代表权威的信物和有经济价值的玉币，而广东和香港所出者，有可能只是前两种。① 如此看来，这与早期文献所述是吻合的，也得到了考古实物的证据支撑。

揭阳石璋的用途，《仙桥石璋——兼论先秦中原文化对岭南的影响》认为其是礼器、祭器，并指出其中一件（"仙山采：5""JY21：2"）与三星堆祭祀坑出土的璋形物形状相似。三星堆祭祀坑的璋形物是一件3.9米高的铜树上的诸多挂饰之一，树旁周围有铜人跪拜，树上挂饰相信也与祭拜有关。

饶宗颐先生《浮滨文化的石璋、符号及相关问题》则作出进一步推论："牙璋之有孔，分明是准备用绳穿引用以悬挂。《山海经》记载祭山之礼，多悬以吉玉。《尔雅·释天》：'祭山曰庪悬。'郭璞注：'或庪或悬，致之于山。《山海经》曰悬以吉玉是也。'陆德明《经典释文》：'庪，本或作庋，又作庪。'《集韵》上声四纸：'祇祈：祭山名。或作祈，通作庪、庋。'"②

也就是说，揭阳这件石璋有孔，参照三星堆祭祀坑出土铜树之璋形物挂饰，必然是供悬挂用。《仪礼·觐礼》载："祭山丘陵，升。祭川，沈。祭地，瘗。"③或可解为祭山时，包括璋在内的吉玉都需悬挂高处。而祭山时多用璋等吉玉也合乎早期文献的记载内容。

笔者受该文启发，认为揭阳两件璋应该属于大璋、中璋或边璋的一种，因为按先秦文献尤其是《周礼》的清晰记载（见上述第一点的分析），只有大璋、中璋或边璋是祭祀山岳所用。它们在祭祀礼毕后，需埋于地下、悬于高处或投于山野等。又形制（最主要是尺寸）有异，这便可以解释"璋"在各地多有发现，并且所见规格大小区别较大的原因。

同时，笔者建议还是沿用仙桥"石璋"的称呼较好，没有必要使用"牙璋"一名，因为"牙璋"在早期文献上仅有信符功能，用此名恐怕徒添混乱。当然，倘若全盘否定或抛弃部分早期文献的相关记载，那又另当别论，毕竟考古实践中的"璋""牙璋"混用已久，也难以厘清了。

揭阳石璋的文化应来源于中原。按照一般认识，璋肇始于中原文化（具体地讲是中原龙山文化），盛行于新石器时代晚期至商周，西周后期以后逐渐式微。这个认识被广泛认可，因为它既合乎文献上透露出来的秦汉未见璋实物的事实，

---

① 杨式挺、邱立诚、冯孟钦、向安强：《广东先秦考古》，广州：广东人民出版社，2015年，第708页。

② 饶宗颐：《浮滨文化的石璋、符号及相关问题》，揭阳考古队、揭阳市文化广电新闻出版局编：《揭阳考古（2003—2005）》，北京：科学出版社，2005年，第276页。按，饶宗颐先生此段话中，所引文献可分别参见袁珂校注：《山海经校注》，成都：巴蜀书社，1991年，第146页；（晋）郭璞注，（宋）邢昺疏：《尔雅注疏》，（清）阮元校刻：《十三经注疏》，北京：中华书局，1980年，第2609页；陆德明撰，黄焯断句：《经典释文》，北京：中华书局，1983年，第420页；（宋）丁度等编：《宋刻集韵》，北京：中华书局，2005年，第91页。

③ （汉）郑玄注，（唐）孔颖达疏：《礼记正义》，（清）阮元校刻：《十三经注疏》，北京：中华书局，1980年，第1094页。

与考古发现也不相违背。

　　潮汕地区应该存在一个继承后山类型土著文化、兼受中原文化影响的"浮滨王国"，其居民等级分明是被考古证实了的。因此《仙桥石璋——兼论先秦中原文化对岭南的影响》一文认为，作为礼器、宗教祭器的石璋在"浮滨王国"核心区揭阳出现并非偶然，并判断"距今 3 500 年之后，中原商文化向南方开拓，在江西赣江流域形成了商文化与本土文化结合的吴城文化。商文化继续向闽南粤东推进，在这片土地上形成了带有商文化及吴城文化特点的浮滨文化"，为从黄河流域到南海之滨的"牙璋之路"铺设了坚实的基础，而"粤东沿海的'牙璋之路'便可能是由东北向西南沿着海岸线的走向：揭阳仙城—增城红树林—东莞村头—香港大湾、东湾"。①

　　此外，曾有学者推测越南发现的 4 件牙璋也是由岭南经过粤东沿海的"牙璋之路"传过去的。饶宗颐先生《由牙璋略论汉土传入越南的遗物》一文，则认为越南 4 件牙璋的文化源头必是中原文化，至于具体器物是当地制成还是直接从华夏传入，一时未能明确，但未言及与香港的发现是否有联系。② 即越南的石璋未必与粤东沿海的"牙璋之路"和揭阳石璋有关，越南的"璋文化"更可能是经中国西南输入的，至少仅就数量而言③，璋在中国西南的考古发现更多。

　　总而言之，浮滨遗物中的揭阳仙桥石璋，是中原商文化南渐的见证物。

## 八、文化陶符

　　浮滨文化时期文化陶符的个体与数量均多于前期，潮汕地区同样如此，而且较之后山类型，浮滨陶符的分布地域更为广阔。

　　塔仔金山和顶大埔山两处遗址发现有 17 个文化陶符，分别刻在尊、壶、豆、盆、钵、盂、罐等陶器的器表上，其中，大部分刻在器物腹部，个别刻在器物的肩部或足部。这些陶符共计 13 种，如表 2 - 6 - 2 所示。④

---

　　① 曾骐、邱立诚、吴雪彬：《仙桥石璋——兼论先秦中原文化对岭南的影响》，华学编辑委员会编：《华学》（第二辑），广州：中山大学出版社，1996 年，第 118 - 126 页。

　　② 饶宗颐：《由牙璋略论汉土传入越南的遗物》，《饶宗颐东方学论集》，汕头：汕头大学出版社，1999 年，第 379 - 385 页。

　　③ 按，截全 2014 年，就公开报道看，越南已经至少发现有 8 件牙璋，其中 3 件出于冯原遗址（1985 年 2 件、1993 年 1 件），5 件出于仁村遗址（1975 年 2 件、2004 年 1 件、2006 年 2 件），饶宗颐先生《由牙璋略论汉土传入越南的遗物》一文所指的 4 件，应该是说 1975 及 1985 年所出的合计 4 件。

　　④ 广东省博物馆、饶平县文化局：《广东饶平县古墓发掘简报》，文物编辑委员会编：《文物资料丛刊》（第 8 辑），北京：文物出版社，1983 年，第 104 页。

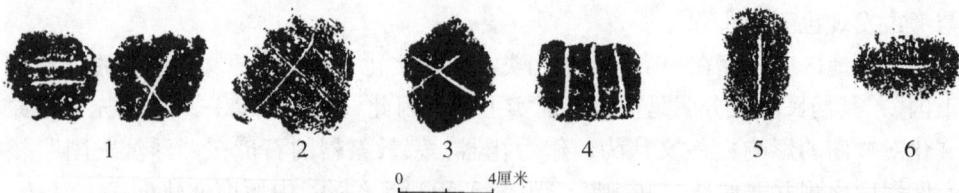

1、3、5、6. 梅林山　2. 大盘岭　4. 陂林山 M1

图 2 - 6 - 26　揭东发现的浮滨文化时期陶符

发掘简报认为：这些文化陶符，属于仰韶文化半坡型的简单刻画，都是在陶器烧造前完成，笔法草率而不工整，其中"+""×""＝""｜｜｜"是记数文字，"⊠"在江西吴城商代遗址中的遗物可见，"丅"商文作"示"，"Ⅰ""Ħ"则见于殷商时青铜器铭文中的族徽。最值得注意的是，采集到的一件尊腹部有"王"字符号，这是以往所未见的。

在潮汕各地发现的浮滨文化时期的陶符还有一些，有考古学家整理了揭东、潮阳、普宁所出的陶符，[①] 梳理如下：

揭东发现的：揭东云路镇梅林坑山出土的一件施酱黑釉陶圈足壶腹部刻画有"二""×"两个符号，另一件施釉陶罐腹部刻画有"一"符号，又几件陶片上分别刻画有"三""｜""｜｜""＋""×""V"等陶符；揭东炮台镇陂林山一号墓出土的一件陶大口尊，施釉多脱落，肩部刻画有一个"｜｜｜｜"符号；揭东白塔镇大盘岭一号墓出土的一件施酱釉陶豆，腹部刻画有一个"×"符号。

表 2 - 6 - 2　塔仔金山和顶大埔山发现的文化陶符

| 器物号 | 器物名称 | 刻画位置 | 刻文 |
|---|---|---|---|
| M2：11 | 盂 | 腹部 | ∩ |
| M5：1 | Ⅱ式壶 | 腹部 | ♆ |
| M8：1 | 钵 | 下腹部 | 二 |
| 浮采 | Ⅱ式壶 | 腹部 | 二 |
| M11：1 | Ⅵ式壶 | 腹部 | ⅄ |
| 浮采 | Ⅵ式壶 | 腹部 | ⅄ |
| M17：6 | Ⅵ式豆 | 下腹部 | ⚔ |
| 浮采 | 盆 | 下腹部 | × |
| M19：5 | Ⅳ式罐 | 肩部 | × |

---

① 邱立诚：《揭阳出土陶器上刻画符号的研究》，揭阳考古队、揭阳市文化广电新闻出版局编：《揭阳考古（2003—2005）》，北京：科学出版社，2005 年，第 283 - 284、286 页。

| 器物号 | 器物名称 | 刻画位置 | 刻文 |
|---|---|---|---|
| M17：10 | Ⅱ式豆 | 足部 | ∧ |
| 浮采 | Ⅰ式尊 | 腹部 | ＋ |
| 浮采 | 小尊 | 腹部 | ✝ |
| 浮采 | Ⅱ式壶 | 上部 | 川 |
| 浮采 | Ⅲ式尊 | 腹部 | 王 |
| 浮采 | Ⅱ式豆 | 腹部 | H |
| 浮采 | Ⅱ式豆 | 腹部 | ⊠ |
| M15：8 | Ⅰ式豆 | 足部 | T |

潮阳发现的：潮阳仙城镇月地山采集到的一件施酱色釉陶尊，口沿内侧刻画有一个"｜｜"符号；潮阳金浦镇塔山采集到的一件施酱色釉陶圈足壶，腹部刻画有两个"∧"符号，其中一个是烧制前所刻，另一个是在烧制后所刻，这种刻画情况与大埔县枫朗镇的浮滨文化墓葬出土陶器上的刻画符号是相同的；潮阳铜盂镇孤山采集到的一件施酱色釉陶圈足壶，腹部刻画有一个"｜｜｜"符号。

普宁发现的：梅塘镇的一座墓葬出土的酱黑釉陶器中有6件是有陶符的，其中一件的圈足上刻画有一个"｜｜｜"符号；一件长身圈足壶的腹部刻画有一个"二"符号；一件圈足壶腹部刻画有一个"H"符号；另一件圈足壶腹部刻画有一个"⌣"符号；一件长身附耳圈足壶的上腹刻画有一个"｜｜"符号；还有一件圈足壶肩部刻画有一个"｜｜"符号。

上述发现的陶符都属于浮滨文化遗存。其中，有一半陶符同时见于塔仔金山和顶大埔山两处遗址，刻画的部位也基本相同，说明它们的使用方式和功能是一样的，其含义也应无异；而其中13个是后山时期已有或重复出现的，这也再次揭示了浮滨文化与后山类型的继承关系。

浮滨文化区遗物出现的陶符更多。

如广东大埔枫郎金星面山、屋背岭、斜背岭三处遗址共21座墓葬中[1]发现有16种31个陶符，绝大多数与上述潮汕出土者相同，其中7件陶器上面都刻画有两个符号，一个刻于烧制前，另一个刻于烧制后，与上述潮阳金浦镇塔山所采集到的器物的刻印形式相同，应是出于同一目的的行为。

又如福建漳州虎林遗址发现有19件刻有陶符的器物，其中3件刻画有两个

---

[1] 《揭阳出土陶器上刻画符号的研究》称21座古墓，《广东大埔县古墓清理简报》称22座古墓，都是邱立诚先生所执著，这里按晚出者。参见广东省博物馆、大埔县博物馆：《广东大埔县古墓清理简报》，《文物》1991年第11期。

相同符号，2 件刻画有两个不同符号，其他都是单个符号，符号与潮汕地区相同者占大多数；又同件陶器刻画两个符号的现象与潮阳塔山、大埔枫郎的情况一样，它们的含义应是相同的；另外，同件陶器刻画两个不同符号的现象亦见于梅林坑山，很显然两地居民对如何使用这类陶符已有某种共识。

再如福建南靖鸟仑坡遗址、狗头山遗址发现的陶符，既有常见的简单符号"＋""｜""｜｜""｜｜｜"等，也有一些较为复杂且以往不曾见的符号，也许就意味着陶符从简单走向复杂了。

浮滨文化流传的痕迹，在文化陶符方面亦可见端倪，如珠江三角洲的中山翠亨采集到的 1 件陶壶，上腹刻画有"｜｜"符号；又如香港马湾东湾仔北一座墓葬出土的一件釉陶盂，腹部也同样刻画有"｜｜"符号。[1]

上述陶符中，有两个浮滨陶符曾经备受学界关注，即"王"字形符和"×"形符。

（1）"王"形符。

发掘塔仔金山和顶大埔山两处遗址，采集到 1 件带"王"形陶符的大口尊，发掘简报将其列为"浮采"Ⅲ型大口尊，现藏于广东省博物馆，"王"形刻于大口尊的腹部。

饶宗颐先生认为这个陶符的含义，应该和现在的"王"字字义相同，他提出"似乎表示浮滨在殷商之际曾经是属于越族的一个王国"的观点，并与揭阳中夏村战国墓所出的柄面带"王"铸符铜矛[2]联系起来，结合文献梳理、考古比较，认为可划为粤东浮滨方国。[3] 当然，他也认为浮滨刻符"还没法证明是文字，只是指示某一事物"[4]。

中原商时期流行的甲骨文中，"王"字像刃部朝下的斧，以主刑杀之斧钺，象征王者之权威，除了"王"形外，还有十多种写法。[5]

---

① 邱立诚：《揭阳出土陶器上刻画符号的研究》，揭阳考古队、揭阳市文化广电新闻出版局编：《揭阳考古（2003—2005）》，北京：科学出版社，2005 年，第 282 - 302 页。

② 该"王"矛及所出的墓葬（《广东揭阳县战国墓》编号"M15：7"），自 1985 年发现后一直被认为是战国遗物及战国墓；2005 年的发掘报告判断该墓及遗物（《揭东县面头岭墓地发掘报告》编号"M15：7"）的年代"上限当不早于战国末期，这类遗存使用的年代下限有可能已晚于秦或者南越国初期"。参见揭阳县博物馆考古组：《揭阳考古三题》，广东省汕头市文物管理办公室编：《汕头文物》，内部出版，1986 年第 12 期，第 34 - 42 页；广东省博物馆、汕头市文管会、揭阳县博物馆：《广东揭阳县战国墓》，《考古》1992 年第 3 期；魏峻：《揭东县面头岭墓地发掘报告》，揭阳考古队、揭阳市文化广电新闻出版局编：《揭阳考古（2003—2005）》，北京：科学出版社，2005 年，第 84、98、100 页。

③ 饶宗颐：《从浮滨遗物论其周遭史地与南海国问题》，黄挺编：《饶宗颐潮汕地方史论集》，汕头：汕头大学出版社，1996 年，第 76 - 83 页；邱立诚：《揭阳出土陶器上刻画符号的研究》，揭阳考古队、揭阳市文化广电新闻出版局编：《揭阳考古（2003—2005）》，北京：科学出版社，2005 年，第 298 页。

④ 饶宗颐：《浮滨文化的石璋、符号及相关问题》，揭阳考古队、揭阳市文化广电新闻出版局编：《揭阳考古（2003—2005）》，北京：科学出版社，2005 年，第 227 页。

⑤ 徐中舒主编：《甲骨文字典》，成都：四川辞书出版社，1989 年，第 32 页。

先秦潮汕研究

有学者认为，"王"字形符与现今的"王"字意义一致这一观点还值得商榷，原因之一便是："'王'的甲骨文有几种写法，除了'王'形外，还有"△""△"等，而其他的符号，并不是都可以在甲骨文中找到对应者，这就于理不通。因为假若陶符是汉字，并由中原甲骨文移植，而目前陶符的发现相对于甲骨文而言，毕竟只是零星发现，按理任何一个陶符在甲骨文中都能找到对应者才对。"①

因此，"王"符号所表达的意思，是否能解释为现在的"王"字义，只能等到更多考古证据出现才能确认。但这种观点无疑是很有启发性的。

（2）"×"形符。

揭阳云路梅林山的2件大口尊肩部残片，和新亨硕和龙目周山的一件大口尊肩部残片，都饰有"×"形符，② 饶宗颐先生将之与相似的殷墟"×"字作比较（徐中舒称"+"字"所象形不明。……义不明"③），认为按殷墟卜辞，此字为动词，循上下文义，可能指逐鬼辟邪之事，似可看作星象，是维斗的图案。而"如果是五星的征象，浮滨在古代是一王国，当然对天象有某种信仰。天垂象，见吉凶，王者'则天'这一观念，各处大抵皆然。所以"×"特别用浮雕来显示它的重要性，这是一种显示天道的象纬记号"④。

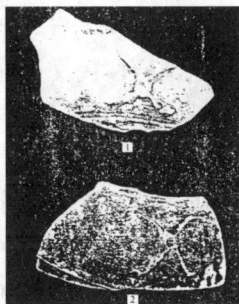

图 2 - 6 - 27（1）　　　图 2 - 6 - 27（2）　　　图 2 - 6 - 27（3）
揭阳梅林山"×"形符实物图　揭阳梅林山"×"形符　揭阳梅林山"×"形符拓片

---

① 杨式挺、邱立诚、冯孟钦、向安强：《广东先秦考古》，广州：广东人民出版社，2015 年，第 733 页。

② 邱立诚、曾骐、张季怀：《广东揭阳先秦遗存考古调查》，《南方文物》1998 年第 1 期。

③ 徐中舒主编：《甲骨文字典》，成都：四川辞书出版社，1989 年，第 1526 页。

④ 饶宗颐：《浮滨文化的石璋、符号及相关问题》，揭阳考古队、揭阳市文化广电新闻出版局编：《揭阳考古（2003—2005）》，北京：科学出版社，2005 年，第 277 - 280 页。

## 九、浮滨文化及浮滨方国

在本阶段，潮汕地区流行的是浮滨文化。

对浮滨文化的研究，目前已经较为透彻。浮滨文化是分布于今粤东、闽南地区的青铜文化。在潮汕地区，它是直接继承后山类型，同时融合域外文化而形成的原住民文化。

后山类型上节已有介绍，而域外文化的源头主要还是中原商文化。一种文化在形成和发展过程中，与周边及邻近地区必然会进行相互交流与影响，浮滨文化亦如是。在广泛考察目前所见的同时期的周边考古遗存的基础上，《论浮滨文化》①梳理了相关情况：

中原商文化对浮滨文化的影响主要是通过吴城文化这一媒介实现的。江西樟树吴城遗址，是商代至西周初年的文化遗存，第一期相当于河南二里岗上层，第二期为殷墟早期，第三期为殷墟晚期至西周初年。能够反映吴城文化与浮滨文化之间关系的遗物主要是大口尊、釉陶、刻画符号、石戈、凹刃石锛、铜戈等。我们从浮滨文化的釉陶大口尊上能看到，二里岗文化大口尊与江西吴城文化的大口尊的风格在纹饰、施釉方面相类似，这正是它们之间密切关系的反映。有学者认为浮滨文化是商文化直接南下或一支中原人在迁徙过程中与当地原住民文化融合而形成的。但是，由于浮滨文化中没有出现中原、岭北地区具有特征意义的鬲、甗一类陶器，因此"迁徙说"还不足以解释浮滨文化的来源。

以闽江下游为中心的黄土仑类型遗存，与浮滨文化有一定关系。黄土仑类型最具典型特征的是杯形壶、釜形豆、叠形罐，广泛流行的宽带状鋬耳、圆饼状器座则呈现陶质硬、胎质灰白、接近原始瓷的特点。其宽带鋬耳风格在浮滨文化的个别陶器（如带耳壶）中可以看到，器身拍印方格纹则是共同的特点，如揭阳华美出土的一组陶器便明显具有黄土仑类型的风格，是该类型西渐的产物，而黄土仑类型的木炭标本测年数据为距今3 250～3 470 年，与浮滨文化的早期数据相接近。不过，就陶器群而言，黄土仑类型与浮滨文化的整体区别很大。因此，只能说两者有一定的关系。

闽东北地区的霞浦黄瓜山遗址，与浮滨文化也可能存在某种联系。两者可以看出共同点的有石戈、石锛和陶器上的云雷纹、方格纹，但除大口尊有类似的风格外，其他陶器及陶器形制在风格上都迥然有异。另外，黄瓜山遗址上层出现过少量釉陶器，发掘者认为该层年代为距今3 000～3 500 年，这与浮滨文化的年代上限相同。浮滨文化与吴城文化、黄土仑类型、黄瓜山遗址所出的釉陶器，应能

① 邱立诚、曾骐：《论浮滨文化》，揭阳考古队、揭阳市文化广电新闻出版局编：《揭阳考古（2003—2005）》，北京：科学出版社，2005 年，第 260 – 262 页。

说明浮滨文化的釉陶器的出现不是偶然的，而是和当时的大环境与大气候有关。虽然今天还不能论定是谁对谁的传播或影响催生了釉陶器，但至少可以说，这一时期东南地区已相当广泛地使用釉陶器具。

以上是几处外地文化对浮滨文化形成、发展起到一定作用的例子。相比之下，浮滨文化与粤北、粤中珠江三角洲地区文化遗存的联系则较疏。相类特征的形成，自然是文化交流带来的，但更可能的是浮滨文化西渐的结果。

粤北的曲江石峡遗址中层与粤中珠三角的东莞村头这两处遗存，向来被认为是堪与浮滨文化比较的，其共同特点是发现石戈、凹底罐以及一些陶器纹饰，如方格纹、编织纹、云雷纹，但它们的拍印纹样较之浮滨文化更为多样和规整，与浮滨文化相似性很少，区别非常明显。而浮滨文化的釉陶与石戈的多样化，在粤北、粤中地区都不曾见到，显然属于不同的文化系统。

此外，目前在珠江口两岸地区发现的一些浮滨文化遗物，如香港大屿山蟹地湾出土的釉陶豆、珠海淇澳亚婆湾出土的釉陶豆、中山翠亨出土的陶圈足壶，都应该是由浮滨文化输入的，而在香港发现的石戈、石矛，则可以肯定是受浮滨文化的影响。还有如南海大沥、珠海前山发现的长颈大口尊，纹饰与整体造型虽有别于浮滨文化遗物，但其风格对后者的影响显而易见。

进入 21 世纪后的新发现，以及对原有遗存的更深讨论如东南"牙璋之路"的提出等，可证实上述判断并提供更为详尽的资料，如增城石滩围山出土的浮滨遗物大口尊残片，博罗横岭山 248 号墓葬采集到的釉陶豆，香港马湾东湾仔编号"C1044"墓葬的随葬器釉陶壶、腹部刻有"丨丨"的釉陶盂（原报告作"杯"）、鸡形壶等。

这些浮滨文化器物由海路输入，既可能是文化交流的结果，也可能是浮滨人携带所致。无论如何，这对西邻地区青铜文化的发展起了不可忽视的积极推动作用，浮滨文化"显示出其生产力与社会形态的进步性，为岭南地区带进了新鲜的血液及发展机制"①。

简而言之，浮滨文化区在继承当地固有文化，并受到源自中原商文化的北邻及东邻文化的不同程度影响后，产生了与周边地区有明显区别的浮滨文化，并输出或明显影响到西邻乃至海外，这些都是从考古发现中所能得出的结论。有学者进行了更为具体的阐述："商周之际，主要是为了掠夺南方的铜矿、食盐和作为流通货币、出产在南中国的宝贝，中原对长江以南及闽广进行开发。经济的开发，财富的掠夺，同时也带来了文化的交流。有一支中原文化以江西清江吴城为基地，溯赣江而上，经闽南影响漳潮。这支中原文化的南下，一方面既融合了当地的土著文化，另一方面也接受土著文化的影响而发生变异，使产生了诸如福建境内的黄土仑、广东境内的浮滨等文化面貌特殊的考古类型。"①

浮滨文化区内居民等级分明，崇尚武力，也许还具有简单、原始的传情达意的字符，至少在浮滨文化的核心区域潮汕地区，可能存在着拥有类似"君主"权力、通行某种礼制规范的浮滨方国。这个王国在潮汕地区的存在、发展、后续等具体情况，尚待进一步发现和探索。

不过，广东考古学家界的观点值得一提："由于商文化的南渐，在浮滨文化区，既融进了源于本地的土著文化，也使土著文化产生某些变异，进而形成了粤东与闽南区域不同于诸越文化的浮滨文化。这一考古学文化还与今日之闽南方言语区基本吻合，使我们相信当时那种掺杂有中原语言的闽南方言已经出现滥觞。正是由于浮滨文化的出现与形成，说明华夏文化与浮滨文化区的原住民文化第一次融合的时间较先前所认为的在秦汉时期大大提前。在追溯潮汕文化的渊源关系时，有理由认为带有若干中原文化色彩的浮滨文化是潮汕文化积淀的地层。"②"很有可能，透过浮滨文化可以证明，潮汕地区是岭南地区中最早受到中原华夏文明系统浸润的地区。"③

## 第七节　两周战国时期：百越杂处的潮汕

两周战国时期，指的是周王朝成立（公元前 1046 年④）至秦灭六国、秦王朝正式建立（公元前 221 年）前的这段时间。它涵括了西周、东周，以及东周的史称"春秋"、东周灭亡前后的史称"战国"之时期。此期间，中原势力仍未扩散到潮汕地区，而上一阶段介绍的浮滨文化年代下限，已进入西周前期，即跨入两周阶段。本书沿袭考古论述中多以中原政权为时间节点的惯例，应用此时间概念，以尽量避免不必要的误解。

这个阶段的潮汕地区考古发现，较之以前要少。其中，揭阳华美遗址和揭阳面头岭遗址的战国墓是比较典型的两处。这两处遗址可能含有属两周及战国的时间范围而年代不同的文化层，作为遗存中的一部分，有必要做个说明。

揭阳华美遗址。该遗址于 1983 年被发现。1985 年刊发的《广东揭阳华美沙丘遗址调查》认为该处遗址的年代可能早于春秋，大致相当于西周时期，准确年

①　曾骐：《韩江流域史前考古与潮汕文化源》，潮汕历史文化研究中心、汕头大学潮汕文化研究中心编：《潮学研究》（第 1 集），汕头：汕头大学出版社，第 12 – 13 页。

②　邱立诚、曾骐：《论浮滨文化》，揭阳考古队、揭阳市文化广电新闻出版局编：《揭阳考古（2003—2005）》，北京：科学出版社，2005 年，第 261 页。

③　杨式挺、邱立诚、冯孟钦、向安强：《广东先秦考古》，广州：广东人民出版社，2015 年，第 675 页。

④　夏商周断代工程专家组编著：《夏商周断代工程 1996—2000 年阶段报告成果·简本》，北京：世界图书出版公司，2000 年，第 88 页。

代则尚待确认。① 2005 年刊发的《揭东县华美沙丘遗址调查报告》则将华美遗存分为四组，并提出：第一组遗物丰富，特色鲜明，其他多个遗址亦出有相似典型器，延续时间较长，可称为"华美文化"，其年代在商代晚期至西周初期，下限应为西周中期；第二组仅见青铜钺 1 件，推测年代大致相当于春秋晚期至战国初期；第三组有原始瓷碗 2 件和原始瓷盅 1 件，是战国中晚期典型器物；第四组仅见数块红陶陶片，年代可确定为西汉。② 不过，该遗址迄今未经发掘。本书暂按调查报告将其归入第二、三组的遗存介绍。

揭阳面头岭遗址。自 1973 年起当地便陆续发现墓葬，但有些被填平毁坏；后于 1982 年清理 9 座③，1986 年春清理 4 座、6 月初再清理 1 座墓葬④。1992 年刊发的《广东揭阳县战国墓》，对 1973—1987 年发现的 15 座墓（加上仙桥狗埔山的一座合计 16 座）作了考古综述；⑤ 2005 年刊发的《揭东县面头岭墓地发掘报告》，则在发掘工作的基础上，综合当时发现的 28 座墓葬作了发掘报告。这 28 座墓葬的年代，最早至商代晚期偏早阶段，晚可至秦或者南越国初期。下面介绍的是该文判断属于两周、战国的遗存，即发掘报告中介绍的第二组二段、第三组、第四组一至四段的遗存，分属 6 个不同时期⑥：

第二组二段，包括编号"M17"墓葬，遗存年代略早或相当于第三组，存在的时间下限为西周中期；

第三组，包括编号"M20""M22""M25"墓葬和第六层文化堆积，遗存年代为西周早期偏晚或西周中期；

第四组一段，包括编号"M1""M3""M13"墓葬和编号"H1"建筑基址，遗存年代为战国早期；

第四组二段，包括编号"M2""M4""M6""M8""M10""M14""M24"墓葬和"G1"灰沟以及第五层文化堆积，遗存年代为战国中期前后；

第四组三段，包括编号"M9""M11""M12""M28"墓葬，遗存年代为战国晚期；

第四组四段，包括编号"M5""M7""M15""M26"墓葬和第四层文化堆

---

① 邱立诚、吴道跃：《广东揭阳华美沙丘遗址调查》，《考古》1985 年第 8 期。

② 魏峻：《揭东县华美沙丘遗址调查报告》，揭阳考古队、揭阳市文化广电新闻出版局编：《揭阳考古（2003—2005）》，北京：科学出版社，2005 年，第 181 - 188 页。

③ 汕头地区文物管理站、揭阳县博物馆：《揭阳东周墓发掘报告》，广东省汕头地区文物管理站编：《汕头文物》，内部出版，1982 年第 9 期，第 10 - 14 页。

④ 揭阳县博物馆考古组．《揭阳考古二题》，广东省汕头市文物管理办公室编：《汕头文物》，内部出版，1986 年第 12 期，第 34 - 42 页；吴道跃、黄克：《揭阳县出土战国器物》，广东省汕头市文物管理办公室编：《汕头文物》，内部出版，1986 年第 12 期，第 62 页。

⑤ 广东省博物馆、汕头市文管会、揭阳县博物馆：《广东揭阳县战国墓》，《考古》1992 年第 3 期。

⑥ 魏峻：《揭东县面头岭墓地发掘报告》，揭阳考古队、揭阳市文化广电新闻出版局编：《揭阳考古（2003—2005）》，北京：科学出版社，2005 年，第 51 - 102 页。

积，遗存年代上限不早于战国末期，下限有可能已晚至秦或者南越国初期。①

## 一、生活环境

揭阳华美遗址位于今揭阳市揭东区东南部，距离地都镇约 10 公里，背依桑浦山余脉的华美山，面朝较为开阔的梅林湖西侧平原，附近有数条溪流流经。该遗址被发现时是在一处高出地面 3～8 米的沙丘上，1985 年的调查报告称可能是墓葬遗存。

图 2－7－1　揭阳华美遗址示意图

揭阳面头岭遗址属于墓葬遗址，位于今揭阳市揭东区云路镇中夏村。该遗址被发现时是一座高 30 余米、坡度平缓、总体呈南北走向的山冈，其西边不远处有河流经过。

---

① 《揭东县面头岭墓地发掘报告》称"第四组遗存包括 M1～M16、M24、M26～M28、G1、H1、第四层、第五层"，但后文对第四期一至四段的具体描述中，因缺 M16 的分段，M27 也应为第一期。这里依从其具体每段的描述。参见魏峻：《揭东县面头岭墓地发掘报告》，揭阳考古队、揭阳市文化广电新闻出版局编：《揭阳考古（2003—2005）》，北京：科学出版社，2005 年，第 96、98 页。

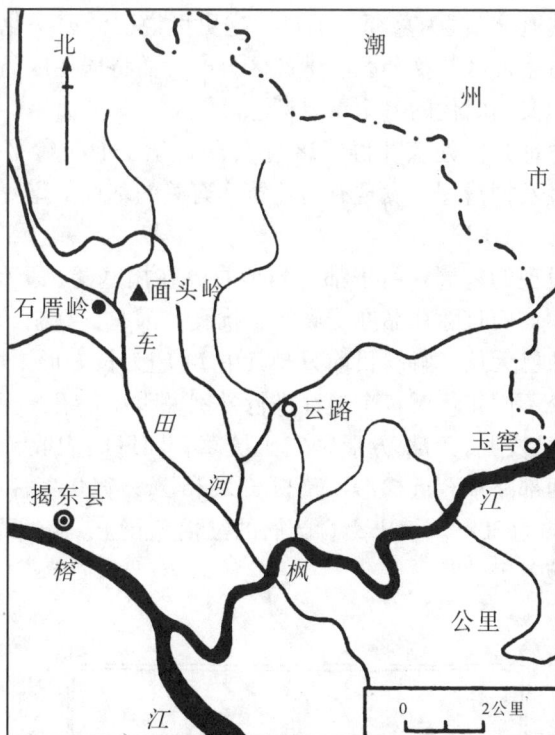

图 2-7-2　揭阳面头岭遗址示意图

在两周、战国时期，有潮汕先民生活于这两处遗址一带，且居住时间应较长，不排除自商代晚期、西周初期始便有人烟，直至汉初南越国时期仍有活动痕迹。

自然环境方面，潮汕平原的地理概貌在此前早已奠定，地理变化主要体现在沿海滨线的外移以及陆地的缓慢显露。具体到上述两处遗址，则没有太大的变化。

孢子学分析结果表示，3 000 年前，潮汕植被进入次生性草地、针叶林阶段。此后至现代，随着人类活动的逐渐增多，常绿阔叶林的数量大幅度下降，森林面积的减少导致了次生马尾松的生长，平原地区的开垦使农田和草地面积进一步扩大。森林减少和水土流失可能还导致了沿海地区湿度的下降，气候较大西洋期干，自然温度、湿度已经基本与现在相同。

## 二、建筑情况

在本阶段，整个广东的遗址很少可被确认为生活居址，而在潮汕地区，更未发现具体的居住遗迹①，多为墓葬。不过，这更可说明浮滨文化后期或之后的时代，人们有意识将生活区与墓葬区、生产区分开。而将居住区与墓葬区分离，一般认为是人类走向文明时代的一个重要标志。

揭阳面头岭遗址是一处墓葬群，28 座墓葬皆位于面头岭平缓的西南侧和南侧的山腰地带，经发掘清理，发现有与建筑物有关的基址 1 座（编号"H1"）以及灰沟 1 条（编号"G1"）。

面头岭早年发现的墓葬，由于都是当地农民在搞基建、平整土地时发现的，不少已经完全毁坏，而且随葬品亦受破坏、扰乱，因此，墓制、尺寸、坐向以及随葬品摆放等多数已无从了解。目前只知其中 14 座为长方形土坑墓，另外 14 座则不详。现按 6 个不同年代对各个遗存进行举例说明及介绍：

"M17"墓，已发掘。为长方形竖穴土坑墓，四壁略内收，底部近平，现存墓口东部略宽，西部略窄，近梯形。墓口长 2.36 米，宽 0.92～0.98 米，墓坑深 0.16 米，墓葬方向为 308°。填土为含碳屑的红褐色花土。随葬品置于墓室西侧，有陶釜和原始瓷碗各 1 件。

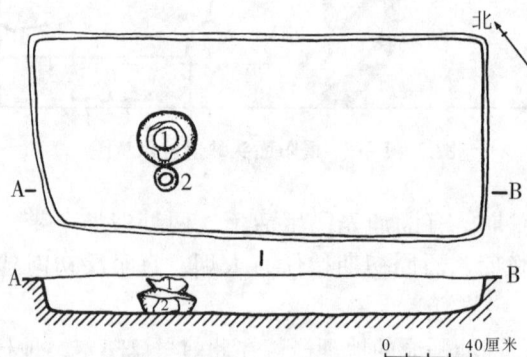

北

A—　　　—B

A　　　　B

0　　　40厘米

1. 陶釜　2. 原始瓷碗

图 2-7-3　揭阳面头岭遗址"M17"墓平、剖面图

"M22"墓，已发掘。为长方形的竖穴土坑墓，墓坑短小，墓口略大于墓底，墓底北侧略高于南侧。墓口东西长 0.94 米、南北宽 0.5 米、深 0.18～0.2 米，墓葬方向为 277°。填土为灰褐色砂土。随葬品仅见夹砂灰陶釜 1 件，置于墓葬西南角。

---

① 另，揭东蜈蚣山遗址发掘范围较小，其 2B 层之下有打破了第三层的灰坑 5 个，第三层的灰坑下有打破生土层的灰坑 3 个，开口于第三层之下的柱子洞有 7 个，其中柱子洞有可能是居住遗迹，但都被认为是商代遗迹而不属于此期。参见广东省博物馆、揭阳县博物馆：《揭阳地都蜈蚣山遗址与油柑山墓葬的发掘》，《考古》1988 年第 5 期。

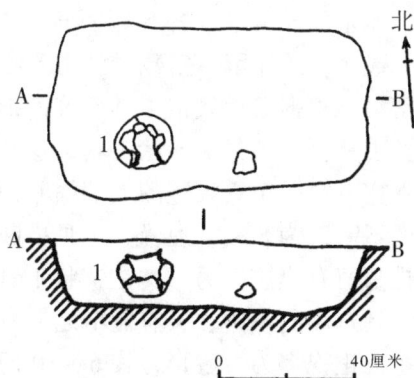

1. 陶釜

图 2 – 7 – 4　揭阳面头岭遗址 "M22" 墓平、剖面图

"M1" 墓，1973 年清理。墓室长 4 米、宽约 3.3 米、残深 1.2 米左右，墓葬为东西向。墓底铺有约 0.3 米厚的炭层，炭层上再铺垫经过夯打的 0.2 米厚的黏土层，表面有一薄层石英砂砾。随葬品置于墓底的石英砂砾层上，采集的随葬品有 7 件铜器，其中铜鼎放置在墓室的后墙左侧，铜削、铜剑和铜钺置于墓室中部，铜盘的摆放位置不详。

"M24" 墓，已发掘。为长方形的竖穴土坑椁，四壁平直，东西两壁不甚规整，墓底较平。墓口长 2.18 米、宽 1.2 米、深 0.3 米，墓葬方向为 25°。填土为灰褐色粉砂土，质地松软。随葬品包括复线菱格对角线纹陶瓿、铜罍、铜盘和铜镜各 1 件，皆置于墓室中部。

"M12" 墓，1986 年清理。墓葬形制、尺寸和墓葬方向不详，随葬的 2 件陶瓿在出土时并列放置。

"M15" 墓，1985 年清理。墓葬形制、尺寸和墓葬方向不详，出土随葬品 8 件，包括原始瓷碗、原始瓷盒、陶瓿、器盖、铜矛以及铜剑等器物，其中的 1 件铜矛上有 "王" 字形符号。

"H1" 建筑基址的判断年代为战国早期，原地面以上的部分已遭破坏，仅存斗形的地下基础部分。基础部分的形状，相信起初应该是规整长方形斜壁土坑，不过其南侧上部早被现代民房所破坏。现残余部分坑长 8.89 米，东壁残长 4.34 米，西壁残长 5.12 米；坑底则呈长方形，长 7.61 ~ 8.04 米、宽 4.33 ~ 4.66 米、深 0.15（南侧）~ 1.6（北侧）米。基址的方向为 280°。

基址内的堆积结构从上到下分为 39 层。各层厚薄不同，最厚者为第六层，厚 4 ~ 8 厘米，最薄者为第十四层，厚 2 ~ 3 厘米，绝大多数含有木炭层。

基址的四墙都是斜直壁，北壁壁面与底面夹角为 111° ~ 118°，东壁壁面与底面夹角为 105° ~ 113°，西壁壁面与底面夹角为 106° ~ 120°，南壁壁面仅存接近底面的一段，夹角度数为 121° ~ 124°。在东北角、西北角壁面与底面垂直距离分别为 0.89 米和 0.68 米的高度上，各有一个半月形内凹的脚窝。

基址北、东、西三个壁面上还保留一定数量的工具痕迹，其中东壁北段壁面和北壁东段壁面最为密集。根据壁面残留工具痕迹的形状和尺寸，可知在修建基址时使用了以下两类工具：一类是尖棒状工具，这类工具在壁面上所留痕迹基本上都呈长条形，上宽下窄，工具痕迹的上端横断面呈半圆形、下端窄收成圆锥或者尖锥形，长度不一，为 8～30 厘米，工具横断面的直径大致在 4 厘米，壁面上部第一、二排都留有痕迹。另一类是铲状工具，这类工具痕迹都见于壁面的中下部，按照工具宽度的不同，又有宽窄之分：窄铲状工具痕迹多见于壁面中部的第二至四排，正视多为短舌形，长 6～10 厘米，横断面呈浅扁平状，宽 5～6 厘米，深度均在 1 厘米左右；宽铲状工具痕迹多见于壁面中下部的第四至五排，正视皆为舌形，长 6～10 厘米，横断面呈浅扁平状，宽 8～9 厘米，深 1 厘米。

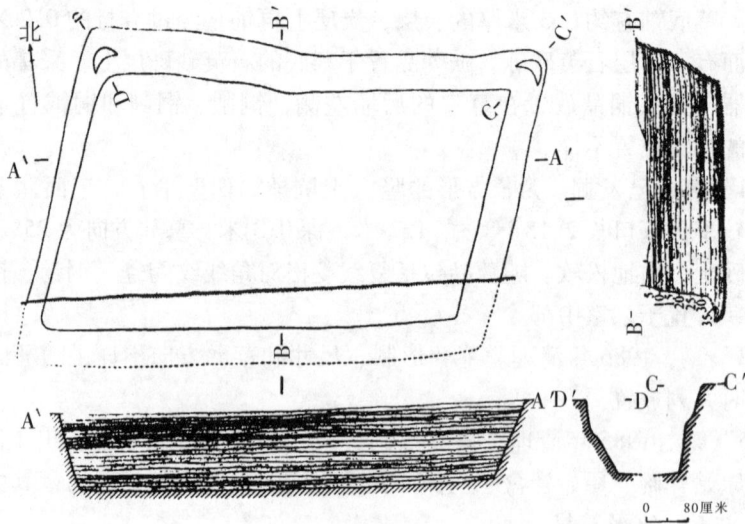

图 2-7-5 揭阳面头岭遗址"H1"基址平、剖面图

"G1"灰沟的年代判断为战国中期前后，其开口位于同属于此年代的第五层堆积之下，由东北—西南向纵贯了 5 个探方。受发掘面积的限制，灰沟南北两端均未清理到头。目前已经清理的部分，长 25.78 米，宽 1.45～2.45 米。灰沟的方向为 16°。

灰沟内堆积着夹杂灰黑色斑点的黄褐色土，土质较为疏松，内含少量炭屑，出土陶片数量较少。灰沟的横断面为锅底形，最大深度为 0.56 米。其中有原始瓷杯 1 件（编号"G1：1"），泥质浅灰胎，敛口，尖唇，弧腹，平底。器腹饰有瓦棱纹，内外壁残留少量的黄褐色釉，内壁有轮修留下的旋痕。口径 10.2 厘米，

178

最大腹径 10.9 厘米，底径 6.8 厘米，高 10 厘米。

## 三、金属器及其工艺

在本阶段，潮汕地区所见的金属器，除了若干铅镞外，其他的基本都是青铜器。虽然横向对比广东东江、北江流域若干地区，数量较少，但纵向对比浮滨文化时期，数量则是大幅度增加。这也体现了青铜器时代的特征。

按主要功能和用途划分，这些器物大致可分为容器类的鼎、盘、罍，乐器类的铙、钟甬、铃（铎），兵器类的剑、矛、戈、镞、斧和钺，农具类的锄，工具类的削、篾刀（刮刀），生活

图 2 - 7 - 6 揭阳面头岭遗址"G1"灰沟实景图

用品类的镜等。当然，不少器具用途广泛，如鼎也可以是礼器，斧钺也可以作生产工具等。

现梳理公开报道中属于两周战国时期的非浮滨文化范畴的金属器。其中面头岭遗物的年代情况对应上文，不再赘述。

1. 铜鼎

与广东其他各地的发现一样，此阶段潮汕地区所见的铜炊器主要是鼎。目前，仅在 1 处遗址发现 6 件。

面头岭遗址一共发现有 6 件鼎，其中 1 件出土时已毁而未采集，其余如下：

"M1"墓有 3 件随葬："M1：5"口沿及上腹残缺，扁圆腹部的外壁有竖向的合范铸痕，圜底近平，三个扁圆形足外撇，器底连接三足的弧边三角形有合范铸痕、浇灌口痕迹以及灰黑色的烟炱痕迹。根据器物出土时观察者所述，该铜鼎为直口、平折沿，沿面有对称的方形立耳。"M1：5"为现存最大的鼎，腹径 32 厘米、残高 27 厘米。"M1：6"锈蚀严重，无法修复，残碎立耳的正背面均饰对称的斜角云纹，两侧面有明显的合范铸痕，立耳内包裹有陶质范芯，鼎腹壁较薄，从残存的数片腹片可知腹部饰以绳索纹或者以凸棱为界对称分布的细密"S"形纹，残鼎足为兽形蹄足，足面饰饕餮纹。"M1：4"仅存素面鼎足 2 只和少许腹壁残片，鼎足横断面呈扁圆形，足下端外撇，足两侧面有明显的铸痕，足腔内包裹浅灰白色的陶范芯，鼎足皆长 7 厘米，腹部形态不详，腹壁较薄，素面。

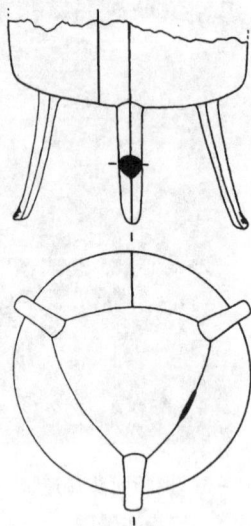

图 2 - 7 - 7　面头岭 "M1：5" 铜鼎

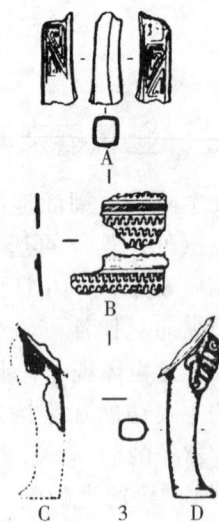

图 2 - 7 - 8　面头岭 "M1：6" 铜鼎

"M3" 墓有 1 件（该墓原出 2 件，1 件未采集），盘口微外侈，方唇，束颈，扁腹圜底，三只扁圆形的高足外撇，器底有合范铸痕，口径 29.2 厘米、腹径 23 厘米、高 26.5 厘米。

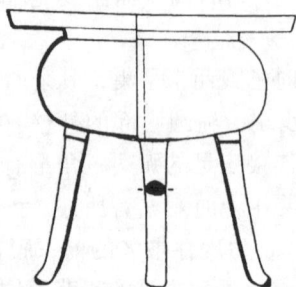

图 2 - 7 - 9（1）　面头岭 "M3：1" 铜鼎

图2 - 7 - 9（2）　面头岭 "M3：1" 铜鼎实物图

"M7" 墓有 1 件[①]，平折口沿，圆唇，有对称的立耳，立耳已残缺，横面呈方形，立耳内有黄色陶范芯，口沿背面有合范铸痕，腹部和鼎足残缺，形制不明，口沿外径 32 厘米、内径 28.8 厘米。

---

① "M7" 墓的 1 件铜鼎仅见《揭东县面头岭墓地发掘报告》具体描述，但该文中的《器物组合表》印刷出错，误列在与 "M7" 相邻的 "M15" 栏中，兹说明。参见魏峻：《揭东县面头岭墓地发掘报告》，揭阳考古队、揭阳市文化广电新闻出版局编：《揭阳考古（2003—2005）》，北京：科学出版社，2005 年，第 78、95、97 页。

2. 铜盘

目前，在 1 处遗址发现 8 件。

面头岭遗址一共发现 8 件铜盘。不少铜盘锈蚀损坏严重而无法修复，其中：

"M1"墓所出编号"M1：7"者，侈口，方唇，浅弧腹，腹部饰对称的浅细
"S"组成的纹饰带。复原口径 13 厘米、残高 1.3 厘米。

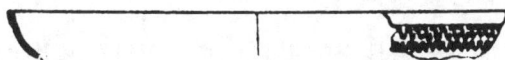

图 2 - 7 - 10  面头岭"M1：7"铜盘

"M14"墓所出编号"M14：25"者，短沿平折，浅弧腹，底部微弧，器底
有三只中空的瓦形矮足，素面，器底有合范铸造留下的铸痕，口径 19.6 厘米、
残高 2.8 厘米。

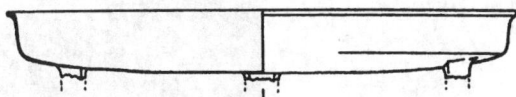

图 2 - 7 - 11  面头岭"M14：25"铜盘

"M11"墓所出的编号"M11：15"者，圆唇，直壁浅盘，平底，底部有三
只瓦状矮足，全器素面无纹，口径 19.3 厘米、底径 19 厘米、高 2.8 厘米；编号
"M11：16"者，子口，直壁浅盘，平底，盘壁附三只矮扁足，全器素面无纹，
口径 17.2 厘米、底径 17.6 厘米、高 2 厘米。

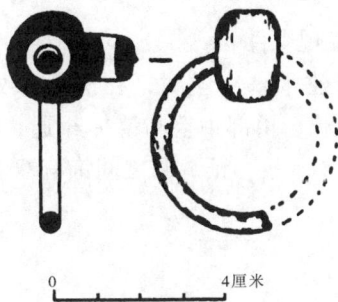

0　　　　　　4厘米

图 2 - 7 - 12  面头岭"M11：15"铜盘

3. 铜罍

目前，仅在 1 处遗址发现 3 件疑似物。

据《广东揭阳县战国墓》所述，面头岭遗址发现 3 件疑似罍的器物，器具均

残，形状不可辨，仅有一对纽耳，纽耳上有活耳环，应是分别出于"M2""M11"和"M14"墓，其中"M2"墓所出"M2：12"，与纽耳相连的铜碎块上可见铸饰羽状云纹。

《揭东县面头岭墓地发掘报告》明确记录了新发掘到的1件罍，见于"M24"墓，编号"M24：2"，直口微侈，鼓腹，底部微凹，有三只断面作长方形的矮实足，罍盖平面呈台面状，盖颈呈带活环的纽，肩部有对称的衔环，全器素面，器底有合范铸痕。

另外，《揭东县面头岭墓地发掘报告》称"M11"墓出土铜衔环耳1对，编号"M11：17"，该衔环耳所属器物已锈蚀无存，器耳为环首铆钉状，向内一侧留有纵贯的销孔，衔环直径3.3厘米。这件残器应该是《广东揭阳县战国墓》所称的铜罍之一。

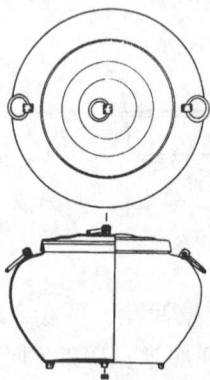

图2-7-13（1）　　面头岭"M24：2"铜罍　图2-7-13（2）　　面头岭"M24：2"铜罍实物图

4. 铜铙

目前，仅在1处遗址发现1件。

潮阳两英镇1983年修建禾皋小学时，在深1米处发掘出1件铜铙，编号"禾采：1"。该铜铙直甬较长，甬部中空与铙体相通，有旋无干，旋部素面；器体呈扁椭圆形，两面各有18个枚，钲、篆之间饰有双线纹，通高52厘米。年代可能为春秋时期。[1]

---

① 中山大学榕江流域史前期人类学考察课题组、潮阳市博物馆：《广东潮阳市先秦遗存的调查》，《考古》1998年第6期，第44、46页。

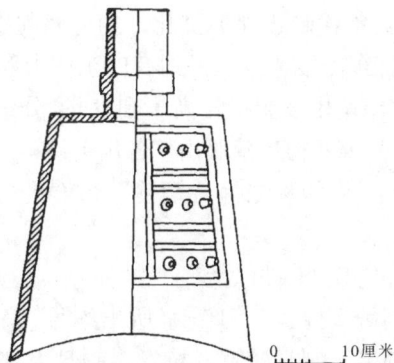

图 2 - 7 - 14　潮阳两英"禾采：1"铜铙

5. 铜甬钟

目前，仅在 1 处遗址发现 1 件。

惠来华湖镇新厝村 1979 年发现铜甬钟 1 件，基本完整。该铜甬钟柄长 10 厘米，柄旁有一耳环，肩阔 17.5 厘米，底两角阔 20 厘米，身长 25 厘米，壁厚 0.5 厘米。重 5 公斤。凸出的 18 颗铜纽分布于甬钟左右，钟面刻有回字形雷纹。年代可断定为东周时期。[1]

图 2 - 7 - 15　惠来华湖铜甬钟

6. 铜铃（铜铎）

目前，仅在 1 处遗址发现 1 件。

普宁龟山第三期遗存发现铜铃 1 件，编号"TN4W2②：1"，仅存部分残片，锈蚀严重，器表外弧，外侧有三排乳状小凸起，间有细小镂孔。残长 1.8 厘米、宽

---

[1] 惠来县文物普查办公室编：《惠来文物志》，内部出版，1985 年，第 15 - 16 页；黄坤池：《惠来出土青铜甬钟》，广东省汕头地区文化局编：《汕头文物》，内部出版，1979 年第 6 期，第 30 页；广东省文化厅编：《中国文物地图集　广东分册》，广州：广东省地图出版社，1989 年，第 261 页。

1.4厘米、厚0.1厘米。其年代晚于浮滨文化，约为西周中期至春秋前期。[1] 铃大为铎，铜铃或称铜铎，《广东先秦考古》另列有广东境内发现的4件铜铎（至《广东先秦考古》截稿时，普宁龟山发掘报告尚未刊发），分别在四会鸟蛋山墓、罗定背夫山墓、广宁龙嘴冈4号墓和德庆落雁山墓各出1件，[2] 其中落雁山墓所出者为椭圆形、素面、方甬，原报告便称之为"铜铃"（编号"1：13"）。[3]

7. 铜剑

目前，已在5处遗址发现11件以上。

面头岭遗址共发现铜剑2件："M1"墓所出编号"M1：1"者茎为圆柱形，上有两周环箍，三角形剑格，剑身较宽，棱脊，剑身大部残损，残长16.2厘米；"M15"墓所出编号"M15：6"者剑身宽扁，两面中间起脊，三角锋，三角形剑格，圆柱形茎上有两道圆环形箍，剑首残，格宽4.6厘米、残长51.3厘米。

图2-7-16  面头岭"M1：1"铜剑        图2-7-17  面头岭"M15：6"铜剑

揭西赤岭埔采集到铜剑2件。编号"坪赤采：27"者，长身，仅存器身一段，剑首及锋均残缺，棱脊，空心，剑身断面呈菱形，残长18厘米，最宽处3.2厘米。年代判断大体为战国中晚期。[4] 该处曾于1960年发掘出铜剑1件，被当地小学生当成废铜出售。[5]

揭阳仙桥犬屎山墓葬采集到土铜剑1件，编号"JY7：2"，表面绿青色，长刃，宽身，表面呈菱形，首部残，茎部呈圆柱状，有两箍，

图2-7-18  揭西赤岭埔"坪赤采：27"铜剑

---

[1]  广东省文物考古研究所、普宁市博物馆：《广东普宁龟山先秦遗址2009年的发掘》，《文物》2012年第2期。

[2]  杨式挺、邱立诚、冯孟钦、向安强：《广东先秦考古》，广州：广东人民出版社，2015年，第786页。

[3]  徐恒彬、杨少祥、榻富崇：《广东德庆发现战国墓》，《文物》1973年第9期。

[4]  邱立诚、曾骐：《广东揭西县先秦遗存的调查》，《考古》1999年第3期。

[5]  揭西县文物志编纂委员会编：《揭西县文物志》，内部出版，1985年，第41页。

脊隆起，前锷收窄，锐锋，格呈凹字形。残长 52.3 厘米。年代判断为春秋时期。[①] 当时报道称"据现场民工反映，墓离现在地表约 3 米，为一小土坑墓，剑与陶器排列在左侧，出土的青铜剑一口，为模铸，三棱式，三关柄，长 53 厘米，宽 4 厘米，剑柄长 8.3 厘米，氧化程度很高，刃部有些残缺。出土的还有米字纹陶罐一件"[②]。

图 2 - 7 - 19  揭阳犬屎山"JY7：2"铜剑

揭阳埔田世德堂村墓群发现的 3 座以上的土坑墓，均有铜剑随葬，判断为战国时期遗物。[③] 此处至少发现有 3 件战国铜剑。

惠来饭钵山发现铜剑 1 件，剑身起脊，刃锋利，长条形茎，扁圆茎，因锈蚀断为三截，长 43 厘米，剑柄有纹饰。年代推测为春秋时期。[④] 此件为 1982 年 12 月发现，当时的报道称"在其附近，群众还采到过铜剑多件"[⑤]。

惠来新厝村遗址采集到铜剑 2 件，年代为东周。[⑥]

8. 铜矛

目前，已在 4 处遗址中发现 9 件。

面头岭遗址共发现铜矛 3 件。"M14"墓出土 2 件："M14：23"骹部残缺，叶部仅存上半部分，棱脊，中空，残长 8 厘米、宽 3.1 厘米。"M14：22"为椭圆形，骹口已残，叶部宽扁，脊稍微隆起，横断面呈多边形，刃面微凹。棱脊两侧有菱格形暗纹，矛体内尚残留少量木块，残长 17 厘米、叶部最宽为 5 厘米。"M15"墓出土 1 件，"M15：7"骹口内凹，骹部圆形中空，有一竖耳，其下饰"王"字形纹，相对一面有两个刻画符号，叶部隆脊，锋残缺，叶部一面有多个刻画符号，另一面基部两侧饰变体云纹，残长 13.7 厘米，骹部直径 1.9 厘米。其中的"王"字形纹铜矛为粤东地区首见，很可能是由西江地区流入的。

---

① 李岩：《揭阳市古遗址调查报告》，揭阳考古队、揭阳市文化广电新闻出版局编：《揭阳考古（2003—2005）》，北京：科学出版社，2005 年，第 123 - 124 页。

② 揭阳县文化馆：《揭阳县发现战国墓》，广东省汕头地区文化局编：《汕头文物简讯》（第 4 号），内部出版，1977 年，第 10 页。

③ 广东省文化厅编：《中国文物地图集  广东分册》，广州：广东省地图出版社，1989 年，第 274 页。

④ 黄坤池：《惠来发现春秋瓮棺葬》，广东省博物馆馆刊编辑室编：《广东省博物馆馆刊》（创刊号），广州：广东省博物馆，1988 年，第 8 页。

⑤ 陈黄：《惠来县发现春秋瓮棺葬》，广东省汕头地区文物管理站编：《汕头文物》，内部出版，1983 年第 10 期，第 58 页。

⑥ 广东省文化厅编：《中国文物地图集  广东分册》，广州：广东省地图出版社，1989 年，第 261 页。

 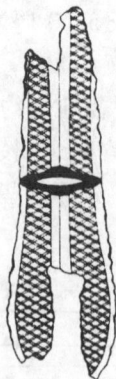 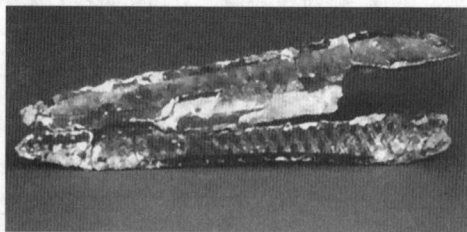

图 2 - 7 - 20　面头岭　　图 2 - 7 - 21 （1）　面　　图 2 - 7 - 21 （2）　面头岭 "M14：22"
"M14：23" 铜矛　　头岭 "M14：22" 铜矛　　铜矛实物图

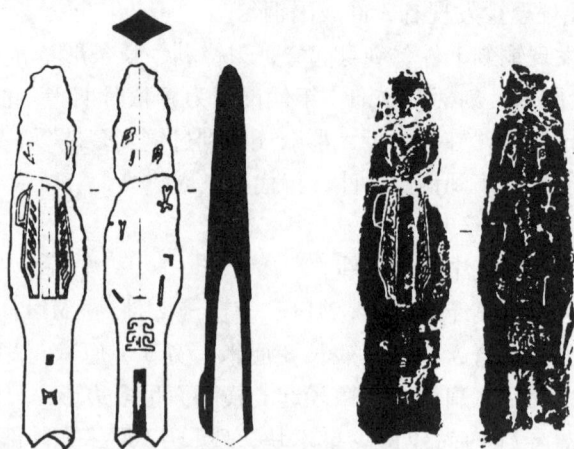

图 2 - 7 - 22　面头岭 "M15：7" 铜矛及拓片

　　惠来饭钵山之西发现铜矛 1 件，椭圆形銎，接近叶的地方有一对穿，应为固
柲钉孔，銎叶界限分明，叶部截面呈菱形，中间带脊棱，叶铡刃成弧线并向锋端
收煞，锋端已残，残长 21 厘米、銎宽 2.2 厘米、叶宽 6.2 厘米。该铜矛与铜剑、
骨灰同在一陶瓮之内，怀疑是瓮棺葬中的随葬品。年代为春秋时期。[①]

　　① 黄坤池：《惠来发现春秋瓮棺葬》，广东省博物馆馆刊编辑部编：《广东省博物馆馆刊》（创刊
号），广州：广东省博物馆，1988 年，第 8 页。

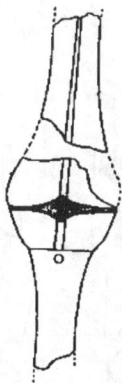

图 2 - 7 - 23　惠来饭钵山铜矛

揭阳宝山嶅遗址附近的锡矿矿场在 2003 年的试掘中出土有青铜矛 1 件（试掘报告编号"宝山嶅采：9"），长叶，中脊突出，近骹处有穿孔，骹口呈折角状，截面呈菱形，残长 24 厘米。该遗物从属于岭南地区无纽传统，年代当属于春秋晚期。[①]

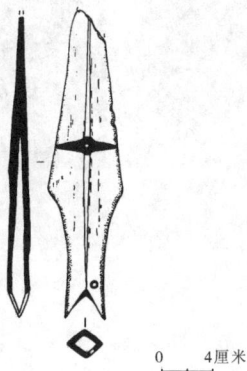

0　　4厘米

图 2 - 7 - 24　揭阳宝山嶅"宝山嶅采：9"铜矛

揭西赤岭埔遗址采集到 4 件铜矛："JC：32"，短圆骹，后端有一穿，叶部宽扁，有突出的棱脊，残长 11.3 厘米、叶宽 3 厘米；"JC：18"，矛体瘦长，叶部棱脊中空，全长 14.9 厘米、叶宽 2.5 厘米；"JC：19"，矛体较短，叶部有两道棱脊，全长 11.7 厘米、叶宽 2.7 厘米；"JC：23"，叶前部及骹部均残，叶部有宽扁棱脊，骹部断面呈椭圆形，残长 9.2 厘米。第一件年代为春秋晚期至战国早

①　徐坚：《揭东县宝山嶅遗址试掘报告》，揭阳考古队、揭阳市文化广电新闻出版局编：《揭阳考古（2003—2005）》，北京：科学出版社，2005 年，第 105、110 页。

期，后三件年代为战国晚期。①

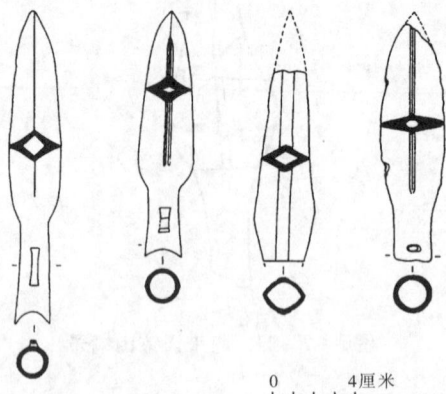

图 2 - 7 - 25　揭西赤岭埔 "JC：18" "JC：19" "JC：23" "JC：32" 铜矛

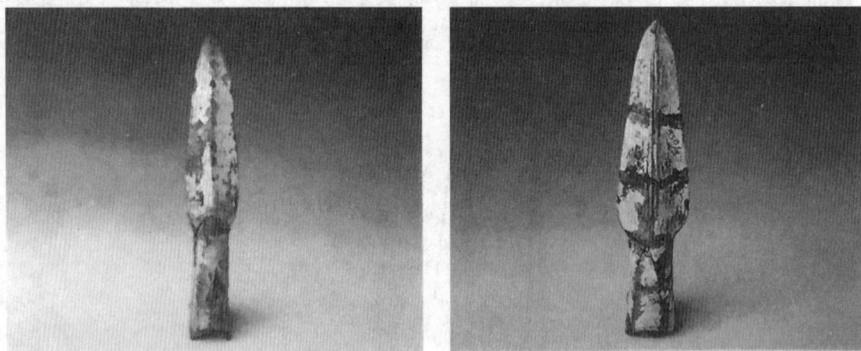

a型铜矛（"JC：18"）　　　　　　　A型铜矛（"JC：19"）

图 2 - 7 - 26　揭西赤岭埔 "JC：18" "JC：19" 铜矛实物图

9. 铜戈

目前，在 2 处遗址发现 2 件。

面头岭遗址发现铜戈 1 件，为 "M14" 墓所出，编号 "M14：21"，其援部略上扬，上刃有残损，援部较窄，三角锋，隆脊，胡与内稍宽，阑侧有两个长方穿，上端一个小圆穿，平内上有一个长方穿，通长 16.7 厘米、内长 3.6 厘米。

① 魏峻：《揭西县赤岭埔遗址调查报告》，揭阳考古队、揭阳市文化广电新闻出版局编：《揭阳考古（2003—2005）》，北京：科学出版社，2005 年，第 190 - 197 页。

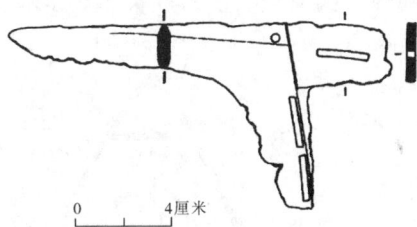

图 2 - 7 - 27（1）
面头岭"M14：21"铜戈

图 2 - 7 - 27（2）
面头岭"M14：21"铜戈实物图

惠来饭钵山发现铜戈 1 件，援两侧作双弧面刃，长 12 厘米、宽 2.2 厘米、厚 0.3 厘米，阑长 5.5 厘米，近阑处带三穿，中起脊棱，内已断折，因锈蚀，无法辨认有无铭刻。年代推测为春秋时期。①

图 2 - 7 - 28　惠来饭钵山铜戈

10. 铜镞和铅镞

目前，在 2 处遗址发现铜镞 14 件，在 1 处遗址发现铅镞 7 件。

面头岭遗址发现 20 件镞，其中 13 件是铜镞、7 件是铅镞，都是"M14"墓的随葬品。

铜镞 13 件中，"M14：12"器体呈细长的三角形，棱脊、圆铤、无翼，通长 5.5 厘米。《广东先秦考古》称其较为特殊，是广东目前仅有的一例，并将其描述为"三叶式镞"。其余 12 件形态皆相同，均为圆铤，三角锋，镞身中部起脊，长翼。分别为："M14：9"，双翼外展，略短于铤，通长 7.5 厘米；"M14：10"，双翼残缺，通长 7.8 厘米；"M14：11"，双翼弧形外展，长出铤后，涌长 7.5 厘米；"M14：13"，锋、翼均有残缺，通长 7.5 厘米；"M14：14"，镞身一侧残留锋、翼，另一侧锋、翼缺失，通长 7.3 厘米；"M14：15"，镞身一侧残留少量前锋，另一侧锋、翼缺失，通长 7.8 厘米；"M14：16"，镞身一侧尚残留少量前锋，另一侧锋、翼缺失，通长 7.4 厘米；"M14：17"，两翼残缺，通长 7.9 厘米；"M14：18"，前锋、两翼均残缺，残长 5.5 厘米；"M14：19"，前锋、两翼

---

① 黄坤池：《惠来发现春秋瓮棺葬》，广东省博物馆馆刊编辑室编：《广东省博物馆馆刊》（创刊号），广州：广东省博物馆，1988 年，第 8 页。

均残缺，残长 7.3 厘米；编号 "M14：20"，前锋、两翼均残缺，残长 5.6 厘米。

图 2-7-29　面头岭　　　　图 2-7-30　面头岭　　　　图 2-7-31　面头岭
　"M14：12" 铜镞　　　　　"M14：10" 铜镞　　　　　"M14：11" 铜镞

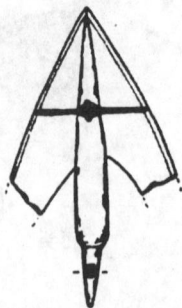

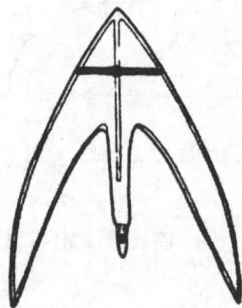

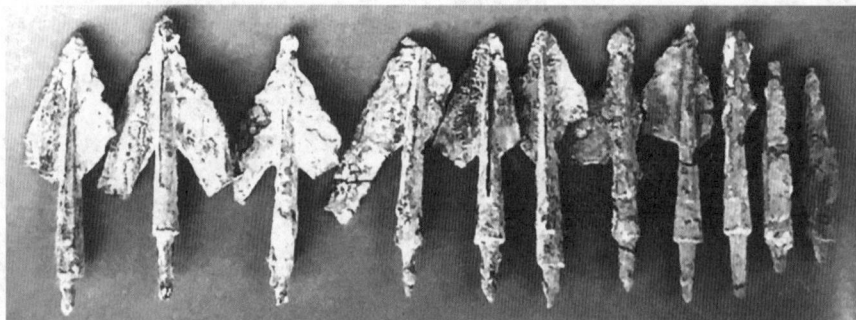

图 2-7-32　面头岭 "M14：13" "M14：10" "M14：9" "M14：14" "M14：11" "M14：
17" "M14：16" "M14：15" "M14：19" "M14：20" "M14：18" 铜镞实物图

　　铅镞 7 件都是铅锡合金铸成，白色器体，质地相对较软，器身短小，大致呈柳叶形，棱脊，中空，分两翼。"M14：1" 残长 6.1 厘米；"M14：2" 一侧翼部残缺残长 6.7 厘米；"M14：3" 残长 6.1 厘米；"M14：4" 残长 5.5 厘米、宽 2.2 厘米；"M14：5" 镞身狭长，一侧翼部残缺，残长 5.8 厘米、宽 1.7 厘米；"M14：6" 仅存三角形前锋，横断面呈椭圆形，残长 2.5 厘米；"M14：7" 仅存三角形前锋，横断面呈椭圆形，残长 1.8 厘米。这种铅镞是广东首见。

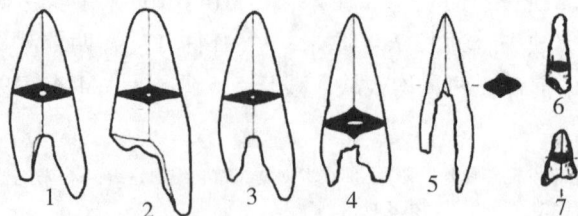

图 2-7-33　面头岭编号为 "M14：1" 至 "M14：7" 的铅镞

图2-7-34　面头岭"M14：3""M14：5""M14：1"
"M14：6""M14：7"铅镞实物图

潮安匏靰子山1957年掘得1件铜镞，有圆銎，中空，前收锋，脊鼓起，一侧有翼，后锋较长，另一侧銎旁有半环耳。长6.5厘米、宽4厘米。这件铜镞形制独特，应该是一件可回收的飞镖式箭镞。该铜镞的年代判断为春秋时期。[①]

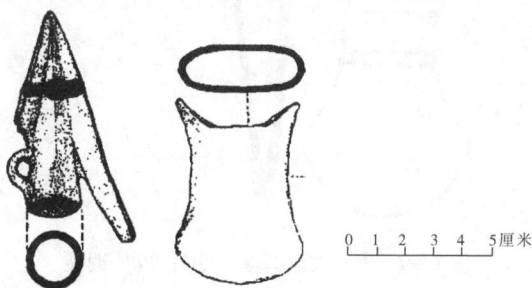

0　1　2　3　4　5厘米

图2-7-35　潮安匏靰子山铜镞

11. 铜钺、铜斧

钺与斧，两者比较容易混淆。如果依照先秦古籍的相关描述，钺与斧除了作为工具、武器使用外，更多的还是权威、武力等的象征，并在相应场合使用。如《尚书·牧誓》："王左杖黄钺。"[②]《仪礼·觐礼》："天子设斧依于户牖之间。"郑玄注："依，如今绨素屏风也。有绣斧文，所以示威也。"[③] 斧和钺的形制也不易区分，《六韬·虎

————————

① 杨豪·《介绍广东近年发现的几件青铜器》，《考古》1961年第11期，杨式挺、邱立诚、冯孟钦、向安强：《广东先秦考古》，广州：广东人民出版社，2015年，第798页。

② （汉）孔安国传，（唐）孔颖达疏：《尚书正义》，（清）阮元校刻：《十三经注疏》，北京：中华书局，1980年，第183页。

③ （汉）郑玄注，（唐）贾公彦疏：《仪礼注疏》，（清）阮元校刻：《十三经注疏》，北京：中华书局，1980年，第1089页。

韬》:"大柯斧,刃长八寸,重八斤,柄长五尺以上,千二百枚,一名天钺。"①

在考古学上,有认为斧和钺"以刃部的宽窄作为分类的主要标志,但平刃者不列于钺类。斧与钺都以劈、砍为其主要功能,前者主要作为工具,后者则属武器"②。但至今亦有不同的叫法。鉴于此,下文仍沿用原考古调查、发掘报告等的叫法。

目前,在6处遗址中发现10件铜斧和铜钺。

揭阳华美遗址发现1件青铜器,1985年的遗址调查称之为"铜斧(钺)"(无编号),并从考古发现角度比较它与其他春秋战国斧、钺的差别,认为该器似斧似钺,处于斧钺不易区分的历史阶段,且以此作为遗存断代参考之一;2005年的调查报告则直接称该器为"铜钺"(编号"JH:39"),认定为春秋晚期至战国初期遗物。该器銎口近长方形,短身,圆弧刃,器身正、背两面近銎口处均有一道凸棱,器身一侧可见明显的合范铸痕,銎口长3.3厘米、宽1.7厘米,器物全长6.9厘米、刃宽5.3厘米。③ 河源和平县羊公寨遗址1984年出土的1件"铜斧",高6.6厘米、刃宽4.7厘米,长方銎,两侧向外弧出。④ 如果仅从附图观察,这两件或称"铜斧"或称"铜钺"的器具,笔者认为并无实质性区别,这也可见斧、钺之难分。

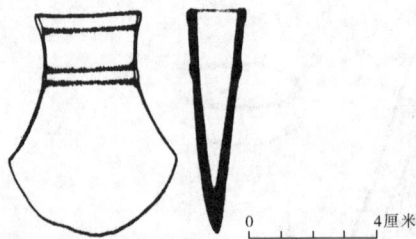

图2-7-36 揭阳华美"JH:39"铜钺

揭西赤岭埔遗址采集到3件铜钺,都是扇形钺,器身侧面有合范痕迹,其中"JC:28"器体较长,长方銎,微束腰,弧刃,銎略残,器高6.6厘米、刃宽5厘米;"JC:29"器体较长,长方銎,微束腰,弧刃,器高7.9厘米、刃宽6.8厘米;"JC:26"器体较短,长方銎,束腰,弧刃,器高5厘米、刃宽4.8厘米。⑤ 年代判断上,《揭西县赤岭埔遗址调查报告》认为"JC:28""JC:29"

① 曹胜高、安娜译注:《六韬/鬼谷子》,北京:中华书局,2007年,第134页。
② 杨式挺、邱立诚、冯孟钦、向安强:《广东先秦考古》,广州:广东人民出版社,2015年,第796页。
③ 邱立诚、吴道跃:《广东揭阳华美沙丘遗址调查》,《考古》1985年第8期;魏峻:《揭东县华美沙丘遗址调查报告》,揭阳考古队、揭阳市文化广电新闻出版局编:《揭阳考古(2003—2005)》,北京:科学出版社,2005年,第186页。
④ 广东省文物管理委员会办公室、广东省博物馆编:《广东文物普查成果图录(出土文物部分)》,广州:广东科技出版社,1990年,第50页。
⑤ 魏峻:《揭西县赤岭埔遗址调查报告》,揭阳考古队、揭阳市文化广电新闻出版局编:《揭阳考古(2003—2005)》,北京:科学出版社,2005年,第195页。

年代为春秋晚期至战国早期，"JC：26"年代为战国晚期；《广东揭西县先秦遗存的调查》认为"坪赤采：9"（上述"JC：29"）、"坪赤采：10"（上述"JC：26"）大致属于春秋前后遗物，"坪赤采：30"（即上述"JC：28"）的年代大体上是战国晚期。[①]

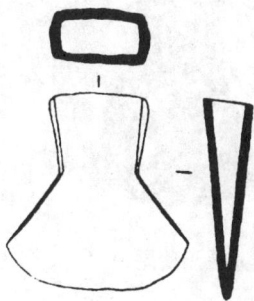

图 2-7-37　揭西赤岭埔"JC：26"铜钺

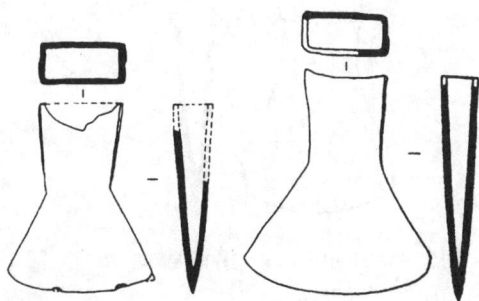

图 2-7-38　揭西赤岭埔"JC：28""JC：29"铜钺

揭西赤岭埔遗址还采集到 2 件铜斧，形状为束腰形，器身侧面有合范痕。"JC：22"，长方銎，束腰，微弧刃，器高 6.8 厘米、刃宽 3.1 厘米，其刃缘较平，略有缺损，可能是经使用所致；"JC：27"，长方銎，束腰，刃部残，残高 4.8 厘米。《揭西县赤岭埔遗址调查报告》判断其年代为战国晚期。[②]

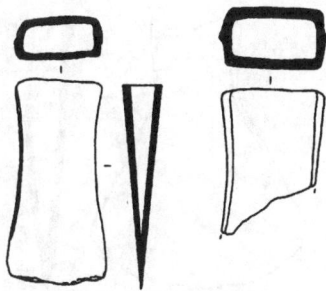

图 2-7-39　揭西赤岭埔"JC：22""JC：27"铜斧

---

① 又，调查报告将"JC：28""JC：29"列为Ⅰ式、"JC：26"列为Ⅱ式；遗存调查将"坪赤采：9""坪赤采：10"列为 A 型，将"坪赤采：30"列为 B 型。参见魏峻：《揭西县赤岭埔遗址调查报告》，揭阳考古队、揭阳市文化广电新闻出版局编：《揭阳考古（2003—2005）》，北京：科学出版社，2005 年，第 190-197 页；邱立诚、曾骐：《广东揭西县先秦遗存的调查》，《考古》1999 年第 3 期。

② 魏峻：《揭西县赤岭埔遗址调查报告》，揭阳考古队、揭阳市文化广电新闻出版局编：《揭阳考古（2003—2005）》，北京：科学出版社，2005 年，第 195-197 页。

揭阳新亨镇狮尾山采集到 1 件铜钺，编号"JD2：2"，扇形钺，长方銎，束腰，弧刃，长 8.1 厘米、刃宽 5.8 厘米。年代推定为春秋时期。[1]

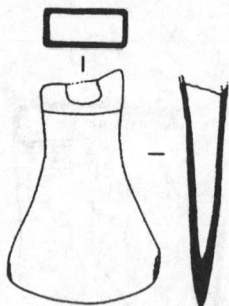

图 2-7-40（1）　揭阳狮尾山
"JD2：2"铜钺

图 2-7-40（2）　揭阳狮尾山"JD2：2"铜钺实
物图

面头岭遗址的"M1"和"M28"墓，据《揭东县面头岭墓地发掘报告》称各出有 1 件铜钺。其中，"M1"所出"M1：2"，长方銎，钺身扇形，弧刃，器身侧面有合范铸痕，銎口长 3 厘米、宽 1.7 厘米，全器通长 8.9 厘米。但"M28"墓所出"M28：4"，按图形看似乎与钺、斧都有比较明显的差异。《广东先秦考古》也认为其不应称为"铜钺"，而应是"铜锄"，暂按这个说法，将编号"M28：4"放在下文铜锄部分介绍。

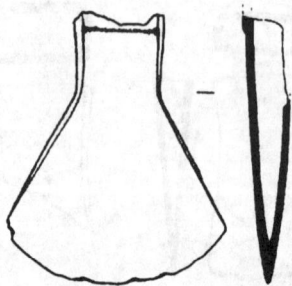

图 2-7-41　面头岭"M1：2"铜钺

此外，20 世纪 50 年代后期，在揭阳新西河的积沙河床层和潮安松林峰各发现 1 件铜斧，年代推断为春秋末年至战国时期。[2] 但未见有更具体的报道。

---

① 魏峻：《揭东县先秦两汉遗址调查报告》，揭阳考古队、揭阳市文化广电新闻出版局编：《揭阳考古（2003—2005）》，北京：科学出版社，2005 年，第 155、179 页。

② 杨豪：《介绍广东近年发现的几件青铜器》，《考古》1961 年第 11 期。

12. 铜锄

目前，在 2 处遗址发现有 2 件疑似物。

面头岭遗址 "M28" 墓出有铜锄 1 件，平面近梯形，长方銎，中空，器身有长方形孔，束腰，平刃微外撇，两侧面均有凸起的合范铸痕，刃面宽 9.8 厘米、器高 9.6 厘米。此件铜锄，发掘报告编号为 "M28∶4"，称 "铜钺"。[①] 现据《广东先秦考古》的说法，将其归为铜锄。

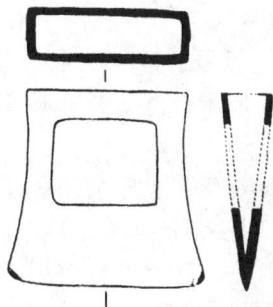

图 2 - 7 - 42（1） 面 头 岭　　图 2 - 7 - 42（2）　　面头岭 "M28" 墓铜锄实物图
"M28" 墓铜锄

揭阳白塔寨山采集到一把造型精致、重达 1.4 公斤的铜锄[②]，该处曾出土的陶豆、石戈被推断是上限为商代晚期、下限为西周早期的遗物[③]，不过，从报道看，这几种器物虽然在同一个地方被发现，却未必是同出。由于未见具体报道，只能说该件铜锄年代不详。

13. 铜削

目前，仅于 1 处遗址发现 1 件。

面头岭遗址发现有铜削 1 件，为 "M1" 墓所出，编号为 "M1∶3"，长柄环首，背部平直，单面刃，残长 10.2 厘米、刃宽 1 厘米、环首直径 2 厘米。

---

　① 由于 "M13" 和 "M28" 墓发现时已被扰乱，因此《广东揭阳县战国墓》认为上述 "M28" 这件 "铜钺" 是出于 "M13" 墓，列为编号 "M13∶6"，《揭东县面头岭墓地发掘报告》则认为是出于 "M28" 墓，列为编号 "M28∶4"，本书从后者。又，上述两文均称其为 "铜钺"，《广东先秦考古》则认为 "称钺似不确"，应是农具 "锄"，本书从之。参见广东省博物馆、汕头市文管会、揭阳县博物馆：《广东揭阳县战国墓》，《考古》1992 年第 3 期，第 221 - 222 页；魏峻：《揭东县面头岭墓地发掘报告》，揭阳考古队、揭阳市文化广电新闻出版局编：《揭阳考古（2003—2005）》，北京：科学出版社，2005 年，第 81 - 82 页；杨式挺、邱立诚、冯孟钦、向安强：《广东先秦考古》，广州：广东人民出版社，2015 年，第 802 页。

　② 汕头地区文物管理站、揭阳县博物馆：《揭阳东周墓发掘报告》，广东省汕头地区文物管理站编：《汕头文物》，内部出版，1982 年第 9 期，第 10 - 14 页。

　③ 魏峻：《揭东县先秦两汉遗址调查报告》，揭阳考古队、揭阳市文化广电新闻出版局编：《揭阳考古（2003—2005）》，北京：科学出版社，2005 年，第 165、178 - 179 页。

图 2 - 7 - 43（1） 面头岭"M1：3"铜削　图 2 - 7 - 43（2）　面头岭"M1：3"铜削实物图

### 14. 铜篾刀（铜刮刀）

目前，仅于 1 处遗址发现 1 件。

面头岭遗址发现铜篾刀 1 件，为"M14"墓所出，编号"M14：24"，器身窄长，三角形锋，中部有棱脊，横断面呈人字形，长 8 厘米、宽 1.1 厘米。[①] 该器物锈蚀十分严重。

应该说明的是，《广东揭阳县战国墓》称其为"铜篾刀"，《广东先秦考古》则称其为"刮刀"[②]。就民族志的研究情况看，这两种叫法常被认为是称呼同一物的，它们都与竹类砍伐取材、竹器编织业等紧密相关，迄今仍有使用。又，《湖南两广青铜时代越墓研究》一文认为，刮刀是典型的越式工具，虽然两湖楚墓也有发现，但应该是从越人处传入。[③]

### 15. 铜镜

目前，仅在 1 处遗址发现 1 件。

面头岭遗址发现铜镜 1 件，为"M24"墓所出，编号"M24：3"，圆形，体扁薄，镜缘残缺，铜镜背面的边缘无纹饰，中间以稠密的凸点为地纹，其上为缠绕的线纹，直径 8.4 厘米、厚 0.15 厘米。

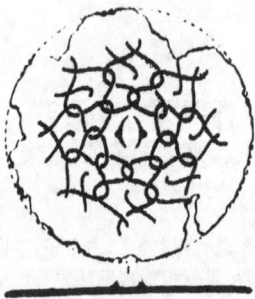 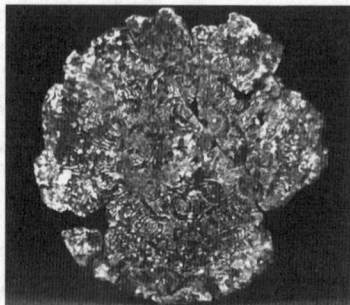

图 2 - 7 - 44（1）　面头岭"M24：3"铜镜　图 2 - 7 - 44（2）　面头岭"M24：3"铜镜实物图

---

① 广东省博物馆、汕头市文管会、揭阳县博物馆：《广东揭阳县战国墓》，《考古》1992 年第 3 期。
② 杨式挺、邱立诚、冯孟钦、向安强：《广东先秦考古》，广州：广东人民出版社，2015 年，第 801 页。
③ 李龙章：《湖南两广青铜时代越墓研究》，《考古学报》1995 年第 3 期。

16. 其他

若干器具因残损严重而未能辨识其器形，计有3件以上。

如面头岭遗址"M7"墓发现有铜锥形器1件，编号"M7：3"，锈蚀严重，长锥形，后端残断，横断面呈椭圆形，残长9.2厘米，由于残损太严重，未能判断其用途。

又如揭阳埔田世德堂村墓群，在20世纪60年代初采集到2件不明器形的铜器残片，判断为战国时期遗物。[1]

图2-7-45（1） 面头岭"M7：3"
铜锥形器

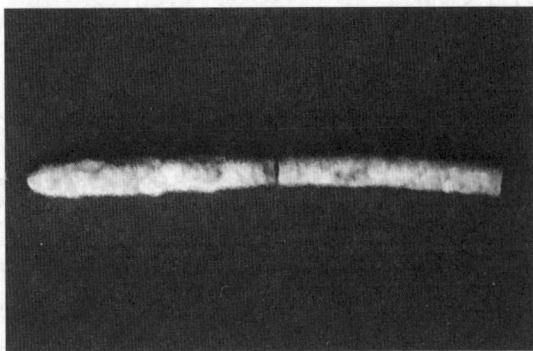

图2-7-45（2） 面头岭"M7：3"铜锥形器
实物

综上所述，将潮汕地区发现的两周战国阶段青铜器，不计铅镞，整理为下表：

表2-7-1　两周战国阶段潮汕地区发现青铜器略表

| | 鼎 | 盘 | 罍 | 铙 | 甬钟 | 铃 | 剑 | 矛 | 戈 | 镞 | 斧钺 | 锄 | 削 | 篾刀 | 镜 | 残件 | 计 |
|---|---|---|---|---|---|---|---|---|---|---|---|---|---|---|---|---|---|
| 面头岭 | 6 | 8 | 3 | | | | 2 | 3 | 1 | 13 | 1 | 1 | 1 | 1 | 1 | 1 | 42 |
| 禾皋小学 | | | | 1 | | | | | | | | | | | | | 1 |
| 新厝村 | | | | | 1 | | 2 | | | | | | | | | | 3 |
| 普宁龟山 | | | | | | 1 | | | | | | | | | | | 1 |
| 赤岭埔 | | | | | | | 2 | 4 | | | 5 | | | | | | 11 |
| 犬屎山 | | | | | | | | | | | | | | | | | 1 |
| 饭钵山 | | | | | | | 1 | 1 | 1 | | | | | | | | 3 |
| 宝山崇旁 | | | | | | | | 1 | | | | | | | | | 1 |

① 广东省文化厅编：《中国文物地图集　广东分册》，广州：广东省地图出版社，1989年，第274页。

（续上表）

| | 鼎 | 盘 | 罍 | 铙 | 甬钟 | 铃 | 剑 | 矛 | 戈 | 镞 | 斧钺 | 锄 | 削 | 篾刀 | 镜 | 残件 | 计 |
|---|---|---|---|---|---|---|---|---|---|---|---|---|---|---|---|---|---|
| 鲍靴子山 | | | | | | | | | | 1 | | | | | | | 1 |
| 华美 | | | | | | | | | | | 1 | | | | | | 1 |
| 狮尾山 | | | | | | | | | | | 1 | | | | | | 1 |
| 新西河畔 | | | | | | | | | | | 1 | | | | | | 1 |
| 松林峰 | | | | | | | | | | | 1 | | | | | | 1 |
| 白塔寨山 | | | | | | | | | | | | 1 | | | | | 1 |
| 世德堂 | | | | | | | 3 | | | | | | | | | 2 | 5 |
| 合计 | 6 | 8 | 3 | 1 | 1 | 1 | 11 | 9 | 2 | 14 | 10 | 2 | 1 | 1 | 1 | 3 | 74 |

注：

①两周战国阶段是本书的划分阶段，上面仅列出已明确判定为两周战国阶段所出者，不含下限或至西周的浮滨文化遗存。

②若干报道中提及，但报道者自己未见者，概不列入此表；如关于饭钵山遗址的原始报道中述及该处"据说"还发现"多件"铜剑，这里仅计实际采集到的1件。

## 四、玉、石器及其工艺

两周战国时期，作为生产、生活工具的青铜器逐渐取代了石器，因此潮汕地区发现的石器遗物大为减少。

以面头岭遗址为例，该处发现的玉、石器不多，占总器物的比例亦十分低，其种类仅有数种，且绝大部分是出于地层或在遗址采集而得。

面头岭遗址地层出土石锛3件、石矛1件、石钺1件、石环1件、砺石3件、玦4件，遗址采集的有石环1件、玦1件①，墓葬随葬的则有"M19"墓的石锛1件②以及"M2""M8"墓的砺石各1件，合计为：石锛4件、石矛1件、石钺1件、石环2件、玉或石质玦5件、砺石5件。

其中，石锛、石矛和若干玦、砺石等出于第二层堆积者，应该不属于两周战

---

① 关于玦的数量，《揭东县面头岭墓地发掘报告》"出土器物分析"部分称"玉/石玦，6件。分二型。A型4件。体较厚，外缘平直或微弧，横断面近长方形或梯形。标本ⅡT0606⑤：1。B型2件。体扁薄，刃缘，标本采：3"。而该文正文中所介绍的玉/石玦有：地层出土4件、遗址采集1件、墓葬遗物经统计0件，一共5件。这里按正文内容，认为是5件。魏峻：《揭东县面头岭墓地发掘报告》，揭阳考古队、揭阳市文化广电新闻出版局编：《揭阳考古（2003—2005）》，北京：科学出版社，2005年，第55、57－85、90、95页。

② 此件《揭东县面头岭墓地发掘报告》第66页写作"石斧"，第67页写作"石锛"，考上下文应为石锛。魏峻：《揭东县面头岭墓地发掘报告》，揭阳考古队、揭阳市文化广电新闻出版局编：《揭阳考古（2003—2005）》，北京：科学出版社，2005年，第66－67页。

国时期遗物，这里不再介绍。余下的举例如下：

石钺，编号"ⅡT0807⑤：1"，为青灰色板岩精磨而成，已残缺，微弧顶，侧面斜直，器身有一个两面对钻的穿孔，这个穿孔上方有一个未穿透的梃钻圆孔，残长4.3厘米、残宽3.1~3.8厘米、厚1.5厘米。

石环，编号"采：4"，为青灰色板岩磨制，已残损成半环形，内厚外薄，刃缘，以两面对钻法管钻取芯，外廓径约8.4厘米、内廓径约4.6厘米、厚0.2~0.9厘米。

图2-7-46（1）　面头岭　图2-7-46（2）　面头岭"采：4"石环实物图
"采：4"石环

玦，如"标本ⅡT0606⑤：1"是由青灰色板岩精磨而成，外廓平直，以对钻法管钻取芯，横断面近长方形，外廓径4.5厘米、内廓径3.3厘米、厚0.7厘米；"采：3"由乳白色石英精磨而成，器体扁薄，上下两面呈光滑的平面，上边缘磨成斜面形，刃缘，以单面钻法管钻取芯，外廓径4.5厘米、内廓径2.1厘米、厚0.3厘米。

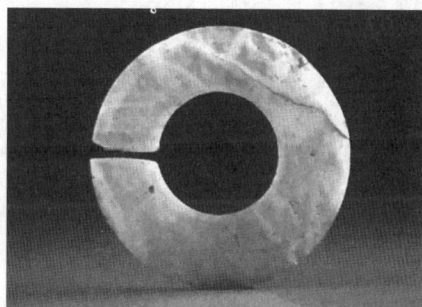

图2-7-47　面头岭"标本ⅡT0606　图2-7-48　面头岭"采：3"石英玦实物图
⑤：1"玦实物图

砺石，如"T5⑤：1"，质料为灰色砂岩，平面形状不规则，正面、背面及一个侧面有因长期研磨而形成的凹面，同时正面有一道因长期使用而形成的磨痕，残长5.3厘米、宽6.4~8.5厘米、厚3厘米；"M2：14"，青灰色泥岩，扁薄长条形，两端有打制痕迹，器物上下两面及侧面都因长期使用形成凹面，长14.3厘米、宽4.5厘米、厚1.5厘米；"M8：2"，近方形，表面因长期使用形成凹面，长16.3厘米、宽14.5厘米、厚4.2厘米。

这些石器中，砺石是与本阶段所处的青铜器时代密切相关的。

按考古发现的经验，青铜器时代的青铜器铸造工坊遗址，除了模、范等主要设备外，还会有砺石出现，而往往又有木炭同出。砺石作为让器物更方便使用、外观更为美观的磨砺加工工具，它的使用频率十分高。如河南安阳孝民屯铸铜遗址便出土了数千块包括粗细砂岩质料的大小、厚薄、形状不一的砺石，可见该工具的使用率之高。[1]

面头岭的砺石如上举"T5⑤：1""M2：14""M8：2"三件砺石都是战国中期前后的遗物，都有长期使用过的痕迹，建筑基址中又出现多处同期木炭层，因此有可能与青铜器的铸造加工有关。

除了面头岭外，潮汕地区还有多例砺石出土。如揭东曲溪网脚地采集到的1件砺石，编号"JD56：3"，灰色细砂岩，长条形，两端有断裂痕，正背面均平直光滑，一个侧面有因长期使用而形成的磨制凹槽，属于战国时期遗物。[2] 又如揭阳赤岭口遗址采集到的1件砺石，编号"JY4：5"，通体磨制，呈圆角长方体，正面中间略内凹，长8.2厘米、宽3.8厘米、厚2厘米，为两周时期遗物。[3]

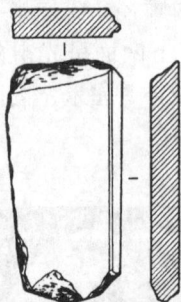

图2-7-49　揭东网脚地"JD56：3"砺石　　图2-7-50　揭阳赤岭口"JY4：5"砺石

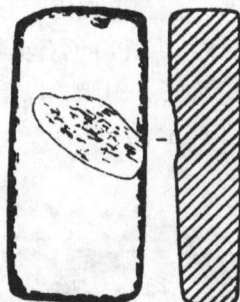

仅仅是砺石也许不足以说明问题，但这些迹象还可与一些发现联系起来：潮

① 殷墟孝民屯考古队：《河南安阳市孝民屯商代铸铜遗址2003—2004年的发掘》，《考古》2007年第1期；谭德睿：《中国青铜时代陶范铸造技术研究》，《考古文化》1999年第2期。

② 魏峻：《揭东县先秦两汉遗址调查报告》，揭阳考古队、揭阳市文化广电新闻出版局编：《揭阳考古（2003—2005）》，北京：科学出版社，2005年，第168、179页。

③ 李岩：《揭阳市古遗址调查报告》，揭阳考古队、揭阳市文化广电新闻出版局编：《揭阳考古（2003—2005）》，北京：科学出版社，2005年，第125-126页。

汕境内的青铜器铸造现象在浮滨文化时期已经开始出现，顶大埔山墓葬发现的 1 件铜戈是目前为止广东所见年代最早的青铜器实物，并被公认为本地所制；铸造青铜的模范早年在揭西河婆便发现过；揭阳东山的山东围军营后也采集到 1 件商时期遗物——石范，收藏于揭阳市博物馆；更为重要的是，揭阳仙桥的平林村发现 1 件陶范，应为两周时期的遗物，正处于此阶段。

这些发现，反映出潮汕先民从事青铜器的铸造在时间上具有连续性，而两周战国时期的遗物，包括面头岭所出的青铜，都不排除是本地铸造的可能。至于其中的若干器物，如"王"字符青铜矛，其文化来源可能还是岭南西江地区，当然也有可能是由西江地区直接传入。

此外，此阶段的玉石环，可能也具有向东南亚传播的意义。如揭东金鸡崇遗址发现 1 件凸唇环（调查报告称"T 形环"），编号"JD17：6"，灰黑色板岩磨制，石环已残断，内缘向外凸起，外缘横断面近 T 形，外径 6 厘米、内径 4.2 厘米、宽 1.9 厘米，应是春秋时期的遗物。[①] 参见本书上一节所述，该件凸唇环也是早期华夏文化向海外传播的见证物。

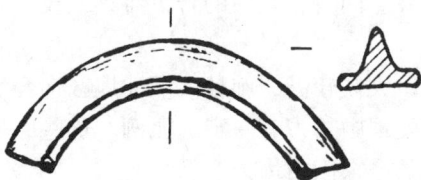

图 2-7-51　揭东金鸡崇"JD17：6"凸唇环

揭东落水金狮发现 1 件石铲，是潮汕地区比较少出之物，其编号为"JD7：6"，由青灰色板岩制成，全器为长方形，通体精磨，平顶，双面平刃，器体扁薄，上部有一单面钻孔，长 33 厘米、宽 7.2 厘米、厚 1.3 厘米，为春秋时期遗物。[②] 这件石铲与文献中的六玉外观、规格都有相似之处，不过，未有论文论及，且发现情况亦不详，所以本文不详细讨论。

① 魏峻：《揭东县先秦两汉遗址调查报告》，揭阳考古队、揭阳市文化广电新闻出版局编：《揭阳考古（2003—2005）》，北京：科学出版社，2005 年，第 135、179 页。

② 魏峻：《揭东县先秦两汉遗址调查报告》，揭阳考古队、揭阳市文化广电新闻出版局编：《揭阳考古（2003—2005）》，北京：科学出版社，2005 年，第 153 页。

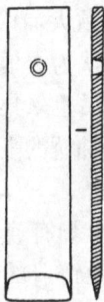

图 2 - 7 - 52（1）
揭东落水金狮"JD7：6"石铲

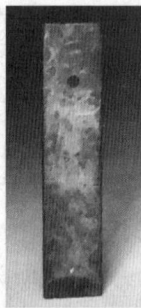

图 2 - 7 - 52（2）
揭东落水金狮"JD7：6"石铲实物图

## 五、原始瓷器及其工艺

在上一阶段，浮滨文化陶器工艺便普遍采用了施釉技术，这是原始瓷器的萌芽。到了本阶段，潮汕地区已经发现不少原始瓷器。这些原始瓷器在继承浮滨制陶技术的基础上有所发展。同时，其中的若干器具或技术，可能来自南下的越族文化。

原始瓷器胎质灰白，火候较高，施釉。潮汕地区迄今发现的属于此阶段的原始瓷器，在广东的遗物发现中，占有一定的比例。这些原始瓷器，又主要集中在本地考古工作最为深入的今揭阳市境内。

1. 揭阳面头岭遗址

揭阳面头岭遗址出土的原始瓷器，都是以瓷土为胎，器表有黄绿色或者青绿色釉，釉面与胎壁结合不好，出土时大多已经脱落。除了第四层堆积有原始瓷片等若干残碎严重的器物出现外，历年发现的种类还包括原始瓷盅、碗、匜、杯、盒、豆、器盖。

（1）原始瓷盅一共 17 件。分 A、B 型。

A 型 15 件，见于"M11"和"M28"墓，编号分别为"M11：1""M11：2""M11：3""M11：4""M11：5""M11：6""M11：7""M11：9""M11：10""M11：11""M11：12""M11：13""M11：14""M28：2""M28：3"[①]，特征为

---

① "M28：2""M28：3"这两件瓷盅，由于"M13"和"M28"墓发现时器物已被扰乱，考古学家们判断有别：《广东揭阳县战国墓》认为出于"M13"墓，编号列为"M13：4""M13：5"，称"瓷杯"；《揭东县面头岭墓地发掘报告》认为出于"M28"墓，编号列为"M28：2""M28：3"，这里依据后者描述；又，当时与这两件器物一起出土的遗物共有 8 件，其中 6 件因被打碎而未采集。参见广东省博物馆、汕头市文管会、揭阳县博物馆：《广东揭阳县战国墓》，《考古》1992 年第 3 期，第 223 页；魏峻：《揭东县面头岭墓地发掘报告》，揭阳考古队、揭阳市文化广电新闻出版局编：《揭阳考古（2003—2005）》，北京：科学出版社，2005 年，第 81 - 82 页。

微敛口、斜弧腹、底略凹①，各件大小有所不同。以"M11：9"为例，该器口径6.6厘米、底径3.5厘米、高5厘米。

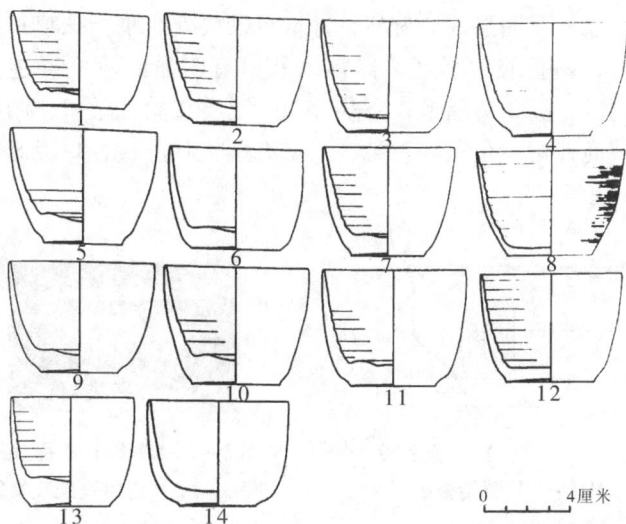

图2-7-53　面头岭编号为"M11：1"至"M11：14"原始瓷盅

B型2件，见于"M11"和"M26"墓，编号分别为"M11：8""M26：4"，特征为侈口、尖唇、斜弧腹、平底。以"M26：4"为例，该器浅灰胎，敞口，斜弧腹，饼状平底的边缘稍微外凸，器物内外壁均有轮修旋痕，器底有切削时留下的偏旋痕迹，器表釉面全部剥落，口径6.5厘米、底径3.8厘米、高4.5厘米。

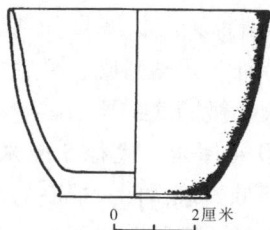

图2-7-54　面头岭"M26：4"　图2-7-55　面头岭"M11：8""M26：4"原始瓷盅实物图
原始瓷盅

①　发掘报告"遗迹"部分对"M11"墓原始瓷盅的描述有"绝大多数原始瓷盅的形态为侈口……"句，该句存疑；另从"M11"墓遗物的附图看，似乎14件盅中仅有1件为侈口，其余为微敛口，又同文"出土器物型式分析"部分列出整个遗址的发现，微敛口者15件，侈口者仅2件。魏峻：《揭东县面头岭墓地发掘报告》，揭阳考古队、揭阳市文化广电新闻出版局编：《揭阳考古（2003—2005）》，北京：科学出版社，2005年，第80、95页。

（2）原始瓷碗一共 15 件。分 A、B、C 三型。

A 型，折腹碗 3 件，分别来自"M10""M17"墓和遗址采集。"M17：2"为泥质灰胎，内敛口，尖唇，上腹微束，下腹折弧收，底略凹，器物内壁尚残留少量浅绿色釉，器表有明显轮修旋痕，外壁近器底处有手指抹痕；"M10：2"为泥质灰胎，侈口，斜折腹，平底，器物内外壁有明显的轮修痕迹，口径 9.7 厘米、底径 4.6 厘米、高 3.7 厘米；"采：5"[①] 泥质灰胎，敞口，圆唇，弧腹，平底，器物内外壁尚残留少量黄绿色釉，内壁有螺旋状凸棱，口径 8.4 厘米、底径 4 厘米、高 3.5 厘米。

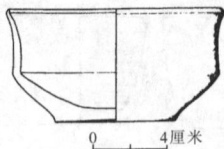

图 2 - 7 - 56（1）面头岭
"M17：2"原始瓷碗

图 2 - 7 - 56（2）面头岭
"M17：2"原始瓷碗实物图

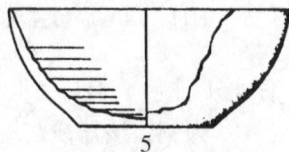

图 2 - 7 - 57 面头岭
"采：5"原始瓷碗

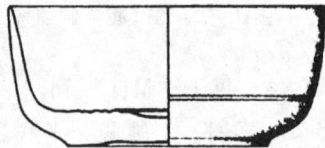

图 2 - 7 - 58 面头岭"采：2"
原始瓷碗

B 型，敞口碗 5 件，分别来自"M2""M10"墓和遗址采集，编号分别为"M2：7""M2：11""M2：15""M10：1""采：2"，特征为浅斜弧腹、平底或者微凹底。以两件为例："M2：15"敞口，圆唇，斜弧腹，微凹底，器物内壁有轮修留下的细密旋痕，器表残留少量黄绿色釉，口径 10.4 厘米、底径 5 厘米、高 4 厘米；"采：2"为泥质灰胎，斜直口，尖唇，下腹折收，底微凹，器底的内面有螺旋状凸棱，内外壁面残留少量青色釉，口径 9.2 厘米、底径 5.8 厘米、高 4 厘米。

C 型为敛口碗 7 件，见于"M2""M15"和"M26"墓，可分二式。其中 I 式 3 件，编号"M2：8""M2：9""M2：10"，特征为敛口，尖唇，底略凹。以"M2：8"为例，该器泥质灰胎，敛口，尖唇，斜弧腹，微凹底，器物内壁残留

① 发掘报告"遗址采集遗物"部分称"原始瓷碗 1 件"，但描述了 2 件，又参考全文的图文描述，可推断"1 件"应是排印出错，实为"原始瓷碗 2 件"。魏峻：《揭东县面头岭墓地发掘报告》，揭阳考古队、揭阳市文化广电新闻出版局编：《揭阳考古（2003—2005）》，北京：科学出版社，2005 年，第 90 页。

少量黄绿色釉，口径 10.4 厘米、底径 5 厘米、高 4 厘米。Ⅱ式 4 件，编号"M15：1""M15：2""M26：2""M26：3"，特征为敛口尖圆唇，弧腹，平底。以"M26：2"为例，该器敛口，尖唇，斜弧腹，平底，器物内壁有明显的轮修旋痕并施黄绿色釉，外壁的釉已脱落，底部无釉，口径 8.2 厘米、底径 4.5 厘米、高 3.4 厘米。

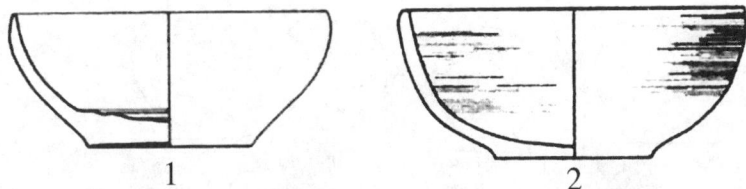

图 2 - 7 - 59　面头岭"M15：1""M15：2"原始瓷碗

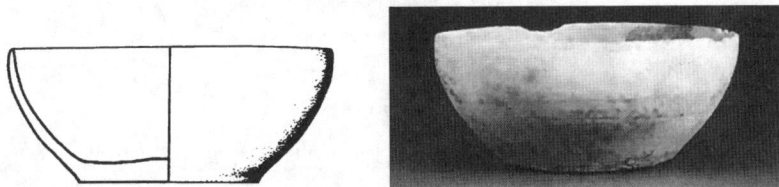

图 2 - 7 - 60（1）　面头岭"M26：2"原始瓷碗

图 2 - 7 - 60（2）　面头岭"M26：2"原始瓷碗实物图

（3）原始瓷匜一共 9 件[①]。

原始瓷匜都见于"M14"墓，编号分别为"M14：27""M14：28""M14：29""M14：30""M14：31""M14：32""M14：33""M14：34""M14：35"。这些匜沿部呈舌状流，斜弧腹，微凹底，器物大小有差别，如"M14：34"口径 8.2 厘米、底径 4.5 厘米、高 3.4厘米。

图 2 - 7 - 61　面头岭"M14：28"原始瓷匜实物图

----

① 　发掘报告"出土器物型式分析"部分称"M14"墓出土"原始瓷匜 8 件"，查全文及《广东揭阳县战国墓》，应更改为"原始瓷匜 9 件"；又"器物组合表"中将 9 件匜列在对应"M24"墓处，实际应列在对应"M14"墓处。参见魏峻：《揭东县面头岭墓地发掘报告》，揭阳考古队、揭阳市文化广电新闻出版局编：《揭阳考古（2003—2005）》，北京：科学出版社，2005 年，第 62、95、97 页；广东省博物馆、汕头市文管会、揭阳县博物馆：《广东揭阳县战国墓》，《考古》1992 年第 3 期。

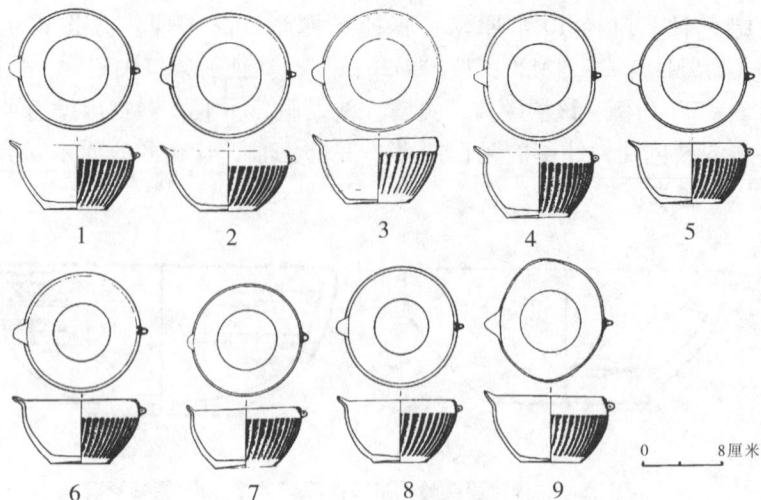

图2-7-62　面头岭编号为"M14：27"至
"M14：35"的原始瓷匜

（4）原始瓷杯一共4件。分A、B两型。

A型3件，见于"M2"墓。"M2：1"为泥质浅灰胎，直口，方唇，斜直腹，近底处折收成平底，器物内壁有平行轮修旋痕，器底的上面有突起的螺旋形凸棱，器物底面有切削留下的偏旋痕及切痕，器表的釉面脱落无存，口径11.8厘米、底径7厘米、高10.2厘米。"M2：5"器物形态及质地与"M2：1"相同，口径15厘米、底径9厘米、高13厘米。"M2：6"微敛口，尖唇，直腹，近底处弧折收成平底，器物内壁有平行轮修旋痕，器底有突起的螺旋形凸棱，器表的釉面脱落无存，口径8厘米、底径6厘米、高8.8厘米。

图2-7-63　面头岭"M2：1""M2：6"原始瓷杯实物图

这3件原始瓷杯，可能是广东最早的一套量器。《揭阳先秦两汉考古研究》称："（面头岭）四号墓山上大、中、小3件原始瓷盅，用作量器，其容积小者两盅可装一中盅，中者两盅可装一大盅，是目前广东年代最早的一套量器。"①
关于面头岭这些墓葬的报告，提到类似量器的有：1982 年刊发的《揭阳东周墓
发掘简报》（该文称为"盅"）②、1992 年刊发的《广东揭阳县战国墓》（该文称
为"原始瓷盅"）③。2005 年刊发的《揭东县面头岭墓地发掘报告》等简报、报
告经总结、整理，可知只有"M2"墓所出这 3 件器物最接近上述引文中关于量
器的描述。又按《揭东县面头岭墓地发掘报告》提供的规格来测算，得出的容
量分别如下：大杯"M2：5"为 1 500 毫升、中杯"M2：1"为 723 毫升、小杯
"M2：6"为 341 毫升，忽略年代久远和出土后保存方面的损耗，以及测量中或
有内外径不同造成的误差④，其容量与上述引文中的描述是相符的，因此考古学
家称之为"广东年代最早的一套量器"，是有道理的。

图 2 - 7 - 64　面头岭"M2：5""M2：6"原始瓷杯实物对比图

B 型 1 件，出于灰沟遗存内，编号"G1：1"，泥质浅灰胎，敛口，尖唇，弧
腹，平底。器腹饰瓦棱纹，内外壁面残留少量的黄褐色釉，内壁有轮修留下的旋
痕，口径 10.2 厘米、最大腹径 10.9 厘米、底径 6.8 厘米、高 10 厘米。

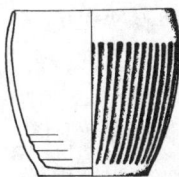

图2 - 7 - 65　面头岭"G1：1"原始瓷杯

---

① 曾骐：《揭阳先秦两汉考古研究》，中共揭阳市委办公室、潮汕历史文化研究中心编：《第五届潮
学国际研讨会论文集》，香港：公元出版有限公司，2005 年，第 12 页。
② 汕头地区文物管理站、揭阳博物馆：《揭阳东周墓发掘简报》，广东省汕头地区文物管理站编：
《汕头文物》，内部出版，1982 年第 9 期，第 10 - 14 页。
③ 广东省博物馆、汕头市文管会、揭阳县博物馆：《广东揭阳县战国墓》，《考古》1992 年第 3 期。
④ 《揭阳东周墓发掘简报》仅载"M2：5"的规格为口径14.5 厘米、底径8 厘米、高12.5 厘米（计
得1 276毫升），《广东揭阳县战国墓》同样仅载"M2：1"的规格为口径11.6 厘米、高10.4 厘米（没法
计算），都与《揭东县面头岭墓地发掘报告》介绍的规格有差异。

（5）原始瓷盒2件。

原始瓷盒见于"M15"墓，编号为"M15：3""M15：4"。"M15：3"为泥质浅灰胎，子母口，尖唇，斜弧腹，底微凹，器表釉面无存，口径7.6厘米、底径4.5厘米、高3.2厘米；"M15：4"为泥质浅灰胎，子母口，圆唇，斜弧腹，平底，器物内外壁面均有细密的轮修旋痕，器壁残留有少量的米黄色釉，口径8.2厘米、底径4.4厘米、高3.6厘米。

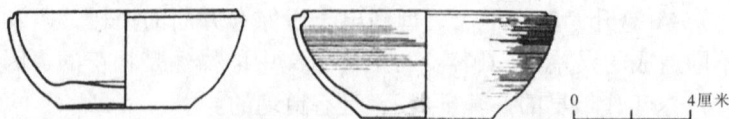

图2-7-66　面头岭"M15：3""M15：4"原始瓷盒

（6）原始瓷豆1件。

原始瓷豆见于"M20"墓，编号"M20：2"，该器为灰胎，敛口，方唇，斜折腹，喇叭形圈足，口径12.8厘米、圈足径5.6厘米、通高7.5厘米，除圈足内壁外，器表均施有黄绿色釉。

图2-7-67　面头岭"M20：2"原始瓷豆实物图

（7）原始瓷器盖1件。

原始瓷器盖见于"M15"墓，编号"M15：5"，泥质浅灰胎。浅覆盘形，顶部有泥条桥形纽。器表及内壁有细密的轮修旋痕，器表釉面剥落无存。底径9.7厘米、高2.7厘米。

图2-7-68　面头岭"M15：5"原始瓷器盖

2. 揭阳华美遗址

华美遗址发现3件原始瓷器[1]，包括碗及盅，为战国中晚期的典型器物。

原始瓷碗2件，"JH：40"为泥质灰胎，微敛口，尖唇，弧腹，平底，器物内外壁面均有细密的轮修旋痕并残留少量黄绿色釉，口径9.5厘米、底径5.3厘米、高3.6厘米；"JH：41"为泥质灰陶，器表残留少量黄绿色釉，口径9.5厘米、底径5.4厘米、高3.8厘米。

原始瓷盅1件，编号"JH：42"，泥质灰胎，微侈口，尖唇，腹微弧，平底，器壁有轮修旋痕并残留少量黄绿色釉，口径5厘米、底径4厘米、高4.7厘米。

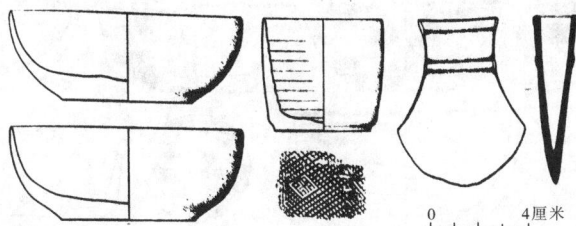

图2-7-69　揭阳华美"JH：40""JH：41"原始瓷碗、"JH：42"原始瓷盅

3. 揭西赤岭埔遗址

赤岭埔遗址发现有一些原始瓷器。

"陶钵/原始瓷钵"[2]，11件，分A、B、C三型。

A型7件，侈口或微敛口，浅弧腹，平底，分二式。Ⅰ式3件，如"JC：24"为泥质灰胎，微敛口，尖唇，平底，器表饰酱紫色陶衣，器物内外壁都有浅细的刮削、切割痕迹，底部有刻画符号，口径11.2厘米、底径5.6厘米、高4.6厘米；又如"JC：11"为灰色硬陶，近直口，尖唇，弧腹平底，器壁及底较厚，底面有刻画符号及平行的条纹，口径9.4厘米、底径4.8厘米、高4厘米。Ⅱ式4件，如"JC：7"为泥质灰胎，侈口尖唇，外壁及底部有轮制痕迹，器表残留少量青绿色釉，口径8.8厘米、底径3.7厘米、高3.3厘米。

B型共3件，分二式。Ⅰ式2件："JC：21"为泥质灰胎，直口，方唇，微

---

① 魏峻：《揭东县华美沙丘遗址调查报告》，揭阳考古队、揭阳市文化广电新闻出版局编：《揭阳考古（2003-2005）》，北京：科学出版社，2005年，第181-189页。

② "陶钵/原始瓷钵""陶盅/原始瓷盅"为《揭西县赤岭埔遗址调查报告》原文叫法，《广东揭西县先秦遗存的调查》则是将陶器、原始瓷器分别列出，其中原始瓷器仅列3件。这里从前者。参见邱立诚、曾骐：《广东揭西县先秦遗存的调查》，《考古》1999年第7期；魏峻：《揭西县赤岭埔遗址调查报告》，揭阳考古队、揭阳市文化广电新闻出版局编：《揭阳考古（2003-2005）》，北京：科学出版社，2005年，第190-197页。

凹底，底部有刻画符号和切割痕迹，器表有橙黄色陶衣，口径 12.6 厘米、底径 6.8 厘米、高 5.4 厘米；"JC：20"为泥质灰胎，微敛口，尖唇，腹壁斜直，平底，底部有刻画符号和切割痕迹，口径 12 厘米、底径 6.6 厘米、高 6.4 厘米。Ⅱ式 1 件，如"JC：4"为泥质灰胎，侈口，圆唇，唇面微内凹，上腹斜直，下腹弧内收，微凹底，底面有明显的切割痕迹，器表残留少量青绿色釉，口径 11 厘米、底径 5.9 厘米、高 4.8 厘米。

C 型 1 件，编号"JC：12"，泥质灰色硬陶，陶胎中含少量的细砂粒，敛口，尖唇，弧腹，平底，器物外壁有浅细的切削痕迹，口径 8.4 厘米、底径 5 厘米、高 4.8 厘米。

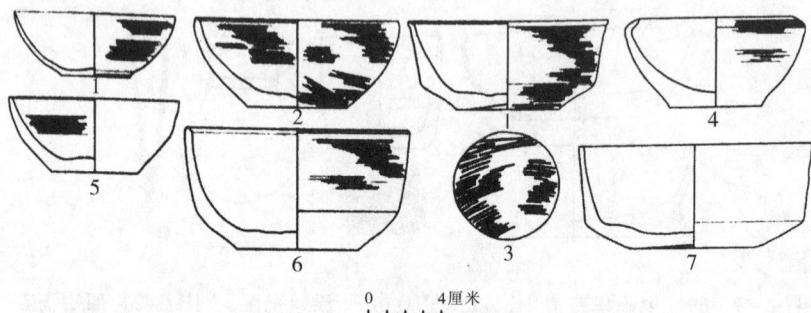

1. A 型Ⅱ式钵（"JC：7"） 2、5. A 型Ⅰ式钵（"JC：24""JC：11"） 3. B 型Ⅱ式钵（"JC：4"） 4. C 型钵（"JC：12"） 6、7. B 型Ⅰ式钵（"JC：20""JC：21"）

图 2 - 7 - 70 揭西赤岭埔陶钵/原始瓷钵

"陶盅/原始瓷盅"，3 件："JC：8"为泥质灰褐硬陶，敛口，圆唇，略鼓腹，平底，器物内壁及底部不平整，外壁下部有平行的切削痕迹，口径 7.8 厘米、底径 5.9 厘米、高 6.2 厘米；"JC：5"为泥质灰色胎，微敛口，尖唇，弧腹，平底，内侧底部下凹，器物外壁有浅细的轮修痕迹，器表釉面已全部脱落，口径 6.2 厘米、底径 2.8 厘米、高 4.1 厘米；"JC：6"为泥质红褐胎，侈口，尖唇，平底，器物内壁有平行的凸棱，内外壁均残留少量青釉，口径 6.6 厘米、底径 3.1 厘米、高 4.1 厘米。

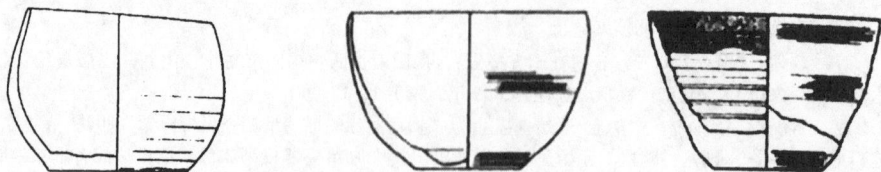

图 2 - 7 - 71 揭西赤岭埔"JC：8" 图 2 - 7 - 72 揭西赤岭埔"JC：5""JC：6"原始瓷盅
原始瓷盅

这些器物的年代判断：A 型 I 式、B 型 I 式钵为春秋晚期至战国早期器物；B 型 II 式钵和盅为战国晚期器物；A 型 II 式钵、C 型钵不早于战国末期，有可能晚至秦或者南越国初期。①

4. 揭阳赤岭口遗址

揭阳平林赤岭口遗址采集到原始瓷器 4 件，从这些器物的形制来看，应该是两周时期遗物。②

原始瓷碗 3 件，都是轮制，尖唇，侈口，斜腹，下部折收，饼足。"JY4：1"为灰白色胎，绿黄色釉大部分脱落，平底，器壁内布满弦纹，口径 9.6 厘米、底径 6 厘米、通高 5.8 厘米。"JY4：2"为灰白色胎，绿黄色釉大部脱落，平底，器壁内布满弦纹，口径 9.6 厘米、底径 4 厘米、通高 5.6 厘米。"JY4：4"为深灰色胎，绿釉全部脱落，平底略内凹，口径 12 厘米、底径 5.2 厘米、通高 4.4 厘米。

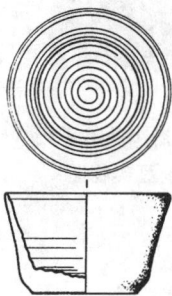

图 2 - 7 - 73　揭阳赤岭口　　　　图 2 - 7 - 74　揭阳赤岭口　　　　图 2 - 7 - 75　揭阳赤岭口
　"JY4：1"原始瓷碗　　　　　　　"JY4：2"原始瓷碗　　　　　　"JY4：4"原始瓷碗

原始瓷盅 1 件，编号"JY4：3"，灰白色胎，绿釉全部脱落，轮制，尖唇，侈口，斜腹，下部折收，平底，假圈足，器壁内布满弦纹，口径 11.5 厘米、底径 6厘米、通高 6.4 厘米。

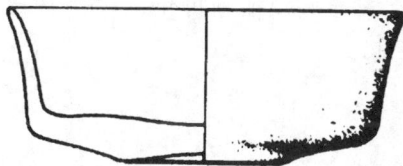

图 2 - 7 - 76　揭阳赤岭口"JY4：3"原始瓷盅

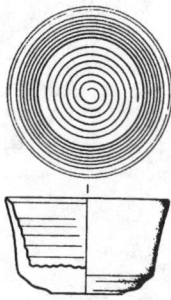

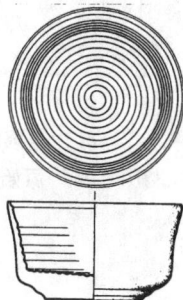

---

① 魏峻：《揭西县赤岭埔遗址调查报告》，揭阳考古队、揭阳市文化广电新闻出版局编：《揭阳考古（2003—2005）》，北京：科学出版社，2005 年，第 190 - 197 页。

② 李岩：《揭阳市古遗址调查报告》，揭阳考古队、揭阳市文化广电新闻出版局编：《揭阳考古（2003—2005）》，北京：科学出版社，2005 年，第 125 页。

## 5. 揭阳新亨新岭矿场遗址

揭阳新亨新岭矿场遗址采集到原始瓷器2件。[1]

原始瓷豆1件，编号"JD1：24"，泥质灰白胎，敞口，尖唇，豆盘上腹弧凹，下腹斜弧，喇叭形矮圈足，豆盘内壁有同心圆状分布的篦点纹，圈足内壁有刻画符号（陶符），器表釉面全部脱落，口径9.2厘米、最大腹径7.5厘米、圈足径5.1厘米、高5.2厘米。判断为西周中晚期遗物。

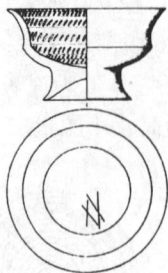

图2-7-77（1）　揭阳新岭矿场
"JD1：24"原始瓷豆

图2-7-77（2）　揭阳新岭矿场
"JD1：24"原始瓷豆实物图

图2-7-78　揭阳新岭矿场
"JD1：24"原始瓷豆纹饰和陶符

原始瓷钵1件，编号"JD1：28"，泥质灰白胎，敞口，圆唇，斜弧腹，平底，器表釉面全部脱落，轮修旋痕清晰可见，口径10.8厘米、底径7.4厘米、高3厘米。为战国时期遗物。

---

① 魏峻：《揭东县先秦两汉遗址调查报告》，揭阳考古队、揭阳市文化广电新闻出版局编：《揭阳考古（2003—2005）》，北京：科学出版社，2005年，第145-151、177、179页。

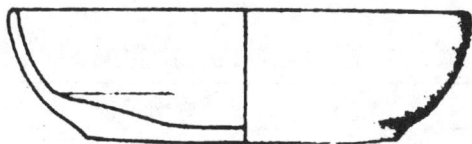

图 2 - 7 - 79　揭阳新岭矿场"JD1：28"原始瓷钵

6. 其他遗址

揭阳埔田金鸡岽采集到原始瓷碗 1 件，编号"JD17：9"，泥质灰胎，敞口，圆唇，斜弧腹，平底，器物内外壁均有轮修形成的浅细弦纹，器底有"丨"形的刻画符号，口径 12.6 厘米、底径 6.8 厘米、高 4.4 厘米。

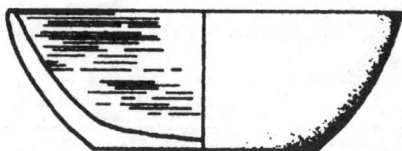

图 2 - 7 - 80　揭阳金鸡岽"JD17：9"原始瓷碗

揭阳埔田古灶采集到原始瓷盒 1 件，编号"JD60：1"，泥质灰胎，敛口，圆唇，斜弧腹，底部残缺，器表饰一周弦纹和刻画的水波纹，釉面全部脱落，口径 11 厘米、最大腹径 12.6 厘米、残高 5 厘米。

揭阳曲溪网脚地采集到原始瓷盒 1 件，编号"JD56：1"，泥质浅灰胎，子口，敛口，弧腹，凹底，口径 10.1 厘米、底径 8.4 厘米、高 4.9 厘米。

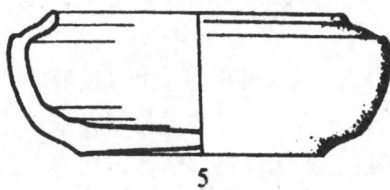

图 2 - 7 - 81（1）　揭阳曲溪网脚地"JD56：1"原始瓷盒

图 2 - 7 - 81（2）　揭阳曲溪网脚地"JD56：1"原始瓷盒实物图

以上三处遗址的遗物，年代大致都在战国时期。①

综上所述，梳理潮汕地区发现的先秦时期原始瓷器如下表：

---

① 魏峻：《揭东县面头岭墓地发掘报告》，揭阳考古队、揭阳市文化广电新闻出版局编：《揭阳考古（2003—2005）》，北京：科学出版社，2005 年，第 131 - 132、140 - 141、168、177 - 179 页。

表 2 - 7 - 2　先秦潮汕地区原始瓷器概览表

| 遗址 | 原始瓷器 | 数量 |
|---|---|---|
| 揭阳面头岭 | 原始瓷盅、原始瓷碗、原始瓷匜、原始瓷杯、原始瓷盒、原始瓷豆、原始瓷器盖 | 49 |
| 揭西赤岭埔 | 陶钵/原始瓷钵、陶盅/原始瓷盅 | 14 |
| 揭阳赤岭口 | 原始瓷碗、原始瓷盅 | 4 |
| 揭阳华美 | 原始瓷碗、原始瓷盅 | 3 |
| 揭阳新亨新岭矿场 | 原始瓷豆、原始瓷钵 | 2 |
| 揭阳埔田金鸡崇 | 原始瓷碗 | 1 |
| 揭阳埔田古灶 | 原始瓷盒 | 1 |
| 揭阳曲溪网脚地 | 原始瓷盒 | 1 |
| 总计 | | 75 |

## 六、陶器以及相关问题

潮汕地区本阶段出土的陶器数量不少，都是比较常见的盛器，也有一些是生产工具，如陶纺轮便与纺织生产有关。另有些器物，则在一定程度上揭示了此期潮汕居民的习俗，如惠来饭钵山的瓮是作为葬具出现的。再有一些器物体现了本期潮汕居民工艺的先进，如采集到的青铜器铸造陶范，便属于比较重要的发现。

### (一)陶器

本阶段潮汕地区有不少陶器，技术亦有进步，兹以面头岭遗物为例，作一简单介绍。

面头岭出土的陶器以泥质灰陶为主，其中多数为硬陶，夹砂陶数量非常有限，陶釜只有一种。器表纹饰多样，以梯格纹、方格纹、复线菱格对角线纹、米字纹、细方格纹较为常见，同时也有少量的夔纹、多线菱格纹、水波纹等。这些纹饰多为单一纹样，复合纹样的数量有限，一些器物的表面还施有红色或酱紫色陶衣，同时部分器物上还有刻画符号，器物种类包括陶瓮11件、凹底罐6件、平底罐6件、圈足罐3件、有流带把壶1件、陶釜8件、陶杯2件、陶瓶4件、陶盂 1 件、陶碗 2 件、陶钵 1 件、陶纺轮 8 件和镂空陶器 2 件。①

（1）陶瓮。如"M12：2"为泥质灰色硬陶，微卷沿，圆唇，束颈，广肩，斜弧腹，平底，颈部以下拍印复线菱格对角线纹，口径 17.6 厘米、腹径 36.4 厘米、底径 17.6 厘米、高 41.6 厘米；"M4：1"为泥质灰色硬陶，仰折沿，圆唇，溜肩，鼓腹，平底，器身拍印复线菱格对角线纹，口径 16.8 厘米、腹径 30.1 厘米、底径 16 厘米、高 33.2 厘米；"M7：1"为泥质灰色硬陶，仰折沿，圆唇，束颈，溜肩，深腹内向弧收，平底，颈部以下拍印米字纹，口径 25.5 厘米、腹径 36.5 厘米、底径 18 厘米、高 43 厘米。

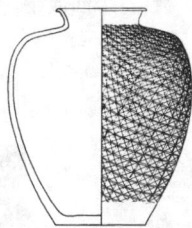

图 2 - 7 - 82　面头岭"M12：2"陶瓮

（2）凹底罐。如"M27：3"为泥质灰色硬陶，侈口，平沿，圆唇，扁鼓腹，凹底，颈部以下拍印方格纹，口沿内外壁有轮修痕迹，且口沿内侧有刻画符号，口径 12.4 厘米、腹径 15.6 厘米、底径 6 厘米、高 12 厘米；"M13：2"为泥质灰陶，仰折沿，圆唇，扁鼓腹，凹底，颈部以下拍印方格纹并且施有酱釉色陶衣，器底有刻画符号，口径 17.5 厘米、腹径 23 厘米、底径 16 厘米、高 14.7 厘米；"M27：5"为泥质灰陶，敞口平沿，高领微束，平肩，弧腹，凹部，颈部以下拍印方格纹，口沿内外壁有明显的轮修痕迹，口径 12.8 厘米、最大腹径 20 厘米、底径 9.2 厘米、高 23 厘米；"M27：6"为泥质灰色硬陶，仰折沿，尖唇，束颈的内壁有轮修痕迹，折腹，凹底，颈部以下拍印方格纹，口沿部有两两对穿的四个穿孔，口径 10 厘米、腹径 12.2 厘米、底径 4 厘米、高 9.4 厘米。

---

① 这些具体器物的数量，以《揭东县面头岭墓地发掘报告》正文中具体的地层出土、遗址采集、墓葬遗物合计为准，这与该文"出土器物型式分析"部分以及"器物组合表"部分所列数据有所不同。如"出土器物型式分析"介绍有圈足罐 2 件、陶釜 7 件，正文合计则为圈足罐 3 件、陶釜 8 件等；又如"器物组合表"记录的陶瓮，"M2"出有 1 件、"M14"没出，正文则显示"M2"没出、"M14"出 1 件。参见魏峻：《揭东县面头岭墓地发掘报告》，揭阳考古队、揭阳市文化广电新闻出版局编：《揭阳考古（2003—2005）》，北京：科学出版社，2005 年，第 51 - 102 页。

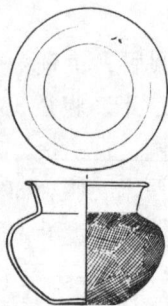

图 2 - 7 - 83　面头岭
"M27：3"凹底罐

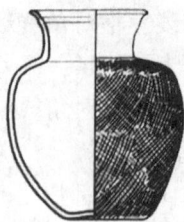

图 2 - 7 - 84　面头岭
"M27：5"凹底罐

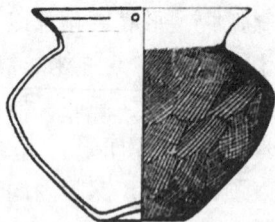

图 2 - 7 - 85　面头岭
"M27：6"凹底罐

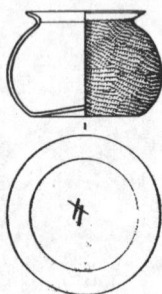

图 2 - 7 - 86 (1)　面头岭 "M13：2"
凹底罐

图 2 - 7 - 86 (2)　面头岭
"M13：2"凹底罐实物图

（3）平底罐。如 "M2：3" 为泥质灰褐色硬陶，矮直领，方唇，肩部近平，斜弧腹内收，平底，器表拍印复线方格对角线纹，口径 12.8 厘米、腹径 20.9 厘米、底径 12 厘米、高 12.8 厘米；"M13：1" 为泥质红陶，微侈口，方唇，束颈，弧肩弧腹，平底，器腹拍印复线方格对角线纹，肩部有一个叶脉形的刻画符号，口径 10.9 厘米、腹径 18.1 厘米、底径 10.6 厘米、高 17 厘米；"M28：1" 为泥质黑陶，仰折沿，沿面微内凹，尖唇，垂腹，大平底，颈部以下拍印细方格纹，口径 10.6 厘米、腹径 15.9 厘米、底径 13.2 厘米、高 12 厘米。

图 2 - 7 - 87　面头岭 "M13：1" 平底罐实物图

（4）圈足罐。如"M21：2"为泥质灰陶，敞口，尖唇，斜直颈，折肩斜弧腹，喇叭形矮圈足，肩部有一对桥形耳，器表压印梯格纹，口径9.6厘米、腹径15.5厘米、圈足径7.4厘米、高12.6～13.2厘米；"M18：2"为泥质灰褐陶，敞口，圆唇，沿面下凹，束颈，肩颈相交处弧凹，斜肩折腹，下腹弧收，喇叭形矮圈足，器物颈部以下饰梯格纹，口径11.7厘米、腹径16.8厘米、圈足径8.8厘米、高15厘米。

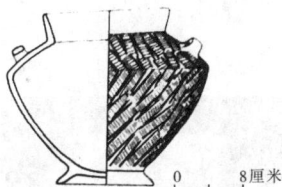

图2-7-88（1）　面头岭
"M21：2"圈足罐

图2-7-88（2）　面头岭"M21：2"
圈足罐实物图

图2-7-89（1）　面头岭"M18：2"
圈足罐

图2-7-89（2）　面头岭"M18：2"
圈足罐实物图

（5）有流带把壶。编号"M27：1"，泥质灰褐色硬陶，尖圆唇，有流、注，两者由横断面呈扁圆形的提梁相连，束颈，折肩，鼓腹，凹底，颈部以下至底面饰方格纹，腹颈13.6厘米、通高13.9厘米。

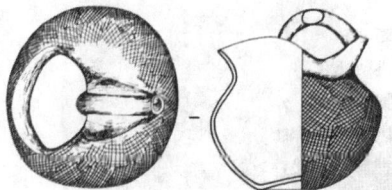

图2-7-90　面头岭"M27：1"有流带把壶

（6）陶釜。如"M19：3"为泥质米黄陶，侈口，口沿内侧下凹呈子口状，圆唇，高领微束，斜肩，折腹，尖圜底，器表施红色陶衣，颈部以下压印梯格纹，口径 18.5 厘米、腹径 28 厘米、高 23.8 厘米；"M17：1"为泥质米褐陶，侈口，圆唇，束颈，斜肩折腹，大圜底，口部不规整，大致近椭圆形，沿内有浅凹槽，肩部有拍印梯格纹，口径 18.2～19.3 厘米、腹径 25.1 厘米、高 18.5 厘米；"M18：1"为泥质灰褐陶，平折沿，圆唇，沿面内凹，束颈，斜肩折腹，深圜底，腹部有一对对称桥形耳，颈部以下压印梯格纹，口径 16.3 厘米、腹径 26.4 厘米、高 28 厘米；"M22：1"为夹砂红褐陶，侈口，口沿微下凹，圆唇，束颈，鼓腹，大圜底，器物火候较低，颈部以下饰曲折纹，口径 12.7 厘米、最大腹径 16 厘米、高 13.1 厘米。

图 2-7-91　面头岭"M19：3"陶釜实物图

图 2-7-92　面头岭"M17：1"陶釜实物图

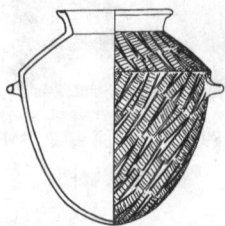

图 2-7-93（1）　面头岭"M18：1"陶釜

图 2-7-93（2）　面头岭"M18：1"陶釜实物图

图 2-7-94　面头岭"M22：1"陶釜实物图

（7）陶杯。"M19：1"为泥质灰陶，微敛口，圆唇，上腹较直，下腹弧收，喇叭形矮圈足外撇，口沿内有对称的桥形横耳，圈足上有一对穿孔，器物外腹壁压印梯格纹，口径 11.5 厘米、圈足径 8.7 厘米、高 13 厘米；"M23：1"为泥质灰陶，直口，圆唇，腹壁略微斜弧，喇叭形矮圈足，器表压印梯格纹，口沿和外壁施红色陶衣，口径 10.8 厘米、圈足径 6.5 厘米、高 11 厘米。

图 2 - 7 - 95　面头岭"M19：1""M23：1"陶杯实物图

（8）陶瓿。如编号"M26：1"者，泥质灰褐色硬陶，矮直领微外侈，尖唇，圆腹，底略凹，对称的双耳表面有一道横向凹槽，口沿以下饰方格纹，肩部有倒"山"字刻画符号，口径 9.8 厘米、腹径 18.1 厘米、底径 11.2 厘米、高 12.2 厘米；"ⅡT0512⑤：1"为浅灰色硬陶，矮领尖唇，鼓腹，凹底，颈部以下拍印细方格纹，肩部相交处有一周凹槽，肩部饰对称桥形横耳，口径 6.6 厘米、腹径 14.1 厘米、底径 8.7 厘米、高 9.9 厘米；"M15：8"为泥质灰色硬陶，矮领微敞，尖唇，溜肩鼓腹，平底，上腹饰水波纹、弦纹组合，口径 21.5 厘米、腹径 36.8 厘米、底径 20 厘米、高 22.7 厘米。

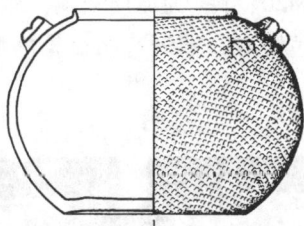

图 2 - 7 - 96（1）　面头岭
"M26：1"陶瓿

图 2 - 7 - 96（2）　面头岭
"M26：1"陶瓿实物图

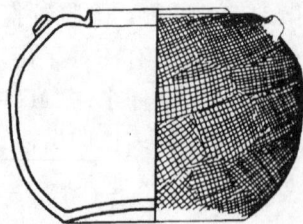

图 2 - 7 - 97（1）　面头岭
"ⅡT0512⑤：1"陶瓿

图 2 - 7 - 97（2）　面头岭
"ⅡT0512⑤：1"陶瓿实物图

（9）陶盂。编号"ⅡT0511③：2"者为泥质灰胎，敛口尖唇，斜垂腹，凹底，器身拍印细方格纹并施酱紫色陶衣，上腹部有两只对称的桥形器耳，口径7.3厘米、腹径10.1厘米、底径7.5厘米、高7.7厘米。

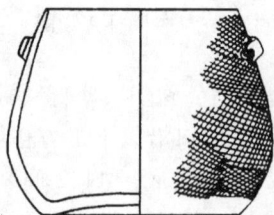

图 2 - 7 - 98（1）　面头岭
"ⅡT0511③：2"陶盂

图 2 - 7 - 98（2）　面头岭
"ⅡT0511③：2"陶盂实物图

（10）陶碗。"ⅡT0511③：1"为泥质灰褐胎，微敛口，方唇，斜腹平底，唇面有凹槽，器物的内外壁均施酱紫色陶衣，下腹有"山"字形刻画符号，口径12.8厘米、底径8厘米、高4.8厘米；"M20：1"为泥质灰陶，敞口，方唇，斜弧腹，饼状平底的外缘内凹，器身施紫红色陶衣，器表有明显轮修痕迹，口径12.1厘米、底径8.4厘米、高5.7厘米。

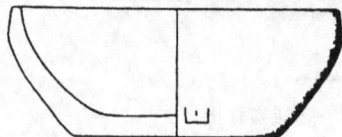

图 2 - 7 - 99（1）　面头岭"Ⅱ
T0511③：1"陶碗

图 2 - 7 - 99（2）　面
头岭"ⅡT0511③：1"
陶碗实物图

图 2 - 7 - 100　面头
岭"M20：1"陶碗实
物图

（11）陶钵。"M27：2"为泥质灰色硬陶，侈口圆唇，斜弧腹，凹底，口沿以下拍印方格纹，器物造型不规整，口沿上视呈椭圆形且凹凸不平，口径11.6～13.3厘米、底径5.3厘米、高5.8～6.8厘米。

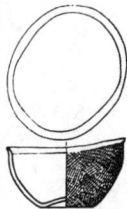

图2-7-101　面头岭"M27：2"陶钵

（12）陶纺轮。如"M23：2"为泥质灰黑陶，算珠形，器身施凹弦纹，直径3.7厘米、厚2.1厘米；"M2：12"为泥质灰陶，算珠形，直径2厘米、厚1.7厘米；"ⅡT0506③：1"夹砂灰陶，算珠形，直径3.1厘米、厚1.2厘米。①

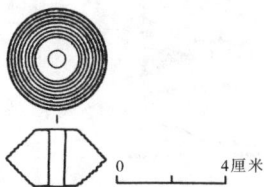

图-7-102（1）　面头岭
"M23：2"陶纺轮

图-7-102（2）　面头岭
"M23：2"陶纺轮实物

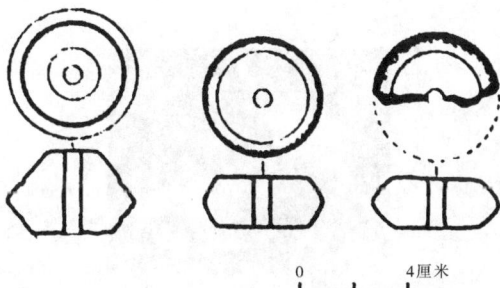

图2-7-103（1）　面头岭"ⅡT0608⑤：1"
"ⅡT0506③：1""ⅡT0506③：2"陶纺轮

图2-7-103（2）　面头岭
"ⅡT0608⑤：1"陶纺轮实物

---

① 《揭东县面头岭墓地发掘报告》"出土器物型式分析"部分称"陶纺轮共8件。皆为算珠形，分二式"，按该文图文看，应是"分三式"。魏峻：《揭东县面头岭墓地发掘报告》，揭阳考古队、揭阳市文化广电新闻出版局编：《揭阳考古（2003—2005）》，北京：科学出版社，2005年，第94页。

图 2 - 7 - 103（3） 面头岭"Ⅱ
T0506③：1"陶纺轮实物

图 2 - 7 - 103（4） 面头岭"Ⅱ
T0506③：2"陶纺轮实物

（13）镂空陶器。"M25：1"为泥质灰褐陶，浅覆钵盖，弧顶，近圆角长方形，背面有两道凹槽，凹槽中部下陷成长条形镂孔，长 14.3 厘米、宽 10.5 厘米、厚 1.3~2.1 厘米、高 2.5 厘米；"M25：2"为浅灰色夹砂陶，整体形象不详，现存部分上视为长方形，表面平滑，器物上面有镂孔和对称的圆形泥钉，俯视作"L"形，残长 10.2 厘米、残宽 3.1~5.4 厘米、厚 0.5~4.4 厘米。

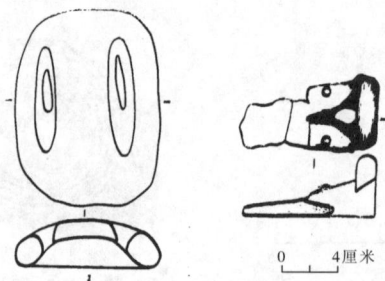

图 2 - 7 - 104（1） 面头岭"M25：1""M25：2"镂空陶器

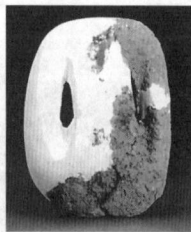

图 2 - 7 - 104（2）
面头岭"M25：1"镂空陶器实物图

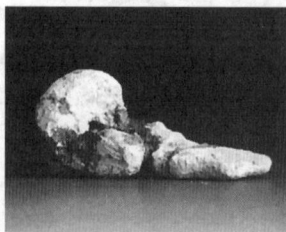

图 2 - 7 - 104（3）
面头岭"M25：2"镂空陶器实物图

## （二）陶瓮和陶范

关于陶器，本阶段还有若干比较特别的发现，如代表瓮葬习俗的陶瓮、体现出潮汕青铜器制造能力的陶范。

惠来饭钵山附近曾发现过3件陶瓮，1982年底发现1件，质料为灰色泥质硬陶，敞口、卷唇、鼓腹，形如蛋状，高40多厘米，器表拍印有排列有序的精致夔纹、凸方格纹、弦纹、方格纹等多种纹饰。该遗物被发现时是完整的，后被修路妇女用锄头敲破，瓮内贮有骨灰与铜戈、铜矛，判断为春秋时期遗物。[①]

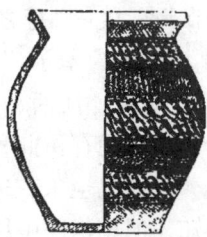

图2-7-105　惠来饭钵山陶瓮

这些陶瓮内盛人体骨灰，是首例有关潮汕地区瓮棺葬俗的发现，铜戈、铜矛则是随葬品。而笔者查阅过相关的公开报道，可确定广东境内此前并没有过伴有骨殖、青铜器随葬品的陶瓮的类似发现。

先秦文献中类似瓮棺葬俗的记载，可追溯至有虞氏的时代，《礼记·檀弓上》载："有虞氏瓦棺，夏后氏堲周，殷人棺椁，周人墙置翣。周人以殷人之棺椁葬长殇，以夏后氏之堲周葬中殇下殇，以有虞氏之瓦棺葬无服之殇。"[②] 按汉唐儒士注疏，意思大约是，有虞氏时用陶，夏时以火烤烧土墓穴，殷商时期用木棺等，周人则有了定制，将不同的葬式对应不同年龄的死亡者，长殇者效法殷商，中殇（12～15岁）、下殇（8～11岁）者效法夏，无服之殇（7岁以下）则效法有虞氏，葬具便是瓦棺陶器了。

考古发现上，日本、朝鲜等地出土有大量史前瓮棺。在中国大陆范围内，统计截至20世纪80年代末，含有瓮棺葬的史前文化遗址计八十多个，瓮棺葬一千多座，分布于19个省和自治区，遍及长江、黄河流域，且都以中游流域出土为主。大多数是用来埋葬婴儿和少年的，多见于居室或居住区内，只有少数瓮棺葬有为数不多的随葬品，其他大多没有。[③]

广东也有发现体现瓮葬的陶瓮，如封开杏花村牛围山便发现7件相当完整、排列位置相当整齐的硬陶瓮罐。这些陶瓮陶质坚硬、造型美观，以夔纹最具特

---

①　黄坤池：《惠来发现春秋瓮棺葬》，广东省博物馆馆刊编辑室编：《广东省博物馆馆刊》（创刊号），广州：广东省博物馆，1988年，第8页。

②　（汉）郑玄注，（唐）孔颖达疏：《礼记正义》，（清）阮元校刻：《十三经注疏》，北京：中华书局，1980年，第1275－1276页。

③　许宏：《略论我国史前时期瓮棺葬》，《考古》1989年第4期。

色。其中，复原了的器物，如1号瓮、4号瓮等都是器身近于蛋形，前者高39.5厘米，仅从外观看便与惠来所见大有可比之处。该处应该是一处瓮棺葬的墓地，属于春秋时期的墓葬，"推测当是二次拣骨葬的瓮棺葬"①。

所谓"二次葬"的葬俗，其显著特征是将死者的尸骨进行两次或两次以上的埋葬，在最后一次埋葬时，不少是采用瓮等盛器来装遗骨。这种葬俗来源甚古，在先秦文献中有所述及，当时便受到持节俭观念的墨家所诟病，遂留下这段最早的清晰文字记录，《墨子·节葬》载："楚之南有炎（啖）人国者，其亲戚死，朽其肉而弃之，然后埋其骨，乃成为孝子。"② 民族学的材料显示，直至现当代，我国的广东、广西、福建、湖南、江西、台湾等部分客家地区、壮族地区，以及琉球、越南北方等地若干农村尚存留此种葬俗。

由于遗址未经发掘，关于瓮葬的情况也未有进一步的报道，因此我们对于惠来饭钵山的瓮葬文化内涵无从得知，但相信与中原地区一直延续的葬俗存在一定的关系。

潮汕地区此期还发现了陶范，也是比较重要的发现。

该陶范采集于揭阳仙桥的赤岭口遗址，编号"JY4：7"，为夹砂灰陶，手制，平面呈半椭圆形，脊背上有錾，内呈板瓦状，周边有修整痕迹，长8.1厘米、宽10.6厘米、厚1.7厘米，从器物形制观察，为两周时期遗物。③

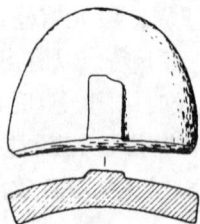

图2-7-106　揭阳赤岭口"JY4：7"陶范

据2001年刊发的《对粤港地区青铜文化几个问题的探讨》④ 一文的统计，广东与香港出土石范20件。1989年出版的《中国文物地图集　广东分册》⑤ 也只提到有石范。2015年出版的《广东先秦考古》则称迄今为止广东及香港考古

① 杨式挺、邓增魁：《广东封开杏花河两岸古遗址调查与试掘》，《考古》编辑部主编：《考古学集刊》（第6集），北京：中国社会科学出版社，1981年，第68－82页。

② （清）孙诒让撰，孙启治点校：《墨子闲诂》，北京：中华书局，2001年，第188页。

③ 李岩：《揭阳市古遗址调查报告》，揭阳考古队、揭阳市文化广电新闻出版局编：《揭阳考古（2003—2005）》，北京：科学出版社，2005年，第126页。

④ 邱立诚：《对粤港地区青铜文化几个问题的探讨》，广东省博物馆主编：《广东省博物馆集刊（1999）》，广州：广东人民出版社，2001年，第15－31页。

⑤ 广东省文化厅编：《中国文物地图集　广东分册》，广州：广东省地图出版社，1989年。

发现的 20 件铸范都是石范，"尚未发现东周时期的铸范"，"我们认为，一是铜器铸范只能使用陶范，香港大屿山大浪湾发现 1 件泥质钺范芯，说明陶范的存在是可能的；二是东周后期石范已不使用，改用陶范"。[1]

从以上著述的介绍来看，潮汕地区此件器物应该是广东首次发现的先秦陶范，至少也是迄至 2015 年的罕见之物。至于它应用于什么器物铸造虽然未知，但从规格尺寸观察，它仍然是属于小件器物的铸范。

## 七、夔纹陶和米字纹陶

本阶段潮汕地区出现的陶器纹饰主要为富有时代特色的夔纹和米字纹，这两者都是广东先秦考古发现中重要的陶器饰纹，广东考古学家常将含有此两类纹饰陶器的遗存分别称为"夔纹陶类型"和"米字纹陶类型"（简称夔纹陶、米字纹陶），视之为广东青铜文化的两个阶段，并将此作为年代判断的主要参考依据之一。

参考诸种著述对夔纹陶、米字纹陶在广东及潮汕地区情况的描述，较为稳妥的说法是：夔纹陶类型以多种多样的夔纹、云雷纹为特色，组合纹样盛行，年代为西周至春秋，有延至战国早期者；米字纹陶类型以米字纹、方格纹及各种方格交叉纹为特征，但少见组合纹样，年代主要在战国时期，有延至西汉前期者；两者存在年代重叠的可能，即前者未绝迹时后者已开始出现。此外，夔纹陶遗存有一个测年数据常被用于参考，即香港南丫岛深湾遗址，测年为公元前 700 年[2]。

以下简单介绍一下夔纹陶和米字纹陶及其相关情况。

此前一般认为，夔纹陶在潮汕地区出现的情况相对较少——无论是占潮汕发现的陶饰总量的比例，还是与广东其他地区相比，都是如此。不过，经笔者对公开报道的相关信息进行梳理，发现实际情况未必是这样，只是其分布点似乎较为分散。

潮汕地区的夔纹陶分布地点大概有 15 处，其情况如下：

面头岭遗址第六层堆积出土若干硬陶夔纹碎片、揭东地都蜈蚣山 2A 层发现少量泥质夔纹硬陶[3]、揭东新亨新岭矿场第三组遗存发现夔纹陶、揭东新亨落水金狮第四组遗存发现夔纹陶罐、揭东新亨草埔山发现夔纹陶[4]、揭东宝山岽发现

① 杨式挺、邱立诚、冯孟钦、向安强：《广东先秦考古》，广州：广东人民出版社，2015 年，第 658–663 页。

② 秦维廉编：《南丫岛深湾考古遗址调查报告》（香港考古学会专刊第三本），香港：香港考古学会，1978 年。

③ 广东省博物馆、揭阳县博物馆：《揭阳地都蜈蚣山遗址与油柑山墓葬的发掘》，《考古》1988 年第 5 期。

④ 魏峻：《揭东县先秦两汉遗址调查报告》，揭阳考古队、揭阳市文化广电新闻出版局编：《揭阳考古（2003—2005）》，北京：科学出版社，2005 年，第 149、153、155 页。

夔纹硬陶罐①、揭阳虎头崀采集有夔纹碎片②、惠来饭钵山附近采集有夔纹陶瓮、惠来华湖虎沟遗址采集有夔纹陶、惠来华湖新厝村遗址采集有夔纹陶片③、揭西河婆玉峰顶采集有若干夔纹硬陶片④、潮安归湖神山发现少量夔纹陶片⑤、潮安梅林湖西岸采集有灰黑色夔纹硬陶⑥、普宁龟山出土少量夔纹硬陶片⑦、普宁花鼓岩第三组遗存发现夔纹泥质陶和夹砂陶陶片⑧。

图2-7-107　面头岭"T3：⑥"夔纹+方格纹　　　　图2-7-108　揭东新岭矿场夔纹

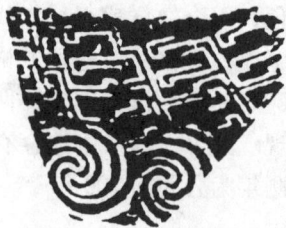

图2-7-109　揭东落水金狮　图2-7-110　揭东草埔山夔纹　图2-7-111　揭阳虎头
"JD7：5"夔纹+云纹　　　　　　　　　　　　　　　　　　　　　　　崀夔纹

　　夔纹的由来与神兽"夔"有关。考察先秦文献，《山海经·大荒东经》对夔

　　① 1982年发掘时，该处夔纹陶被认为"距今二三千年前""较多属于春秋战国"；2003年再试掘时在山顶仍见夔纹陶，但未见相应地层，未分期。参见暨南大学历史系、广东省博物馆、揭阳县博物馆：《宝山崀遗址考古简况》，广东省汕头地区文物管理站编：《汕头文物》，内部出版，1982年第9期，第5页；徐坚：《揭东县宝山崀遗址试掘报告》，揭阳考古队、揭阳市文化广电新闻出版局编：《揭阳考古（2003—2005）》，北京：科学出版社，2005年，第103-111页。
　　② 李岩：《揭阳市古遗址调查报告》，揭阳考古队、揭阳市文化广电新闻出版局编：《揭阳考古（2003—2005）》，北京：科学出版社，2005年，第115页。
　　③ 惠来县文物普查办公室编：《惠来文物志》，内部出版，1985年，第14-17页。
　　④ 广东省文化厅编：《中国文物地图集　广东分册》，广州：广东省地图出版社，1989年，第553页。
　　⑤ 潮州市文物局编印：《潮州市文物志》，内部出版，1995年，第2-10页。
　　⑥ 广东省文化厅编：《中国文物地图集　广东分册》，广州：广东省地图出版社，1989年，第274页。
　　⑦ 柯传伦、吴荣涛、邹池根等：《广东普宁龟山先秦遗址2009年的发掘》，《文物》2012第2期。
　　⑧ 吴雪彬、邱立诚、曾骐：《广东普宁两处先秦遗存的调查》，《南方文物》1999年第2期。

的记述颇为详细："东海中有流坡山，入海七千里。其上有兽，状如牛，苍身而无角，一足，出入水则必有风雨，其光如日月，其声如雷，其名曰夔。"[1] 由于其声如雷，遂被易象取用，取其皮作鼓，《绎史》中所引《黄帝内传》，谓黄帝伐蚩尤时使用的战鼓云："玄女为帝制夔牛皮鼓八十面，一震五百里，连震三千八百里。"[2] 而夔是否只有"一足"，早成著名千古讼案，如《庄子·秋水》认为是一足，"夔谓蚿曰：'吾以一足趻踔而行……'"[3]《韩非子·外储说左下》则说孔子认为不是一足，并且夔是人非兽，"（一曰）哀公问于孔子曰：'吾闻夔一足，信乎？'曰：'夔，人也，何故一足？彼其无他异，而独通于声。尧曰：夔，一而足矣，使为乐正。故君子曰：夔有一，足。非一足也。'"[4] 这里不讨论这个问题，只要知道它是一种神兽，或者说考古学上的"夔纹"来自于传说中的夔兽，而不是指文献中尧时的乐师"夔"便可。

"夔纹"这个说法，其由来可追溯至北宋，今人考定为北宋宣和年间成书[5]的《宣和博古图录》，该书载"圆以象乎阳，方以象乎阴，……象饕餮以戒其贪，象蜼形以寓其智，作云雷以象泽物之功，著夔龙以象不测之变"[6]。此后，大家便把这类类似爬行动物的纹饰，约定俗成地称为"夔纹"了。不过，就全国范围而言，"夔纹"大抵都是形容青铜器纹饰的，而非陶器纹饰。

据《广东先秦考古》介绍，广东考古界于1957年发表的调查简报中首次用"夔纹"一词来描述先秦陶器纹饰[7]，1956年的两份报道则称之为"夔形纹""类似饕餮纹"[8]。针对饰有这类纹饰的陶器，当时已提出"可能相当于中原春秋战国时期"产物的判断。20世纪70年代以来，广东学者普遍将含有夔纹陶器的遗存视为"夔纹陶类型"。以夔纹陶为代表的阶段已经使用青铜器，社会生产力显著发展，陶器制作技艺达到广东几何印纹的鼎盛阶段，其年代"主要属于春秋时期，春秋晚年至战国早期的墓中仍有夔纹陶类的陶器随葬"。[9] 目前，虽然学界在其更为具体的年代判断上仍有分歧，但认为夔纹陶出现的时间主要在春秋时期这一观点是比较一致的，上限不早于西周，下限不晚于战国早期。据初步推

---

① 方韬译注：《山海经》，北京：中华书局，2009年，第236页。

② （清）马骕撰，王利器整理：《绎史》，北京：中华书局，2002年，第34－35页。

③ 陈鼓应注译：《庄子今注今译》，北京：中华书局，2007年，第430页。

④ （清）王先慎撰，钟哲点校：《韩非子集解》，北京：中华书局，1998年，第297页。

⑤ 刘明、甄珍：《宣和博古图录版本考略》，《文献学》2012年第5期。

⑥ （清）王黼撰：《宣和博古图录》，《重修宣和博古图·鼎斝总说》，文渊阁四库全书本（三颂堂复本），第1页。

⑦ 莫稚：《广东宝安新石器时代遗址调查简报》，《考古通讯》1957年第6期。

⑧ 莫稚：《广东清远县江河支流新石器时代遗址调查发掘简报》，《文物参考资料》1956年第11期；凡明：《广东省文管会发现新石器时代遗址八处并在清理古墓葬中获得完整古瓷器一批》，《文物参考资料》，1956年第4期。

⑨ 广东省博物馆：《广东考古结硕果，岭南历史开新篇》，文物编辑委员会编：《文物考古工作三十年（1949—1979）》，北京：文物出版社，1979年，第325－338页。

断，它是"岭南越人仿照青铜器上的夔纹、窃曲纹或是陶器上的相类纹饰而创造的，中心区可能在粤中，并迅即沿东江、北江与西江流域发展、传播"①。

米字纹陶在潮汕地区的发现较为集中，如面头岭遗址是广东较为典型的米字纹陶类型遗存，其第四、第五层堆积都出有米字纹陶片，编号"M5：1""M7：1"的陶瓷等器表亦见米字纹。

面头岭之外，潮汕地区米字纹陶还有如下分布：揭东马头崌采集到一些米字纹陶片；② 揭阳平林村战国墓出有米字纹陶罐1件，阔腹、短颈、平底侈口，高35厘米、最大腹宽100厘米、底18.5厘米、口径高2.5厘米；③ 惠来华湖虎沟遗址采集有米字纹陶等④；揭西赤岭埔出有少量米字纹陶⑤；潮安归湖神山遗址发现的陶片中，有些饰有米字纹⑥；尚有一些地点不详者，如潮阳和平沙垄土产收购站收集有含米字纹的瓿1件和罐3件⑦。

一般认为，相对于夔纹陶，米字纹陶在潮汕地区发现得较多。但据笔者的梳理，纯米字纹陶（不包括可能的演化纹饰）的分布点仅有7处，不足其一半；而在绝对数量的对比上，则由于陶片多残碎，原始报道只能用概数表述，所以无法统计，但也不见得米字纹陶便多于夔纹陶。

图2-7-112　面头岭"M5：1"米字纹　　　　图2-7-113　面头岭"M7：1"米字纹

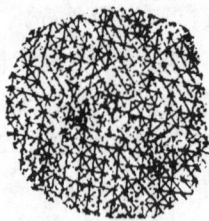

①　杨式挺、邱立诚、冯孟钦、向安强：《广东先秦考古》，广州：广东人民出版社，2015年，第769页。

②　魏峻：《揭东县先秦两汉遗址调查报告》，揭阳考古队、揭阳市文化广电新闻出版局编：《揭阳考古（2003—2005）》，北京：科学出版社，2005年，第133页。

③　揭阳县文化馆：《揭阳县发现战国墓》，广东省汕头地区文化局编：《汕头文物简讯》（第4号），内部出版，1977年，第10页。

④　惠来县文物普查办公室编：《惠来文物志》，内部出版，1985年，第15页。

⑤　邱立诚、曾骐：《广东揭西县先秦遗存的调查》，《考古》1999年第7期，第48页。

⑥　《神山山冈遗址》，潮州市文物局编印：《潮州市文物志》，内部出版，1995年，第2-10页；广东省地方志编纂委员会编：《广东省志·文物志》（光盘版），广州：广东省科技音像出版社，2007年，第87页。

⑦　中山大学榕江流域史前期人类学考察课题组、潮阳市博物馆：《广东潮阳市先秦遗存的调查》，《考古》1998年第6期。

图 2 - 7 - 114　揭东马头峯米字纹　　　　图 2 - 7 - 115　揭西赤岭埔米字纹

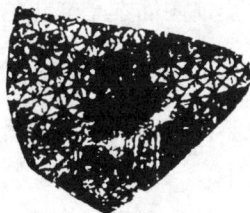

米字纹可能始出现于华东地区，时间为西周晚期至春秋前期，华东太湖地区出现有米字纹的陶器，地点大致是当时吴越文化所处的区域，而江西、福建的考古发现，则已为春秋晚期至战国早期。因此，推测岭南包括潮汕地区的米字纹陶器，大概不会早于战国早期。

《对粤港地区青铜文化几个问题的探讨》一文认为，米字纹陶是随着江南吴越文化的传播而出现于岭南的。"西周晚期至春秋前期，华东太湖地区已出现米字纹，重方格交叉纹陶器，其时尚以组合纹样为主要纹饰；春秋晚期至战国早期，江浙地区以戚家墩文化为代表，米字纹已较为流行，少数器物仍兼施两种以上纹样；战国中晚期，组合纹样日趋消失，主题纹样已为米字纹、方格交叉纹、水波纹。由此可见，米字纹、方格交叉纹影响传入粤港地区的时间大致在战国中期，其历史背景是公元前 355 年，楚灭越之后，'越以此散'，各族子南奔，这与粤港地区流行米字纹、方格交叉纹陶器的时间相合。"①

## 八、文化陶符及"王"字铸符

本阶段潮汕所出的刻画符号包括一直持续出现的文化陶符和刻画于铜器器表的符号——"王"字铸符。

就潮汕地区出土情况看，这些陶符至战国已呈减少乃至衰竭的态势，虽然汉代尚能见其身影，但可确定此期已渐停滞使用。不过，直至此时，这些符号能否称为文字，我们仍然心存疑虑，而谓之为文字的雏形，应该没有什么问题，亦较易令人接受。

可以假设，如果没有本阶段以及后来外来文化猛烈进入的情况发生，这些刻画符号将逐渐发展、演化成为真正意义上的系统文字。而文字的产生与城市（人群聚集）的出现、国家制度的建立一样，都是文明出现的重要判定标准之一。

同时可以断言的是，外来大型军事行动的暴力冲击直接或间接带来的影响，

---

① 邱立诚：《对粤港地区青铜文化几个问题的探讨》，广东省博物馆主编：《广东省博物馆集刊 (1999)》，广州：广东人民出版社，2001 年，第 28 页。

彻底中断了史前潮汕本土文化的独立发展进程。

## （一）本阶段文化陶符以及陶符的总结

针对本阶段发现的文化陶符，《揭阳出土陶器上刻画符号的研究》① 作了总结，大概如下：

面头岭遗址发现有数个文化陶符。地层出土的有编号"ⅡT0511③：1"陶碗，下腹刻画一个"山"符号。墓葬出土多件：编号"M13：1"陶罐，上腹近肩部处刻画一个麦穗状的"

符号；编号"M13：2"凹底罐，底部刻画一个"

符号；编号"M24：1"陶瓮，肩部刻画一个"

符号；编号"26：1"陶瓿，肩部刻画有倒"山"字形符号；编号"M27：3"陶罐，口沿内侧也有一个刻画符号，发掘报告未通过图文对该符号予以描述。②

揭阳新亨新岭矿场出土一件原始瓷豆，施青绿釉，喇叭形的豆把底部（圈足内壁）刻有一个"

符号。③

揭东金鸡岽采集到一件原始瓷碗，泥质灰胎，敞口，圆唇，斜弧腹，平底。器底有"丨"刻画符号。④

揭西赤岭埔采集到的有：一件编号为"坪赤采：14"的陶罐，肩部刻有一个"⊥"符号；编号为"坪赤采：5"的陶瓿（调查报告编号"JC：16"），肩部有一对桥形耳，其中一耳旁及底部分别刻有一个"

符号；编号为"坪赤采：19"的陶钵（调查报告编号"JC：21"），底部刻有一个"

符号；编号"坪赤采：20"的陶钵，底部刻有一个"

符号；编号为"坪赤采：7"的陶碗（调查报告编号"JC：9"），底部刻有一个"

符号；编号为"坪赤采：21"的陶碗（调查报告称"陶钵/原始瓷钵"，编号"JC：24"），底部刻有一个"

符号；编号为"坪赤采：22"的陶碗（调查报告称"陶钵/原始瓷钵"，编号"JC：11"），底部刻有一个"个"符号。⑤

---

① 邱立诚：《揭阳出土陶器上刻画符号的研究》，揭阳考古队、揭阳市文化广电新闻出版局编：《揭阳考古（2003—2005）》，北京：科学出版社，2005 年，第 282 – 302 页。

② 魏峻：《揭东县面头岭墓地发掘报告》，揭阳考古队、揭阳市文化广电新闻出版局编：《揭阳考古（2003—2005）》，北京：科学出版社，2005 年，第 57、81、82、72、75、85 页。

③ 揭阳考古队、揭阳市文化局编：《揭阳的远古与文明——榕江先秦两汉考古图谱》，香港：公元出版有限公司，2003 年，第 129 页。

④ 魏峻：《揭东县先秦两汉遗址调查报告》，揭阳考古队、揭阳市文化广电新闻出版局编：《揭阳考古（2003—2005）》，北京：科学出版社，2005 年，第 131 页。

⑤ "坪赤采"编号是《广东揭西县先秦遗存的调查》和《揭阳出土陶器上刻画符号的研究》的编号，"调查报告"指《揭西县赤岭埔遗址调查报告》，参见邱立诚、曾骐：《广东揭西县先秦遗存的调查》，《考古》1999 年第 7 期；邱立诚：《揭阳出土陶器上刻画符号的研究》，揭阳考古队、揭阳市文化广电新闻出版局编：《揭阳考古（2003—2005）》，北京：科学出版社，2005 年，第 282 – 302 页；魏峻：《揭西县赤岭埔遗址调查报告》，揭阳考古队、揭阳市文化广电新闻出版局编：《揭阳考古（2003—2005）》，北京：科学出版社，2005 年，第 190 – 197 页。

先秦潮汕研究

普宁石牌花鼓岩遗址出土两件陶钵，编号为"PH：21"，底部刻有一个"∕"符号；另有一件器已残，底部刻有一个"屮屮"符号。[①]

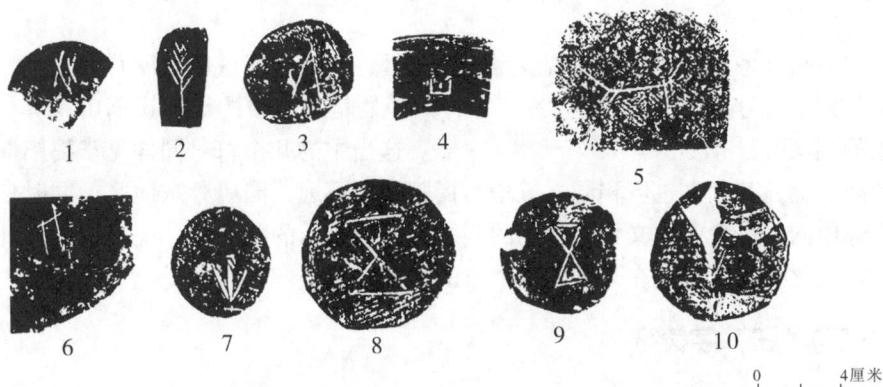

1．新岭矿场  2．面头岭"M13：1"  4．面头岭"ⅡT05113：1"  5．面头岭"M24：1"  6．面头岭"M13：2"  3、7～10．赤岭埔

图 2－7－116（1）  两周战国阶段潮汕地区发现的陶符

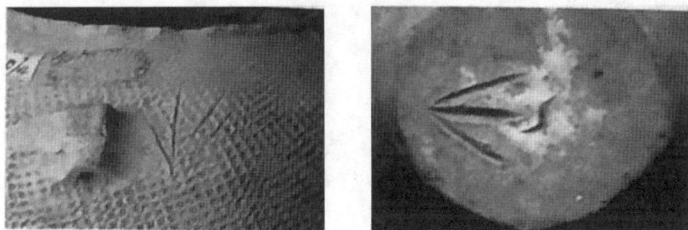

图 2－7－116（2）  揭西赤岭埔"JC：16""JC：11"陶符实物图

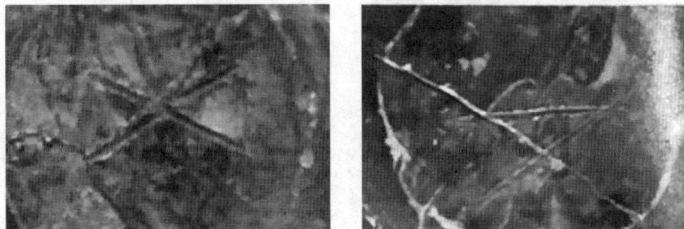

图 2－7－116（3）  揭西赤岭埔"JC：21""JC：24"陶符实物图

这些符号总体上仍然较简单，数量上比上一阶段浮滨文化所见较少。但与潮汕地区相比，广东其他地区发现的两周时期的文化陶符则比前期有更大的发展，

___

① 吴雪彬、邱立诚、曾骐：《广东普宁两处先秦遗存的调查》，《南方文物》1999 年第 2 期。

其发现地点、个体和数量大为增多。

此外，两周战国时期潮汕地区的文化陶符有一些见之于浮滨文化的，可能是前阶段的延续；另一些可见之广东的其他发现，则显示其与外部有了更多的交流。

如梅州五华有两个地点发现少量刻画符号，一处是华城镇的屋背岭遗址，陶器上的刻画符号有"Ħ""∧""乙"等；另一处是华城镇的雄鸡拔羽山墓葬，陶器上的刻画符号有"×""Ⅰ""↑""⊦⊦"。这当中的几个符号同样见于揭阳周时期的陶器上，其含义也应相同。五华与揭阳相距不远，同属粤东地区，同时期的遗存亦属同一个考古学文化，使用的刻画符号所显示的共同性，说明他们彼此之间存在文化交流，也存在某种约定俗成的文化关系。[①]

## （二）"王"字铸符

面头岭遗址"M15"墓出土 1 件铜矛，编号"M15：7"，其特别之处在于其骹部饰有一个"王"字形图案，叶部两侧刻有"╱""╲""∟""╱""大""人"符号，下饰两朵卷云纹；背面骹部刻有两个符号，脊两侧饰变体云纹。该遗物年代不早于战国末期，下限有可能已晚至秦或者南越国初期，也可判断为战国中晚期。[②]

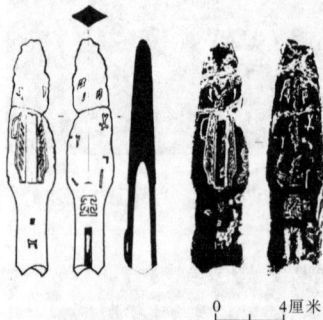

图 2 - 7 - 117　面头岭"M15：7"　　图 2 - 7 - 118　面头岭"M15：7"
"王"字铜矛拓片　　　　　　　　　　"王"字铜矛拟图

0　　　4厘米

这类带有"王"字铸符的铜器，虽然粤东地区迄今仅出过一例，但在其他地方多个遗址也有出现。广东境内以粤西的西江流域一带最为多见，如罗定南门

---

① 邱立诚：《揭阳出土陶器上刻画符号的研究》，揭阳考古队、揭阳市文化广电新闻出版局编：《揭阳考古（2003—2005）》，北京：科学出版社，2005 年，第 282 - 302 页。

② 广东省博物馆、汕头市文管会、揭阳县博物馆：《广东揭阳县战国墓》，《考古》1992 年第 3 期；魏峻：《揭东县面头岭墓地发掘报告》，揭阳考古队、揭阳市文化广电新闻出版局编：《揭阳考古（2003—2005）》，北京：科学出版社，2005 年，第 85 页。

峒墓、背夫山墓，广宁铜鼓岗墓、龙嘴岗墓，封开利羊墩墓，德庆落雁山墓等，以及与西江相邻的北江下游及其支流的四会鸟蛋山墓、清远马头岗墓。此外，广西武鸣独山岩洞葬、平乐银山岭 61 号墓，湖南益阳新桥山墓、长沙浏城桥墓、湖北江陵天星观墓，江苏六合和仁墓、宁乡松花和莲花，以及浙江的鄞州区邾家埭、长兴县、慈溪县、嘉善县等地亦有发现。从上述地方出土的器物看，"王"字铸符多见于铜矛的骹部，其次是刮刀，少量见于剑、铖、斧及人首柱形器。

值得注意的是，越国青铜器上所铸的鸟篆体文字中，"王"字的上部两横也是弯曲的，由此可以推断这些"王"字形纹或许与越国的鸟篆体有关。《广东先秦考古》认为，从器物的形态分析，岭南这些器物由居住在广东西江地区与北江下游地区的越人所制造，"虽然如此，我们仍然推测这个'王'字可能是当时当地方国的一种徽记，也可能是一种带有巫术色彩的吉祥符号"[1]。

面头岭铜矛的"王"字铸符正是装饰于铜矛的骹部。同样，即使面头岭铜矛也可能是由西江地区流入——无论是器物直接传入（可能性不大）还是理念方面的传入，我们也有理由推测："王"字铸符是统治着面头岭遗址附近的某一方国的徽记。

《汉书·地理志》云："粤地，牵牛、婺女之分野也。今之苍梧、郁林、合浦、交阯、九真、南海、日南，皆粤分也。"唐代颜师古引西晋臣瓒的说法："自交阯至会稽七八千里，百越杂处，各有种姓。"[2] 这个小方国的居民，便是此处记载中的各"种姓"中之一，也就是现在所说的古"百越"人中的一支。

## 九、两周战国时期百越杂处的潮汕地区

两周战国时期，潮汕地区经历了前所未有的文化剧变。

这个过程大致可分为三个阶段：第一，一开始尚能保持其原住民文化；第二，西周早期稍晚或西周中期之后，源自吴越的文化逐渐渗透，与原住民文化渐呈分庭抗礼之势；第三，至迟自战国时期起，吴越文化强势涌入，令先秦潮汕地区完全成为文献所载的"百越"之一。

面头岭遗址是本阶段考古发现信息最丰富者，根据《揭东县面头岭墓地发掘报告》，从各组遗存的变化可以了解个中概况：

第一组遗存属于距今 3 300～3 500 年的后山类型，这是比较纯粹的本土文化。

第二组遗存的年代为商代晚期至西周早期，下限进入西周中期，被归为广泛

---

① 杨式挺、邱立诚、冯孟钦、向安强：《广东先秦考古》，广州：广东人民出版社，2015 年，第 809 页。

② （汉）班固：《汉书》，北京：中华书局，1962 年，第 1669－1670 页。

分布于粤东、闽南的"华美文化"①，可能与受商周文化影响较大的福建黄土仑类型②有联系，但主体仍然是本土文化。直至此时，面头岭依然呈现原住民文化面貌。

第三组遗存的年代判断为西周早期稍晚或西周中期，其文化面貌既有某些原住民文化的因素，也有江浙一带和岭南东江流域的文化因素，与第二组遗存并没有直接的传承或者演进关系。可见此时越文化已然开始进入，使这组遗存呈现出与以前截然不同的考古面貌。

第四组遗存分四段，最早一段为战国早期，至迟一段的下限为秦或南越国初期。这四段中，无论哪一段都显示出明显的越式青铜文化特征：如第一段所出的铜盘残片器表纹饰，与越人墓罗定背夫山墓葬的铜鉴③所出相似；第二段所出的原始瓷匜，与上海金山戚家墩④、江苏淮阴高庄⑤等吴越地域所出瓷匜相同；第三段所出的米字纹陶，正是越人遗址的主要文化特征之一⑥；第四段所出的原始瓷盒，其器物和纹饰均可见于广宁龙嘴岗⑦、广宁铜鼓岗⑧、始兴白石坪⑨等遗址的部分遗迹单位之中，在广宁龙嘴岗和铜鼓岗同样能找到形态相近的铜矛和铜剑，特别是"王"字形铸符铜矛的"王"字上部两横呈现弯曲状，与诸多越国青铜器上的"王"字形纹如出一辙，如广宁铜鼓岗便出有13件、龙嘴岗便出有3件相关器物。由此可知，吴越文化已经融入本地并最终成为文化主体。

面头岭遗存自1973年冬被发现并开始清理若干墓葬，20世纪80年代起有过4次清理、发掘。特别是2003—2005年的科学发掘，更让其文化内涵展示得十分彻底，考古学家们的结论亦较为明确。由是，在潮汕地区的所有大型遗址中，面头岭遗址可说是发掘最多、考古信息最为明确者之一。也因此，面头岭遗址的考古结论是比较科学、可靠的，而面头岭存在的时间，恰好横跨这个剧变的年代，由此可将其视为整个潮汕面貌的缩影。

若仅以一地为例难免有以偏概全的嫌疑，那么，我们还可以从其他遗址入

① 《揭东县华美沙丘遗址调查报告》，揭阳考古队、揭阳市文化广电新闻出版局编：《揭阳考古（2003—2005）》，北京：科学出版社，2005年，197－189页。

② 福建省博物馆：《福建闽侯黄土仑遗址发掘简报》，《文物》1984年第3期。

③ 广东省博物馆、罗定县文化局：《广东罗定背夫山战国墓》，《考古》1986年第3期。

④ 上海市文物保管委员会：《上海市金山县戚家墩遗址发掘简报》，《考古》1973年第1期。

⑤ 上海文物保护管理委员会：《上海市金山县戚家墩遗址发掘简报》，《考古》1973年第3期；淮阴市博物馆：《淮阴高庄战国墓》，《考古学报》，1988年第2期。

⑥ 陈国强、蒋炳钊、吴锦吉、辛土成：《百越民族史》，北京：中国社会科学出版社，1988年，第45页。

⑦ 广东省文物考古研究所、广宁县博物馆：《广东广宁龙嘴岗战国墓地2010年的发掘》，《文物》2012年第2期。

⑧ 广东省博物馆：《广东广宁县铜鼓岗战国墓》，《考古》编辑部主编：《考古学集刊》（第1集），北京：中国社会科学出版社，1981年，第111－119页。

⑨ 莫稚：《广东始兴白石坪山战国遗址》，《考古》1963年第4期。

手，证明越文化"占据"居民聚落是普遍存在的现象，并非仅仅面头岭如此。比如经过科学发掘的揭西赤岭埔遗址的第二组遗存，以及揭东华美第二组、第三组遗存，便与面头岭第四组一至三段遗存有着可以归为同期文化的相同文化内涵，它们的总体特征，是印纹印陶和原始瓷器发达，器物以平底为主，典型器包括瓮、罐、碗、盅、盒、器盖等，器物表面有拍印的几何形纹饰及陶符，青铜器群中工具和武器发达，青铜容器总体数量不多，各段的器物组合和形态略有不同，都是"战国时期的越系统青铜文化遗存"[1]。

我们还可以由具体的遗物信息来感知越文化急骤进入的情形。

以最具有时代特征的器物青铜器为例。在上一阶段，尽管揭阳东山出有铸铜石范、揭阳梅林山出有残铜块（片），以及浮滨人已经使用本地所铸造的青铜戈，但青铜器的发现及使用仍然较少。本阶段则大为不同，参见本书上文的统计：青铜器广泛分布于潮汕三市，至少在15处遗址出现；青铜器数量繁多，已发现的至少74件；青铜器器类多样，包括鼎、盘、罍、铙、钟甬、铃（铎）、剑、矛、戈、镞、斧（钺）、锄、削、篾刀（刮刀）、镜等，至少有16种，乐器、兵器、农具、工具等皆备。

这些青铜器绝大多数与越文化有关。

如与越人得名有关的钺。自现当代对百越的系统开展研究工作以来，钺便被普遍认为是由越人名称而来——因其率先制造且普遍使用"戉"，故被他人称为"越"。[2] 潮汕地区在本阶段至少在6处遗址发现10件铜钺，与铜剑一样是青铜器中分布最广者，此外尚有诸多石钺，这些都是此前罕见的。

又如越族的用剑、铸剑在两周战国时代闻名于世，《周礼·冬官》便将"郑之刀、宋之斤、鲁之削、吴粤之剑"[3] 并称（"粤"同"越"），从民族学角度

---

① 魏峻：《粤东闽南地区先秦考古学文化的分期与谱系》，北京大学考古文博学院、北京大学中国考古学研究中心编：《考古学研究（九）——庆祝严文明先生八十寿辰论文集》（上册），北京：文物出版社，2012年，第140–165页。

② 罗香林称："按越族之'越'，甲骨文作戉，字形作'ᏘᎱ'，盖像斧钺之形。其后以文字之辗转假借，原义寝昧，乃加走旁为度越之越，并未越族之'越'，殷墟甲骨卜辞记戉事颇多。"何光岳："越人是指使用石戉的人类群体的名称，后来不断加入来源不同的氏族、部落集团，形成许多互不统属的部落集团，称为'百越'。"蒋炳钊称："'越'的名称大都认为是由戉演变而来。"陈国强等称："不仅在生产上具有重要作用，而且在社会生活中也具有特殊意义，是越人的象征物，所以夏商人才以戉来称呼越人。"另外，还有"越""粤"古音与南方原住民表示"人"的读音相同，故被称为"越"族的说法，但无直接证据，甲骨文亦不通，又有认为越人得名于勾践之越国，但"越"人得名在先、越国成名在后，所以后两说未成主流，《百越民族史》等有进行考辨。参见罗香林：《中夏系统中之百越》，重庆：独立出版社，1943年，第57页，何岳光：《百越源流史》，南昌：江西教育出版社，1989年，第1页；蒋炳钊：《百年回眸——20世纪百越民族史研究概述》，蒋炳钊主编：《百越文化研究》，厦门：厦门大学出版社，2005年，第15页；陈国强、蒋炳钊、吴锦吉、辛土成：《百越民族史》，北京：中国社会科学出版社，1988年，第3–8页。

③ （汉）郑玄注，（唐）贾公彦疏：《周礼注疏》，（清）阮元校刻：《十三经注疏》，北京：中华书局，1980年，第906页。

看，越人的高超铸剑技术也被列为百越最主要的物质文化特征之一。<sup>①</sup>潮汕地区目前在5处遗址至少发现11件青铜剑，分布地点至少有6处，除了残损严重未能细析者之外，其余都是长剑，造型较好，这些正是越文化的反映。

又如可辨的鼎，鼎耳表面装饰斜角云纹、蹄形鼎足上有兽面图案者，与清远马头岗、罗定背夫山<sup>②</sup>铜鉴相同；又有铜鼎形态与罗定背夫山铜鼎相同。清远马头岗、罗定背夫山都是越人墓，这些都是典型的越式鼎。

再如铜刮刀，也是越式典型器物。<sup>③</sup>新近发掘的普宁龟山铜铃（铜铎），一般认为是百越使用的器物，如罗香林先生等便称其是"吴越固有的文化"<sup>④</sup>。

又以几何印陶纹为例，岭南越人创造的具有越文化特征的夔纹陶和米字纹陶遍布潮汕各地。参见本书上文的统计，夔纹陶在揭阳宝山崇、揭东面头岭、揭东地都蜈蚣山、揭东新亨落水金狮、揭东新亨新岭矿场、惠来饭钵山、惠来华湖虎沟、惠来华湖新厝村、揭西河婆玉峰顶、潮安归湖神山、潮安梅林湖西岸、普宁龟山等15处遗址均有发现，至于米字纹陶，如纯米字纹陶在7处遗址有发现，并有数件收购地点不详。倘若将米字纹、方格纹及各种方格交叉纹都算作"米字纹"（有观点认为亦属于米字纹陶，属于米字纹陶变体），则此期出陶的遗址普遍存在着米字纹（系统）陶，数不胜数。

具体至小件遗物，如潮汕地区首见的麻织布，便让我们不由得联想到先秦吴越的发达纺织业。麻织布出于面头岭遗址，1986年首次清理遗址时被发现，此后的考古调查和考古报告均称其出于"M14"墓，包裹于2003年发掘报告中的"M14：22"铜矛的残留木柄上。麻织布出土时裂开，白色，麻丝细密均匀，纱面宽0.08厘米，是先秦潮汕考古仅见的一例，属于四组二段即战国中期前后的遗物。<sup>⑤</sup>发达的葛麻纺织业，在民族志研究中被列为越人最重要的文化特征之一。<sup>⑥</sup>纺织物在考古发现中更为多见，如浙江吴兴钱山漾遗址便发掘有丝麻制品<sup>⑦</sup>，武夷山春秋时期越人墓甚至有全套20余件纺织机件与麻布同出，是我国首

---

① 陈国强、蒋炳钊、吴锦吉、辛土成：《百越民族史》，北京：中国社会科学出版社，1988年，第39页。

② 广东省博物馆、罗定县文化局：《广东罗定背夫山战国墓》，《考古》1986年第3期。

③ 李龙章：《湖南两广青铜时代越墓研究》，《考古学报》1995年第3期。

④ 罗香林：《古代越族考上篇（续）》，《国立中山大学文史学研究所月刊》1933年第1卷第2期，第89页。

⑤ 广东省博物馆、汕头市文管会、揭阳县博物馆：《广东揭阳县战国墓》，《考古》1992年第3期；魏峻：《揭东县面头岭墓地发掘报告》，揭阳考古队、揭阳市文化广电新闻出版局编：《揭阳考古（2003—2005）》，北京：科学出版社，2005年，第61、95-96页；揭阳县博物馆考古组：《揭阳考古三题》，广东省汕头市文物管理办公室编：《汕头文物》，内部出版，1986年第12期，第34页。

⑥ 陈国强、蒋炳钊、吴锦吉、辛土成：《百越民族史》，北京：中国社会科学出版社，1988年，第37-38页；蒋炳钊：《百年回眸——20世纪百越民族史研究概述》，蒋炳钊主编：《百越文化研究》，厦门：厦门大学出版社，2005年，第21页；宋蜀华：《百越》，长春：吉林教育出版社，1991年，第60-63页。

⑦ 汪济英、牟永抗：《关于吴兴钱山漾遗址的发掘》，《考古》1980年第4期。

次发现的斜织机构件实物①。文献上对越人纺织业的记载也很多，如越王勾践"罢吴，种葛，使越女织治葛布"②，才能"索葛布十万"③以媚吴王夫差，吴王夫差则能一次性"赐太宰嚭杂缯四十匹"④等。

越文化此时已然进驻潮汕地区是没什么疑问的。而由于以面头岭遗址为主的发现，与本阶段广东东江、西江流域地区的发现有诸多相似之处，但内涵不如其丰富，时代又晚，遂有考古学家推断，潮汕的这种百越文化面貌，应该是由其直接承袭而来。因此，潮汕地区与粤中的区域文化互动关系发生了逆转，由浮滨文化时期的向西影响粤中，变成此阶段的粤中"东江流域的文化因素开始向东传播，并逐渐影响到榕江流域、韩江流域"⑤。总之，随着时间的推移，潮汕的越系青铜文化与珠江三角洲、粤北等地同时期文化渐趋统一。

也许我们还可以作个推测，外来的相对先进的越文化强势进入潮汕，经过若干次军事行动，取得优势地位后，原来的本土文化发展进程被截断，原有居民被迫融入越文化或被同化，从而造成战国时期潮汕地区整体上的越式面貌。

而后，越人在潮汕地区形成了一个小王国。按，"百越"一词最早见于战国文献《吕氏春秋·恃君览》："扬汉之南，百越之际。敝凯诸、夫风、馀靡之地，缚娄、阳禺、驩兜之国，多无君。"⑥包括潮汕在内的岭南等地都在百越所指范畴以内，而在这里形成若干部落或发展不很完善的小王国，应该是有可能的。

同时，本阶段越文化进入的状态，比之前的文化交流更加强烈、急骤，这让笔者相信，其中必然存在一番军事化的征服过程。虽然没有确凿的证据证明上述论断，但我们已有足够大的把握作出这种猜测，最具说服力的是文化的骤变——只有强度足够大的暴力统治才能在短时间内造成这样的社会状况。

而具体的相关考古事件也还不少，如武器类，在浮滨文化时期最具代表性、最常见的武器是戈，而在本阶段则是越式剑和矛；又如浮滨王国所出遗物中武器占的比例相对较少，而在本阶段武器比例则很大，仅以各处发现的至少81件金属器（铜器加铅锡）为例，可辨识的剑、矛、戈、镞、斧钺、刀等达53件，充分展示出早期吴越"粤人之俗，好相攻击""吴越之君皆好勇等，故其民至今好

① 刘诗中、许智范、程应林：《贵溪崖墓所反映的武夷山地区古越族的族俗及文化特征》，《南方文物》1980年第1期。

② 李步嘉：《越绝书校释》，武汉：武汉大学出版社，1992年，第200页。

③ （汉）赵晔撰，（元）徐天祜音注，苗麓校点，辛正审订：《吴越春秋》，南京：江苏古籍出版社，1999年，第130页。

④ 李步嘉：《越绝书校释》，武汉：武汉大学出版社，1992年，第250页。

⑤ 魏峻：《粤东闽南地区先秦考古学文化的分期与谱系》，北京大学考古文博学院、北京大学中国考古学研究中心编：《考古学研究（九）——庆祝严文明先生八十寿辰论文集》（上册），北京：文物出版社，2012年，第165页。

⑥ 许维遹撰，梁运华整理：《吕氏春秋集释》，北京：中华书局，2009年，第545页。

用剑，轻死易发"① 的习俗。其中，众多前所未见的越式青铜兵器隐约呈现着曾经刀光剑影的战争场景，可作礼器、象征王权的大鼎与"王"字铸符矛等，依稀暗示着暴力与王国的关系——有一些考古学家推测这件越式"王"字铸符矛"是从西江地区输入的，我们相信很可能是通过战争得来的东西"②。

相对于原"虎头埔—后山"类型、浮滨文化居民，外来的越人在强势进入并立足潮汕地区的过程中，不可能也不会全部消灭原居民，处于全面弱势的少量原居民会避于更荒僻之处，而本阶段潮汕地区原始的自然状态足以让他们栖身。尽管如此，面对外来的强势越文化，原居民必然会接受一些越习俗。而外来的越文化即使再强势，也很自然会吸收些许土著文化因素。总之，至此，潮汕地区主流文化便是越文化。

当然，还有更多的原住民被消灭或远走他乡，这从遗址遗存的对比可以略窥一斑。自新石器时代到西周时期，潮汕地区发现的遗存数量一路递增，在虎头埔、后山、浮滨文化时期达到顶峰，春秋时期尚有延续，但战国时期呈快速减少态势，入秦之后更大幅递减，所见遗存不及顶峰时期的十分之一。可见越人的"探路"式步履和秦人、中原文化的猛烈入侵，最终驱散并消灭了大部分原住民，潮汕地区遂在隋唐之前的较长时间里呈现不毛之地的面貌。而此前曾创造的若干先进文化，则消失殆尽。这些仅仅从前后遗存数量的直观对比便可推断出来。

总而言之，两周战国时期的潮汕居民，大抵如《汉书·地理志》注引臣瓒所说的："自交趾至会稽七八千里，百越杂处，各有种姓。"③ 特别是战国时期，基本是越人一统潮汕地区，一如《舆地广记·广南东路》所载的"下州，潮州"，"战国为越人所居"④。

这些越人（或说是与本地原居民融合并呈现出越文化面貌的潮汕居民），相对于此后继续流入的秦人、汉人等中原人口而言，便是潮汕原住民了。

① （汉）班固：《汉书》，北京：中华书局，1962 年，第 73、1667 页。
② 杨式挺、邱立诚、冯孟钦、向安强：《广东先秦考古》，广州：广东人民出版社，2015 年，第 825 页。
③ （汉）班固：《汉书》，北京：中华书局，1962 年，第 1669－1670 页。
④ （宋）欧阳忞著，李勇先、王小红校注：《舆地广记》，成都：四川大学出版社，2003 年，第 1090 页。

先秦潮汕研究

# 第三章　先秦潮汕居民

本书介绍了先秦潮汕的自然面貌，其时间远至数十亿年前，涵括了考古时代，考古研究的主要对象是古代人类活动遗留下的实物资料，其核心还是"人"。在这一章，笔者尝试探讨一下有关先秦潮汕居民的问题。

强调一下，这里的"居民"，与前文提及的一样，包括但不止于现代意义上的居民，是指古籍中的传统意义上的"居民"，大约是指居住于某一地方的人，如《战国策·楚策》"有偏守新城，而居民苦矣"[①] 中的居民。

## 第一节　古方志上的先秦潮汕居民

现存可见 6 种完整州府志，刊行时间最早者为明嘉靖年间，最迟者为民国期间，这些府志关于先秦潮汕地区的记载十分简洁。

另外，《永乐大典》保存有多种潮汕古地方志书轶文，但涉及先秦内容的，仅有明初《图经志》载"潮在古扬州之域，亦曰古闽越地"[②]（其史源为《通典》[③]）。还有 6 种古《广东通志》，以及三四十种县及县以下一级的古志书，只言片语提及先秦。这些，都不出前述 6 种州府志所载内容。

我们将这 6 种州府志所载按大体时代顺序整理如下表[④]，基本就是目前存世的古方志上有关潮汕先秦的全部内容了。

---

① （汉）刘向编，颜兴林译注：《战国策》，南昌：二十一世纪出版社，2015 年，第 165 页。

② （明）解晋等编：《永乐大典》，北京：中华书局，1986 年，第 2449 页。

③ （唐）杜佑撰，王文锦、王永兴等点校：《通典》，北京：中华书局，1998 年第 4824、4849 页。

④ （明）郭春震纂修：（嘉靖）《潮州府志》，北京书目文献出版社编：《日本藏中国罕见地方志丛刊》（第 13 册），北京：书目文献出版社，1992 年，第 164 页；（清）吴颖纂修：（顺治）《潮州府志》，中国科学院图书馆选编：《稀见中国地方志汇刊》（44），北京：中国书店，1992 年，第 1325、1328、1330 页；（清）林杭学纂修：（康熙）《潮州府志》，潮州：潮州市地方志办公室，第 38、70 – 71 页；（清）周硕勋纂修：（乾隆）《潮州府志》，台北：成文出版社，1967 年，第 46、51、53、129、957 页；潘载和纂修：《潮州府志略》，汕头：汕头文艺书店，1933 年，第 4、5、15 页；饶宗颐辑，饶宗颐总纂：《潮州志·沿革志》，汕头：潮州修志馆，1949 年，第 1、23 页。

表 3-1-1　古潮州（潮汕地区）府志中有关先秦潮汕地区的记载

| 时代 | 内容 | 出处 |
|---|---|---|
| 唐虞 | 尧命羲和宅南交 | （乾隆）《潮州府志》 |
| | 唐虞，南交之地；三代，扬州之南裔 | （民国）《潮州府志略》 |
| | 岭以南，说者以其地于唐虞属南交 | 《潮州志》 |
| 《禹贡》时代 | 《禹贡》扬州之域 | （嘉靖）《潮州府志》 |
| | 在《禹贡》为扬州域 | （顺治）《潮州府志》 |
| | 《禹贡》扬州之地 | （康熙）《潮州府志》 |
| | 禹弼五服岭以南届荒外 | （乾隆）《潮州府志》 |
| | 古《禹贡》扬州之域，曰南越，曰百粤，三代由然 | （民国）《潮州府志略》 |
| | 说者以禹时为扬州之南裔 | 《潮州志》 |
| 周 | 周初，海阳之名已见于《逸周书·王会》篇 | （乾隆）《潮州府志》 |
| | 海阳县，其名最古，《逸周书·王会》"海阳大蟹" | （顺治）《潮州府志》 |
| | 《逸周书》"海阳进大蟹"，旧志谓为潮地见于记载之始，谬也 | 《潮州志》 |
| 春秋 | 春秋时为杨越，吴兼楚，及南越之交，潮阳属越 | （嘉靖）《潮州府志》 |
| | 在春秋为百越地 | （顺治）《潮州府志》 |
| | 春秋时为杨越地，吴兼楚，及南越之交，潮阳属越 | （康熙）《潮州府志》 |
| | 或云春秋潮为七闽地 | 《潮州志》 |

以上内容，自然不是历代修志者凭空捏造，而都是有其依据及史源的，我们按时间顺序串讲，同时略作分析。

1. 唐虞时代

古州府志中关于唐虞时代的几则记载，其源头应为《尚书·虞书·尧典》。

《尚书·虞书·尧典》载："申命羲叔，宅南交。平秩南讹，敬致。日永星火，以正仲夏。"蔡沈传："南交，南方交趾之地。"① 又《墨子·节用篇》："昔者尧治天下，南抚交阯，北降幽都，东西至日所出入，莫不宾服。"② 则"南交"指交趾，或泛指五岭以南。综合以上内容，则大约是说，尧帝命令掌天地四时的官员羲叔到南方，虔诚地研究太阳运行现象，并根据天象确定仲夏时节。乾隆之后的州府志遂据此认为，既然羲叔已经到达极南的交趾，又有尧帝抚交趾的记

---

① （汉）孔安国传，（唐）孔颖达疏：《尚书正义》，（清）阮元校刻：《十三经注疏》，北京：中华书局，1980 年，第 119 页。

② 吴毓江撰，孙启治点校：《墨子校注》，北京：中华书局，1993 年，第 255 页。

录，那么，潮州就属于南交地，或者就是"唐虞"的南交辖地。

唐虞指唐尧和虞舜，即是尧和舜。按《史记·五帝本纪》和《史记·夏本纪》的说法，他们是"五帝"即黄帝（号有熊）、颛顼（号高阳）、帝喾（号高辛）、帝尧（号陶唐）、帝舜（号有虞）中的最后两位，紧接下去的便是开创夏朝的夏禹。禹既是黄帝之玄孙、颛顼之孙，也是帝舜"政权"的直接继承者，舜、禹同时代。依照《夏商周断代工程1996—2000年阶段报告成果》的研究成果，夏禹开创夏王朝时间在公元前2070年。[①] 则唐虞时代至少距今4 000余年。如果唐虞是泛指，则其时间为距今4 000余年到5 000年。

但是，此时潮汕地区处于新石器时代晚期，较为接近的典型遗存是年代在距今5 000~4 000年的潮阳左宣恭山下层遗存，其中未有任何迹象显示其考古内涵与唐虞有什么联系，放大到整个岭南，各个遗存亦与唐虞毫不相干。

由于整个三皇五帝系统多被认为是传说，目前也无法落到实处，或者说三皇五帝即使存在也仅仅是部落首领，南交之地便不大可能是属于尧属国的原始政权，如果再将潮汕地区附于南交之下，则更无从谈起。而在文献无觅、考古无凭的情况下，对此大做文章显然亦难以取信。因此，至多只能说：地理概念上的潮汕地区，位于中原先秦文献中"南交"泛指的区域。潮汕的居民，更非所谓的南交人。

2. 《禹贡》时代

古州府志中，关于夏禹时期的数则记载的源头为《尚书·夏书·禹贡》（以下简称《禹贡》）及《周礼·夏官·职方氏》，直接依据应为《文献通考·舆地考》。

《禹贡》载："淮海惟扬州。彭蠡既猪，阳鸟攸居。三江既入，震泽底定。筱簜既敷，厥草惟夭，厥木惟乔，厥土惟涂泥。厥田唯下下，厥赋下上，错。厥贡惟金三品，瑶琨筱簜，齿革羽毛惟木。鸟夷卉服。厥筐织贝，厥包桔柚锡贡。沿于江海，达于淮泗。"[②]《周礼·夏官·职方氏》载："东南曰扬州。"[③] 也就是说，《禹贡》将天下分为九州，并对每个州的疆域、山脉、河流、植被、土壤、物产、贡赋、少数民族、交通等自然和人文地理现象等作了简要的描述。则在《禹贡》这个地理系统中，潮汕地区不是属于东南的扬州，便是属于南方的荆州，否则便不在华夏九州之内。

《文献通考·舆地考》载："扬州北据淮，东南距海。今广陵、淮阴……漳

---

① （汉）司马迁：《史记》，北京：中华书局，1959年，第1~90页；夏商周断代工程专家组编著：《夏商周断代工程1996—2000年阶段报告成果·简本》，北京：世界图书出版公司，2000年，第86页。

② （汉）孔安国传，（唐）孔颖达疏：《尚书正义》，（清）阮元校刻：《十三经注疏》，北京：中华书局，1980年，第148~149页。

③ （汉）郑玄注，（唐）贾公彦疏：《周礼注疏》，（清）阮元校刻：《十三经注疏》，北京：中华书局，1980年，第862页。

浦、临汀、潮阳郡地,自晋以来,历代史皆云,五岭之南至于海,并是《禹贡》扬州之地。"① 依照这条记载,"五岭之南至于海"的所有地方,便可被划入《禹贡》所载的扬州,"潮阳郡地"即潮汕地区,这段话则是直接点明其属于扬州。

由此可知,古州府志中有潮汕属于扬州的说法,目前介绍潮汕的论著等多因袭"潮属扬州说"。

但问题在于,《禹贡》反映的是什么时候的情况以及书中有多少的想象成分。古说该书为大禹所作,则反映的是大禹时期的情况。但自清代乾嘉考据研究盛行后,《禹贡》为大禹时人所作的观点受到强烈的质疑。目前,《禹贡》成文于"战国""西周"的说法是主流,近年"西周"说被接受程度更高②。而该书关于九州模式的介绍影响深远,各地明、清代以后的志书都提到了《禹贡》体系,并将自身纳入其中。不过,现在有几成定论的是:九州模式仅仅是该书编撰者理想化的地理划分及统治模式。

按,禹是夏朝的开国君主,即使《禹贡》反映的是大禹时期的事物,夏朝"属下"的扬州也与潮汕地区关系不大。夏王朝的起止年代为公元前2070—公元前1600年,③ 此时正处于新石器时代晚期。

潮汕新石器时代晚期的考古发现十分丰富,在距今4 000～3 600年和距今3 500～3 300年流行虎头埔类型和后山类型时,潮汕居民手工业如制陶业、树皮布制作业等十分发达,商品交换辐射闽粤,文化传播远至海外,文字的雏形陶符开始出现,原始图腾及文艺观念也有所发展和体现等。但这些文化都与夏王朝没什么联系。

在夏王朝的都邑、文字、礼制等尚未被广泛认可,甚至其存在亦遭质疑的情况下,不能断言潮汕地区此期的社会发展水平就一定逊色于中原地区。实际上,整个广东先秦的地区面貌,迄今也未找到夏文化的丝毫影响痕迹。因此,潮汕居民在夏代是"扬州人"的说法,也是不确凿的。

3. 周时期

古州府志中关于周时期的数则记载的源头是《逸周书·王会》。

《逸周书·王会》记载的是周成王(公元前1042—公元前1021在位)接见天下诸侯时的盛大场面,有六十多个方国/部落上献了贡品,其中就有"海阳大

---

① (元)马端临:《文献通考》,北京:中华书局,1986年,第2472页。
② "战国说"自20世纪30年代顾颉刚先生结合前人成果并提出7点论据后广为学界接受,并代有演绎。不过,2002年北京保利艺术博物馆专家在海外拍卖中得到的遂公盨,其铭文开篇便与传世《禹贡》惊人相似,该器是西周中期遂国的某一代国君"遂公"所铸,因此《禹贡》成于西周的说法,十余年来风头甚劲。
③ 夏商周断代工程专家组编著:《夏商周断代工程1996—2000年阶段报告成果·简本》,北京:世界图书出版公司,2000年,第86页。

蟹"① 句，说"海阳"这个地方贡献给周成王大蟹。

由于潮汕地区有古海阳县，因此《潮中杂纪·潮州沿革考》援引这条记录，并认为"海水之阳，以此贡献，盖蟛蜞钜者。海阳之名始此"②。随后康熙府志、顺治府志、乾隆府志等地方志书因袭载录。

位于潮汕地区的海阳县在晋初才成立并有"海阳"之名，最早见的正史为《宋书·郡县四》："海阳令，（何志）晋初立。"③ 而在此之前的文献中出现的"海阳"，应该都不是指潮汕地区的海阳，如《战国策·苏秦为赵合从说楚威王》载："楚地西有黔中、巫郡，东有夏州、海阳，南有洞庭、苍梧，北有汾陉之塞、郇阳，地方五千里。"④ 所以，此海阳非彼海阳。

关于这点，饶宗颐先生在《古海阳考》中进行了详尽的考证，称《潮中杂纪·潮州沿革考》燕书郢说，纯属臆测，而顺治之后的府县志又都以讹传讹，借题发挥，此处不赘言。⑤ 也就是说，潮汕地区在周成王时期向中央政权朝贡的说法是错误的，而潮汕地区也不属于周王朝管辖。

4. 春秋时期

古州府志中关于春秋时期的记载，重点在"百越""潮为七闽地"。

关于"百越"，战国文献《吕氏春秋·恃君览》载："扬汉之南，百越之际。敝凯诸、夫风、馀靡之地，缚娄、阳禺、骓兜之国，多无君。"⑥

这是"百越"一词首次出现的文献。"越"通"粤"之前便有，但一般认为，"百越"通"百粤"的情况首次出现是在《汉书》，此后文献"百越""百粤"多混用。但在汉代之后，该词渐不见记载，至隋唐的文献，则几乎不见。

关于"七闽"，先秦文献《周礼·夏官·职方氏》载："辨其邦国、都、鄙、四夷、八蛮、七闽、九貉、五戎、六狄之人民。"唐贾公彦疏："叔熊居濮如蛮，后子从分为七种，故谓之七闽。"⑦ 该书是较早提及"七闽"一词的文献。《舆地广记·广南东路》："下，潮州。春秋为七闽地，战国为越人所居。"⑧ 应是饶宗颐先生《潮州志》所称"潮为七闽地"的直接史源。

如果将这数则州县志的记载，理解成类似"春秋时期，潮汕地区属于百越人

① 黄怀信、张懋镕、田旭东撰，李学勤审定：《逸周书汇校集注》，上海．上海古籍出版社，1995年，第 900 - 901 页。

② （明）郭子章：《潮中杂纪·卷一》明万历乙酉（1585）刊本，第 8 页。

③ （梁）沈约：《宋书》，北京：中华书局，1974 年，第 1199 页。

④ （汉）刘向集录：《战国策》，上海：上海古籍出版社，1985 年，第 500 页。

⑤ 饶宗颐：《古海阳考》，黄挺主编：《饶宗颐潮汕地方史论集》，汕头：汕头大学出版社，1996 年，第 151 - 156 页。

⑥ 许维遹撰，梁运华整理：《吕氏春秋集释》，北京：中华书局，2009 年，第 545 页。

⑦ （汉）郑玄注，（唐）贾公彦疏：《周礼注疏》，（清）阮元校刻：《十三经注疏》，北京：中华书局，1980 年，第 861 页。

⑧ （宋）欧阳忞著，李勇先、王小红校注：《舆地广记》，成都：四川大学出版社，2003 年，第 1090 页。

混杂居住的地方，这个地方在文献上曾称为百越、杨越、七闽地等"这样的意思，则与考古发现是大体一致的，实际情况也未违背文献记载，可以说大抵正确。以此推断此期的潮汕居民是"百越"人，也说得过去。

## 第二节　先秦各阶段的潮汕居民

对古州府志的分析，并不能让我们了解到更多的信息，包括先秦潮汕居民的人种族属等问题仍然无解。既然如此，我们尝试做个梳理及探讨。

在做这个工作之前需要说明一下，潮汕曾经出土过先秦人类遗骨，但是都未作研究。要了解先秦潮汕居民的种属情况等，只能寻找尽可能地接近者来作为参照。

中国是世界上发现古人类化石最多的国家之一，也是亚洲地区发现智人最多的国家，在世界古人类研究中居于重要地位。[①] 尽管如此，可供我们选择的样本实际上极其有限。

1989 年出版的《中国远古人类》，介绍对象囊括了自 1921 年在北京周口店发现龙猿人化石以来的所有发现，一共介绍了 56 个遗址所出的骨骼和牙齿。这56 例里面，与潮汕居民生活时代接近的新石器时代人类化石有 22 例（其中 2 例未研究），与潮汕地区地理接近的，则有广东省内的 2 例（金兰寺、河宕）、福建省内的 1 例（昙石山）和广西壮族自治区内的 1 例（甑皮岩）。[②] 又有综述论文称"中国新石器时代的人类遗骸是很丰富的，也是十分宝贵，在中国已经发表了研究报告的就有 20 来个这样的遗址"[③]。20 世纪后，先秦人骨的新发现及研究有所增多，例如广东多了 3 例，福建也多了 2 例。

也就是说，虽然中国的发现与研究成果称得上"十分丰富"了，但新石器时代的总数量只有 20 多例，而这已跨越了天南地北和长达六七千年的时间范围。毫无疑问，我们是没法对参照样本要求太多的。

大体上，与某个时期潮汕居民属于同种考古学文化的或含有相同类型器物的、地理位置不远或水路交通较便利的、年代上差不太远的古人类研究，较具可比性。因此，下面只能尽可能挑选出满足这些条件的对象。

---

① 张宏彦：《20 世纪中国古猿类和古人类研究述评》，陕西省文物局、陕西省考古研究所、西安半坡博物馆编：《中国史前考古学研究——祝贺石兴邦先生考古半世纪暨八秩华诞文集》，西安：三秦出版社，2003年，第 35、40 页。

② 吴汝康、吴新智、张森水主编：《中国远古人类》，北京：科学出版社，1989 年，第 9、16－17、19－20、24、29－30、34－38、42、49、51、54、56－57、64－65、405－408 页。

③ 王令红：《中国新石器时代和现代居民的时代变化和地理变异——颅骨测量性状的统计分析研究》，《人类学学报》1986 年第 3 期，第 243 页。

## 一、远古时期的潮汕居民

潮汕地区早于新石器时代的遗存是两件手斧形砍砸器，考古学家邱立诚先生认为其与欧洲所见的典型手斧相当一致。这种手斧在欧洲属于旧石器时代的中晚期阶段器物。

关于人类起源方面的研究，古人类学家尚未能达成一致的看法，但基本可归纳为"非洲起源说"和"多地区起源说"。两者都有若干证据。

"非洲起源说"最初在 20 世纪 70 年代提出（Protsch，1975；Howells，1976）。该学说认为，随着分子学的发展，根据 DNA 染色体的研究，已可证实现代人的直系祖先来自非洲，即距今 20 万 ~ 15 万年前迁出的那批早期智人，这批早期智人迁徙到旧大陆的欧洲，便取代了那里的尼安德特人（俗称"欧洲尼人"），继续演化成现代欧洲人；这批早期智人中的某些族群经过中东，在距今 7 万 ~ 6 万年前到达南亚，包括现在的华南地区，他们在这里与当地居民融合演化成当今的亚洲黄种人。该学说一度很流行，特别是 1987 年后 Caan 等提出：根据不同人种胎盘的线粒体 DNA 向前追踪，最后追踪到距今约 20 万年前的生活于非洲的一个妇女，她是现今全世界人类的祖先。这个观点流行一时，亦有一定的证据，但在近来的古人类化石发现及深入研究中，并没有得到多少支持。[①]

"多地区起源说"由美国的沃尔波夫、中国的吴新智和澳大利亚的桑恩于1984 年联名提出，该学说认为亚、非、欧各洲的现代人是由当地早期的智人乃至直立人（猿人）演化而来。这里仅介绍涉及中国的一部分。20 世纪 30—40 年代，魏敦瑞研究发现北京猿人与现代华北人存在演化上的连续性（Weidenreich，1937，1939，1943），后来中国学者抛弃了魏敦瑞说法中被证明是不确切的部分，代之以形态学、考古学上的新论据，于 70 年代正式提出"中国古人类连续进化说"（吴新智，张银运，1978；吴新智，1989，1990），这个观点是中国大多数古人类学家和国际上参与南亚地区古人类研究的部分学者所支持的。该学说认为中国的古人类化石呈现出一系列共同特征，这些特征比起欧洲和非洲的标本，在中国的直立人和智人中更为常见；同时，中国直立人与智人间存在形态镶嵌的形象；此外，欧洲尼人的一些代表性特征在中国古人类化石上有所体现，且只能用基因交流来解释。也就是说，黄种人（包括中国人）的进化是连续的，但也存

---

① 吴汝康：《中国古人类研究现状》，《第四纪研究》1995 年第 2 期；张镇洪、邱立诚：《中国南海古人类文化考》，广州：广东经济出版社，2013 年，第 25 – 27 页。

在着与境外的外来种群进行遗传物质交流的事实。①

潮汕地区远离华北，处于南海周边以及各岛屿这个大地理范围之中，这个大地理范围的古居民，基本上属于黄色人种，一般认为其与中国人的血缘关系比较密切，如果从民族学和语言系统的角度看，则这个地区的民族的语言，绝大多数属于南岛语系。南岛民族又被认为起源于中国大陆的东南沿海一带，是一个航海民族，大概居住于中南半岛沿海一带的占婆（Champa）、中国与越南交界处、高棉等地。又有潮汕地区所见两件手斧形砍砸器，与广西百色石斧有可比较之处，广西百色石斧很可能是欧洲阿舍利手斧文化东传的结果，潮汕地区的手斧形砍砸器亦应与此相类。②

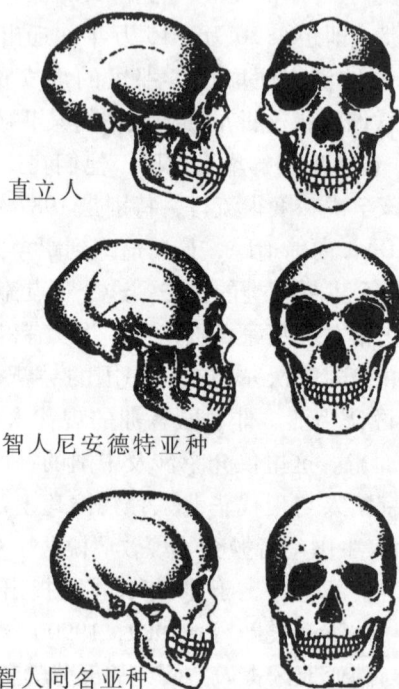

图 3 - 2 - 1　直立人、尼人、智人的对比（吴汝康等，1995）

同时，广东、广西发现的晚期智人化石，如柳江通岩人头骨化石、来宾盖头洞人头颅骨化石、隆林德峨人头骨化石、桂林宝积岩人类牙齿化石、荔浦水岩洞

---

① 吴汝康、吴新智编著：《中国古人类遗址》，上海：上海科技教育出版社，1999 年，第 223 - 225 页；张镇洪、邱立诚：《中国南海古人类文化考》，广州：广东经济出版社，2013 年，第 25 - 27 页；刘武：《蒙古人种及现代中国人的起源与演化》，《人类学学报》1997 年第 1 期，吴汝康：《中国古人类研究现状》，《第四纪研究》1995 年第 2 期。

② 张镇洪、邱立诚：《中国南海古人类文化考》，广州：广东经济出版社，2013 年，第 25 - 27 页，第 123 - 125 页。

人类牙齿化石、柳州白莲洞人类牙齿化石、柳江土博咁前洞人类牙齿化石、都安九楼山人类牙齿化石、田东定模洞人类牙齿化石、隆林那来洞人类牙齿化石，显示了人类演化的连续性。古人类学家用歧异系数的统计方法，将柳江人头骨与东南亚地区、日本和澳大利亚的晚期智人化石比较，结果发现柳江人与日本冲绳的港川男性头骨的差异非常小，甚至仅仅是同一类人类群体中不同个体的差异，与加里曼丹岛北部约4万年前的人类头骨也十分接近，但与印度尼西亚爪哇岛、澳大利亚的头骨差异较大。综合分析，东南亚晚期智人可能来自中国南部和来自印度尼西亚、澳大利亚的人类混杂的后代，考古学研究得到的也是类似的结果。[①]

总的看来，远古潮汕居民应与中国南海周边地区以及各岛屿的居民是一样的。其中，他们与广西百色石斧的主人可能比较有关系。地处中国大陆东南沿海的潮汕地区，应是中国南部文化向东南亚地区的输出地之一，以及南岛语系的起源地或中介地之一。

## 二、新石器时代早期的潮汕居民

新石器时代早期的潮汕居民，主要是居住于南澳岛的象山人和潮州的石尾山人。

象山人应该是来源于史前"漳州文化"地区，即闽南沿海一带。这主要是从两地所出的细小石器在石质、器物形态、加工工艺等方面表现出来的惊人相似性，以及从遗存数量对比等推导而来的。由于象山人未有遗骨等发现，我们只能以同种文化的主人和距今约1万年前的漳州居民作参考来判断其种属如何。

1990年漳州市北郊的甘棠东山采集到一段距今约1万年的人类胫骨，骨化石表面的红黄色附着物质与埋藏"漳州文化"小石器的红黄色沙质土的性质一致。虽然骨化石脱离了原生层位，但从保留情况看来，它原与小石器埋藏于同一地层，是后来从地层中被侵蚀出来的，因此可以确定是细小石器的主人的遗骨。

东山胫骨系左侧胫骨体中部略为偏上的一段，长131毫米，经科学分析，可能属于男性成年个体。尤玉柱先生认定此段胫骨暴露时间不超过半年，即个体死亡后半年内被沉积物掩埋。国内发现的人类化石中，胫骨材料极少。其中只有1951年在北京周口店第一地点发现的北京猿人的一段胫骨（左侧胫骨体中部稍下的一小段）曾被描述，[②] 其余的内蒙古河套人、贵州穿洞人和吉林榆树人的胫骨材料，均未曾被描述，因而可资对比的资料甚少。

东山的胫骨化石具有胫骨体前缘为显著锐脊、骨间缘很明确、骨壁薄等现代

---

① 吴汝康、吴新智编著：《中国古人类遗址》，上海：上海科技教育出版社，1999年，第230 – 231页；杨式挺、邱立诚、冯孟钦、向安强：《广东先秦考古》，广州：广东人民出版社，2015年，第100 – 101页。

② 吴汝康、贾兰坡：《周口店新发现的中国猿人化石》，《古生物学报》1954年第3期。

人的特征，可见它在形态上是符合现代智人特征的；而北京猿人的胫骨虽保存得很不完整，但从残段上可观察到其胫骨体的前缘较为圆钝、骨间缘未成分明的脊的形式以及骨壁很厚等特征，明显不同于现代人。从胫骨体横断面形状来比较，漳州人的胫骨体横断面呈现在内外侧方向上是甚为扁平的三角形，它标志着胫骨体的前后胫明显大于其内外径；北京猿人胫骨体的横断面为圆钝的三角形，胫骨体前后径与内外径在大小上相差并不悬殊。即1万年前的漳州人与更古老的北京猿人的胫骨形态相去甚远，不过就胫骨体横断面看也不同于欧洲尼人。[1]

另外，漳州渔民曾在东山海底打捞出一段肱骨，经中国科学院古脊椎动物与古人类研究所鉴定，时间约距今1万年，该肱骨虽无具体产出地点和地层层位，但也可作参考。

东山发现的肱骨残留的骨体前缘光滑而圆。外侧缘的上1/3段完整，可见其为锐缘。内侧缘则较为圆钝。肱骨体的后面非常扁平，向下逐渐增宽，其横断面呈三角形，前后方向扁平，骨壁较薄。以上特征表明东山的这段肱骨在形态上与现代人没有什么区别。

研究者在肱骨体残段上部（断裂部位）与下部（肱骨体明显增宽的转折部位）分别测量了该段肱骨体上部与下部的横径、矢径和同一位置的周长，与地质时代属于更新世晚期的辽宁建平人[2]作比较，发现东山与建平的肱骨在相应部位的尺寸很接近，只是在肱骨体横断面指数（肱骨体矢径/同一位置肱骨体横径×100）比较上显示出些许差别。东山肱骨的肱骨体下部横断面指数明显大于建平的肱骨，说明东山肱骨的肱骨体下部不如建平肱骨那样扁平。[3]

综上所述，象山人应该来自漳州，关于漳州居民目前仅知道如上情况，简单来说，大约是明显不同于北京猿人，亦有别于欧洲尼人，与辽宁建平人有若干相似之处。

石尾山人的遗物与象山人是完全不同的面貌，在年代上也相差很远，很难说他们与象山人有继承关系，但与陈桥类型倒有相似之处。本书依照《广东先秦考古》，将之划分在新石器时代早期偏晚阶段，但实际上他们可能与新石器时代中期的陈桥类型的主人更为接近，乃至很有可能是陈桥村人的先人。

## 三、新石器时代中期的潮汕居民

新石器时代中期的潮汕居民主要是陈桥村人，从各种方面分析，他们可能与新石器时代早期的石尾山人是同一种属的，作出这样的猜测主要是因为他们的考

---

① 尤玉柱主编：《漳州史前文化》，福州：福建人民出版社，1991年，第28—29页。
② 吴汝康：《辽宁建平人类上臂骨化石》，《古脊椎动物学报》1961年第4期。
③ 尤玉柱主编：《漳州史前文化》，福州：福建人民出版社，1991年，第28—29页。

古文化面貌十分相似，可能同属于陈桥类型。同时，这个阶段的潮安池湖凤地、潮安海角山的居民也是如此。下面暂且统称为"陈桥人"。

陈桥人在潮汕地区生活了很长一段时间，陈桥村遗址曾出土 10 个不同个体的人骨，直线距离约 1 公里的池湖凤地遗址也发现有遗骨，可惜这些潮汕最古老的遗骨都下落不明，也未有公开的研究数据。

现在要知道陈桥人的情况，最好查看文化面貌较具可比性的广西东兴的亚菩山等沿海遗址。亚菩山遗址曾采集一枚人的乳齿（门牙）和两截成年人的遗骨，但当年墓葬被扰乱，未能断定是否为该遗址所出，而此后关于该批遗骨的情况，也未见公开报道。

因此，我们即使敢于揣测陈桥人与广西东兴亚菩山、马兰咀山、杯较山三处遗址的居民是同一种属，也未能找到更为具体的介绍。如此，只能寻找年代接近、地理位置不远又有研究材料的人类遗骨进行参考，此期福建并没有人骨出现，最接近要求的应该还是东莞市蚝岗第一期遗存出土的人骨。

东莞蚝岗遗址编号为"M1""M2"的墓葬各发掘有人体遗骸。其中"M1"墓所出者较为完整，"M2"墓所出者则保存较差，无法鉴定性别和年龄及作进一步研究。

"M1"的骨骸，经鉴定应属男性，年龄按现代人标准为 45～50 岁，但新石器时代人类牙齿损耗较大，故死前年龄为 40～45 岁，身高约 166 厘米。其门齿为铲型门齿；颧骨突出，前面转侧面的转角明显；鼻颧角约 145°（鼻骨稍塌，鼻角因此变大）；鼻较宽阔（鼻高 54.5 毫米、鼻宽 30 毫米，鼻指数 55），鼻骨低平（鼻骨最小宽 0.73 毫米，该处矢高 0.25 毫米），鼻根指数约 34；鼻额缝与额上颌缝成一水平线，上面高约 70 毫米。其颅整体看来是中长颅型，低脸、低眶、扁阔鼻。据我国新石器时代人种分布的资料，当时蒙古人种（即"黄色人种""黄种人"等）在中国的分布以秦岭淮河为分界，可分为北亚型和南亚型。按上述种族特征分析，该骨骸属于蒙古人种南亚型。[①]

东莞蚝岗遗址"M1"的骨骸的体质类型和种族属性，基本不同于黄河中游的居民，如仰韶文化，"仰韶文化新石器时代居民的体质类型看作比旧石器时代晚期类型更直接的现代中国人，尤其是现代华北人的原型可能更具有说服力，他们应归属蒙古人种东亚支系的古代类型，而不是南亚种系"[②]。此外，从语言学角度看，南亚类型一般被认为属于苗瑶语系、壮侗语系和南亚语系，很多学者认为苗瑶语系、壮侗语系与南亚语系之间存在一定的关系。

---

① 张德兴、张文光、贺新红等：《东莞新石器时代"蚝岗人"遗骸的鉴定和保存》，《解剖学研究》2004 年第 1 期。

② 谭婧泽、徐智、金建中等：《中国新石器时代古代居民体质研究》，董为主编：《第十届中国古脊椎动物学学术年会论文集》，北京：海洋出版社，2006 年，第 121－130 页。

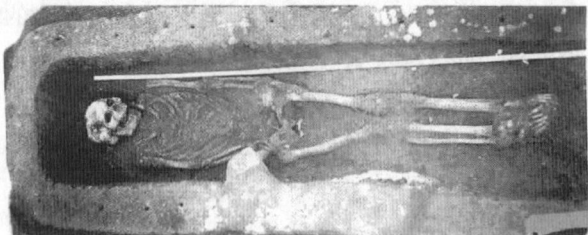

图 3 - 2 - 2　东莞新石器时代蚝岗人遗骸

东莞蚝岗遗址的年代初步估计可分为三期："M1"墓葬属于第一期，其年代判断为距今6 000 ~ 5 500 年，离陈桥人生活时间不太远；第二期估计距今5 500 ~ 5 000 年；第三期则与陈桥类型一样，均为贝丘遗址，且都以蚝壳为主（该期年代判断为距今 4 500 ~ 4 000 年，但蚝壳碳十四测定的 4 个时间均未超过 4 000 年，不知是何原因），两地当时肯定都是沿海地区，距离也不远，据地图测距，直线距离大约为 300 公里。① 不过，东莞蚝岗遗址与陈桥类型的整个考古面貌是不同的。

因此，陈桥人有可能与东莞蚝岗人一样，属于蒙古人种南亚类型，但这也只是猜测。

陈桥人创造的文化是十分辉煌的，与中国在内的南海周边地区对比，处于极高的位置，特别是其骨器生产高度发达、率先进入农业社会等。但是，由于自然环境的变化，陈桥遗址渐被淹没，陈桥人在距今 6 000 年左右背井离乡。此后，未见有陈桥文化在潮汕地区延续的证据，不过也不排除其中有若干的人留在故乡。从下阶段流行的虎头埔—后山类型的考古面貌看，留在潮汕地区乃至成为潮汕文化的底层的陈桥人数量估计不多。

## 四、新石器时代晚期的潮汕居民

潮汕地区发现的新石器时代晚期遗址众多，各地居民聚落点基本上呈现出"勃发"的状态，但主要流行的是虎头埔类型和后山类型。这两者是有继承关系的，有考古学家便直接称为"虎头埔—后山类型"。这里暂且将当时的居民称为"后山人"。

这段时间出现的墓葬更多，但是没有尸骨可供研究，这应该是与地质等自然环境有关。后山人是有鲜明地方文化特色的人群，不过，相对来说，后山人与福

---

① 杨式挺、邱立诚、冯孟钦、向安强：《广东先秦考古》，广州：广东人民出版社，2015 年，第 230、232、236 页；广东省地图院编：《广东省地图册》（第 6 版），广州：广东省地图出版社，2011 年，第 6 - 7、146 - 147、240 - 210 页。

建人交流较多，而文化输出方面，则是向广东其他地方输出，因此福建闽侯昙石山的人类遗骨也可作为参考。

福建闽侯昙石山至 2011 年共经过九次发掘，在 1964—1965 年的第六次发掘中发现墓葬骨架共 29 具，其中小孩骨架 12 具、成年骨架 17 具。遗骸保存欠佳，小孩骨骼全部损坏，成年人骨也大多残缺不全，整修后可供观测的有 9 个头骨，并各配有下颌骨。从这些头骨的形态观察和测量，可以探讨其种属。[①]

昙石山组头骨形态特点大约如下：头骨多呈卵圆形，颅顶缝较简单，在一些个体中存在矢伏嵴；面部较扁平，颧骨较大而前突，转角处欠圆钝；鼻根较浅且凹陷，鼻前棘低矮；眶角较圆钝，梨状孔下缘多鼻前窝型；犬齿窝很浅及铲形门齿出现率很高等，这些都属于蒙古人种特征。此外，有些头骨头型较长，颧弓外突，顶结节位置较高，有的眶形较矮，梨状孔下缘较多婴儿型等，则可能是澳大利亚—尼格罗人种的特征。

将之与现代蒙古人种对比，十七项重要头骨测量值中，昙石山组头骨具有较窄而陡直的额形，中等面宽和低面性质，较小的上面扁平度和明显的齿槽突颌，眼眶和鼻等综合特征，这些特征与亚洲蒙古人种中的北方类型存在明显的体质差异，而与南亚和东亚类型比较接近。在上面高、垂直颅面指数、面指数、上面扁平度、眶形和鼻形等方面，与南亚类型更为接近。

又将之与各组新石器时代蒙古人种进行比较：昙石山组头骨形态和贝加尔湖、甘肃河南、大汶口等组可能属于不同的体质类型；与陕西仰韶各组在一般体质上的关系更接近，同时又有比仰韶各组头型更长、上面更低、鼻更宽的外形，这与印度支那新石器时代人具有相近的特征。

关于昙石山组脑量和身高的估计。脑量的推算采用皮尔逊的公式，头高采用耳上颅高（po－b），并通过耳上颅高推算脑量，计算结果是昙石山组男性平均脑量为 1 521.0 毫升，女性 1 485.6 毫升。身高的推算利用特罗得和格莱塞男性蒙古人种身高估计公式，测得 163.5 厘米，这个身高数值与使用同一种方法计算我国其他新石器组所得平均身高（半坡组 169.5 厘米，宝鸡组 168.8 厘米，华县组 168.4 厘米，大汶口组 172.3 厘米，西夏侯组 171.3 厘米[②]）相比较低，这个差异或有种群上的意义，或是由测定例数过少所致。

综合上述结果，昙石山新石器时代人类，无论从形态观察，还是同现代或新

①　福建省昙石山遗址博物馆：《2009 年昙石山遗址考古发掘简报》，《福建文博》2013 年第 2 期；福建省博物馆：《闽侯昙石山遗址第六次发掘报告》，《考古学报》1976 年第 1 期；韩康信、张振标、曾凡：《闽侯昙石山遗址的人骨》，《考古学报》1976 年第 1 期。

②　这几组身高数据，参见颜訚、刘昌芝、顾玉珉：《宝鸡新石器时代人骨的研究报告》，《古脊椎动物学报》1960 年第 1 期；颜訚、吴新智、刘昌芝、顾玉珉：《西安半坡人骨的研究》，《考古》1960 年第 9 期；颜訚：《华县新石器时代人骨的研究》，《考古学报》1962 年第 2 期；颜訚：《大汶口新石器时代人骨的研究报告》，《考古学报》1972 年第 1 期；颜訚：《西夏侯新石器时代人骨的研究报告》，《考古学报》1973 年第 2 期。

石器时代各蒙古人种的测量值对比，都显示出在体质上与蒙古人种中的南亚类型相近的特点。[①]

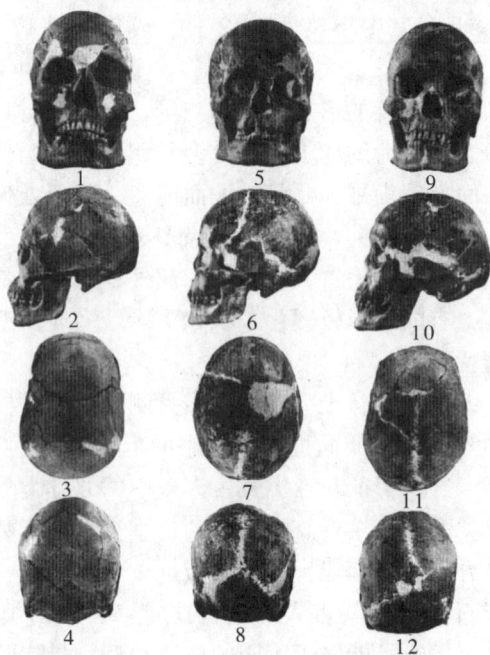

1～4. "M2"正面、侧面、顶面、后面　5～8. "M13"正面、侧面、顶面、后面　9～12. "M9"正面、侧面、顶面、后面

图 3 - 2 - 3　福建昙石山遗址人头骨

1997 年第八次发掘昙石山遗址也有人骨出现，其中编号"M137"人骨较为完整。

经测量分析，该骨骸属于 25 岁左右之女性，其体质特征大约是：颅长 183.5 毫米，颅宽 132.0 毫米，颅指数 71.93，为长颅型，颅高（ba-b）140.0 毫米，颅长高指数 76.29，属高颅型，宽高指数 106.06，属狭颅型；眶指数 I，左侧 86.38，为高眶型，右侧 83.84，为中眶型，眶指数 II 则左右均为高眶型，鼻指数 53.94，为阔鼻型，面宽（颧宽）偏窄为 128.5 毫米，高偏短，上面高（n-sd）65.72 毫米，上面指数 51.14，属中上面型，垂直颅面指数 46.92，在指数分级中属于较小的等级，额宽指数 71.89，为阔额型；面突指数 96.12，为正颌面型，但总面角 83 度，为中颌面型，鼻面角（中面角）90 度，为平颌型，齿槽面角 57 度，为超突颌型，鼻颧角 141.5 度，属中等偏小，颧上颌角 136 度。

综合该例女性颅骨的体质特征，其鼻梁欠突起，无鼻根凹陷，颧骨高而宽，

----

① 韩康信、张振标、曾凡：《闽侯昙石山遗址的人骨》，《考古学报》1976 年第 1 期。

阔额，梨状孔较阔，梨状孔下缘为钝型等，具有明显的蒙古人种的形态特征。而其颅型、面型、鼻型，以及颧骨的转角欠圆钝、上面高较短、垂直颅面指数小、鼻颧角中等偏小等特征，又表明其与蒙古人种的南亚类型相接近。[1]

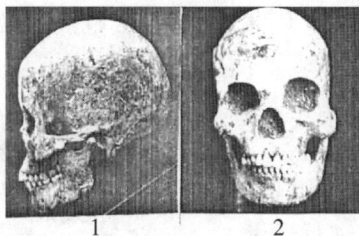

图 3 - 2 - 4　福建昙石山遗址 "M137" 女性骨颅

福建闽侯昙石山遗址第六次发掘共分上、中、下层三层文化遗存，上述墓葬属于中层和下层文化，中层有两个放射性碳素测年数据，一个为公元前 1140 ± 90 年，另一个为公元前 1055 ± 90 年，与后山遗址的判断年代（距今 3 500 ~ 3 300 年）差不多；榕江流域虎头埔—后山类型与闽江流域的昙石山遗址直线距离为 375 ~ 385 公里，昙石山遗址有大量海生贝类遗存，潮水可达该处。[2] 昙石山遗址在 1974 年的第七次发掘中，发现有与黄土仑类型类似或相同的印纹陶器。[3] 在 1997 年第八次发掘后，梳理之前各发掘成果，该层被定为 "黄土仑文化" 层，距今 3 500 ~ 3 000 年[4]，而闽侯黄土仑遗址所出的 4 件鬶形壶，又被认为与后山类型鸡形壶有可比之处[5]。

因此，昙石山人与后山人还是颇有可比之处的，但这并不是说后山人与这些昙石山人存有血缘关系。

后山人的延续，便是下一阶段的浮滨人。

## 五、商时期的潮汕居民

在相当于中原商代晚期的这一段时间，潮汕地区流行的是浮滨文化。浮滨文化与吴城文化关系密切，甚至有考古学家、古人类学家如曾骐先生曾直言可能有

---

① 潘其风：《福州闽侯县昙石山遗址第八次发掘出土人骨的观察研究》，《南方文物》2000 年第 1 期；福建博物馆编：《闽侯县昙石山遗址第八次发掘报告》，北京：科学出版社，2004 年，第 68、107 - 108 页。

② 地质出版社地图编辑室编制：《中国地图》，北京：地质出版社，2015 年。

③ 福建省博物馆：《福建闽侯县昙石山遗址发掘新收获》，《考古》1983 年第 12 期。

④ 福建博物馆编：《闽侯县昙石山遗址第八次发掘报告》，北京：科学出版社，2004 年，第 107 - 108 页。

⑤ 福建省博物馆：《福建闽侯黄土仑遗址发掘简报》，《文物》1984 年第 4 期。

一支吴城居民南下潮汕地区。

吴城遗址是江南首次发现的人类大规模居住的商代遗址，位于江西省樟树市（曾称"清江县"）的吴城村一带，属长江中下游的南岸。吴城遗址自1973年至2005年一共发掘了十次，其成果改变了延续多年的"商文化不过长江"的认识。2001年第十次发掘，在城外壕大约3.5平方米范围内出土了16具颅骨，年代为吴城三期，[①] 即上限在晚商时期，下限不超过商代。[②]

这16具颅骨的分布呈散落状或叠压状，未发现头颅以外的躯干及肢骨，并有少量动物骨骼。因骨骼保存状况不好，只能对其进行性别、年龄鉴定，以及对其保存状况和病理现象进行描述，其他数据则无法进行测量。根据出土的部分颅骨的形态特征鉴定结果，其中5具可能为男性，另外11具性别不明。结合牙齿齿冠磨损状况和颅骨缝愈合度判断，年龄大多为20~50岁。特别引

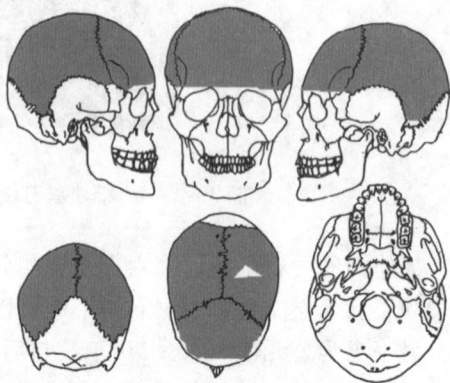

图3-2-5 江西吴城遗址"NO.9"人骨

人注意的是，编号"No.9"和"No.16"的2具颅骨有明显被锐器砍伤的痕迹。"No.9"性别不明，年龄不明；"No.16"为男性，年龄为20~30岁。这种明显的刃器砍伤的痕迹很可能与战争或俘虏有一定的关系。从保存比较完整的几个颅骨仅存的一些形态特征，如鼻根部扁平无凹陷、面较宽大等特征观察，推测其可能与蒙古人种的某些特征比较相似。因为骨骼破损非常严重，骨质酥软，颅骨被严重挤压变形，无法进行测量，所以这种人种属性的分析是很粗略的，仅仅能推断可能与蒙古人种的某些特征相似，很难精确地说明和分析，更难以进行大人种——蒙古人种下的几个小的种族类型的分析与讨论。[③]

浮滨文化的影响可达香港。香港本岛出有石戈和石矛，大屿山蟹地湾出有釉陶豆等，都是由浮滨文化区经海路输入的。考古学家邱立诚、吴雪彬等认为，由粤东沿海算起的浮滨石璋之路，自东北向西南沿着海岸线的走向，经过揭阳仙城、增城红树林、东莞村头，抵达香港大湾、东湾。两地直线距离大约330公

---

① 吴明翰：《吴城文化》，北京：文物出版社，2005年，前言第1、3、5页，正文第15、44、92-94页。

② 吴城三期的时间上限大致确定，但下限尚有不同说法。如唐兰先生认为约略相当于殷商晚期，下限可能延续至周初，李伯谦先生认为下限不超出商代，这里从李说。参见唐兰：《关于江西吴城文化遗址与文字的初步探索》，《文物》1975年第7期；李伯谦：《试论吴城文化》，《文物》编辑委员会：《文物集刊》（第3集），北京：文物出版社，第133-143页。

③ 谭婧泽、黄颖、高蒙河：《江西省樟树市吴城遗址人骨鉴定》，江西省文物考古研究所、樟树市博物馆编著：《吴城：1973—2002年考古发掘报告》，北京：科学出版社，2005年，第501-514页。

里。① 可见浮滨人跟香港居民关系匪浅，甚至有若干潮汕地区居民经珠三角到达香港。

经过历次考古活动，香港发掘到一些人骨，但都因损坏严重而无从深入研究。1997年，中国社科院考古研究所应邀与香港古物古迹办事处在马湾岛东湾仔进行联合科学发掘，又在19座新石器时代晚期墓葬中采集到15具人骨。由于其长期埋葬于潮湿沙滩，因而骨质保存较差，但无疑为整个岭南的种族历史等研究课题提供了一份难得的第一手资料，成为"1997年十大考古发现"之一。②

香港东湾仔遗址所出土的15具人骨的年龄和性别如下表：

表3-2-1　香港东湾仔北遗址1997年出土人骨年龄、性别一览表

| 年龄 | 性别 | 个数 | 年龄 | 性别 | 个数 |
| --- | --- | --- | --- | --- | --- |
| 6~8个月 | 不明 | 1 | 15~17岁 | 女 | 1 |
| 小于1.5岁 | 不明 | 1 | 至少大于25岁 | 男 | 1 |
| 约3岁 | 不明 | 1 | 30~40岁 | 男 | 1 |
| 3~6岁 | 不明 | 1 | 35~45岁 | 男 | 1 |
| 5~8岁 | 男? | 1 | 不小于40岁 | 男 | 2 |
| 6~10岁 | 不明 | 1 | 大于40岁 | 男 | 1 |
| 未成年但具体不明 | 不明 | 1 | 大于40岁 | 女 | 1 |

按上表可知，未成年者多达7个，意味着未成年人死亡的比例很高；最年长的可能超过40岁，则平均死亡年龄粗略估计在25岁左右；如仅以8个明确"15~17岁"及以上个体计算，则平均死亡年龄约为36岁。其中男女老幼皆有，特别是未成年个体占了很大比例，墓葬呈现一致的埋葬方式并有二次葬现象，说明这些死者是在马湾岛上长期栖居的居民，而不是临时或季节性上岛的居民。考古地层中存在连续的不同时代文化遗存（新石器时代晚期—青铜时代早期）也说明该遗址不是临时性或短期行为留下的遗存。

从比较完整的头骨和肢骨的特征看，他们的种族特征是长狭型头颅、低眼眶、短面、阔鼻、铲形上门牙，平均身高约1.63米。这些形态特征与中国南方的广东佛山河宕、福建闽侯县石山以及广西桂林甑皮岩的新石器时代人骨比较相似，表明马湾岛居民与粤闽地区特别是珠江流域的先民有密切的关系，同属蒙古人种的南亚类型，比黄河流域古代居民更富有类似热带种族的一些性质。

① 地质出版社地图编辑室编制：《中国地图》，北京：地质出版社，2015年。
② 韩康信、董新林：《香港马湾岛东湾仔北史前遗址出土人骨鉴定》，《考古》1999年第6期；韩康信：《香港东湾仔北遗址新石器时代人骨》，《第四纪研究》1999年第2期。

东湾仔遗址出土人骨中几乎未见龋齿,但在成年个体中牙齿磨蚀严重,这一现象可能与食物质地坚韧粗糙有关。由此推测,牙齿的磨蚀速度快于龋齿滋生的速度、牙齿多崩裂的现象可能暗示其食物混杂有硬质物与牙齿磕碰,很可能与当时居民取食的渔捞和采集的天然食物有关,钳齿型齿列咬合也加强了这种印象。(值得注意的是,东湾仔遗址中男性、女性皆有将作为耳饰的石玦用作佩饰的例子,因此,在未作人骨鉴定的情况下,以往有些考古报道,以有无某种饰品来判定死者的性别,是比较危险的)

综上所述,也许可以推测:浮滨人与香港马湾岛东湾仔居民有可比之处,而浮滨王国的上层人物,有的可能来自江西吴城。

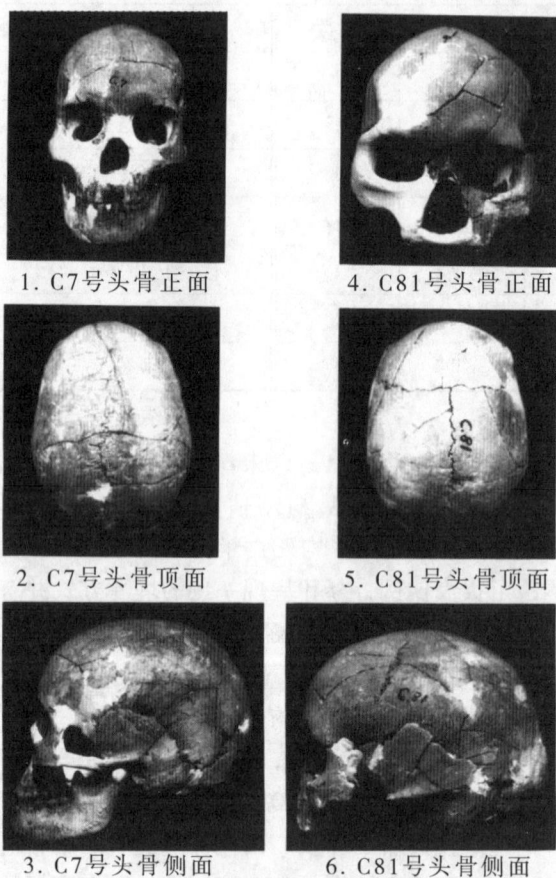

1. C7号头骨正面      4. C81号头骨正面

2. C7号头骨顶面      5. C81号头骨顶面

3. C7号头骨侧面      6. C81号头骨侧面

图3-2-6　香港马湾岛东湾仔遗址人骨

那么,浮滨人去哪里了?

种种迹象显示,继承发达的虎头埔—后山类型原住民文化的浮滨文化,有可能是潮汕文化的底层文化。就目前发现来看,浮滨文化是岭南文化中最早接触中原商文化的，又率先进入青铜器时代，其与岭南同期其他地方的文化对比，显然更为发达。可以推测，如果没有外来势力，浮滨文化会出现具规模的城邦、成熟的制度以及自身的文字系统，形成今人所说的独立文明。

但是，参见本书前文相关介绍，吴越地区南下和粤中地区西来的越文化强势进入，彻底打乱了潮汕地区文化发展的自然进程。如果估计无误，则若干浮滨人融入了后来的越人中，若干浮滨人远走他乡，也许还有的成为如今某些少数民族的祖先之一。当然，我们无法胡乱揣测，现代潮汕居民的身上是否留有浮滨人的基因和血脉。

## 六、两周战国时期的潮汕居民

古越族的文化可能很早就开始进入潮汕地区，但在两周战国时期，尤其是春秋末期至战国时期，其大规模涌入的态势显得更加迅猛。至迟从战国起，越人在潮汕地区居于绝对支配地位，原来的居民或接受统治继而被同化，或隐僻一隅，或背井离乡。

越文化、越人在潮汕的大规模存在在文献和考古上都已被完整证实。这样，本阶段潮汕地区占统治地位的主流文化和人群，对此后的潮汕文化发展便有着很大的意义，也是"潮汕地区是百越之一"等类似文辞出现的原因。因此需要稍微探讨一下。

与这个主题相关的探讨内容，大略可归结为三个问题，即越人是谁，越人为何来，越人怎么样，本节由此三个问题出发，分为三部分探讨，即越人的族源、越人南下之动因，以及两周战国时期潮汕居民体质。

### （一）越人的族源

"越"通"粤"，因此"百越"即"百粤"。

"百越"一词，始见于战国文献《吕氏春秋·恃君览》所载："扬汉之南，百越之际。敝凯诸、夫风、馀靡之地，缚娄、阳禺、驩兜之国，多无君。"[①] 隋唐以后，"百越"一词已不见于典籍，作为一个整体称呼，其已然消失于历史长河之中。

百越并非单一的民族，它泛指古越族系的众多族群。由于古文献上往往存在族称同时代指地名的现象，因此"百越"也代指这些百越人的聚居地。

越人的种属问题，或者说古越族的来源是什么这个问题，至今仍很棘手，仍然是学界争论要点。大体上，一种主张是越的族源来自夏，即"越为禹后"，另一种主张是越的族源与夏无关。而只有接受越与夏无关的观点，才能继续探寻越

① 许维遹撰，梁运华整理：《吕氏春秋集释》，北京：中华书局，2009 年，第 545 页。

的源头。

1. 历史上的"越为禹后"之争

最先提出"越为禹后"并记诸文献的是司马迁。《史记·越王勾践世家》载："越王勾践，其先禹之苗裔，而夏后帝少康之庶子也，封于会稽，以奉守禹之祀。"①

越地的文献亦有述及。如《越绝书·外传记地传》载："昔者，越之先君无余，乃禹之世，别封于越，以守禹冢。"② 又如《吴越春秋·越王无余外传》载："禹以下六世，而得帝少康。少康恐禹祭之绝祀，乃封其庶子于越，号曰无余。"③ 班固修史多沿袭《史记》，在"越为禹后"这个问题上也是一样，《汉书·地理志》载："其君禹后，帝少康之庶子云，封于会稽，文身断发，以避蛟龙之害。后二十世，至勾践称王。"④

至此，两种正史内容相袭，两种早期最全面综述越地的文献互相印证，"越为禹后"遂成不少人眼中的"史实"。

不过，可以明确的是，就存世的 60 种先秦文献来看，司马迁的记录并没有更早的文献依据。那么，司马迁"越为禹后"的观点，很可能是他自己调查得来的。这从《史记》的序言中便隐约可知，《史记·太史公自序》载："二十而南游江、淮，上会稽，探禹穴。"⑤ 司马迁少年时曾在会稽等吴越之地作田野调查，加之先秦文献中再未有"少康封庶子到越"的更早记录，这很可能是孤证。

因此，早在东汉时便有人对"越为禹后"提出质疑。

东汉王充《论衡·书虚篇》载："禹到会稽，非其实也。……巡狩考正法度，禹时吴为裸国，断发文身，考之无用，会计如何?"⑥ 这是说禹与会稽没有关系，说明王充是不支持"越为禹后"的。由此，王充成为较早质疑司马迁的人之一。

清代梁玉绳对司马迁的否定态度更为彻底，《史记志疑》载："禹葬会稽之妄，说在夏纪，夏商称帝之妄，说在殷纪，而少康封庶子一节，即缘禹葬于越伪撰。盖六国时有此谈，史公谬取入史，后之著书者，相因成实，史并谓闽越亦禹苗裔，岂不诞哉。《墨子·非攻下篇》：'越王繄亏出自有遽，始邦于越。'⑦《汉

① （汉）司马迁：《史记》，北京：中华书局，1959 年，第 1739、1756 页。
② 李步嘉：《越绝书校释》，武汉：武汉大学出版社，1992 年，第 195 页。
③ （汉）赵晔撰，（元）徐天祜音注，苗麓校点，辛正审订：《吴越春秋》，南京：江苏人民出版社，1999 年，第 101 页。
④ （汉）班固：《汉书》，北京：中华书局，1962 年，第 1669 页。
⑤ （汉）司马迁：《史记》，北京：中华书局，1959 年，第 3293 页。
⑥ 黄晖：《论衡校释（附刘盼遂集解）》，北京：中华书局，1990 年，第 176 页。
⑦ 《史记志疑》所引《墨子·非攻下篇》这段话，孙诒让认为"出自有遽"史源不明，可能是出自"熊遽"，这里不论。参见（清）孙诒让撰、孙启治点校：《墨子闲诂》，北京：中华书局，2001 年，第 154 – 155 页。

书·地理志》注臣瓒曰：'自交阯至会稽七八千里，百越杂处，各有种姓。不得尽云少康之后。'……谓为禹后者，皆不得信也。"①

乾嘉考辨学派也有质疑，其中，钱大昕从世系不合的角度质疑了司马迁的记载，颇见力度。《廿二史考异·史记四》载："少康至桀十一传，殷汤至纣三十传，周自武王至敬王又二十五传，而越之世乃止二十余，理所必无也。"② 也就是说，自夏少康至周敬王，共传了 67 代，而少康传至勾践（与周敬王大约同时代）仅仅是 20 余代，这显然大悖常理。

至此，质疑"越为禹后"这一观点的学者更多了。

2. 近代以来的讨论

到了近现代，关于"越为禹后"之探讨和争论更为激烈。③

支持派方面，最早系统性论证《史记》"越为禹后"之说的是历史学家罗香林先生。他一开始认为越族无关华夏诸族，无论勾践是否为禹的后裔，至多能证明勾践本人，或者越国的执政阶级是华夏人种，不能代表整个越族，"其实古代越族之为非中国人种，乃是很明显的事例"④。但随着研究的深入，他转而提出七条证据，主张"越族为夏民族所演称"。⑤

徐中舒先生则首先提出"移民说"，认为"夏商之际夏民族一部分北迁为匈奴，一部分则南迁于江南为越"⑥，这是将夏族传越族的时代后移至夏亡之后，在时间上拉近了很多，又通过移民，一定程度上弥补了中原夏地和江南越地相隔遥远的缺憾，开辟了新思路。后来支持派基本上都采纳了这一"移民说"的思路，如林华东先生虽然否认了禹与越人有关（见下文），但在其后来发表的《再论绍兴会稽与大禹》一之中又支持"越为禹后"这一观点，认为绍兴会稽关于夏禹治水、会聚诸侯及葬地等传说与越人向南移民紧密相关。⑦

支持派中的代表董楚平先生甚至还在"越为禹后"说的基础上，更进一步提出创造良渚文化的越人向中原移民，为夏人之祖先，此为"夏为越后"；后来夏被商灭后，再返回越地，此为"越为夏后"。目前，支持派观点的综合看法，可以在《浙江通史·先秦卷》中看到。⑧

---

① （清）梁玉绳：《史记志疑》，北京：中华书局，1981 年，第 1028 – 1029 页。

② （清）钱人昕著，方诗铭、周殿杰校点：《廿二史考异》，上海：上海古籍出版社，2004 年，第 52 页。

③ 本部分综述受《"越为禹后"说新论》一文启发，参见陈志坚：《"越为禹后"说新论》，《清华大学学报》（哲学社会科学版）2013 年第 4 期。

④ 罗香林：《古代越族考古上篇》，《国立中山大学文史学研究所月刊》1933 年第 1 卷第 2 期，第 32 页。

⑤ 罗香林：《中夏系统中之百越》，重庆：独立出版社，1943 年，第 47 页；罗香林：《百越源流与文化》，台北："国立编译馆"中华丛书编审委员会，1978 年，第 39 – 126 页。

⑥ 徐中舒：《夏史初曙》，《中国史研究》，1979 年第 3 期。

⑦ 林华东、何春慰：《再论绍兴会稽与大禹》，《浙江学刊》1995 年第 4 期。

⑧ 此段涉及的几个论著，参见董楚平：《吴越文化新探》，杭州：浙江人民出版社，1988 年；董楚平、金永平等撰：《吴越文化志》，上海：上海人民出版社，1998 年；徐建春：《浙江通史》（第 2 卷·先秦卷），杭州：浙江人民出版社，2005 年。

反对派承袭清代考据学说，一开始便略占上风。20世纪30年代出版的《吴越文化论丛》的24篇文论中，涉及此问题者多表示反对"越为禹后"说，如其中卫聚贤先生《吴越民族》一文称"夏是北方民族，越是南方民族，两不相干"便代表了当时的主流观点。[1]

改革开放后，蒋炳钊先生于1980年率先发难："把越说成是夏代的后裔，从考古资料到文献记载都难于找到可靠的证据，从二里头文化和越文化相比较，夏族和越族明显是两个不同的古代民族，越族不是夏族的后裔。……越族不是夏族南迁的遗民，而是主要由当地先住民发展而成的。"[2] 严文明先生也认为，河姆渡文化、马家浜文化、良渚文化"都应是古越族的文化"。[3] 林华东先生在《绍兴会稽与禹无涉——兼论於越源流》一文表示"司马迁把山东的会稽当作浙江绍兴的会稽"是错误的，提出大禹和越人无关，夏文化遗存以河南偃师二里头遗址为代表，而浙北、宁绍地区相当于商时代的文化遗存主要是"马桥文化"，两者分布范围不同。[4] 陈桥驿先生则进行彻底否定，认为"会稽之山"所处何处历来尚有争议，《吴越春秋》将之定在今绍兴且这一点成为后人"越出禹后"之说的基础是十分荒谬的，并无大做文章的必要。并列举了大量矛盾：如语言不通，先秦需要翻译；文化不同，越人断发文身，诸夏是束发右衽等。他认为这个"荒诞无稽"的观点其实是越人所编造，目的是证明其华夏血统的纯正，该说能流传至今大抵亦是出于这个原因。[5]

在没有新的有力证据的情况下，近年关于这个问题的探讨趋于平静，但实际上这个问题并没有得到解决。

在此情况下，有的学者在著述中尽量回避这个问题。也有的学者明确主张将问题搁置，如陈志坚先生的《"越为禹后"说新论》在梳理"越为禹后"一说的多种漏洞后，从历史记忆和族群认同分析的角度得出结论："越为禹后""越楚同源"的言论都是越人出于政治、心理等因素的考虑而主动伪造、长期散布的，司马迁的调查记录、秦始皇的会稽祭禹等也是受到长期以来的传说所误导，"越人真正族源是什么，恐怕是个无解的问题，我们暂且放在一边"，并主张先做事

---

① 吴越地史会编：《吴越文化论丛》，上海：江苏研究所出版，1937年，第329页。

② 蒋炳钊：《"越为禹后说"质疑——兼论越族的来源》，《民族研究》1981年第3期。

③ 严文明：《中国史前文化的统一性与多样性》，《文物》1987年第3期。林华东：《绍兴会稽与禹无涉——兼论於越源流》，《浙江学刊》1985年第2期；陈桥驿：《"越为禹后说"溯源》，《浙江学刊》1985年第3期；陈志坚：《"越为禹后"说新论》，《清华大学学报》（哲学社会科学版）2013年第4期。

④ 林华东：《绍兴会稽与禹无涉——兼论於越源流》，《浙江学刊》1985第2期。

⑤ 陈桥驿：《"越为禹后说"溯源》，《浙江学刊》1985年第3期。

件蕴含的意义研究等，这代表了目前不少学者的观点和态度。①

3. 本书的观点

笔者认为，"越族"源头久远，其族名的由来一般认为与"钺"有关，如果真是这样，则其源头甚至可追溯至斧钺难分的时代，溯源至旧石器时代的西方"手斧文化圈"。

此外，作为一个"族"的越族，在先秦文献中最早出现的时间是西周时期，即《逸周书·王会解》"东越海蛤，欧人蝉蛇，蝉蛇顺食之美，于越纳，姑妹珍"②和《竹书纪年》所说的周成王二十四年"于越来宾"③，这两条记载可互证，倘若犹存疑虑，则王充《论衡·异虚篇》"周时，天下太平，越裳献雉于周公"④可作助证——因为王充撰写《论衡》时，《竹书纪年》尚深埋于汲冢，王充是无法作伪的。同时"越"也可能与尧舜禹时代的蛮、三苗族系有关。不过，如果要探讨更多的相关问题，恐怕依靠多层次的相关文献来辗转论证是很难有说服力的。

文化的发展不是在封闭的环境中孤立进行的，笔者相信越族是在历史发展中与各个种属的人群融汇而逐渐形成的，其族源已难以厘清。最为世人所了解的，便是春秋时期的吴国、越国。而进入潮汕地区的越人，若要追溯来源也是吴国、越国之地的居民。

## （二）越人南下之动因

有的考古学家认为，进入潮汕地区的越文化，直接来自两周时期广东东江、北江等越文化聚居处，这主要是从潮汕与粤中地区发现的越式遗物等的比较中得出的，当然是有道理的。

然而，倘若将潮汕地区与吴越地区的遗存对比，同样也可以得出越文化直接流入潮汕的结论，比较不利的一点，仅仅是地缘不近而已，但从吴越擅水以及当时环境来看，这个也不是主要的问题（下文会述及）。

因此，本书认为越文化涌进潮汕地区，既可能是自粤中西来，也可能是从吴越地区直接南下，或者兼而有之。

① 吴越地史会编：《吴越文化论丛》，上海：江苏研究所出版，1937年，第329页；蒋炳钊：《"越为禹后说"质疑——兼论越族的来源》，《民族研究》1981年第3期；严文明：《中国史前文化的统一性与多样性》，《文物》1987年第3期；林华东：《绍兴会稽与禹无涉——兼论於越源流》，《浙江学刊》1985年第2期；陈桥驿：《"越为禹后说"溯源》，《浙江学刊》1985年第3期；陈志坚：《"越为禹后"说新论》，《清华大学学报》（哲学社会科学版）2013年第4期。

② 黄怀信、张懋镕、田旭东撰，李学勤审定：《逸周书汇校集注》，上海：上海古籍出版社，1995年，第890-900页。

③ 王国维：《今本竹书纪年疏证》，方诗铭、王修龄：《古本竹书纪年辑证》，上海：上海古籍出版社，1981年，第241页。

④ 黄晖撰：《论衡校释（附刘盼遂集解）》，北京：中华书局，1990年，第219页。

其实，无论是部分越人南下直接到达潮汕地区，还是部分越人南下后立足粤中再进入潮汕，其流出地始终是吴越地区（吴国仅兴盛一时便为越所吞，因此很多早期文献上的越国也包括吴地）。也就是说，无论是潮汕还是粤中地区的越人，都是来自吴越。

这样，两周时期越人大规模南下，显然与越人原居住地紧密相关，而自然环境骤变和社会大动荡从来都是人类迁徙的主要原因，以下尝试从气候和战乱两方面，来探讨越人南下的原因。

1. 气候：近5 000年来的最冷时间段在公元前1000年之后的一二百年间，时当西周前期

在生产力低下的情况下，气候因素对人类的生殖繁衍起着决定性的作用，旧石器时代如此，新石器时代如此，西周时期仍不例外，特别是相对于中央王朝显得落后于时代的越人来说。而气温骤降，是其中一个重要的因素。

多学科的专家、科学家们从文献中竹子分布、候鸟往返、节候推测等有关古物候的记载出发，结合现代科技手段，对北京西郊肖家河和三河市孢粉组合、燕山南麓阔叶林、黑龙江呼玛县地层花粉、察哈尔花粉含量、辽宁南部丹东至旅大一带植物、天津花粉，以及河南、河北、陕西、山东、上海、江西、安徽、湖南等地遗物、物象和动植物变迁作了科学研究，得出了较能让人接受的结论。

根据《中国近五千年来气候变迁的初步研究》以及《中国自然地理》的介绍，距今五六千年的温暖时期，向南可达洞庭湖以南。5 000年前，中国大陆的温暖气候区，广泛分布在东北北部直到长江以南的广大东部地区，内蒙古和青藏高原也有同样的证据。这一时期相当于仰韶文化期，仰韶文化期至西周时期为最温暖的一段。大约公元前3000—公元前1000年，"从仰韶文化到安阳殷墟，大部分时间的年平均温度，均高于现在2℃左右，1月份的温度大约比现在高3℃～5℃"。进入西周时期后，气温开始下降，大约在公元前1000年开始进入寒冷期，它"标志着全新世大暖期的结束，在考古和文献记载中揭示的事实与孢粉研究是一致的"。该寒冷期持续一二百年，直至春秋时期（公元前770—公元前476年）才见气候回暖，回暖的天气持续至公元前100年左右。[①]

上述这个持续一二百年的寒冷期，是5 000年来中国首个寒冷期，如果按新的夏商周断代工程的年代来折算，则其时间大约相当于周昭王（公元前995—公元前977年在位）起，经周穆王、周懿王、周孝王、周夷王、周厉王，直至共和

---

① 中国科学院《中国自然地理》编辑委员会：《中国自然地理：历史自然地理》，北京：科学出版社，1982年，第6-9页；竺可桢：《中国近五千年来气候变迁的初步研究》，《考古学报》1972年第1期，第495页。

年间（公元前 841—公元前 828 年）。①

从先秦文献看，这样的结论并未与记录直接相悖。

中国最早的气象记录是 3 000 多年前的殷墟甲骨文，以后历代均有。《中国三千年气象记录总集》本着"凡无明确年代的气象描述，未有收录""凡载于姚际恒《古今伪书考》及张心澂《伪书通考》之'伪书'的史料，未经前人考订出时代及作者的一般不收录"的原则，收有自西周至周夷王时期的记载 4 条。我们以此考察。其中一条是周成王三年（公元前 1040 年）风雷电大作，一条是周昭王十九年（公元前 977 年）五色光贯紫薇，② 与"寒冷"关系不大。另两条分述如下。

一条来自《太平御览·咎征部》的转引，原文为："《史记》曰：周孝王七年，厉王生，冬大雨雹，牛马死，江汉俱冻。及孝王崩，厉王立，王室大乱。"由于《史记》无此内容，现多认为是《太平御览》传写失误，实际上应该是转引自《竹书纪年》，如王国维《今本竹书纪年疏证》便如此。因此《中国三千年气象记录总集》载："周孝王七年，冬大雨雹，牛马死，江汉俱冻。"③ 周孝王七年是公元前 886 年。

另一条来自《太平御览·天部》："《纪年》曰：夷王七年，冬雨雹，大如砺。"④ 该条在《初学记·天部》亦有载，同样引自《竹书纪年》，内容一样。⑤ 周夷王七年是公元前 879 年。

这两条都出自《竹书纪年》。如果《竹书纪年》一直完整存世，或者能确知它在这个阶段的所有气象方面的记载仅有这几处，那么，可以据此得出此期天气骤变寒冷的结论。但是，《竹书纪年》自西晋出土后便毁损严重，屡经佚失，迄今只能在其他古书中辑录。因此，我们不知道类似的气象记录有多少，也未知何时开始寒冷，只能说此时的寒冷是历史罕见，才值得修撰者当成重要大事载入史书。

此外，《中国三千年气象记录总集》中尚有未收录的涉及当时天气的早期记载，它们未必都无可用之处。如《穆天子传·卷五》载："天子南游于黄□室之

① 本书夏商周的纪年及折算，均按《夏商周断代工程 1996—2000 年阶段报告成果·简本》之《夏商周年表》。参见夏商周断代工程专家组编著：《夏商周断代工程 1996—2000 年阶段报告成果·简本》，北京：世界图书出版公司，2000 年，第 88 页。

② 张德二主编：《中国三千年气象记录总集》，南京：凤凰出版社，2004 年，凡例第 1、3 页，正文第 238 页。

③ （宋）李昉等：《太平御览》，北京：中华书局，1960 年，第 3901 页；王国维：《今本竹书纪年疏证》，方诗铭、王修龄：《古本竹书纪年辑证》，上海：上海古籍出版社，1981 年，第 249 页；张德一主编：《中国三千年来气象记录总集》，南京：凤凰出版社，2004 年，第 238 页。另，《中国三千年来气象记录总集》称其引用来源为《太平御览·皇王部》卷七十八，应是印刷错误，应为《太平御览·咎征部》卷八七八。

④ （宋）李昉等：《太平御览》，北京：中华书局，1960 年，第 71 页。

⑤ （唐）徐坚等：《初学记》，北京：中华书局，1962 年，第 32 页。

丘，以观夏后启之所居。……日中大寒，北风雨雪，有冻人，天子作诗三章以哀民。"其中的缺字"□"，《文选·雪赋》注引作"台"。[①] 该"黄□室之丘"具体地址尚存争议，但可能是在河南禹州一带，或者河南新郑、新密之间。[②] 也就是说，周穆王时期（公元前976—公元前922年），河南境内存在日中下雪的现象。

可见，竺可桢先生的观点与文献记载是不相悖的，而这个时期气候的整体趋势就是全国降温，骤冷的区域包括长江以南的广大东部地区，古越人的聚居地也在其列。当然，我们如果能获得更具体的吴越地区的气候转变信息，则更好。

后来的研究恰好也涉及这方面的成果。以越人重点聚居地长江中下游为例，《中国某些地区全新世高温期植被和气候的初步研究》介绍，多学科的专家在江苏宁镇丘陵鉴定了43个古代坚果类果实并进行相关环境等的深入研究，得出的科学结论是，距今约5 000年前，该地以及长江中下游地区处于全新世高温期。[③]《江苏北部全新世高温期植被与气候》介绍，江苏北部的庆丰地区的孢粉取样分析以及荷载分子计算表明，在大约公元前1200—公元前900年，当地便开始进入显著的降温过程，公元前800年左右，是该地及附近的寒冷高峰期。[④]

这样，可以确认在西周初，吴越地区同样骤然变冷，气候达到"严寒"的程度。

气温的骤降无疑会引发人类的迁徙行为，但是这个所谓"严寒"天气，能否达到促使人类迁徙的程度？我们可以看看同期喜暖动物的流动情况。

考古学家和古人类学家对河南淅川县下王岗遗址中的动物遗骨等进行分析，遗址的第三和第二文化层的年代判断为先商和商代，动物种类达到12种，包括鲤属（Cyprinus sp.）、鲶科（Siluridae）、龟科（Testudinidae）、狗獾（Meles meles Linnaeus）、猪獾（Arctonyx collaris F. Cuvier）、野猪（Sus scrofa Linnaeus）、家猪（Sus scrofa domesticus Brisson）、麂（Muntiacus sp.）、斑鹿（Cervus nippon temminck）、水鹿（Cervus unicolor Kerr）、轴鹿属（Axis sp.）、苏门羚（Capricornis sumatraensis Bechstein），其中喜暖的动物有3种，占25%，分布面较广、适应性较强的动物占75%。第一文化层判断为西周时代，动物种类已然减少至8种，分别为狗（Canis familaris）、狗獾、猪獾、豹（Panthera pardus Linnaeus）、野猪、家猪、斑鹿、黄牛（Bos primigenius domestica），所有喜暖的动物都已经

① 王贻樑、陈建敏选：《穆天子传汇校集释》，上海：华东师范大学出版社，1994年，第290–291、295–296页。

② 周书灿：《〈穆天子传〉"启居黄台之丘"考——兼论周穆王东巡的地理问题》，《中国历史地理论丛》2005年第2期。

③ 孔昭宸、杜乃秋：《中国某些地区全新世高温期植被和气候的初步研究》，《海洋地质与第四纪地质》1990年第1期。

④ 唐领余、沈才明：《江苏北部全新世高温期植被与气候》，施雅风主编：《中国全新世大暖期气候与环境》，北京：海洋出版社，1992年，第80–96页。

消失，种类亦单调，只剩下适应性较强、分布面较广的种类，可见西周前期气温下降明显。①

同时，在与河南淅川县纬度相差10°的广西南宁地区，1973年于豹子头、扶绥左江西岸、扶绥敢造等遗址也发现鱼、鳖、猴、狐、獾、虎、犀、象、猪、羊、牛、鹿、麂、獐、箭猪和竹鼠等，除了獐外的动物在王岗遗址都有出现。可知当时淅川一带气候应比现在温暖得多，才导致西周初期动物向偏暖的南方流动。②

这样，基本可以推知，当时的寒冷程度足以令喜暖动物向南方迁移。

综上所述：近5 000年来最冷的时间段在公元前1000年之后的一二百年；科学家这个观点未与存世先秦文献的记载相悖；吴越之地同样骤冷；严寒的情况，达到动物向低纬度较高温区域迁徙的程度。那么，越人如在此时南下，也毫不奇怪了。

这时是西周早期偏晚至中期（或说至西周后期之初）③，参考潮汕地区的考古发现，此时正是潮汕地区开始出现越式遗物的时候，如夔纹陶出现时期为西周至春秋等。更明显的可见面头岭第三组遗存，年代判断为"西周早期稍晚或西周中期"，其文化面貌与第一组的纯粹原住民文化面貌已经不同，出现了江浙一带和岭南东江流域的越文化因素，考古学家称"与第二组遗存并没有直接的传承或者演进关系"④，即与此前的潮汕居民、浮滨文化等截然不同。

以上便是越人进入的佐证。

由于是5 000年来第一次可证的严寒所致，因此涉及的迁徙者是各阶层普通越人群体。此时吴越本地文化尚未发达，吴国、越国尚未出现在春秋舞台（见下文分析），因此，其可能的迁徙行为，仅仅是人口流入并带来些许不足称道的越文化而已，谈不上凭借武力强势进入。

2. 战乱：公元前940年周穆王伐越，春秋后期起吴、越、楚大战

社会动荡是人类迁徙的主要原因之一，古代一场大规模的军事行动，通常会引发较大的社会动荡，从而导致人类迁徙、文化流通等的产生。

两周战国时期，吴越地域在其中两个时间段发生了两次较大规模的战乱。这两次战乱，都可能和越人南下有关。

（1）公元前940年，周穆王伐越。

---

① 贾兰坡、张振标：《河南淅川县下王岗遗址中的动物群》，《文物》1977年第6期。

② 贾兰坡、张振标：《河南淅川县下王岗遗址中的动物群》，《文物》1977年第6期。

③ 西周前中后期的划分，史家常以武、成、康、昭、穆五王（公元前1046—公元前922年）共125年的上升期为前期，共、懿、孝、夷四王44年的平稳期为中期（公元前922—公元前878年），厉（含共和）、宣、幽三王为107年（公元前877—公元前771年）的衰亡期为后期；考古学家则视自身学术背景进行划分，难以统一。

④ 魏峻：《揭东县面头岭墓地发掘报告》，揭阳考古队、揭阳市文化广电新闻出版局编：《揭阳考古（2003—2005）》，北京：科学出版社，2005年，第99页。

周武王于公元前 1046 年①攻陷朝歌并开国，是为武王克商。周成王继位时，越人所在的方国或部落便有进贡。

《今本竹书纪年疏证》载："（周成王）二十四年，于越来宾。"② 是于越向周成王朝贡。《逸周书·王会》载："扬州番禺。……东越海蛤。欧人蝉蛇，蝉蛇顺，食之美。姑于越纳，曰姑妹珍。且瓯文蜃，共人玄贝，海阳大蟹。自深。会稽以鼍。皆西向。"③ 这里，向周成王进贡的扬州和东越、欧人、于越、且瓯、共人、海阳、自深、会稽都应该是越人方国或多越人聚居之处，此说可见文献上较早将百越进行分类的《路史》："越狗，芊姓，是为南越。越裳、骆越、瓯越、瓯隍、瓯人、且瓯、供人、海阳、目深、扶摧、禽人、苍吾、蛮扬、扬越、桂国、西瓯、损子、产里、海葵、九菌、稽余、仆句、比带、区吴，所谓百越也。"④ 鉴于此，目前较为流行的关于百越民族史的论著中，也往往会收入《逸周书·王会》所述诸越。⑤

可见，在周王朝开国之初，周王室同越人还存在着较为友好的关系，起码并未互相敌对。

但在周穆王时期（公元前 976—公元前 922 年在位），周穆王发动了三次大规模的军事行动，史称穆王伐淮夷和东国瘠戎、穆王伐扬越至九江、穆王伐犬戎。⑥

其中，与越文化南下最有关联的便是穆王伐扬越，时间在公元前 940 年，这也是先秦文献中，整个西周时期关于越地大规模社会动荡的唯一一次记录。

关于这场战争的时间、讨伐对象以及战斗规模，先秦的文献记载有点混乱，

---

① 周武王克商的时间有 44 种较具学术含量的说法，时间最早的是公元前 1130 年，最晚的是公元前 1018 年，这里以"夏商周断代工程"的结论"公元前 1046 年"为准。另，以下西周涉及年代者，也从该书结论，不再注出。参见夏商周断代工程专家组编著：《夏商周断代工程 1996—2000 年阶段报告成果·简本》，北京：世界图书出版公司，2000 年，第 38 - 49、88 页。

② 王国维：《今本竹书纪年疏证》，方诗铭、王修龄：《古本竹书纪年辑证》，上海：上海古籍出版社，1981 年，第 241 页。

③ 黄怀信、张懋镕、田旭东撰，李学勤审定：《逸周书汇校集注》，上海：上海古籍出版社，1995 年，第 890 - 900 页。

④ （宋）罗泌著，罗苹注，（明）乔可传校：《路史》，上海：中华书局，1936 年，第 105 页。

⑤ 目前学界多所采用的越人支系结论，其族名基本为以下著述所列：①罗香林的《中夏系统中之百越》和《百越源流与文化》分别梳理了 17 和 18 种（加了"賨民"）：于越、瓯越（东瓯）、闽越、东鳀、扬越、山越、南越、西呕（西瓯）、骆越、越裳、掸国、腾越、滇越、越篱、夔国、夜郎、夔越、賨民；②《百越民族史》专章介绍了句吴、于越、东瓯与闽越、南越、西瓯与骆越、台湾的越族（山夷）、山越，并论及夷越、滇越；③《百越源流史》，专章介绍了于越、瓯越（包括西瓯等）、闽越、干越、杨越、越章、骆越、滇越、越隽、南越、外越（包括东鳀）、山越、越裳、骠越、交阯（包括交人和止人）、儋耳、牂柯、乌浒、且兰（且人）、伶人（令人）、桂人（桂戎）、番人（番禺）、蓝夷、畲人。参见何光岳：《百越源流史》，南昌：江西教育出版社，1989 年；陈国强、蒋炳钊、吴锦吉、辛土成：《百越民族史》，北京：中国社会科学出版社，1988 年；罗香林：《中夏系统中之百越》，重庆：独立出版社，1943 年；罗香林：《百越源流与文化》，台北："国立编译馆"中华丛书编审委员会，1978 年，第 39 - 126 页。

⑥ 杨宽：《西周史》，上海：上海人民出版社，2003 年，第 558 - 562 页。

以致有的问题已成公案，下面先列出文献，再考证一下。

战争的最早文献记录，来自已佚失的《竹书纪年》。

《北堂诗钞·武功部》载周穆王伐越："周穆王伐大越。《纪年》云：起九师，东至九江，驾鼋鼍以为梁也。"①

《初学记·地部》载周穆王三十七年至九江："《纪年》曰：周穆王三十七年东至九江，比鼋鼍以为梁。"②

《艺文类聚·水部》称周穆王三十七年伐楚至九江："《纪年》曰：周穆王三十七年，伐楚，大起九师，至于九江，比鼋鼍为梁。"③

《广韵·二十二元》载周穆王十七年至九江："《纪年》曰：穆王十七年，起师至九江，以鼋为梁。"④

还有一些文献转引《竹书纪年》此条记载，但年代及征伐对象显得混乱。如《太平御览》转引了三次，却各不相同：一是《太平御览·地部》称周穆王七年："《纪年》曰：周穆王七年，大起师，东至于九江，架鼋鼍以为梁。"一是《太平御览·鳞介部》称周穆王三十七年："《竹书纪年》曰：穆王三十七年，起师至九江，以鼋为梁也。"还有一个是《太平御览·征伐部》称周穆王四十七年伐纡："《纪年》曰：周穆王四十七年伐纡，大起九师，东至于九江，比鼋，以为梁。"⑤

《古本竹书纪年辑证》梳理了 13 则转引自《竹书纪年》的古文献，出现 4 个时间和"伐越""伐纣""伐荆""伐楚""伐纡"5 个征伐对象。⑥ 以上引文可见。

首先，考辨穆王伐扬越的时间，这个问题是历史公案，不得不辨。从文献看，战争应该发生在周穆王三十七年（公元前 940 年）。原因如下：《广韵》所载"十七年"仅其一见，而当年穆王应该是在西征途中，周祖谟先生的校注便直接改为"三十七年"；《太平御览》同一部书转引同一种文献，却出现"七年""三十七年""四十七年"3 处不同记载，则至多只能一处正确，其中七年、四十七年仅其可见，是真正的一家之言，难以取信；13 则转引中只有 10 则涉及时间，除了上述 3 处异说外，其他 7 则都载"三十七年"，仅从转引者的时间和转引数量来看，都更具说服力。因此此次征伐发生在周穆王三十七年是比较可靠的，其他更难说通。

其次，考证周穆王征伐对象。这个问题学界基本是认可伐越地，但近年又有

① （隋）虞世南撰，（清）孔广陶校注：《北堂诗钞》，北京：中国书店，1989 年，第 436 页。
② （唐）徐坚等：《初学记》，北京：中华书局，1962 年，第 158 页。
③ （唐）欧阳询撰，汪绍楹校：《艺文类聚》，上海：上海古籍出版社，1982 年，第 181 页。
④ 周祖谟：《广韵校本》，北京：中华书局，1960 年，第 115 页。
⑤ （宋）李昉等：《太平御览》，北京：中华书局，1960 年，第 343、1402、4144 页。
⑥ 方诗铭、王修龄：《古本竹书纪年辑证》，上海：上海古籍出版社，1981 年，第 49–52 页。

一些别的说法，既然与本主题有较强相关性，就做简单的分析，应以伐越为是。杨宽先生已有论述，其《西周史》对比各记载后称："《北堂诗钞》引此条作'伐大越'，甚是。'大越'即'扬越'，其时之九江为扬越所在。"① 此处不赘述。下面再补充两条证明。

《竹书纪年》称"大越"，《史记》则称"杨越"（杨粤、扬越），这说明在司马迁眼里，大越即是"杨越"，都是越人。《史记·楚世家》载："当周夷王之时，王室微，诸侯或不朝，相伐。熊渠甚得江汉间民和，乃兴兵伐庸、杨粤，至于鄂。"② 这条记载同时透露，在周夷王（公元前885—公元前878年在位）时期，楚王熊渠受到长江、汉水一带民众的拥护，出兵攻打该处的庸、杨粤。这从侧面说明，杨越或大越，是已经被此前的周穆王征服，才有可能在周夷王时再发生楚伐越事件。也就是说，司马迁大概也认为周穆王所讨伐的是越人。

同时，各文献征引《竹书纪年》都强调周穆王以"鼋鼍"作桥梁，说明征伐对象所处之地与"鼋鼍"密切相关。"鼋鼍"遍布之处是越人聚居地的最大特征，越人与鼋（鼋）鼍为伍等类似的记载，在早期文献中十分常见，如《韩诗外传》载："夫越亦周室之列封也，不得处于大国，而处江海之陂，与鼋鳝鱼鳖为伍，文身剪发，而后处焉。"③ 这也佐证了古九江鼋鼍成群，附近为越人居地。其实，无论大越、杨越，都是当时越人聚居之地，即是说，周穆王征伐对象是越人。

最后谈谈战争规模及状况。这次战争的情况并没有早期文献直接记载，前人亦罕有提及，笔者只能勉强地进行揣测。

周穆王是西周国力上升期的最后一位帝王，其在位期间采取扩张政策。这次伐越，是传诸后世的三大征伐战争之一，相信规模不小。依照《西周史》的记录统计，西周王朝一共有26个大战役留诸青史，周穆王征伐越地的这一次，是其55年执政中的三大军事行动之一，可见伐越战争的规模和影响，即使放在西周来衡量也是比较大的。

而战争过程中的惊天动地的场面，颇具神话色彩，这既合乎歌颂上古作战场面的早期文献录载惯例，又侧面表现出战争的惨烈及越人的分化。

上引的召集鼋（鼋）、鼍浮水充当桥梁的记载，便有玄幻色彩。又如出于敦煌石室的唐写本《修文殿御览》残卷载："《纪年》曰：穆王南征，君子为鹤，

---

① 杨宽：《西周史》，上海：上海人民出版社，2003年，第561页。
② （汉）司马迁：《史记》，北京：中华书局，1959年，第1692页。
③ （汉）韩婴撰，许维遹校释：《韩诗外传集释》，北京：中华书局，1980年，第271页。

小人为飞鸮。"①《艺文类聚·鸟部》引《抱朴子》②载："《抱朴子》曰：周穆王南征，一军尽化，君子为猿为鹤，小人为虫为沙。"③同样比较神奇。

这里可以探讨一下，后人将"猿鹤虫沙"视为将士战死沙场，如韩愈诗"穆昔南征军不归，虫沙猿鹤伏似飞"④，但是，也许先秦人的理解并非如此，因为"鹤"之意象，至少在先秦文献中与"死亡"关系不大。而如果承认作为此句源头的《竹书纪年》为先秦遗书，那么，还是以先秦的理解为好。

同时，既然玄幻、神话色彩如此浓烈，也许可以尝试从神话学角度进行解读：越地常见的、长期生活于此的鼋鼍帮助搭桥，意味着敌人的内部有助我（周）者，这里可能暗指周穆王伐越时，得到越人的内应帮助；而在作战时越人内部分裂，分化成"猿与鹤""虫与沙"两种，助我（周穆王）的越人被刻画成高尚长寿、迅捷勇猛的正面现象，敌我（周穆王）的越人则被塑造成卑污短命、愚笨渺小的反面造型，在正统观念的影响下，是可以理解的。

事实上，有关先秦越人的不团结及互相攻讦的史料多有，如上引的楚王熊渠攻击越地，便是江汉间有"民和"即有内应而引起，再如吴越争霸等。总之，直至秦汉，百越内斗的记载仍连续不绝，且似乎比其他人群更为常见。

综上所述，在比较之后可以得出最合乎常理的结论：

周穆王三十七年征伐越地，这次军事行动规模颇大，而且应该有越人分化。由此，尽管未有更确凿的文献记载这次战乱导致了越人迁徙行为，但当时越地的社会动荡，总是难免的。

公元前 940 年属于西周前期，如果越人从居住地避乱南逃，必定有一个后滞期的问题，这吻合潮汕地区开始出现越式遗物的时间，更贴合考古学家关于面头岭第三组遗存的年代判断（"西周早期稍晚或西周中期"）。因此，不排除此阶段越人南下的动因，除了气温骤降外，还有部分是出于战乱因素，两种原因的结合自然更说得通。

（2）春秋后期的吴、越、楚大战。

西周后期，周室内忧外患，至周幽王时，申侯联合犬戎、缯等攻入镐京，西周灭亡。周平王继位后迁都雒邑，一般以此为东周的开始，时间在公元前 770

---

① "《修文殿御览》现存法国巴黎国民图书馆（伯字二五二六号），罗振玉影入《鸣沙石室佚书》，定为北齐《修文殿御览》。洪业《所谓〈修文殿御览〉者》一文（见《燕京学报》第十二期），认为系萧梁之《华林遍略》，似可信。现姑从旧称。"参见方诗铭、王修龄：《古本竹书纪年辑证》，上海：上海古籍出版社，1981 年，第 53 页。

② 今本《抱朴子》类似的内容只有《内篇·释疑》中的"三军之众，一朝尽化，君子为鹤，小人成沙"，并没有提及"周穆王南征"，又《太平御览》《白孔六帖》所引《抱朴子》也有此句，故王明先生认为是今本《抱朴子》脱文。王明：《抱朴子内篇校释》，北京：中华书局，1986 年，第 154、164 页。

③ （唐）欧阳询撰，汪绍楹校：《艺文类聚》，上海：上海古籍出版社，1982 年，第 1563－1564 页。

④ （唐）韩愈：《送区弘南归》，中华书局编辑部点校：《全唐诗》（增订本），北京：中华书局，1999 年，第 3802 页。

年。同时，目前亦多认同这个时间是作为历史时期的春秋时代的开始，下限则至公元前453年①，此后为战国时代，至公元前221年秦灭六国，战国时代结束。

春秋时的越国处于东南古扬州，春秋时吴国的地域范围，则大约相当于现在的苏南、皖南以及浙江一部分地区②。无论千年公案"越为禹后"的结果如何，也无论《史记·吴太伯世家》《吴越春秋》等称吴太伯、仲雍为周朝族裔记载是否属实，西周、春秋时两国所在地及附近的居民，依然是以越族人为主，或说都是后世所称的"百越"中的一支。因为其具有自身特点的原住民文化自新石器时代开始便延续发展着，尽管中原文化时有流入，但总是次要的。

这已为诸多考古结论所证实，如《我国南方几何形印纹陶遗存的分区、分期及其有关问题》将吴、越两国所在地列为七大几何形印纹陶分区中的宁镇区（长江下游中段，包括皖南）和太湖区（包括杭州湾），西周至春秋时期像这两区这样的"吴越属区即可称为吴越文化"，③又如《百越民族史》等民族志研究著述亦将其列为百越之一，④此处不再赘述。

了解了吴、越国居民及其社会文化是吴越文化的主体，我们再梳理一下越文化的主体拥有者吴、越国当时的情况。

吴、越在崛起之前都是楚的附庸。

公元前601年，楚国灭了吴国附近的舒蓼国，回程时召集吴、越会盟，见《左传·宣公八年》载："楚为众舒叛，故伐舒蓼，灭之，楚子疆之，及滑汭，盟吴越而还。"⑤这是吴、越两国各自在春秋舞台的首次亮相。

吴国崛起于晋楚争霸。

公元前584年，吴征服郯国，与楚争霸的晋获悉后，唆使吴侧击楚，同时给吴国附送三十辆战车并且传播用兵骑车知识。同年，吴国攻楚国且连胜，"蛮夷属于楚者，吴尽取之，是以始大"，可知越也是被吴"取之"的"蛮夷"之一，这是吴第一次与中原诸侯相通。公元前576年，晋邀集齐、宋、卫、郑、邾、鲁

---

① 春秋时代的起止时间有多种划分法，民国时期便很不一致，新中国成立后意见较为集中，如范文澜修订版的《中国通史简编》定东周为公元前770—公元前403年、春秋为公元前722—公元前481年，郭沫若《奴隶制时代》定春秋为公元前770年开始，以《史记·六国年表》所载周元王元年即公元前475年为春秋、战国时代的分界线，此后春秋时代的范畴多在公元前770—公元前476年，但20世纪70年代后又有变化，如金景芳《中国古代史分期商榷（下）》便提出公元前770—公元前453年，21世纪后顾德融、朱顺龙《春秋史》也同样如是。参见金景芳：《中国古代史分期商榷（下）》，《历史研究》1979年第3期；顾德融、朱顺龙：《春秋史》，上海：上海人民出版社，2001年，第1—3页。

② 刘惠华：《荆蛮考》，文物编辑委员会编：《文物集刊》（第3辑），北京：文物出版社，1981年，第295页。

③ 李伯谦：《我国南方几何形印纹陶遗存的分区、分期及其有关问题》，《北京大学学报》（哲学社会科学版）1981年第1期第52页。

④ 陈国强、蒋炳钊、吴锦吉、辛土成：《百越民族史》，北京：中国社会科学出版社，1988年，第76—119页。

⑤ 杨伯峻编著：《春秋左传注》（修订本），北京：中华书局，1990年，第696年。

和吴国会盟以对付楚国，这是吴第一次参与中原诸侯的盟会。公元前544年，吴在越地抓奴隶，越国俘虏至吴后，乘机刺杀吴王余祭；同年，吴公子季札聘问鲁、齐、郑、卫、晋等国，这是吴第一次到中原学习先进的知识，并将中原文化带回吴国。[1]

越国崛起于吴、楚乱斗。

自吴伐楚后，吴、楚兵连祸结，楚、晋两大集团内的附属国也常有参与。公元前537年，楚、蔡、陈、许、顿、沈、徐和越会兵攻吴，这是越第一次参与攻吴。公元前518年，楚、越约好一齐攻吴，这是越第一次独当一面攻吴。公元前510年，吴国攻越，这是吴第一次正面对越用兵。公元前506年，蔡、唐、吴会兵长驱直入连克楚，吴王占领楚都，谁知越乘虚攻入吴国，吴王急忙分兵回国救援，忙乱之时吴军内讧，且被救楚的秦楚等联军夹击，差点亡国。越能与吴抗衡且后来称霸中原，得益于楚甚多，正如晋传授吴战争技巧，楚人文种、范蠡则入越为臣并传播先进文化，所以后来勾践临终有言："从穷越之地，籍楚之前锋，以摧吴王之干戈"。[2]

春秋末，越国吞吴。

公元前496年，越王允常死，勾践继位；吴王阖庐闻讯伐越，失利，且被戈所伤，卒于败退途中，夫差继位。公元前494年，吴破越，勾践自请入吴为臣隶，以换取越国存活机会，夫差同意。此后十余年，吴攻陈、伐蔡、征服鲁宋，再会兵鲁、郯、邾等国攻齐，齐屡败，又受宋、卫趁机攻击，而晋、楚亦自顾不暇，吴遂有争霸意。公元前482年，吴王夫差带精兵与鲁、晋和周王室在黄池会盟，与此同时，经约十年养精蓄锐的越王勾践，又再乘机攻入吴都，俘虏了吴太子等，夫差匆忙回师送厚礼求和，越见其实力犹存，遂同意。公元前478年，越、吴战于笠泽（今上海吴淞口），吴大败。公元前475年，吴灾荒，"稻蟹不遗种"，越乘机围攻吴。公元前473年，越灭吴，夫差自刎，吴国亡。越吞并吴后，"乃以兵北渡淮，与齐晋诸侯会于徐州，致贡于周，周元王使人赐勾践胙，命为伯。……横行于江、淮东，诸侯毕贺，号称霸王"，至此，越国已成为春秋末霸主。[3]

战国初，越国尚兴，公元前334年，越国散。

① 杨伯峻编著：《春秋左传注》（修订本），北京：中华书局，1990年，第831、833－835、872、1153、1157、1161－1167页。

② 杨伯峻编著：《春秋左传注》（修订本），北京：中华书局，1990年，第1261、1270－1273、1449、1451－1452、1739、1534、1542－1549页；（汉）赵晔撰，（元）徐天祐音注，苗麓校点，辛正审订：《吴越春秋》，南京：江苏古籍出版社，1999年，第178页。

③ 杨伯峻编著：《春秋左传注》（修订本），北京：中华书局，1990年，第1593、1595－1596、1605－1607、1674－1676、1707、1716－1717、1719页；徐元诰撰，王树民、沈长云点校：《国语集解》，北京：中华书局，2002年，第587页；（汉）司马迁撰：《史记》，北京：中华书局，1959年，第1473－1474页，第1746页。

战国初期，越国尚能维持霸主地位，《墨子·非攻下》："今天下好战之国，齐、晋、楚、越"，"今以并国之故，四分天下而有之。"① 可见越国被视为四分天下的好战之国，但穷兵黩武，民不聊生。至公元前334年，"楚威王兴兵伐之，大败越，杀王无疆，尽取故吴地至于浙江，……越以此散，诸族子争立，或为王，或为君，滨于江南海上，服朝于楚"②。又 "威王灭无疆。无疆子之侯，窃自立为君长。之侯子尊，时君长。尊子亲失众，楚伐之，走南山"③。这两条记载明确指出越国被楚国击溃，而后越人四分五裂，有两条记载，或说是 "入海"，或说是 "走南山"，大抵都是南下，迁徙至福建及岭南等地，都与此期南方的考古发现情况相吻合。

可见，吴、越两国处于 "穷越之地"，原本落后于同期中原诸国，是在晋、楚的扶持下才大有发展，甚至一度成为霸主，但时间都不长。说明吴、越本身经济基础并不足以支撑其长年征战。如吴国北向争霸时，便有 "今吴民既罢，而大荒荐饥，市无赤米，而囷鹿空虚"④ 的窘境；越国北上抢地后，国内支撑乏力，只能自己撤回东南，"以淮上地与楚，归吴所侵宋地于宋，与鲁泗东方百里"⑤。这些都说明东南在当时并不盈裕。胜利后尚且如此，失败的话还需赔上礼品及人民为奴隶，穷兵黩武，兵疲民怨总是难免的。而越国一度沦为吴国附属国，勾践为存越国应承人、物任吴国使用，以及吴国几度被破最后被灭的整个过程中，相信总有人口流出。更有上述早期文献直接言明其四分五裂，直奔 "江南入海"和 "走南山"，称王称君长，亦可佐证。

考之潮汕地区，战国时期越式青铜器大量出现，米字纹陶盛行，原住民文化几乎消失，这无不是越人骤然进入之迹象。而面头岭第四组遗存的年代，考古的具体分期则是：一段在战国早期，二段在战国中期前后，三段在战国晚期，四段的上限不早于战国末期、下限有可能已晚至秦或者南越国初期。我们不可能将各分段与所列战争一一对应，不过从这里大抵可以看出问题了，即春秋后期的吴、越、楚战争动荡期，越人南下的可能性极大，而最后一波迁徙的时间，则是在越国兼并吴地140多年之后（公元前334年）被楚国击溃的最后一役，即战国中期。

因此，战国时期，以面头岭第四组遗存为代表的潮汕百越文化面貌，主要是越人南下所致，而春秋战国时期越人南下，主要原因便是战争引起的动荡。

3. 结论

吴越之民迁徙是有先例的。《国语·吴语》载，在吴国饥荒时，文种说 "其

① 吴毓江撰，孙启治点校：《墨子校注》，北京：中华书局，1993年，第219-210、212页。
② （汉）司马迁：《史记》，北京：中华书局，1959年，第1751页。
③ 李步嘉：《越绝书校释》，武汉：武汉大学出版社，1992年，第196页。
④ 徐元诰撰，王树民、沈长云点校：《国语集解》，北京：中华书局，2002年，第554-555页。
⑤ （汉）司马迁撰：《史记》，北京：中华书局，1959年，第1745页。

民必移就蒲嬴于东海之滨"①，即是因战备与饥荒，吴国民众迁移到东海边靠拣蛤蚌为生。这说明他们的迁徙行为早已有之。

考古和文献记载都证实，吴越之民善铸剑、能农耕、擅桑麻、拥有精美原始瓷器等。那么，可说人们在吴越之地尚可存活。然而，在社会动荡不安或者整个地区气温骤变的时候，迁徙便成为理所当然的选择。事实上也有这样的文献记载，如《国语·越语》载有伍子胥之言："夫吴之与越也，仇雠敌战之国也，三江环之，民无所移。"② 这是说由于吴、越国的地理环境所限，迁徙行为只能在两国间进行，正常情况是吴人迁徙越地、越人迁徙吴地，向外难走。但是在吴、越两地难安，走投无路之际，则必然还得向外求生。

在公元前1000年之后的一二百年之间，气温骤降，这令吴、越两地皆不宜生存，笔者相信衣食无依的下层居民，会自然而然地向较暖的南方迁移。公元前940年，周穆王攻伐越地，社会的动荡，令此种可能性加深。此后气温回暖，未见战事，笔者相信流出趋势已经停止。

春秋末期的吴、越、楚连年大战中，迁出情况再次出现是可以想象的。到了公元前334年，则又发生了"吴越皆危邦"的情况——控制吴越两地已达140余年的越国政权被楚国施以致命一击，越人（此时的文献所记的"越人"，已包括原吴越地域的居民了）无路可去，因此才有上述所引的《越绝书》"走南山"、《史记》"滨于江南海上"的记载。

公元前334年的最后一波迁出，堪称规模最大的移民潮，其主体已非之前的难民，而是较有文化修养的若干越国贵族以及带甲武士。虽然他们被楚国打败，但南下之后，仍能以相对先进的文化，在我国南海沿岸乃至中南半岛建立诸多小王国或部落，并或多或少吸收当地原住民文化，形成被文献所称的"百越"——一个指代多种民族的泛称。

同时，应该指出的是，此期人口迁徙的用时可能要比以前少得多，因为这是久经水战的王族率领残兵仓皇出逃，若是季风时节，经海路估计一个风季可达岭南，不达则葬身海底，而不是像现时某些学者所称的，一程需要数十年。可以看看下面一些有关海路的材料。

迄今最早的舟船遗存便由越人所造，发现于浙江萧山跨湖桥遗址，是一艘经科学检测距今8 200~7 500年的独木舟，考古学家推测很可能是适合海上航行的"边驾舟"。③ 文献上，《艺文类聚·舟师》载："《周书》曰：周成王时，于越献舟。"④ 说明至迟到周成王时便有献舟之举。到了春秋后期，吴、越两国正是以舟师起家，而在同样水战经验一流的楚人伍子胥的教导下，吴国战船技术逐渐进

---

① 徐元诰撰，王树民、沈长云点校：《国语集解》，北京：中华书局，2002年，第555页。
② 徐元诰撰，王树民、沈长云点校：《国语集解》，北京：中华书局，2002年，第568页。
③ 浙江省文物考古研究所、萧山博物馆编：《跨湖桥》，北京：文物出版社，2004年，第50页。
④ （唐）欧阳询撰，汪绍楹校：《艺文类聚》，上海：上海古籍出版社，1982年，第1230页。

步,《太平御览·兵部·水战》载:"《越绝书》曰《伍子胥水战兵法》:大翼一艘,广丈六尺,长十二丈,容战士二十六人,擢五十人,触舰三人,操长钩矛斧者四吏仆射长各一人,凡九十一人,当用长钩矛长斧各四,弩各三十四矢,三千三百甲兜鍪各三。"① 越王勾践攻伐吴王夫差时"死士八千人,戈船三百艘",其速度是"以船为车,以楫为马,往若飘风,去则难从"。② 再有,吴、越数十年间的大规模战争都是发生在水上,即便有楚国加入的,多数也是如此。如《墨子·鲁问篇》载楚、越大战的场面:"昔者楚人与越人舟战于江,楚人顺流而进,迎流而退,见利而进,见不利则其退难。越人迎流而进,顺流而退,见利而进,见不利则其退速。"③ 没有对水流的掌握以及良好的船舶,绝不能如此有序进退。更难以想象,吴、楚、越会组织复杂队形乱殴二百载而不被海浪吞没,且能凭此次第称霸中原。因此,愈到后期,水路交通技术愈好,南下时间也愈短,这样说应该没什么问题。

此外,见上述所引文献,吴、越两国都接受过晋、楚两国的全面帮助,长期的混战中又直接接触中原,特别是吴越文化与楚文化交流更深,而在公元前601年之后,吴、楚国的文化面貌才大有进步,同时也前所未有地融合了晋楚及中原诸国的文化。因此,后期南下越人带有楚文化的痕迹是正常的,亦更符合常理。也因此,有学者将这些次要的、附带的文化痕迹都当成越文化的一部分,这不失为一种有据的说法。

同时,广东粤中等地的越人,可能自西周初便建立有"越族"王国,如《吕氏春秋·恃君览》载"扬汉之南,百越之际。敝凯诸、夫风、馀靡之地,缚娄、阳禺、驩兜之国,多无君"④ 中的缚娄、阳禺、驩兜等,有学者便认为分别位于博罗、清远北部、以广州为核心的珠三角地区等⑤,都是百越居民。《吕氏春秋》所言是战国时期,也就是说,在这些国家制度尚未完全的"小国"中居主流地位者不排除也是南下的吴国、越国人和越文化。至于类似广东"自古称百越地"等言论多是汉代以后的文献,所谓"自古称百越",并没有记载其"古"到两周战国之前,有理由相信是越人南下后,秦汉文献才将岭南等地称为"百越(粤)"。

综上所述,可以立论:越文化的进入,主要是气温下降和战乱所致,但各期或有不同。下列简单表格,有助于我们更直观地理解这个问题。

---

① (宋)李昉等:《太平御览》,北京:中华书局,1960年,第1450页。按:通行本《越绝书》已无此条。

② 李步嘉:《越绝书校释》,武汉:武汉大学出版社,1992年,第196、197页。

③ 吴毓江撰,孙启治点校:《墨子校注》,北京:中华书局,1993年,第739页。

④ 许维遹撰,梁运华整理:《吕氏春秋集释》,北京:中华书局,2009年,第545页。

⑤ 司徒尚纪:《广东政区体系——历史·现实·改革》,广州:中山大学出版社,1998年,第18 - 21页。

表 3 - 2 - 2　西周—战国时期吴越大事与潮汕考古面貌对照表

| 吴越地区大事 | | 潮汕（面头岭遗存）考古面貌 | |
|---|---|---|---|
| 时间 | 事件 | 时间 | 文化体现 |
| 公元前 940 年 | 周穆王伐越 | 西周早期偏晚或西周中期 | 越文化呈现，原住民文化尚存 |
| 公元前 1000 年的前一二百年 | 近 5 000 年间首个寒冷期，喜暖动物南下 | | |
| 公元前 584—公元前 334 年 | 吴楚首战、吴楚越混战、越吞吴、楚击溃越 | 战国早期，至迟一段下限达秦或南越国初期 | 彻底呈现越文化（文献称"百越"） |

## （三）两周战国时期潮汕居民体质

潮汕居民包括后山人、浮滨人的种属体质，我们上文已有介绍。本来这里应该介绍两周战国特别是战国时期在潮汕占据主导地位的越人体质等。但在这个时期，广东、福建都没有可供对比的研究材料，在种属体质上，也未见越人人骨的科学报告等。最为接近的，恐怕只有新石器时代晚期的河宕遗址人骨，以及一些综合性的总结，具体介绍如下，权当作结。

广东佛山河宕遗址出有新石器时代晚期人骨，发现时为我国境内发现的同类材料中纬度最低的一批材料。出土的人骨，可进行性别年龄判断者，男 19 例、女 27 例，无法判别的 11 例，死亡年龄大多为 24～55 岁，未成年死亡率高，活到老年的很少，由骨骼性别鉴定证明，在 56 座墓葬中存在着头向截然相反的埋葬风俗，这与死者性别有关：男性头向西，女性头向东。

人骨的保存情况比较残破，经粘补可以测量的头骨也只有 8 具。总体观察，头骨的颧骨比较宽大，颧骨缘结节发育良好，鼻骨低平，鼻根凹和犬齿窝浅平，上颌短宽，铲形门齿普遍等，这些是现代亚洲蒙古人种民族的头骨中较常见的特征；同时体现出长狭颅，颅高明显大于颅宽，低矮的上面，齿槽突颌，鼻骨短宽，阔鼻等，这些是南亚和太平洋种族中较常见的性状。头骨的测量比较表明，该地居民种群和印度尼西亚、美拉尼西亚人种群有较多相近的成分。总的来看，河宕组的长狭颅与短宽的蒙古人种头骨有区别，与美拉尼西亚人种的长颅类型相似，但在形态上仍有一些可以确认的蒙古人种性状，与美拉尼西亚人种的头骨有区别。换言之，河宕头骨和赤道人种相似的程度大于他们和典型的北方蒙古人种相似的程度，但他们还是应该属于蒙古人种的南部边缘类型。

类似的体质现象在更新世晚期的柳江人头骨化石上已经出现，柳江人头骨存在明显的蒙古人种性质，同时兼有一些同澳大利亚—尼格罗人种相似的特征。因此可以说，分布于我国南方的古代蒙古人种居民比北方的同类更富有类似赤道人种的一些性质，这也是从旧石器时代晚期到新石器时代我国南部原始居民中表现出来的一般体质现象。

颅骨测量和身高计算表示，河宕男组头骨的平均大小比女组稍小，但平均身高明显比女组更高。对这个反常的两性差异，有待更多的材料出现才能澄清。平均颅容量方面，男组为 1 427 毫升，女组为 1 438 毫升；平均身高上，男性身高约为 1.66 米，女性约为 1.54 米。[1]

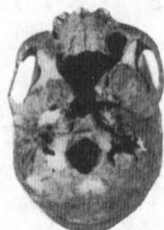

图 3 - 2 - 7 (1)
广东河宕头骨"甲 M11"（男）底面

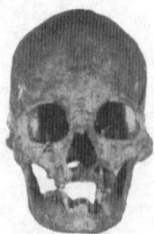

图 3 - 2 - 7 (2)
广东河宕头骨"甲 M11"（男）正面

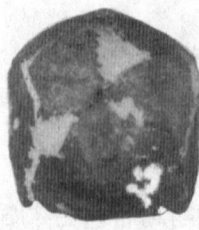

图 3 - 2 - 8 (1)
广东河宕头骨"甲 M21"（女）后面

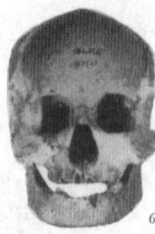

图 3 - 2 - 8 (2)
广东河宕头骨"甲 M21"（女）正面

图 3 - 2 - 9 (1)
广东河宕头骨"甲 M62"（女）后面

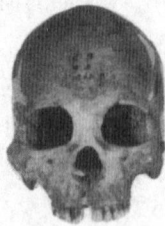

图 3 - 2 - 9 (2)
广东河宕头骨"甲 M62"（女）正面

图 3 - 2 - 10 (1)
广东河宕头骨"甲 M63"（男）底面

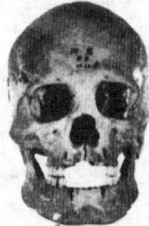

图 3 - 2 - 10 (2)
广东河宕头骨"甲 M63"（男）正面

《中国新石器时代古代居民体质研究》对我国各地新石器时代居民的体质作了综述，分为 7 个区。其中华南区仅得 5 例，长江下游区仅得 5 例，分别如下。

华南区的发现相对较完好：福建闽侯县石山新石器时代晚期遗址的人骨与现代蒙古人种东亚和南亚种族类型都有一定程度的相似性，但多项面部特征更接近南亚人种，又与甘肃史前组及山东大汶口组存在较明显的差异，与陕西仰韶各组在颅型上略为接近，结合上面很低和很宽的鼻型等特征，总体与南亚新石器时代人类更相近。广西桂林甑皮岩新石器时代早期居民的体质特征属蒙古人种，与现代分布于我国华南、中南半岛和印度尼西亚等地区的南亚种族类群最为接近，但

---

① 韩康信、潘其风：《广东佛山河宕新石器时代晚期墓葬人骨》，《人类学学报》1982 年第 1 期。

较低的颅指数、较大的面宽和鼻宽等与南亚人群有一定程度的差异，而许多特征又与新石器时代华北组（尤其仰韶文化半坡组）更接近，因而甑皮岩居民头骨上的若干赤道人种倾向可能是继承和发展了我国旧石器时代晚期柳江人的某些体质特征的结果。广东增城金兰寺新石器时代晚期遗址的 2 具较完整的颅骨在形态上具有较明显的蒙古人种特征，但梨状孔下缘呈婴儿型则与昙石山部分头骨相近，可能是由于混杂了澳大利亚—尼格罗人种成分，唯一 1 具能测定颅指数的头骨却表现出与我国南方其他新石器时代人类不同的短颅型。广东佛山河宕新石器时代晚期遗址的 8 具头骨在形态上表现出蒙古人种的一般性状，同时又具有长狭颅、颅高明显大于颅宽、低矮的上面、齿槽突颌、鼻骨短宽、阔鼻等南亚和太平洋种族中较常见的性状。河宕的长狭颅型又与印度尼西亚、美拉尼西亚人种群相近，与现代蒙古人种短宽的头骨有区别。香港马湾岛东湾仔新石器时代遗址出土的 4 具头骨在某些性状上与其近邻珠江流域的昙石山、甑皮岩、河宕等地的新石器时代居民很接近，尤其是与广东河宕人骨的相似性非常明显，他们共同显示出类似热带种族的一些性质。以上华南地区人骨材料的研究，表明新石器时代我国华南地区的居民，在体质上更多地表现出蒙古人种南亚类型的特征，并有同赤道人种相似的性状。[①]

长江下游区出土的人骨材料也很少，而且大多破碎，难以修复。浙江余姚河姆渡（大约距今 7 000 年）2 具较完整的人骨的头骨测量显示，其与旧石器时代晚期的柳江人一样具有蒙古人种和澳大利亚—尼格罗人种混合的头骨形态特征，但前囟位置、头骨额部发达和大的颅高等又表明他们是比柳江人更进步的现代人类型，同时长而狭的颅型、宽而平的鼻骨、低矮的眶形、明显的齿槽突颌等又具有某些类似澳大利亚—尼格罗人种的特征。上海青浦县崧泽新石器时代墓葬出土的人骨破损较严重，其中 4 具残破头骨和几个下颌骨被认为具有南亚蒙古人种的某些特征。南京北阴阳营新石器时代晚期人类遗骨只有下颌骨被进行观察和测量，表现出的蒙古人种特性很明显，与当地近代人接近，而与安阳古代人较远。江苏常州圩墩新石器时代马家浜文化和崧泽文化墓葬群中出土的人骨，表现出明显的蒙古人种南亚类型的体征，如偏圆的中颅型、低面和阔鼻等。江苏高邮龙虬庄新石器时代居民与黄河中下游新石器时代居民有较近的聚类关系和明显的同质性，与仰韶文化组群有更接近的关系，而与新石器时代华南组群有明显的偏离。[②]

综合看来，华南区居民体质在新石器时代经历了一系列的演变，但总体仍然是相互继承的；华南区又一直延续着有接近赤道人种特征的趋势，相信与东南亚地区有密切的联系，这些特征，估计身处此区内的先秦潮汕地区居民也同样具

① 谭婧泽、徐智、金建中等：《中国新石器时代古代居民体质研究》，董为主编：《第十届中国古脊椎动物学学术年会论文集》，北京：海洋出版社，2006 年，第 125 - 126 页。

② 谭婧泽、徐智、金建中等：《中国新石器时代古代居民体质研究》，董为主编：《第十届中国古脊椎动物学学术年会论文集》，北京：海洋出版社，2006 年，第 120、124 - 126 页。

备。长江下游区则相对复杂。

也许可以揣测，两周战国时期的潮汕居民既有原住民，也有南下的越人，总体上此时潮汕居民人种体质与原住民还是大同小异的。大同之处，"长江以南的新石器时代居民有着较为一致的体质形态"，与"长江以北的新石器时代居民主要表现为东亚人种类型"有着较为明显的差别，则华南区与长江下游区这两个区同处长江以南，更多地体现出蒙古人种的南亚类型特征；小异之处，可能在于春秋时期吴国、越国先后称霸中原时，混进些许其他黄河流域和北方的蒙古人种东亚类型血统。而随着战国时期越人强势进入潮汕地区，相信占支配地位的长江下游区（越人）人种成分会越来越强，并且时间越后移，优势越大，直至下一波外来人口（如秦人、汉人）进入。

实际上，此种现象有可能自新石器时代早期开始便出现，东南亚的人骨发现虽更零星并且多数缺乏地层堆积，但多少也呈现这种迹象。如越南北方义安省琼文发现的新石器时代早期人头骨，鉴定为约30岁女性和20～30岁男性，是澳大利亚—蒙古人种的混合人种。研究认为，"很早以前，澳大利亚—尼格罗人种的成分就已与蒙古人种成分在中印半岛一起生存，新石器时代早期，澳大利亚—尼格罗人种成分仍然很强，到了新石器时代晚期，蒙古人种成分变得越来越强，到今天变得越来越占优势了"①。

想来，在早期潮汕地区，类似这样的人种混合、某一种外来人种成分（如越南例子中的蒙古人种成分）越来越强的发展趋势，也一直存在着。

总之，以上纯属探讨，所谓空谷足音，聊胜于无。至于具体情况如何，只能留待新的考古发现和研究成果去呈现。

---

① 阮维、阮光娟著，吴新智译：《越南北方义安省琼文的早期新石器时代人头骨》，《古脊椎动物学报》1966 年第 1 期。

# 参考文献

1. （春秋）孙武撰，（三国）曹操等注，杨丙安校理：《十一家注孙子校理》，北京：中华书局，1999 年。

2. （汉）班固：《汉书》，北京：中华书局，1962 年。

3. （汉）韩婴撰，许维遹校释：《韩诗外传集释》，北京：中华书局，1980 年。

4. （汉）何休解诂，（唐）徐彦疏：《春秋公羊传注疏》，（清）阮元校刻：《十三经注疏》，北京：中华书局，1980 年。

5. （汉）孔安国传，（唐）孔颖达疏：《尚书正义》，（清）阮元校刻：《十三经注疏》，北京：中华书局，1980 年。

6. （汉）刘向编，颜兴林译注：《战国策》，南昌：二十一世纪出版社，2015 年。

7. （汉）刘向集录：《战国策》，上海：上海古籍出版社，1985 年。

8. （汉）司马迁：《史记》，北京：中华书局，1959 年。

9. （汉）宋衷注，（清）秦嘉谟等辑：《世本八种》，上海：商务印书馆，1957 年。

10. （汉）王逸：《楚辞章句》，文渊阁四库全书本。

11. （汉）许慎：《说文解字（附检字）》，北京：中华书局，1963 年。

12. （汉）赵岐注，（宋）孙奭疏：《孟子注疏》，（清）阮元校刻：《十三经注疏》，北京：中华书局，1980 年。

13. （汉）赵晔撰，（元）徐天祜音注，苗麓校点，辛正审订：《吴越春秋》，南京：江苏古籍出版社，1999 年。

14. （汉）郑玄笺，（唐）孔颖达疏：《毛诗正义》，（清）阮元校刻：《十三经注疏》，北京：中华书局，1980 年。

15. （汉）郑玄注，（唐）贾公彦疏：《仪礼注疏》，（清）阮元校刻：《十三经注疏》，北京：中华书局，1980 年。

16. （汉）郑玄注，（唐）贾公彦疏：《周礼注疏》，（清）阮元校刻：《十三经注疏》，北京：中华书局，1980 年。

17. （汉）郑玄注，（唐）孔颖达疏：《礼记正义》，（清）阮元校刻：《十三经注疏》，北京：中华书局，1980 年。

18.（魏）王弼、（晋）韩康伯注，（唐）孔颖达疏：《周易正义》，（清）阮元校刻：《十三经注疏》，北京：中华书局，1980 年。

19.（魏）何晏注，（宋）邢昺疏：《论语注疏》，（清）阮元校刻：《十三经注疏》，北京：中华书局，1980 年。

20.（晋）杜预注，（唐）孔颖达正义：《春秋左传正义》，（清）阮元校刻：《十三经注疏》，北京：中华书局，1980 年。

21.（晋）范宁注，（唐）杨士勋疏：《春秋穀梁传注疏》，（清）阮元校刻：《十三经注疏》，北京：中华书局，1980 年。

22.（晋）葛洪撰，胡守为校释：《神仙传校释》，北京，中华书局，2010 年。

23.（晋）郭璞注，（宋）邢昺疏：《尔雅注疏》，（清）阮元校刻：《十三经注疏》，北京：中华书局，1980 年。

24.（晋）张华原著，祝鸿杰译注：《博物志全译》，贵阳：贵州人民出版社，1992 年。

25.（梁）沈约：《宋书》，北京：中华书局，1974 年。

26.（北齐）魏收：《魏书》，北京：中华书局，1974 年。

27.（隋）杨上善撰注：《黄帝内经太素》，北京：人民卫生出版社，1965 年。

28.（隋）虞世南撰，（清）孔广陶校注：《北堂诗钞》，北京：中国书店，1989 年。

29.（唐）杜佑撰，王文锦、王永兴、刘俊文、徐庭云、谢方点校：《通典》，北京：中华书局，1988 年。

30.（唐）段成式撰，方南生点校：《酉阳杂俎》，北京：中华书局，1981 年。

31.（唐）李肇、（唐）赵璘撰：《唐国史补　因话录》，上海：上海古籍出版社，1957 年。

32.（唐）刘恂撰，商璧、潘博校辑校：《岭表录异补校》，南宁：广西民族出版社，1988 年。

33.（唐）陆德明撰，黄焯断句：《经典释文》，北京：中华书局，1983 年。

34.（唐）欧阳询撰，汪绍楹校：《艺文类聚》，上海：上海古籍出版社，1982 年。

35.（唐）唐玄宗注，（宋）邢昺疏：《孝经正义》，（清）阮元校刻：《十三经注疏》，北京：中华书局，1980 年。

36.（唐）徐坚等：《初学记》，北京：中华书局，1962 年。

37.（宋）丁度等编：《宋刻集韵》，北京：中华书局，2005 年。

38．（宋）洪适：《隶释·隶续》，北京：中华书局，1985 年。

39．（宋）李昉等：《太平御览》，北京：中华书局，1960 年。

40．（宋）罗泌著，（宋）罗苹注，（明）乔可传校：《路史》，上海：上海中华书局，1936 年。

41．（宋）聂崇义：《新定三礼图》，康熙十二年（1673）通志堂藏版刻本。

42．（宋）欧阳忞著，李勇先、王小红校注：《舆地广记》，成都：四川大学出版社，2003 年。

43．（宋）钱俨撰，李最欣校点：《吴越备史》，傅璇琮、徐海荣、徐吉军主编：《五代史书汇编》，杭州：杭州出版社，2004 年。

44．（宋）沈括撰，张富祥译注：《梦溪笔谈》，北京：中华书局，2009 年。

45．（宋）王黼撰：《宣和博古图录》，文渊阁四库全书本。

46．（元）马端临：《文献通考》，北京：中华书局，1986 年。

47．（明）郭春震纂修：（嘉靖）《潮州府志》，《日本藏中国罕见地方志丛刊》（第 13 册），北京：书目文献出版社，1992 年。

48．（明）郭子章：《潮中杂纪》，明万历乙酉（1585）刊本。

49．（明）解缙等编：《永乐大典》，北京：中华书局，1986 年。

50．（明）宋应星著，潘吉星译注：《天工开物译注》，上海：上海古籍出版社，1998 年。

51．（清）陈立撰，吴则虞点校：《白虎通疏证》，北京：中华书局，1994 年。

52．（清）董诰等编：《全唐文》，北京：中华书局，1983 年。

53．（清）郭庆藩撰，王孝鱼点校：《庄子集释》，北京：中华书局，1961 年。

54．（清）梁玉绳：《史记志疑》，北京：中华书局，1981 年。

55．（清）林杭学纂修：（康熙）《潮州府志》，潮州：潮州市地方志办公室，2000 年。

56．（清）马骕撰，王利器整理：《绎史》，北京：中华书局，2002 年。

57．（清）钱大昕著，方诗铭、周殿杰校点：《廿二史考异》，上海：上海古籍出版社，2004 年。

58．（清）屈大均：《广东新语》，北京：中华书局，1985 年。

59．（清）孙星衍辑，（清）汪继培辑：《尸子》，北京：中华书局，1991 年。

60．（清）孙诒让撰，孙启治点校：《墨子闲诂》，北京：中华书局，2001 年。

61．（清）孙诒让撰，王文锦、陈玉霞点校：《周礼正义》，北京：中华书局，1987 年。

62．（清）王聘珍撰，王文锦点校：《大戴礼记解诂》，北京：中华书局，1983 年。

63.（清）王先谦撰，沈啸寰、王星贤点校：《荀子集释》，北京：中华书局，1988 年。

64.（清）王先慎撰，钟哲点校：《韩非子集解》，北京：中华书局，1998 年。

65.（清）吴大澂：《古玉图考》，上海：同文书局，光绪二十五年（1899）刻本。

66.（清）吴颖纂修：（顺治）《潮州府志》，中国科学院图书馆选编：《稀见中国地方志汇刊》（44），北京：中国书店，1992 年。

67.（清）周硕勋纂修：（乾隆）《潮州府志》，台北：成文出版社，1967 年。

68. 中华书局编辑部点校：《全唐诗》（增订本），北京：中华书局，1999 年。

69.《甘石星经》，（清）王谟辑：《汉唐地理书钞》，北京：中华书局，1961 年。

70.《归藏》，（清）马国翰辑：《玉函山房辑佚书》，扬州：广陵书社，2005 年。

71.《申不害》，（清）严可均校辑：《全上古三代秦汉三国六朝文》，北京：中华书局，1958 年。

72.《连山》，（清）马国翰辑：《玉函山房辑佚书》，扬州：广陵书社，2005 年。

73.《吴子·尉缭子》，上海：商务印书馆，民国二十六年（1937）。

74.《南岛语族后代驾木舟到福州寻根》，《东南快报》，2010 年 11 月 16 日第 9A 版。

75. 上海市文物保管委员会：《上海市金山县戚家墩遗址发掘简报》，《考古》1973 年第 1 期。

76. 厉时熙注：《尹文子简注》，上海：上海人民出版社，1977 年。

77. 山东中医学院、河北医学院校释：《黄帝内经素问校释》，北京：人民卫生出版社，1982 年。

78. 山东中医学院校释：《针灸甲乙经校释》，北京：人民卫生出版社，1980 年。

79. 凡明：《广东省文管会发现新石器时代遗址八处并在清理古墓葬中获得完整古瓷器一批》，《文物参考资料》1956 年第 4 期。

80. 广东省文化厅编：《中国文物地图集　广东分册》，广州：广东省地图出版社，1989 年。

81. 广东省文物考古所、梅州市文物管理委员会、梅县博物馆：《梅县山子下新石器时代晚期墓地》，中国考古学编：《中国考古学年鉴（1994 年）》，北京：文物出版社，1997 年。

82. 广东省文物考古研究所、广宁县博物馆：《广东广宁龙嘴岗战国墓地2010 年的发掘》，《文物》2012 年第 2 期。

83. 广东省文物考古研究所、东莞市博物馆：《广东东莞市圆洲贝丘遗址的发掘》，《考古》2000 年第 6 期。

84. 广东省文物考古研究所、北京大学考古学系、三水市博物馆：《广东三水市银洲贝丘遗址发掘简报》，《考古》2000 年第 6 期。

85. 广东省文物考古研究所、北京大学考古实习队：《广东南海市鱿鱼岗贝丘遗址的发掘》，《考古》1997 年第 6 期。

86. 广东省文物考古研究所、珠海市平沙文化科：《珠海平沙棠下环遗址发掘简报》，《文物》1998 年第 7 期。

87. 广东省文物考古研究所、普宁市博物馆：《广东普宁龟山先秦遗址 2009 年的发掘》，《文物》2012 年第 2 期。

88. 广东省文物考古研究所、普宁市博物馆：《广东普宁市池尾后山遗址发掘简报》，《考古》1988 年第 7 期。

89. 广东省文物考古研究所、普宁市博物馆：《广东普宁市牛伯公山遗址的发掘》，《考古》1998 年第 7 期。

90. 广东省文物管理委员会：《广东潮安的贝丘遗址》，《考古》1961 年第 11 期。

91. 广东文物管理委员会：《广东潮阳新石器时代遗址调查简报》，《考古通讯》1956 年第 4 期。

92. 广东省文物管理委员会办公室、广东省博物馆编：《广东文物普查成果图录（出土文物部分）》，广州：广东科技出版社，1990 年。

93. 广东省地方志编纂委员会编：《广东省志》（光盘版），广州：广东省科技音像出版社，2007 年。

94. 广东省地图院编：《广东省地图册》（第 6 版），广州：广东省地图出版社，2011 年。

95. 广东省地质矿产局编：《广东省区域地质志》，北京：地质出版社，1988 年。

96. 广东省南澳县海防史博物馆：《广东南澳县东坑仔古遗址》，《东南文化》1991 年第 6 期。

97. 广东省博物馆：《广东广宁县铜鼓岗战国墓》，《考古》编辑部主编：《考古学集刊》（第 1 集），北京：中国社会科学出版社，1981 年。

98. 广东省博物馆：《广东东部地区新石器时代遗存》，《考古》1961 年第 12 期。

99. 广东省博物馆：《广东东兴新石器时代贝丘遗址》，《考古》1961 年第 12 期。

100. 广东省博物馆：《广东考古结硕果，岭南历史开新篇》，文物编辑委员会编：《文物考古工作三十年（1949—1979）》，北京：文物出版社，1979 年。

101. 广东省博物馆、大埔县博物馆：《广东大埔县古墓葬清理简报》，《文物》1991 年第 11 期。

102. 广东省博物馆、平远县博物馆：《广东平远县寨顶上山遗址调查》，《考古》1991 年第 2 期。

103. 广东省博物馆、东莞市博物馆：《广东东莞市三处贝丘遗址调查》，《考古》1991 年第 3 期。

104. 广东省博物馆、曲江县文化局石峡发掘小组：《广东曲江石峡墓葬发掘简报》，《文物》1978 年第 7 期。

105. 广东省博物馆、汕头市文管会、揭阳县博物馆：《广东揭阳县战国墓》，《考古》1992 年第 3 期。

106. 广东省博物馆、罗定县文化局：《广东罗定背夫山战国墓》，《考古》1986 年第 3 期。

107. 广东省博物馆、和平县博物馆：《广东省和平县古文化遗存调查》，《考古》1993 年第 3 期。

108. 广东省博物馆、饶平县文化局：《广东饶平县古墓发掘简报》，文物编辑委员会编：《文物资料丛刊》（第 8 辑），北京：文物出版社，1983 年。

109. 广东省博物馆、揭阳县博物馆：《揭阳地都蜈蚣山遗址与油柑山墓葬的发掘》，《考古》1988 年第 5 期。

110. 广东省博物馆、肇庆地区文化局、高要县博物馆：《高要县龙一乡蚬壳洲贝丘遗址》，《文物》1991 年第 11 期。

111. 广东省博物馆汕头地区文管站、普宁县博物馆：《广东普宁虎头埔古窑址发掘简报》，《文物》1984 年第 12 期。

112. 广西壮族自治区文物工作队、桂林革命委员会：《广西桂林甑皮岩洞穴遗址的试掘》，《考古》1976 年第 3 期。

113. 广西壮族自治区文物考古训练班、广西壮族自治区文物工作队：《广西南宁地区新石器时代贝丘遗址》，《考古》1975 年第 5 期。

114. 马萧林：《关于中国骨器研究的几个问题》，《华夏考古》2010 年第 2 期。

115. 王卫平：《试论古代越族的"文身断发"与图腾崇拜》，《东南文化》1986 年第 2 期。

116. 王令红：《中国新石器时代和现代居民的时代变化和地理变异——颅骨测量性状的统计分析研究》，《人类学学报》1986 年第 3 期。

117. 王永波：《耜形端刃器的分类与分期》，《考古学报》1996 年第 1 期。

118. 王利器撰：《文子疏义》，北京：中华书局，2000 年。

119. 王国维：《史籀篇疏证》，《王国维遗书》，上海：上海古籍书店，1983 年。

120. 王明：《抱朴子内篇校释》，北京：中华书局，1986 年。

121. 王炜林、孙周勇：《石峁玉器的年代及相关问题》，《考古与文物》2011 年第 4 期。

122. 王治功：《关于潮汕史前文化的年代问题》，《汕头大学学报》1999 年第 2 期。

123. 王建华、郑卓、吴超凡：《潮汕平原晚第四纪沉积相与古环境的演变》，《中山大学学报》（自然科学版），1997 年第 1 期。

124. 王贻樑、陈建敏选：《穆天子传汇校集释》，上海：华东师范大学出版社，1994 年。

125. 王恺銮校：《邓析子校正》，上海：商务印书馆，民国二十四年（1935）。

126. 王琯撰：《公孙龙子悬解》，北京：中华书局，1992 年。

127. 王巍：《新中国考古六十年》，《考古》2009 年第 9 期。

128. 无名氏撰，程毅中点校：《燕丹子》，北京：中华书局，1985 年。

129. 云南省博物馆：《元谋大墩子新石器时代遗址》，《考古学报》1977 年第 1 期。

130. 尤玉柱主编：《漳州史前文化》，福州：福建人民出版社，1991 年。

131. 尤玉柱：《史前考古埋藏学概论》，北京：文物出版社，1989 年。

132. 中山大学榕江流域史前期人类学考察课题组、潮阳市博物馆：《广东潮阳市先秦遗存的调查》，《考古》1998 年第 6 期。

133. 中国大百科全书总编辑委员会《考古学》编辑委员会：《中国大百科全书·考古学》，上海：中国大百科全书出版社，1986 年。

134. 中国社会科学院文物考古所编著：《宝鸡北首岭》，北京：文物出版社，1983 年。

135. 中国社会科学院考古研究所、广西壮族自治区文物考古队、桂林甑皮岩遗址博物馆、桂林市文物工作队编：《桂林甑皮岩》，北京：文物出版社，2003 年。

136. 中国社会科学院考古研究所二里头队：《河南偃师二里头二号宫殿遗址》，《考古》1983 年第 3 期。

137. 中国社会科学院考古研究所广西工作队、广西壮族自治区文物工作队、南宁博物馆：《广西邕宁县顶蛳山遗址的发掘》，《考古》，1998 年第 11 期。

138. 中国社会科学院考古研究所编：《中国考古学中碳十四年代数据表（1965—1991）》，北京：文物出版社，1992 年。

139. 中国科学院"中国植物志"编辑委员会主编：《中国植物志》，北京：科学出版社，1959—2004 年。

140. 中国科学院《中国自然地理》编辑委员会：《中国自然地理：历史自然地理》，北京：科学出版社，1982 年。

141. 张建忠：《南岛语族后裔乘独木舟远涉太平洋抵闽寻根》，中国新闻社，2010 年 11 月 16 日。

142. 方志钦、蒋祖缘主编：《广东通史古代　上》，广州：广东高等教育出版社，1996 年。

143. 方诗铭、王修龄辑证：《古本竹书纪年辑证》，上海：上海古籍出版社，1981 年。

144. 方韬译注：《山海经》，北京：中华书局，2009 年。

145. 孔昭宸、杜乃秋：《中国某些地区全新世高温期植被和气候的初步研究》，《海洋地质与第四纪地质》1990 年第 1 期。

146. 邓聪：《东南中国树皮布石拍使用痕试释——后山遗址石拍的功能》，揭阳考古队、揭阳市文化广电新闻出版局编：《揭阳考古（2003—2005）》，北京：科学出版社，2005 年。

147. 邓聪：《史前蒙古人种海洋扩散研究——岭南树皮布文化发现及其意义》，《东南文化》2000 年第 11 期。

148. 司徒尚纪：《广东政区体系——历史·现实·改革》，广州：中山大学出版社，1998 年。

149. 地质出版社地图编辑室编制：《中国地图》，北京：地质出版社，2015 年。

150. 地质部地质辞典办公室编辑：《地质大辞典》，北京：地质出版社，2005 年。

151. 朱非素：《广东新石器时代考古若干问题的探讨》，广东省博物馆、香港中文大学文物馆合办（合编）：《广东出土先秦文物》，香港：香港中文大学文物馆，1984 年。

152. 朱非素：《闽粤地区浮滨类型文化遗存的发现和探索》，中山大学人类学系编：《人类学论文选集》，广州：中山大学出版社，1986 年。

153. 朱谦之：《老子校释》，北京：中华书局，2000 年。

154. 华陆综注译：《尉缭子注译》，北京：中华书局，1979 年。

155. 刘成基：《虎头埔陶窑的初步研究》，揭阳考古队、揭阳市文化广电新闻出版局编：《揭阳考古（2003—2005）》，北京：科学出版社，2005 年。

156. 刘武：《蒙古人种及现代中国人的起源与演化》，《人类学学报》1997 年第 1 期。

157. 刘明、甄珍：《宣和博古图录版本考略》，《文献学》2012 年第 5 期。

158. 刘诗中、许智范、程应林：《贵溪崖墓所反映的武夷山地区古越族的族俗及文化特征》，《南方文物》1980 年第 1 期。

159. 刘惠华：《荆蛮考》，文物编辑委员会编：《文物集刊》（第 3 辑），北京：文物出版社，1981 年。

160. 刘敦愿：《恩格斯陶器起源说新证》，《文史哲》1987 年第 5 期。

161. 汕头地区文物管理站、揭阳县博物馆：《揭阳东周墓发掘报告》，广东省汕头地区文物管理站编：《汕头文物》，内部出版，1982 年第 9 期。

162. 汕头地区文物管理站、揭阳县博物馆：《揭阳东周墓发掘简报》，广东省汕头地区文物管理站编：《汕头文物》，内部出版，1982 年第 9 期。

163. 许永杰、范颖：《闽南粤东地区先秦时期考古学文化分期及相关问题》，《北方文物》2013 年第 4 期。

164. 许宏：《略论我国史前时期瓮棺葬》，《考古》1989 年第 4 期。

165. 许维遹撰，梁运华整理：《吕氏春秋集释》，北京：中华书局，2009 年。

166. 许富宏：《鬼谷子集校集释》，北京：中华书局，2010 年。

167. 许富宏：《慎子集校集注》，北京：中华书局，2013 年。

168. 阮维、阮光娟著，吴新智译：《越南北方义安省琼文的早期新石器时代人头骨》，《古脊椎动物学报》1966 年第 1 期。

169. 严文明：《中国史前文化的统一性与多样性》，《文物》1987 年第 3 期。

170. 杜远生、童金南主编：《古生物地史学概论》，武汉：中国地质大学出版社，1989 年。

171. 杜耀西：《珞巴族农业生产概况》，《农业考古》1982 年第 2 期。

172. 李子文：《广东东莞市蚝岗贝丘遗址调查》，《考古》1998 年第 8 期。

173. 李龙章：《试论两广先秦青铜时代文化的来源》，《南方文物》1994 年第 1 期。

174. 李龙章：《湖南两广青铜时代越墓研究》，《考古学报》1995 年第 3 期。

175. 李平日：《六千年来韩江三角洲的滨线演进与发育模式》，《地理研究》1987 年第 2 期。

176. 李有恒、韩德芬：《广西桂林甑皮岩遗址动物群》，《古脊椎动物学报》1978 年第 4 期。

177. 李先逵：《论干栏式建筑的起源与发展》，中国民族建筑研究会编：《族群·聚落·民族建筑——国际人类学与民族学联合会第十六届世界大会专题会议论文集》，昆明：云南大学出版社，2009 年。

178. 李步嘉：《越绝书校释》，武汉：武汉大学出版社，1992 年。

179. 李伯谦：《关于岭南地区何时开始铸造青铜器的再讨论》，《考古》2008 年第 9 期。

180. 李伯谦：《我国南方几何形印纹陶遗存的分区、分期及其有关问题》，《北京大学学报》（哲学社会科学版），1981 年第 1 期。

181. 李伯谦：《试论吴城文化》，《文物》编辑委员会编：《文物集刊》（第 3 集），北京：文物出版社，1981 年。

182. 李宏新：《隆福寺与潮汕早期海事痕迹》，《潮学通讯》2015 年第 1 期。

183. 李宏新主编：《潮汕史稿》，汕头：汕头大学出版社，2017 年。

184. 李宏新：《潮汕华侨史》，广州：暨南大学出版社，2016 年。

185. 李岩：《揭阳市古遗址调查报告》，揭阳考古队、揭阳市文化广电新闻出版局编：《揭阳考古（2003—2005）》，北京：科学出版社，2005 年。

186. 李根蟠、卢勋：《从景颇族看原始农业的起源与发展》，《农业考古》1982 年第 1 期。

187. 李根蟠：《中国古代农业》，北京：商务出版社，1998 年。

188. 李晓东编著：《中国文物学概论》，石家庄：河北人民出版社，1990 年。

189. 李家治、张志刚、邓泽群、梁宝鎏：《新石器时代早期陶器的研究——兼论中国陶器起源》，《考古》1996 年第 5 期。

190. 李富强：《试论华南地区原始农业的起源》，《农业考古》1990 年第 2 期。

191. 李零译注：《司马法译注》，石家庄：河北人民出版社，1991 年。

192. 李零：《简帛古书与学术源流》，北京：生活·读书·新知三联书店，2004 年。

193. 杨天宇：《礼记今译》，上海：上海古籍出版社，2004 年。

194. 杨式挺、邓增魁：《广东封开杏花河两岸古遗址调查与试掘》，《考古》编辑部主编：《考古学集刊》（第 6 集），北京：中国社会科学出版社，1981 年。

195. 杨式挺、邱立诚、冯孟钦、向安强：《广东先秦考古》，广州：广东人民出版社，2015 年。

196. 杨式挺：《广东新石器时代文化及相关问题的探讨》，《岭南文物考古论集》，广州：广东省地图出版社，1998 年。

197. 杨式挺：《略论我国古代的拔牙风俗》，《广西民族研究》2005 年第 3 期。

198. 杨伯峻编著：《春秋左传注》（修订本），北京：中华书局，1990 年。

199. 杨伯峻：《列子集释》，北京：中华书局，1979 年。

200. 杨杰：《广东青铜文化的研究及相关问题》，《华南师范学院学报》（社会科学版）2008 年第 3 期。

201. 杨宽：《西周史》，上海：上海人民出版社，2003 年。

202. 杨锡璋、高炜主编，中国社会科学考古研究所编著：《中国考古学·夏商卷》，北京：中国社会科学出版社，2003 年。

203. 杨豪：《介绍广东近年发现的几件青铜器》，《考古》1961 年第 11 期。

204. 肖宇、钱耀鹏：《中国史前石镞研究述评》，《南方文物》2015 年第 2 期。

205. 吴则虞编著：《晏子春秋集释》，北京：中华书局，1962 年。

206. 吴汝康、吴新智、张森水主编：《中国远古人类》，北京：科学出版社，1989 年。

207. 吴汝康、吴新智编著：《中国古人类遗址》，上海：上海科技教育出版社，1999 年。

208. 吴汝康、贾兰坡：《周口店新发现的中国猿人化石》，《古生物学报》1954 年第 3 期。

209. 吴汝康：《中国古人类研究现状》，《第四纪研究》1995 年第 2 期。

210. 吴汝康：《辽宁建平人类上臂骨化石》，《古脊椎动物学报》1961 年第 4 期。

211. 吴明翰：《吴城文化》，北京：文物出版社，2005 年。

212. 吴春明：《中国东南与太平洋的史前交通工具》，《南方文物》2008 年第 2 期。

213. 吴健：《跨湖桥遗址独木舟及其与海洋关系考》，《杭州研究》2012 年第 2 期。

214. 吴雪彬、邱立诚、曾骐：《广东普宁两处先秦遗存的调查》，《南方文物》1999 年第 2 期。

215. 吴越地史会编：《吴越文化论丛》，上海：江苏研究所，1937 年。

216. 吴道跃、黄克：《揭阳县出土战国器物》，广东省汕头市文物管理办公室编：《汕头文物》，内部出版，1986 年第 12 期。

217. 吴毓江撰，孙启治点校：《墨子校注》，北京：中华书局，1993 年。

218. 邱立诚、邓聪：《广东揭阳两件手斧石器的初步研究》，吴奎信、徐光华主编：《第五届潮学国际研讨会论文集》，香港：公元出版有限公司，2005 年。

219. 邱立诚、邓聪：《揭阳两件手斧石器的研究》，揭阳考古队、揭阳市文化广电新闻出版局编：《揭阳考古（2003—2005）》，北京：科学出版社，2005 年。

220. 邱立诚、杨式挺：《从文物考古资料探索潮汕地区的古代海上"丝绸之路"》，潮汕历史文化研究中心、汕头大学潮汕文化研究中心编：《潮学研究》（第二辑），汕头：汕头大学出版社，1994 年。

221. 邱立诚、吴道跃：《广东揭阳华美沙丘遗址调查》，《考古》1985 年第 8 期。

222. 邱立诚、张镇洪：《广东云浮蟠龙洞人类化石的考古学意义》，广东省珠江文化研究会岭南研究考古专业委员会编，张镇洪主编：《岭南考古研究》（第 7 辑），香港：中国评论学术出版社，2008 年。

223. 邱立诚、曾骐、文衍源：《广东丰顺县先秦遗存调查》，《考古与文物》1998 年第 3 期。

224. 邱立诚、曾骐、张季怀：《广东揭阳先秦遗存考古调查》，《南方文物》1998 年第 1 期。

225. 邱立诚、曾骐：《广东揭西县先秦遗存的调查》，《考古》1999 年第 7 期。

226. 邱立诚、曾骐:《论浮滨文化》,揭阳考古队、揭阳市文化广电新闻出版局编:《揭阳考古(2003—2005)》,北京:科学出版社,2005 年。

227. 邱立诚、曾骐:《论浮滨文化》,潮汕历史文化研究中心、汕头大学潮汕文化研究中心编:《潮学研究》(第六辑),汕头:汕头大学出版社,1997 年。

228. 邱立诚:《广东旧石器考古的几个问题》,董为主编:《第十届中国古脊椎动物学学术年会论文集》,北京:海洋出版社,2006 年。

229. 邱立诚:《广东先秦考古研究的检讨》,广东省文物博物馆学会编:《广东省文物博物馆事业前瞻》,广州:广东人民出版社,2001 年。

230. 邱立诚:《对粤港地区青铜文化几个问题的探讨》,广东省博物馆主编:《广东省博物馆集刊(1999)》,广州:广东人民出版社,2001 年。

231. 邱立诚:《先秦两汉时期潮汕地区的考古学文化》,郑良树主编:《潮州学国际研讨会论文集》,广州:暨南大学出版社,1994 年。

232. 邱立诚:《饶平古墓出土戈类浅析》,广东省汕头地区文物管理站编:《汕头文物》,内部出版,1983 年第 10 期。

233. 邱立诚:《揭阳出土陶器上刻画符号的研究》,揭阳考古队、揭阳市文化广电新闻出版局编: 《揭阳考古(2003—2005)》,北京:科学出版社,2005 年。

234. 何宁:《淮南子集释》,北京:中华书局,1998 年。

235. 何光岳:《百越源流史》,南昌:江西教育出版社,1989 年。

236. 何廷瑞:《台湾土著诸族文身习俗之研究》,台湾大学文学院考古人类学系编印:《考古人类学》(第 15、16 期合刊),1960 年。

237. 何纪生:《香港的考古发掘和需要探讨的几个问题》,《学术研究》(内部文稿)1983 年第 6 期。

238. 何岳光:《百越源流史》,南昌:江西教育出版社,1989 年。

239. 余添泉、邱立诚:《饶平新发现几处"浮滨类型"遗物地点》,广东省汕头市文物管理委员会办公室编:《汕头文物》,内部出版,1984 年第 11 期。

240. 汪济英、牟永抗:《关于吴兴钱山漾遗址的发掘》,《考古》1980 年第 4 期。

241. 宋蜀华:《百越》,长春:吉林教育出版社,1991 年。

242. 张之恒主编:《中国考古学通论》,南京:南京大学出版社,1991 年。

243. 张文娟:《试论中国史前干栏式建筑的起源》,《三峡论坛》(理论版)2014 年第 5 期。

244. 张双权:《贵州马鞍山遗址发现旧石器时代骨角制品》,《化石》2016 年第 2 期。

245. 张乐、王春雪、张双权、高星:《马鞍山旧石器时代遗址古人类行为的动物考古学研究》,《中国科学:地球科学》2009 年第 9 期。

246. 张光直：《中国南部的史前文化》，台湾"中央研究院"历史语言研究所集刊编委会编：《历史语言研究所集刊》（第四十二本·第一分），1970 年。

247. 张光直：《中国青铜时代》，北京：生活·读书·新知三联书店，1983 年。

248. 张寿祺：《旧石器晚期红土随葬及其原始宗教意识》，《世界宗教研究》1983 年第 2 期。

249. 张宏彦：《20 世纪中国古猿类和古人类研究述评》，陕西省文物局、陕西省考古研究所、西安半坡博物馆编：《中国史前考古学研究——祝贺石兴邦先生考古半世纪暨八秩华诞文集》，西安：三秦出版社，2003 年。

250. 张虎男：《断裂作用与韩江三角洲的形成和发展》，《海洋学报》，1983 年第 5 期。

251. 张镇洪、邱立诚：《中国南海古人类文化考》，广州：广东经济出版社，2013 年。

252. 张德二主编：《中国三千年来气象记录总集》，南京：凤凰出版社，2004 年。

253. 张德兴、张文光、贺新红、汪华侨、冯家骏、冯孟钦、邱立诚：《东莞新石器时代"蚝岗人"遗骸的鉴定和保存》，《解剖学研究》2004 年第 1 期。

254. 陈历明编：《潮汕考古文集》，汕头：汕头大学出版社，1993 年。

255. 陈志坚：《"越为禹后"说新论》，《清华大学学报》（哲学社会科学版）2013 年第 4 期。

256. 陈国能：《论东南洼区中生代构造运动》，《华南地震》1984 年第 4 期。

257. 陈国能：《韩江和榕江三角洲全新世海水进退的初步认识》，《海洋通报》1984 年第 6 期。

258. 陈国强、蒋炳钊、吴锦吉、辛土成：《百越民族史》，北京：中国社会科学出版社，1988 年。

259. 陈星灿：《史前居室葬俗的研究》，《华夏考古》1989 年第 2 期。

260. 陈洪波、王然：《婆罗洲的独木舟造船术及其启示》，《国家航海》2014 年第 4 期。

261. 陈桐生译注：《曾子·子思子全书》，北京：中华书局，2009 年。

262. 陈桥驿：《"越为禹后说"溯源》，《浙江学刊》1985 年第 3 期。

263. 陈黄：《惠来县发现春秋瓮棺葬》，广东省汕头地区文物管理站编：《汕头文物》，内部出版，1983 年第 10 期。

264. 陈鼓应注译：《庄子今注今释》，北京：中华书局，1983 年。

265. 英德市博物馆、中山大学人类学系、广东省文物考古研究所编：《英德史前考古》，广州：广东人民出版社，1999 年。

266. 林伦伦：《潮汕方言历时研究》，广州：暨南大学出版社，2016 年。

267. 林华东、何春慰：《再论绍兴会稽与大禹》，《浙江学刊》1995 年第 4 期。

268. 林华东：《绍兴会稽与禹无涉——兼论於越源流》，《浙江学刊》1985 年第 2 期。

269. 罗香林：《古代越族考上篇（续）》，《国立中山大学文史学研究所月刊》1933 年第 1 卷第 2 期。

270. 罗香林：《古代越族考古上篇》，《国立中山大学文史学研究所月刊》1933 年第 1 卷第 2 期。

271. 罗香林：《中夏系统中之百越》，重庆：独立出版社，1943 年。

272. 罗香林：《百越源流与文化》，台北："国立编译馆"中华丛书编审委员会，1978 年。

273. 竺可桢：《中国近五千年来气候变迁的初步研究》，《考古学报》1972 年第 1 期。

274. 金景芳：《中国古代史分期商榷（下）》，《历史研究》1979 年第 3 期。

275. 周仁、张福康、郑永圃：《我国黄河流域新石器时代和殷周时代制陶工艺的科学总结》，《东南考古》1964 年第 1 期。

276. 周书灿：《〈穆天子传〉"启居黄台之丘"考——兼论周穆王东巡的地理问题》，《中国历史地理论丛》2005 年第 2 期。

277. 周昕：《原始农具斧、锛、凿及其属性的变化》，《农业考古》2004 年第 3 期。

278. 周祖谟：《广韵校本》，北京：中华书局，1960 年。

279. 郑卓：《潮汕平原全新世孢粉分析与古环境探讨》，《热带海洋学报》1990 年第 2 期。

280. 郑卓：《潮汕平原近五万年来的孢粉植物群与古气候》，《微体古生物学报》1991 年第 4 期。

281. 河北医学院校释：《灵枢经校释》，北京：人民卫生出版社，1982 年。

282. 河南省博物馆：《郑州二里岗发现的商代玉璋》，《文物》1966 年第 1 期。

283. 宗永强：《韩江三角洲第四系沉积旋回》，《热带地理》1987 年第 2 期。

284. 练铭志：《先秦广东越人社会性质之我见》，广东省民族研究学会、广东省民族研究所编：《广东民族研究论丛》（第四辑），广州：广东人民出版社，1988 年。

285. 赵善德：《虎头埔文化与岭南考古研究》，揭阳考古队、揭阳市文化广电新闻出版局编：《揭阳考古（2003—2005）》，北京：科学出版社，2005 年。

286. 南京中医学院校释：《难经校释》，北京：人民卫生出版社，1979 年。

287. 南澳县海防史博物馆、中山大学韩江流域考古课题组：《广东南澳县象山新石器时代遗址》,《考古与文物》1995 年第 5 期。

288. 钟肇鹏:《鹖子校理》,北京:中华书局,2010 年。

289. 香港中文大学中国考古艺术研究中心编:《南中国及邻近地区古文化研究 庆祝郑德坤教授从事学术活动六十周年论文集》,香港:中文大学出版社,1994 年。

290. 香港美术书社编:《古玉图录初集》,香港:广雅社,1987 年。

291. 饶宗颐:《从浮滨遗物论其周遭史地与南海国问题》,黄挺编:《饶宗颐潮汕地方史论集》,汕头:汕头大学出版社,1996 年。

292. 饶宗颐:《古海阳考》,黄挺编:《饶宗颐潮汕地方史论集》,汕头:汕头大学出版社,1996 年。

293. 饶宗颐:《由牙璋分布论古史地域扩张问题——南中国及邻近地区古文化研究国际研讨会开幕演讲》,《中华文化论坛》1981 年第 1 期。

294. 饶宗颐:《由牙璋略论汉土传入越南的遗物》,饶宗颐:《饶宗颐东方学论集》,汕头:汕头大学出版社,1999 年。

295. 饶宗颐:《浮滨文化的石璋、符号及相关问题》,揭阳考古队、揭阳市文化广电新闻出版局编:《揭阳考古(2003—2005)》,北京:科学出版社,2005 年。

296. 饶宗颐:《韩江流域史前遗址及其文化》,黄挺编:《饶宗颐潮汕地方史论集》,汕头:汕头大学出版社,1996 年。

297. 饶宗颐:《韩江流域史前遗址及其文化》,三颂堂复本,1948 年。

298. 饶宗颐总纂:《潮州志》,汕头:潮州修志馆,1949 年。

299. 饶宗颐:《符号·初文与字母:汉字树》,上海:上海书店出版社,2003 年。

300. 秦维廉编:《南丫岛深湾考古遗址调查报告》(香港考古学会专刊第三本),香港:香港考古学会,1978 年。

301. 袁珂校注:《山海经校注(增补修订本)》,成都:巴蜀书社,1991 年。

302. 袁珂校注:《山海经校注》,成都:巴蜀书社,1992 年。

303. 莫稚:《广东考古调查发掘的新收获》,《考古》1961 年第 12 期。

304. 莫稚:《广东宝安新石器时代遗址调查简报》,《考古通讯》1957 年第 6 期。

305. 莫稚:《广东始兴白石坪山战国遗址》,《考古》1963 年第 4 期。

306. 莫稚:《广东清远县江河支流新石器时代遗址调查发掘简报》,《文物参考资料》1956 年第 11 期。

307. 贾兰坡、张振标:《河南淅川县下王岗遗址中的动物群》,《文物》1977 年第 6 期。

308. 贾兰坡:《关于中国猿人的骨器问题》,《考古学报》1959 年第 3 期。

309. 贾兰坡：《山顶洞人》，上海：龙门联合书局，1951 年。

310. 贾兰坡：《中国大陆上的远古居民》，天津：天津人民出版社，1978 年。

311. 贾庆超主编：《曾子校释》，济南：山东大学出版社，1993 年。

312. 夏征农、陈至立主编：《辞海》（第六版彩图本），上海：上海辞书出版社，2009 年。

313. 夏商周断代工程专家组编著：《夏商周断代工程 1996—2000 年阶段报告成果·简体本》，北京：世界图书出版公司，2000 年。

314. 夏鼐：《商代玉器的分类、定名和用途》，《考古》1983 年第 5 期。

315. 顾德融、朱顺龙：《春秋史》，上海：上海人民出版社，2001 年。

316. 徐元诰撰，王树民、沈长云点校：《国语集解》，北京：中华书局，2002 年。

317. 徐中舒：《夏史初曙》，《中国史研究》1979 年第 3 期。

318. 徐中舒主编：《甲骨文字典》，成都：四川辞书出版社，1989 年。

319. 徐坚：《揭东县宝山嶅遗址试掘报告》，揭阳考古队、揭阳市文化广电新闻出版局编：《揭阳考古（2003—2005）》，北京：科学出版社，2005 年。

320. 徐建春：《浙江通史》（第 2 卷·先秦卷），杭州：浙江人民出版社，2005 年。

321. 徐恒彬、杨少祥、榻富崇：《广东德庆发现战国墓》，《文物》1973 年第 9 期。

322. 殷墟孝民屯考古队：《河南安阳市孝民屯商代铸铜遗址 2003—2004 年的发掘》，《考古》2007 年第 1 期。

323. 高斌、沈冠军、邱立诚：《马坝人地点南支洞铀系定年初步结果》，《暨南大学学报》（自然科学版），2007 年第 3 期。

324. 唐兰：《关于江西吴城文化遗址与文字的初步探索》，《文物》1975 年第 7 期。

325. 唐领余、沈才明：《江苏北部全新世高温期植被与气候》，施雅风主编：《中国全新世大暖期气候与环境》，北京：海洋出版社，1992 年。

326. 浙江省文物考古研究所、萧山博物馆编：《跨湖桥》，北京：文物出版社，2004 年。

327. 黄玉质、杨式挺：《广东梅县大埔县考古调查》，《考古》1965 年第 4 期。

328. 黄怀信、张懋镕、田旭东撰，李学勤审定：《逸周书汇校集注》，上海：上海古籍出版社，1995 年。

329. 黄怀信：《鹖冠子汇校集释》，北京：中华书局，2004 年。

330. 黄坤池：《惠来出土青铜甬钟》，广东省汕头地区文化局编：《汕头文物》，内部出版，1979 年第 6 期。

331. 黄建秋：《国外磨制石斧石锛研究述评》，《东南文化》2010 年第 2 期。

332. 黄晖：《论衡教释（附刘盼遂集解）》，北京：中华书局，1990 年。

333. 黄崇岳：《我国的原始畜牧业及其与农业的关系窥探》，《中原文物》1983 年第 3 期。

334. 曹胜高、安娜译注：《六韬·鬼谷子》，北京：中华书局，2007 年。

335. 盛冬铃译注：《六韬译注》，石家庄：河北人民出版社，1991 年。

336. 淮阴市博物馆：《淮阴高庄战国墓》，《考古学报》1988 年第 2 期。

337. 深圳博物馆、中山大学人类学系：《广东深圳市大黄沙沙丘遗址发掘简报》，《文物》1990 年第 11 期。

338. 揭西县文物志编纂委员会编：《揭西县文物志》，内部出版，1985 年。

339. 揭阳考古队、揭阳市文化局编，邱立诚、魏峻主编：《揭阳的远古与文明——榕江先秦两汉考古图谱》，香港：公元出版有限公司，2003 年。

340. 揭阳县文化馆：《揭阳县发现战国墓》，广东省汕头地区文化局编：《汕头文物简讯》（第 4 号），内部出版，1977 年。

341. 揭阳县博物馆考古组：《揭阳考古三题》，广东省汕头市文物管理办公室编：《汕头文物》，内部出版，1986 年第 12 期。

342. 揭阳博物馆主编：《揭阳文物志》，内部出版，1985 年。

343. 彭如策、邱立诚：《饶平县发现新石器时代晚期墓葬》，广东省汕头地区文化局编：《汕头文物简讯》（第 4 号），内部出版，1977 年。

344. 彭适凡：《试述南方早期印纹陶的特点及其渊源》，《东南文化》1986 年第 2 期。

345. 彭适凡：《江西先秦考古》，南昌：江西高校出版社，1992 年。

346. 董楚平、金永平等：《吴越文化志》，上海：上海人民出版社，1998 年。

347. 董楚平译注：《楚辞译注》，上海：上海古籍出版社，1986 年。

348. 董楚平：《吴越文化新探》，杭州：浙江人民出版社，1988 年。

349. 蒋礼鸿：《商君书锥指》，北京：中华书局，1986 年。

350. 蒋炳钊：《"越为禹后说"质疑——兼论越族的来源》，《民族研究》1981 年第 3 期。

351. 蒋炳钊：《百年回眸——20 世纪百越民族史研究概述》，蒋炳钊主编：《百越文化研究》，厦门：厦门大学出版社，2005 年。

352. 韩起：《台湾省原始社会考古概述》，《考古》1979 年第 3 期。

353. 韩康信、张振标、曾凡：《闽侯县石山遗址的人骨》，《考古学报》1976 年第 1 期。

354. 韩康信、董新林：《香港马湾岛东湾仔北史前遗址出土人骨鉴定》，《考古》1999 年第 6 期。

355. 韩康信、潘其风：《广东佛山河宕新石器时代晚期墓葬人骨》，《人类学学报》1982 年第 1 期。

356. 韩康信：《香港东湾仔北遗址新石器时代人骨》，《第四纪研究》1999 年第 2 期。

357. 惠来县文物普查办公室编：《惠来文物志》，内部出版，1985 年。

358. 黄坤池：《惠来发现春秋瓮棺葬》，广东省博物馆馆刊编辑室编：《广东省博物馆馆刊》（创刊号），广州：广东省博物馆，1988 年。

359. 童恩正：《略述东南亚及中国南部农业起源的若干问题——兼谈农业考古研究方法》，《农业考古》1984 年第 2 期。

360. 曾卫胜：《论玉与石的本质区别》，玉石学国际学术研讨会论文集编：《玉石学国际学术研讨会论文集》，北京：地质出版社，2011 年。

361. 曾昭璇等：《人类地理学概论》，北京：科学出版社，1999 年。

362. 曾祥旺：《广州番禺飘峰山旧石器遗存》，《南方文物》1997 年第 4 期。

363. 曾骐、吴雪彬：《揭阳榕江流域的后山类型》，揭阳考古队、揭阳市文化广电新闻出版局编：《揭阳考古（2003—2005）》，北京：科学出版社，2005 年。

364. 曾骐、邱立诚、吴雪彬：《仙桥石璋——兼论先秦中原文化对岭南的影响》，华学编辑委员会编：《华学》（第二辑），广州：中山大学出版社，1996 年。

365. 曾骐、邱立诚：《揭阳先秦两汉考古研究》，吴奎信、徐光华主编：《第五届国际潮学研讨会论文集》，香港：公元出版有限公司，2005 年。

366. 曾骐：《从象山人到浮滨人——潮州远古文化的历程》，《岭南文史》1998 年第 4 期。

367. 曾骐：《南澳岛两处古遗址研究》，潮汕历史文化研究中心、汕头大学潮汕文化研究中心编：《潮学研究》（第二辑），汕头：汕头大学出版社，1994 年。

368. 曾骐：《韩江流域史前考古与潮汕文化源》，潮汕历史文化研究中心、汕头大学潮汕文化研究中心编：《潮学研究》（第一辑），汕头：汕头大学出版社，1994 年。

369. 湖北省荆州地区博物馆：《江陵天星观 1 号楚墓》，《考古学报》1982 年第 1 期。

370. 湖北省博物馆、北京大学考古专业盘龙城发掘队：《盘龙城一九七四年度田野考古纪要》，《文物》1976 年第 2 期。

371. 谢光茂、彭长林、黄鑫、周学斌：《广西百色百达遗址考古发掘获重大发现》，《中国文物报》，2006 年 4 月 7 日。

372. 谢茂光：《百色旧石器遗址群：手斧挑战莫维斯理论》，《中国文化遗产》2008 年第 5 期。

373. 谢崇安：《中国原始畜牧业的起源和发展》，《农业考古》1985 年第

先秦潮汕研究

1 期。

374. 新智：《山顶洞中赤铁矿粉的新解释》，《化石》1987 年第 4 期。

375. 福建省文物管理委员会：《福建武平新石器时代遗址调查报告》，《考古》1961 年第 4 期。

376. 福建省地方志编纂委员会编：《福建省志》，北京：方志出版社，2002 年。

377. 福建省昙石山遗址博物馆：《2009 年昙石山遗址考古发掘简报》，《福建文博》2013 年第 2 期。

378. 福建省博物馆：《福建闽侯黄土仑遗址发掘简报》，《文物》1984 年第 3 期。

379. 福建省博物馆：《福建闽侯县昙石山遗址发掘新收获》，《考古》1983 年第 12 期。

380. 福建省博物馆：《福建墓林山遗址发掘简报》，《东南文化》1993 年第 3 期。

381. 福建省博物馆：《闽侯昙石山遗址第六次发掘报告》，《考古学报》1976 年第 1 期。

382. 福建博物院、漳州市文管办、漳州市博物馆：《福建漳州市虎林山商代遗址发掘简报》，《考古》2003 年第 12 期。

383. 福建博物馆：《2004 年平潭壳丘头遗址发掘报告》，《福建文博》2009 年第 1 期。

384. 福建博物馆：《福建平潭壳坵头遗址发掘简报》，《考古》1991 年第 7 期。

385. 福建博物馆编著：《闽侯县昙石山遗址第八次发掘报告》，北京：科学出版社，2004 年。

386. 裴文中：《关于中国猿人骨器问题的说明和意见》，《考古学报》1960 年第 2 期。

387. 谭婧泽、徐智、金建中、韩康信、金力：《中国新石器时代古代居民体质研究》，董为主编：《第十届中国古脊椎动物学学术年会论文集》，北京：海洋出版社，2006 年。

388. 谭婧泽、黄颖、高蒙河：《江西省樟树市吴城遗址人骨鉴定》，江西省文物考古研究所、樟树市博物馆编著：《吴城：1973—2002 年考古发掘报告》，北京：科学出版社，2005 年。

389. 谭德睿：《中国青铜时代陶范铸造技术研究》，《考古文化》1999 年第 2 期。

390. 暨南大学历史系、广东省博物馆、揭阳县博物馆：《宝山崇遗址考古简况》，广东省汕头地区文物管理站编：《汕头文物》，内部出版，1982 年第 9 期。

391. 熊卜发：《湖北孝感地区商周古文化调查》，《考古》1988 年第 4 期。

392. 黎翔凤撰，梁运华整理：《管子校注》，北京：中华书局，2004 年。

393. 颜訚、刘昌芝、顾玉珉：《宝鸡新石器时代人骨的研究报告》，《古脊椎动物学报》1960 年第 1 期。

394. 颜訚、吴新智、刘昌芝、顾玉珉：《西安半坡人骨的研究》，《考古》1960 年第 9 期。

395. 颜訚：《大汶口新石器时代人骨的研究报告》，《考古学报》1972 年第 1 期。

396. 颜訚：《西夏侯新石器时代人骨的研究报告》，《考古学报》1973 年第 2 期。

397. 颜訚：《华县新石器时代人骨的研究》，《考古学报》1962 年第 2 期。

398. 潮州市文物局编印：《潮州市文物志》，内部出版，1995 年。

399. 潮安博物馆：《潮安池湖凤地新石器时代遗址》，广东省汕头地区文化局编：《汕头文物简讯》（第 4 号），内部出版，1977 年。

400. 潘其风：《福州闽侯县昙石山遗址第八次发掘出土人骨的观察研究》，《南方文物》2000 年第 1 期。

401. 潘载和纂修：《潮州府志略》，汕头：汕头文艺书店，1933 年。

402. 澄海县博物馆编：《澄海县文物志》，内部出版，1987 年。

403. 戴应新：《陕西神木县石峁龙山文化遗址调查》，《考古》1977 年第 3 期。

404. 戴应新：《神木石峁龙山文化玉器》，《考古与文物》1988 年第 5、6 期。

405. 戴裔煊：《干兰——西南中国原始住宅的研究》，广州：岭南大学西南社会经济研究所，1948 年。

406. 魏峻：《粤东闽南地区先秦考古学文化的分期与谱系》，北京大学考古文博学院、北京大学中国考古学研究中心编：《考古学研究（九）——庆祝严文明先生八十寿辰论文集》（上册），北京：文物出版社，2012 年。

407. 魏峻：《揭东县先秦两汉遗址调查报告》，揭阳考古队、揭阳市文化广电新闻出版局编：《揭阳考古（2003—2005）》，北京：科学出版社，2005 年。

408. 魏峻：《揭东县面头岭墓地发掘报告》，揭阳考古队、揭阳市文化广电新闻出版局编：《揭阳考古（2003—2005）》，北京：科学出版社，2005 年。

409. 魏峻：《揭西县赤岭埔遗址调查报告》，揭阳考古队、揭阳市文化广电新闻出版局编：《揭阳考古（2003—2005）》，北京：科学出版社，2005 年。

410. 魏峻：《普宁市虎头埔新石器时代窑址发掘报告》，揭阳考古队、揭阳市文化广电新闻出版局编：《揭阳考古（2003—2005）》，北京：科学出版社，2005 年。

411. ［日］吉开将人著，陈德安译，石应平校：《中国与东南亚的"T"字形环》，《四川文物》1999 年第 2 期。

412. ［日］林巳奈夫：《中国古代の石庖丁形玉器と骨铲形玉器》，《东方学报》（第 54 册），1982 年。

413. ［俄］普列汉诺夫著：《普列汉诺夫哲学著作选集》（第 3 卷），北京：生活·读书·新知三联书店，1962 年。

414. ［美］切斯特·戈尔曼著，周本雄译：《和平文化及其以后——更新世晚期与全新世初期东南亚人类的生存方式》，中国社会科学院考古研究所编：《考古学参考资料》，北京：文物出版社，1979 年。

415. ［美］斯坦利·J. 奥尔森著，同号文译：《中国是动物早期驯化的一个中心》，《人类学学报》1993 年第 2 期。

416. ［美］斯坦利·J. 奥尔森、欧阳志山著，祁国琴译：《中国猪类的驯养——对有关资料的评价》，《古脊椎动物学报》1980 年第 2 期。

417. ［美］摩尔根著，杨东莼、张粟原、冯汉骥译：《古代社会》，北京：商务印书馆，1971 年。

418. ［越］阮文好：《越南的多笔文化》，中国社会科学院考古研究所编著：《华南及东南亚地区史前考古》，北京：文物出版社，2006 年。

419. ［意］麦兆良著，刘丽君译：《粤东考古发现》，汕头：汕头大学出版社，1996 年。

420. ［德］格罗塞著，蔡慕晖译：《艺术的起源》，北京：商务印书馆，1996 年。

421. ［德］恩格斯著，中共中央马克思恩格斯列宁斯大林著作编译局译：《家庭、私有制和国家的起源》，北京：人民出版社，1972 年。

# 后 记

　　一二十年来，笔者一直存有探寻远古潮汕面貌的念头。2016 年末，"潮汕文库·研究系列"主编伦伦师来电约稿，遂检点梳理所积累资料，开始撰修《先秦潮汕研究》，并于 2018 年完稿。

　　本书得以完成，除了得益于众多前辈、同行的研究成果之外，更有赖于诸多师友帮忙搜集材料、整理书稿等，陈晓峰、王爱群、翁夏、何卫毛、洪勇、张武强、古家骏、金文坚、郭远兴、胡晓菁、庄园、黄迎涛均在这些方面出力，而黄挺老师的书名题签更令人难忘。宏新在此向各位表示衷心的感谢！

　　荒古夐远，前事缥缈难寻，本书的诸多判断和猜测是否有一二可取之处、能否为相关研究作有益的补充等，只能视乎读者们的理解。至于书中错讹之处，则肯定是存在的，还望君子海涵！

李宏新

2018 年 7 月 30 日

# 《潮汕文库》大型丛书第一辑书目

| 系列名 | 书名 | 作者 |
|---|---|---|
| 潮汕文库·研究系列（第一辑） | 潮汕史简编 | 黄挺著 |
| | 潮汕方言歌谣研究 | 林朝虹、林伦伦著 |
| | 潮汕华侨史 | 李宏新著 |
| | 选堂诗词集通注 | 饶宗颐著，梅大圣注 |
| | 饶宗颐辞赋骈文笺注 | 饶宗颐著，陈伟注 |
| | 饶宗颐绝句选注 | 饶宗颐著，陈伟注 |
| | 汕头影踪 | 陈嘉顺著 |
| | 汕头埠老报馆 | 曾旭波著 |
| | 潮人旧书 | 黄树雄著 |
| 潮汕文库·文献系列（第一辑） | 潮州耆旧集 | （清）冯奉初辑，吴二持点校 |
| | 郭子章涉潮诗文辑录 | （明）郭子章撰，周修东辑校 |
| | 潮汕女性口述历史：潮州歌册 | 刘文菊、陈俊华、李坚诚、吴榕青、刘秋梅编著 |
| | 人隐庐集 | （清）吴汝霖、吴沛霖撰，吴晓峰辑校 |
| | 做"缶"与卖"缶"：近现代枫溪潮州窑陶瓷业访谈录 | 韩山师范学院图书馆、颐陶轩潮州窑博物馆主编，李炳炎、陈俊华、陈秀娜编 |
| | 瞻六堂集 | （明）罗万杰撰，黄树雄、王缨缨、林小山整理 |
| | 四如堂诗集 | （清）陈锦汉著，陈伟导读 |
| | 醉经楼集 | （明）唐伯元撰，黄树雄、王缨缨、陈佳瑜整理 |
| | 百怀诗集　龙泉岩游集 | （清）陈龙庆撰，陈琳藩整理 |
| | 重刻灵山正宏集 | （清）释本果撰，郭思恩、陈琳藩整理 |
| | 立雪山房文集 | （清）黄蟾桂撰，陈景熙、陈孝彻整理 |
| | 汕头福音医院年度报告编译（1866—1948） | （英）吴威凛（William Gauld）等著，朱文平编译 |